U0740975

区域社会生活多维度研究

QUYU SHEHUI SHENGHUO DUOWEIDU YANJIU

韩中义 马 翔 钟文佳

朱 亮 谭振超 唐 智 著

陕西师范大学出版总社 西安

SHAANXI NORMAL UNIVERSITY GENERAL PUBLISHING HOUSE

图书代号　SK24N0845

图书在版编目(CIP)数据

区域社会生活多维度研究 / 韩中义等著. —西安：
陕西师范大学出版总社有限公司,2024.6
ISBN 978-7-5695-4389-6

Ⅰ. ①区…　Ⅱ.①韩…　Ⅲ.①社会生活—历史—研究—
中国　Ⅳ. ①D669

中国国家版本馆 CIP 数据核字(2024)第 092681 号

区域社会生活多维度研究

韩中义　马翔　钟文佳　朱亮　谭振超　唐智著

责任编辑	刘海平　王磊	
责任校对	王红凯	
出版发行	陕西师范大学出版总社	
	(西安市长安南路 199 号　邮编 710062)	
网　　址	http://www.snupg.com	
印　　刷	陕西金德佳印务有限公司	
开　　本	787 mm×1092 mm　1/16	
印　　张	20.75	
字　　数	320 千	
版　　次	2024 年 6 月第 1 版	
印　　次	2024 年 6 月第 1 次印制	
书　　号	ISBN 978-7-5695-4389-6	
定　　价	88.00 元	

读者购书、书店添货或发现印装质量问题,请与本公司营销部联系、调换。
电话：(029)8530786485303629 传真：(029)85303879

此书获得：

国家基金中国历史研究院 2023 年度重大招标项目

"中国与中亚关系史研究"

陕西师范大学 2023 年优秀学术著作(哲学社会科学)

长安与丝路文化传播学科创新引智基地项目

陕西师范大学 2023 年"一带一路"高水平成果

经 费 资 助

前 言

　　本来按规矩,请名人作序的,但辱没了他们的声名,只好自己粗言就序。我们对区域社会生活观察了比较长的时间,大致有二十年,本著就是长期观察的结果。坦率地说,区域社会生活本身涉及范围十分广泛,头绪多样,区域广大,在这本区区三十万字的著作里说清楚就是一件十分困难的事情。于是,我们将注意力放置具体个案上,将研究的问题深入地考察,尤其田野考察和文献结合起来,纳入到特定的环境之中仔细梳理,寻找其内在的一致性和独特性,由此揭示社会生活动态变化,以及对人们日常生活的影响。众所周知,历史是人类生活发展的一面镜子,而现实社会是历史发展的驿站。我们从历史的过往思考现今的区域生活,又从今天的动态社会眺望历史的背影,古今似曾相识,又大相径庭。无论是秦岭山麓,还是塞外河谷,亦或是洮水河畔、青藏高原、陇右福地、西安都市,像看不见的河流在悠然地流动,构成历史与现实的画卷。我们生活在其中,既熟悉又陌生。我们只有深入其里,才能体察另一番景象。我们看到的和实际的似乎很接近又很遥远,研究的目的就是将陌生和遥远拉近仔细观察,然后呈现给读者。

　　时代赋予我们认识社会的使命,研究的目的便是完成这些使命。个人的能力和业力都是有限的,但我们企图诚恳地展现区域社会生活的特定方面,认识周遭这个熟悉而陌生的社会,由此为社会发展做一些绵薄的贡献。今天,"一带一路"倡议正在发挥重大的作用,我们的研究恰好就是从丝绸之路起点到伊犁河谷,是"陆上丝绸之路"的核心区域。学者对这一区域从宏观还是历史角度已经做了深入的研究,著述汗牛充栋,不胜枚举,但微观具体横切面的田野考察则相对较少。因此我们的研究对"一带一路"倡议做出具体的响应,同时也是对区域社会生活的深度观察和思考。我们从一个广博的区域着手具体问题、具体事项,再进行分析和思索,试图找到一些规律性或普遍性的认知和反思,寻找可以解决问题的答案,或者加深认识。诚然,一项初步的分析不可能解决所有面临的问题,至少我们知道具体的分析是研究的根本。没有原创的研究,就不可能有学术创新,更不可能屹立于学术之林,也不可能体现中国气派的学术话语权。

我们生活在一个美好的时代,一个开放、包容的时代,宛如汉唐再现。我们的学术事业处在繁荣发展时期,我们的研究就是为当今的学术事业增添一枝微不足道的花朵,为社会文化事业发展添砖加瓦。只有强大的心,才会有宽容的胸,正所谓:"海纳百川,有容乃大。"

社会发展和人类社会命运紧紧联系在一起。习近平总书记说:"推动构建人类命运共同体,不是以一种制度代替另一种制度,不是以一种文明代替另一种文明,而是不同社会制度、不同意识形态、不同历史文化、不同发展水平的国家在国际事务中利益共生、权利共享、责任共担,形成共建美好世界的最大公约数。"因此,研究局部问题就是认识全局问题,也是认识人类面临的共同问题。

韩中义

2024 年 2 月 20 日,于西安雁塔又补

目　录

第一章 近代张家川皮毛贸易及其网络考察

皮毛贸易是近代西北地区重要的商业活动之一。对近代西北皮毛贸易的研究不仅能细化近代西北经济的发展与变迁,而且也对现代该行业的发展具有一定的现实意义。迄今,有关西北皮毛贸易的研究主要集中在整个西北地区的宏观研究,而以某地区为例的微观研究却比较少见。本章拟在借鉴前人研究成果的基础上,将近代张家川作为微观研究对象,利用历史学与民族学等相关学科理论与研究方法,对近代张家川皮毛贸易进行相关考察。

本章从近代张家川皮毛贸易兴起的原因入手,划分其历史阶段,并对张家川在西北皮毛贸易中的市场地位和贸易机构做了相应介绍,最后对张家川熟皮贸易与加工历史以及工艺做了简单概括。本章共分三个部分:

第一部分是近代张家川皮毛贸易概况,对近代张家川皮毛贸易做了整体介绍。该部分主要论述了近代张家川皮毛贸易兴起的原因及其发展的历史阶段两个问题。通过论述认为:近代张家川皮毛贸易兴起的关键因素是外部因素,这些外部因素包括战乱的影响、发达国家的原料掠夺与洋行的进驻、近代皮毛贸易路线与交通状况等三个方面;近代张家川皮毛贸易分为兴起、初步繁荣、萧条转型、全面恢复等四个历史时期,每个历史时期其皮毛贸易的特点与重点都有所不同。

第二部分是近代张家川皮毛贸易的市场地位与贸易机构。该部分介绍了近代张家川皮毛贸易的原料来源、贸易路线和范围以及市场地位;介绍了专营皮毛的贸易实体洋行和货栈以及这些贸易机构的税收等问题。通过论述认为:近代张家川皮毛贸易得益于周边大量的皮毛出产的支撑,其在市场中处于中转与汇集的二级市场地位;洋行和本地货栈的发展主要集中在 1911 年后的时间段当中,虽然它们都刺激了本地皮毛贸易的发展与繁荣,但同时也通过各种方式转嫁资金负担,获取利润。其实,皮毛贸易发展最终的依靠力量仍然是大量的皮毛贸易商贩。

第三部分是近代张家川皮毛加工贸易历史与制作工艺。该部分对熟皮贸易内容做了相关介绍，其中包括对近代张家川皮毛加工的历史变迁的考察；对皮毛加工作坊及其商号发展相关问题的论述；最后对近代张家川皮毛熟制方法做了总结与介绍。

总之，近代张家川皮毛贸易的兴起有各个方面的原因，呈现出不同的发展趋向，但总体呈上升趋势。近代张家川皮毛贸易市场在整个西北皮毛贸易中的地位不可忽视，而张家川皮毛贸易的洋行货栈等机构发展有着自身的特点，对其历史地位应该有公正的认识。民国后期，张家川皮毛贸易逐渐转变为熟皮贸易，由此皮毛加工兴盛一时，加工工艺也有了较大发展。这些为20世纪50年代以后张家川皮毛贸易的持续繁荣与发展奠定了一定基础。

第一节　绪　论

一、背景与意义

皮毛贸易是回族经营的一项传统行业。自1840年以来，由于西方资本主义国家资本输出和原料掠夺，使得西北皮毛贸易与整个国际供求市场之间的联系紧密起来。清咸丰以后，原有的回族聚居格局被打破，而新的回族聚居地逐渐形成。在这些新的聚居地，传统皮毛行业开始复苏并逐渐发展壮大。由此，皮毛贸易集散与加工市场的重要作用也开始凸显出来。如清末至20世纪20年代，宁夏的西海固、同心、吴忠，甘肃的临夏、张家川，陕西的王阁村，河南孟县（现孟州市）桑坡，山东济宁等地，已成为有名的皮毛集散地或加工区域。

近代张家川的皮毛贸易之兴起可以追溯到清同治时期，先后有大批回族群众被安置在张家川，形成了回族聚居区。迁入的回族群众，单靠农业是很难维持生计的。于是，"一部分能鉴别皮毛质量、估量皮张价值，有泡皮、缝制技术的人率先做起了皮毛生意"①。这一阶段的张家川皮毛贸易和加工主要集中在张家川境内，初具规模。随后，由于从事皮毛行业的人逐年增多，皮毛贸易与加工

---

① 张家川回族自治县地方志编纂委员会，编：《张家川回族自治县志》，第524页，甘肃人民出版社，1999年。

规模日渐扩大。

1911年,张家川设立皮毛专卖局,由当时甘肃省财政厅派人专办皮毛税收。皮毛专卖局的设立,是张家川皮毛贸易复苏的标志。与此同时,西北皮毛原料在资本主义原料掠夺进程中被卷入国际贸易市场竞争体系中,大量国外资本纷纷涌入西北皮毛交易市场,促进了西北皮毛贸易再次兴盛。从1912—1937年的二十多年,美、英、德、俄、日等国在张家川设立的皮毛洋行有十余家①。本地皮毛商行虽然在此期间也有所发展,但由于受到资本主义国家的资本排挤,难以发展壮大。相反,在洋行皮毛贸易中,熟皮成为本地经营者有利可图的行当。在此阶段,张家川本地皮毛加工作坊开始大量出现,从开设地点和规模上来看,都出现了多元化的发展势头。相应地,这些作坊的雇工情况、交易类型、销售方式等都有分层与分工化的倾向。1937年抗日战争爆发后,洋行撤离,虽对张家川皮毛贸易产生了一定的影响,但前期无法与洋行资本抗衡的本地资本家和大地主纷纷重操旧业。一时间,当地皮毛商号兴起,所谓"家家有号,户户有名",生皮行店和加工作坊林立,皮毛贸易兴盛的局面一直持续到1949年后一段时间。

1912年前后,对内,张家川市场体系的形成和皮毛贸易传统为皮毛贸易的复苏与发展奠定了基础,大量回族群众在农业生产不足的情况下,开始从事皮毛贸易体现了回族亦农亦商的特征。张家川前资本主义的经济形态(中国晚期封建经济形态)在皮毛行业也开始体现出来。对外,国外资本的输入,一方面掠夺了当地大量资源,剥削了当地皮毛商贩,另一方面间接加速了当地皮毛行业的快速发展,培育了市场,刺激了张家川本地人资本积极介入到皮毛经营中。因此,张家川皮毛贸易的复苏与繁荣不仅是该行业发展史的缩影,也是张家川资本经济发展的体现,尤其大皮毛商人也逐渐完成了从地主或官僚阶层向早期资本家的转变。

近代张家川皮毛贸易发展从市场形成到洋行驻扎、从小商小贩到实力雄厚的皮毛资本家、从市场落寞到繁荣发展经历了近百年的时间,由此逐渐成为颇具影响力的皮毛集散市场之一,进而奠定了新时期张家川皮毛贸易发展基础。

---

① 在党诚恩和陈宝生著的《甘肃民族贸易史稿》中记载有十家,但通过资料收集整理和访谈,笔者发现洋行数量却多于十家,详见第二节。

研究该时期张家川皮毛贸易的变化,可以理顺该县皮毛行业的发展脉络;也可以逐渐理清其皮毛行业的历史;还能更进一步了解民国时期张家川回族群众的经济生活状况,加深对该地区回族经济发展的认识。从宏观而言,张家川回族皮毛行业的研究属于张家川回族研究的一个部分;从微观而言,其既可以作为张家川经济史来研究,又可以将其作为现实区域经济问题的一部分来研究。

本研究的意义在于:

1. 尝试探究张家川近代皮毛贸易行业历史,拓展经济史的研究范围。

张家川皮毛经营从清末开始就逐渐承担起该县经济重头戏的角色,但目前对皮毛行业的历史记载只能散见于一些地方史志和为数不多的论文中,而且记述只是只言片语,没有系统的历史研究。本章拟从历史学和人类学的角度,对张家川回族的皮毛行业进行较系统的研究,使该行业的历史成为张家川地方历史中较为完备的一部分内容。

2. 厘清张家川皮毛贸易历史变迁的内容和意义。

近代张家川皮毛贸易并非一帆风顺,在经历社会动荡的同时,皮毛贸易也受到相应的影响。因此在发展过程中它也表现出了一定的阶段性,而每个阶段的内容也有所不同。这就涉及贸易者(如商贩、大地主、买办等)、贸易机构(如洋行、商行、加工作坊等)、贸易范围与路线、皮毛税收与社会控制等方面的内容,对这些内容的分析,能从根本上看清张家川皮毛贸易的发展动力与性质。

3. 抢救口头资料,以备后用。

清末至民国时期张家川皮毛贸易的历史记载很少,尤其是清代资料,更是零散难以收集。从口头资料上而言,张家川该时期皮毛经营的见证者大都年事已高,这些口述资料弥足珍贵。笔者对这些资料进行收集与整理,以冀后用。

二、研究学术史

(一)近代西北皮毛贸易或回族皮毛贸易研究

皮毛贸易和加工是西北甚至全国回族经济所涉及的一个重要方面。但将1912年前后西北的皮毛贸易或回族皮毛贸易独立作为研究对象的成果并不多见,但也有一些。这些研究成果有:喇琼飞著的《民国时期的回族皮毛生意》①、美国人詹姆斯·艾·米尔沃德著的《1880—1909 年回族商人与中国边境地区的羊毛贸易》②、樊如森著的《天津开埠后的皮毛运销系统》③、渠占辉著的《近代中国西北地区的羊毛出口贸易》④、钟银梅著的《近代甘宁青地区的皮毛贸易》硕士论文及与其相关的论文三篇⑤、胡铁球著的《近代西北皮毛贸易与社会变迁》⑥、黄正林著的《近代西北皮毛产地及流通市场研究》⑦以及厦门大学李晓英著的《文化·网络与羊毛贸易:近代甘宁青回族商人(1894—1937 年)》⑧等十多篇论文。

上述论文只有喇琼飞和米尔沃德的论文发表较早,其余都是进入 21 世纪以后才陆续发表的,这说明学术界对于西北的皮毛贸易历史的研究并不充分。这些都以该时期整个西北的皮毛贸易与经营的商业活动为研究对象。从皮毛的出产到流通,从皮毛商人到皮毛贸易引起的社会变迁等等,这些都属于宏观方面的研究。对于一个社会问题的研究往往是由宏观到微观、从一般到特殊的发展过程,因此对于西北皮毛贸易的历史问题,仅仅有宏观研究是不够的,也需要微观具体研究。

(二)近代张家川皮毛贸易的记述与研究

张家川是清末形成的新的回族聚居区,对于其皮毛贸易的历史研究就属于该问题的微观研究。皮毛贸易在近代历史研究上属于新兴的研究范围,因此诸

---

① 喇琼飞:《民国时期的回族皮毛生意》,《宁夏大学学报》(社会科学版),1989 年第 2 期。

② [美]詹姆斯·艾·米尔沃德(米华健):《1880—1909 年回族商人与中国边境地区的羊毛贸易》,李占魁译,《甘肃民族研究》,1989 年第 4 期。

③ 樊如森:《天津开埠后的皮毛运销系统》,《中国历史地理论丛》,2001 年第 1 期。

④ 渠占辉:《近代中国西北地区的羊毛出口贸易》,《南开学报》,2004 年第 3 期。

⑤ 钟银梅:《近代甘宁青地区的皮毛贸易》,宁夏大学硕士学位论文,2005 年;钟银梅:《近代皮毛贸易在甘宁青地区的兴起》,《青海民族研究》,2006 年第 2 期;钟银梅:《近代甘宁青民间皮毛贸易的发展》,《宁夏社会科学》,2007 年第 3 期;钟银梅:《近代甘宁青官方垄断性皮毛贸易的形成与开展》,《西北第二民族学院学报》(哲学社会科学版),2007 年第 5 期。

⑥ 胡铁球:《近代西北皮毛贸易与社会变迁》,《近代史研究》,2007 年第 4 期。

⑦ 黄正林:《近代西北皮毛产地及流通市场研究》,《史学月刊》,2007 年第 3 期。

⑧ 李晓英:《文化·网络与羊毛贸易:近代甘宁青回族商人(1894—1937 年)》,厦门大学博士学位论文,2007 年。

如张家川这样的皮毛市场很难引起学者的注意,所以记载较少。经笔者收集与整理,有关张家川皮毛贸易与经营的记述与研究,大致包含以下几个方面:

1. 地方历史文化著作中提及张家川皮毛行业。

这类著作主要包括:《张家川回族自治县县志》①《清水县志》②《秦安县志》③《张家川文史资料》(1—6 辑)《甘肃文史资料》《张家川回族自治县概况》④等。在这些著述当中,有关张家川皮毛行业的记述篇幅有限,大部分资料来自马守礼的回忆资料,论述不够详尽。由于受到著作编排和其他原因的限制,仅仅限于介绍现状或者列举简单的数据统计,研究不系统、不深入。

在上述地方历史书籍中,民国时期重新修订的《清水县志》中有关张家川皮毛贸易的税收、店铺、牙行等的记载给本文提供了较可靠的资料。需要特别指出的是在《张家川文史资料》上所刊载的已故马守礼先生著的《张家川皮毛、布匹集散市场的形成史》⑤,由麻钧和马辅臣口述、由王文业所著的《张家川皮毛业发展简史》⑥两篇,虽然文章短小,叙述不详尽,但其中所勾勒出的该时期张家川皮毛贸易的大体情况不仅给笔者的研究充实了材料,更重要的是成为笔者进行民间访问的依据与提纲。

2. 作为整体的一部分出现的有关张家川皮毛行业的论著。

这一类著作包括:虎有泽著的《张家川回族的社会变迁研究》和《张家川回族研究(1)》,王柱国、黄月云著的《张家川史话》,由张家川回族自治县概况编写组、张家川回族自治县概况修订本编写组编著的《张家川回族自治县概况修订本》、吴钰著的《天水回族史略》等。

3. 专门性的研究论文。

有关张家川回族皮毛行业的专门研究比较少,主要包括:李忱著的《张家川

① 张家川回族自治县地方志编纂委员会编:《张家川回族自治县志》,甘肃人民出版社,1999 年。

② 朱超:《清水县志》,"民国"三十七年重修本。

③ 严长宦:《秦安县志》,道光十八年本。

④ 张家川镇回族自治县概况编写组、张家川镇回族自治县概况修订本编写组:《张家川镇回族自治县概况》(修订本),民族出版社,2007 年。

⑤ 马守礼:《张家川皮毛、布匹集散市场的形成史》,见《张家川镇文史资料》(第三辑),1991 年。

⑥ 麻钧、辅臣口述,王文业整理:《张家川皮毛发展简史》,见《张家川镇文史资料》(第一辑),1988 年。

皮毛贸易的历史与现状》①、马世祥著的《张家川专业皮毛市场的调查》②、董锁成、江毓秀著的《经久不衰的旱码头——张家川皮毛市场》③、虎有泽著的《试析黄土高原上的民族经济——对甘肃张家川回族皮毛经济的调查》④、王密兰和王平著的《张家川皮毛市场的发展及其对产业结构的影响》⑤和王密兰著的《张家川皮毛产业和社会经济发展研究》⑥、靳晓芳著的《回族皮毛行店的衰落与思考——基于甘肃张家川的调查研究》⑦等。其中涉及近代张家川皮毛贸易历史的有李忱和虎有泽的论文。李忱的论文资料翔实可靠,分析入理透彻,但对张家川皮毛贸易的历史阶段写得过于简单;虎有泽的论文部分一手资料对本文启发较大。其余论文虽然涉及张家川皮毛贸易,但其内容几乎都是进入新时期以后的发展情况。另外,王密兰的硕士论文是从经济学的角度对张家川皮毛市场作了全面分析,有较大借鉴价值。

综观上述研究成果可知,关于近代西北回族的皮毛贸易的历史研究起步较晚,现有研究成果以宏观研究为主,但这一时期研究有关张家川皮毛贸易的具体成果较少。

第二节　近代张家川皮毛贸易概况

一、张家川皮毛集散地形成及原因

张家川皮毛贸易有较长的历史渊源。张家川地处关山南麓,自古为丝绸之

① 李忱:《张家川皮毛贸易的历史与现状》,《甘肃民族研究》,1993 年第 4 期。

② 马世祥:《张家川皮毛专业市场的调查》,《西北第二民族学院学报》(哲学社会科学版),1991 年第 2 期。

③ 董锁成、江毓秀:《经久不衰的旱码头——张家川皮毛市场》,《兰州商学院学报》,1988 年第 1 期。

④ 虎有泽:《试析黄土高原上的民族经济——对甘肃张家川回族皮毛经济的调查》,见《"郑和下西洋与文明对话国际研讨会"论文汇编》,2005 年。

⑤ 王密兰、王平:《张家川皮毛市场的发展及其对产业结构的影响》,《社科纵横》,2006 年第 6 期。

⑥ 王密兰:《张家川皮毛产业和社会经济发展研究》,兰州大学硕士学位论文,2006 年。

⑦ 靳晓芳:《回族皮毛行店的衰落与思考——基于甘肃张家川的调查研究》,《北方民族大学学报》(哲学社会科学版),2009 年第 5 期。

路必经之地。横亘境内的关陇古道自汉时起,就成为沟通西域和中原的交通要道。公元前879年(周孝王十三年),周封在汧渭之间养马有功的嬴非子为附庸,在秦建邑,号嬴秦①。而"嬴秦"就在今张家川县城西南瓦泉村一带②。张家川地区一度因盛产马匹成为丝绸之路过境之地。时至唐宋,这里又成为茶马贸易的重要驿站,而皮毛、皮革则是茶马互市的重要内容之一。此后张家川成为宋、吐蕃、金、西夏结合地带和战略要冲,榷肆贸易仍然兴盛。这种贸易兴盛的局面直至清康熙年间时开始逐渐衰落。1705年(康熙四十四年),朝廷令各省巡抚直接掌管茶叶经销,各茶马司由监督府经管。1851—1861年(咸丰时期),地方马场奉命裁撤,各地军队所需马匹统归自购,政府所设茶马交易随之停废,张家川日渐失去了贸易集镇的地位。由于市场的偏废,造成张家川经济发展缓慢。

近代以来,在西方列强原料掠夺的进程中,西北皮毛重新成为市场贸易的重要物资之一。由于外部市场供需的巨大变化和张家川内部因素的共同作用,近代张家川贸易集镇的市场地位逐渐凸显,并形成了以皮毛为中心、立足西北、辐射全国的集散市场。

张家川皮毛行业在清中叶有了缓慢恢复和发展。1888年(光绪十四年),张家川皮毛市场又开始活跃起来③。这一时期皮毛贸易多是小范围、肩挑背负形式的简单贸易,而这些从事皮毛贩运的人被称为"皮背夹客"。所谓"背夹"是指用灌木条子弯曲呈半圆形的运输工具,贴身的一面用绳索连接,系上背带,背驮肩挑。用这种背夹多用来贩运牛羊皮张的人,叫"皮背夹客"④。由于受到贩运量的限制,这些小商贩所贩运的皮毛大都从地理位置上较接近的海原、西吉、固原、隆德、会宁、靖远、通渭、定西、洮州、岷州、河州等地运输而来。在交易方式上,大部分都以物易物的方式交换。皮毛都来自穷乡僻壤,"居民居住零

---

① 《史记·周本纪》第四卷,第2944页,中华书局,1974年。
② 崔俊峰:《嬴秦在张家川镇的邑城》,见《张家川镇文史资料》(第六辑),第29页,2003年。
③ 张家川回族自治县地方志编纂委员会编:《张家川回族自治县志》,第524页,甘肃人民出版社,1999年。
④ 穆启圣:《清末以来张家川的交通运输概况》,见《张家川文史资料》(第三辑),第68页,1991年。

散,距离集市遥远……拿上布匹杂货兑换皮毛,比拿上现钱收购容易"①。从现有资料来看,近代张家川地区皮毛贸易兴起时间大致为1911年(宣统三年),其标志是清政府在此设立皮毛专卖局。在此前后,有大量国外洋行介入张家川皮毛行业,包括美、英、德、俄、日等国都在张家川设立了专门洋行,促进了张家川皮毛集散地的形成,"至民国后期已经发展成为皮毛集散地"②。也就是说,从清末开始至1912年,张家川皮毛贸易就开始逐渐恢复与发展,最终在民国时期形成了初具规模的皮毛集散市场,其原因有:

1.贸易路线过境与交通状况之改善。

张家川皮毛集散地之所以在民国时期发展至一定规模,无不与其地理位置的特殊性和交通状况的改善有关。从地理位置上看,张家川地区地处西北内陆,关山阻隔东西交通,本来并不利于皮毛的集合与转运,但张家川地区成为皮毛中转站,这与民国时期西北皮毛的贸易路线密切相关。

1912年后,西北皮毛最终集结地点之一就是天津港。西北地区的皮毛贩运至天津,大致有两条路线:一是经西部地区、河西走廊、兰州、西安,转运包头到天津;二是从兰州沿黄河水路至包头经过北京至天津③。其中第一条为陆路贸易路线,第二条为水路贸易路线。陆路贸易路线中,张家川地区是必经之地,由此本不具备地理优势的张家川地区成为皮毛贸易的重要集镇。

张家川地区东接陕西陇县,从张家川出发经马鹿、固关、千阳到宝鸡的关陇古道,是连接陕西、甘肃的纽带。但受到关山阻隔,关陇古道交通不畅。这种交通闭塞的情况直至清末才有了较大的改观。清末事变中,清军指挥为了调兵运饷和传递文报,从潼关开始修筑横贯陕甘两省的大马路④。20世纪30年代,陕西陇县新修陇(陇县)马(马鹿)公路,后甘肃续修天(天水)马(马鹿)公路⑤,至此天(天水)宝(宝鸡)公路全线贯通。20世纪30年代末期,由于道路的改善,

①　马守礼:《张家川皮毛、布匹集散市场的形成史》,见《张家川文史资料》(第三辑),第52页,1991年。

②　张家川回族自治县地方志编纂委员会编:《张家川回族自治县志》,第524页,甘肃人民出版社,1999年。

③　喇琼飞:《民国时期的回族皮毛生意》,《宁夏大学学报(社会科学版)》,1989年第2期。

④　丁焕章:《甘肃近现代史》,第139页,兰州大学出版社,1989年。

⑤　马河图:《民国以来张家川大事简介》,见《张家川文史资料》(第三辑),1991年。

架子车(人力车)、牛车、马车以及汽车等先后成为张家川地区的运输工具。交通条件的改善和交通工具的进步,给张家川的皮毛输入与输出提供了极大方便。因此,民国时期张家川交通情况的改善促进了皮毛集散地的形成。

2. 清末陕甘社会变化的影响。

清末陕甘社会变化对张家川皮毛市场发展的影响,主要体现在如下两个方面:

一方面,社会大变动后,艰苦的自然条件导致农业生产的薄弱,而皮毛行业就成为当地人农业生产之外的必要补充。清代文献反映了安置的政策,其称:"初到迁插地方,应候地方官点名造册,计户按口分地安插。尔等各以分地为业,尽力垦种,毋得出外游荡,滋生事端。"①至于具体地点,则"觅水草不乏,川原相间,荒绝无主,各地自成片段者,以便安置"②。

因此,这些人大都被安置在自然条件比较艰苦、农垦不足的区域。由于上述安置政策的施行,张家川成为重要的安置地。1867年(同治六年)至1873年(同治十二年),本地"南八营"的李德仓③和陕西的崔伟和毕大才部先后被安置于张家川之上磨、木河、龙山、连五、恭门等地,至此张家川当地聚居区域形成。由于张家川自然灾害频繁、沟壑纵横、土地贫瘠、气候欠佳和地理环境复杂,导致当地农业生产的先天不足。因此,"回族群众亦农亦商、以商补农的特点和善于经营皮毛的传统得以恢复和发展,绝大多数群众在进行农业生产的同时,又以皮毛贩运、皮毛加工来维持生活"④。

另一方面,收编人员被安置在张家川以后,带动了当地皮毛加工和贸易相关产业的发展。"一部分能鉴别皮毛质量、估量皮张价格,有泡皮、缝制皮衣技术的人率先做起了皮毛生意。"⑤缘于迁居到张家川的大量陕西回族一直从事皮

---

① 左宗棠:《左文襄公全集·告示》,第13—14页,光绪十六年刻本。

② 左宗棠:《左文襄公全集·奏稿》卷四一,第13页,光绪十六年刻本。

③ 同治四年,李得仓在静宁组织了"南八营"。其中李得仓为大帅,苏生太为副帅,张家川李生华、莲花城穆生辉、礼县何士秀、伏羌马圣杰、龙山镇铁正国、李成恩为各营首领。马通:《"南八营"考》,见虎有泽主编:《张家川回族研究(1)》,第2页,兰州大学出版社,2007年。

④ 李忱:《张家川皮毛贸易的历史与现状》,《甘肃民族研究》,1993年第4期。

⑤ 张家川回族自治县地方志编纂委员会编:《张家川回族自治县志》,第524页,甘肃人民出版社,1999年。

毛行业,精于熟皮技术。

虽然张家川皮毛集散市场成熟于民国时期,但是清末社会大变动却极大地促进了当地皮毛加工与贸易的发展,为民国时期皮毛市场的形成奠定了一定基础。

3. 洋行对张家川皮毛集散地形成的影响。

鸦片战争后,大量外国资本涌入中国,进而控制中国市场。洋行是外国资本控制中国市场的一种形式,是外国商人在中国设立的企业机构。我国洋行最早出现于18世纪初,鸦片战争以后,各种不平等条约签订后,各国洋行纷纷在沿海各通商口岸建立商行。到19世纪末期,外国洋行活动领域已"不限于通商口岸,而深入到我国内地,以至穷乡僻壤"[①]。而对于甘肃的皮毛交易而言,"甘肃的羊毛、羊皮贸易,大都集中在陇东、甘南等地。早在明末清初,帝国主义侵略势力就深入到这些地区,设立洋行,进行经济掠夺"[②]。地处陇东的张家川地区,由于是大量皮毛市场聚集地,也吸引了诸多洋行至此扎庄收购。从19世纪末到1937年抗日战争爆发之前,英、俄、德、法、日等国先后在张家川地区设立洋行和买办机构。

洋行对张家川皮毛市场形成与成熟的促进作用,体现在两个方面:一是促使当地皮毛从业人员数量快速增长;二是催生本地资本皮店的建立。由于张家川交通相对闭塞,造成当地皮毛商贩贩运的巨大困难。洋行驻扎张家川收购皮毛,则减少了贸易运输成本,吸引了大量从事皮毛贩运的小商人。此外,驻扎在张家川的洋行鲜有外国商人亲临,而是在张家川设立买办机构,雇佣当地人员与外地客商从事收购。缘于此,无论是从事皮毛贩卖,还是收购和运输的人员都大大增加。外国洋行进入张家川市场之前,张家川没有真正的皮毛交易机构,范围小、数量少的以货易货是其主要形式。但洋行进入张家川以后,不仅洋行数量与日俱增,同时也刺激了当地资本积极参与到皮毛行业中来。1921年前后,张家川建立了大量本地商行,并参与到皮毛贸易活动当中。1937年前后,张家川的张川、龙山、恭门三镇都有相应的商行。本地商行的纷纷建立,进一步扩大了张家川皮毛行业的规模,是张家川皮毛集散地成熟的重要体现。

---

① 赫树权:《外国"洋行"在中国》,《商业研究》,1988年第12期。
② 丁焕章:《甘肃近现代史》,第362页,兰州大学出版社,1989年。

二、张家川皮毛贸易的历史阶段

清末至民国时期,张家川皮毛贸易与加工整体处于上升时期。在这一时期,张家川皮毛集散市场经历了市场形成与繁荣的过程,同时经受了外部市场的波动与变化。

（一）前人对近代张家川皮毛贸易历史阶段的划分

值得关注的是社会动荡与张家川皮毛贸易的持续繁荣之间有较大的反差,因此对其历史阶段的划分具有一定的难度。前人研究对近代张家川皮毛贸易发展阶段问题也进行了探讨,诸如麻钧与马辅臣著的《张家川皮毛业发展简史》和李忱著的《张家川皮毛贸易的历史与现状》两篇论文较有代表性,对此做简要评述如下:

第一,麻钧与马辅臣认为,近代张家川皮毛贸易的发展分为四个阶段:1932年之前;1934年后;1939—1949年和1937年[①]。该划分方法虽然有一定的借鉴意义,但存在诸多不足,其主要理由为:

（1）忽略了张家川1912年以前的皮毛贸易历史,也就是没有谈及清末张家川皮毛贸易的发展情况。

（2）时间阶段不清晰,颠倒或冲突。例如,"之前"或"之后"等不能明确、清晰地界定历史时间,第四阶段和第二、三阶段明显有时间重叠等问题。

（3）每一阶段的内容与特点不突出。作者仅对各阶段做了简单划分,并没有说明划分依据,在其内容叙述与说明上也不详尽、不深入。

第二,李忱的论文解决了上述时间冲突或颠倒的问题,但仍然只限于划分历史阶段,未能概括和说明相应阶段的特点和划分依据。

（二）张家川皮毛贸易的历史划分

鉴于前人在划分阶段的问题,笔者在吸收已有成果的基础上,依据近代社会背景和张家川皮毛贸易的本身发展变化,将其分为四个阶段,具体为:

1.1840—1911年(清末时期),是张家川皮毛集散市场的兴起时期。

这一时期张家川皮毛贸易的特点是:民间贸易为主,皮毛外需逐渐扩大并带动皮毛民间贸易的发展;皮毛贸易的范围小、数量少,主要以内销为主。

---

① 麻钧、马辅臣口述,王文业整理:《张家川皮毛业发展简史》,见《张家川文史资料》(第一辑),第24—26页,1988年。

1840年以前,张家川虽有皮毛贸易活动,但规模不大。1840年以后,一方面,国际市场原料需求增大,刺激了张家川民间贸易的增长;另一方面,山西、陕西商人推动了皮毛贸易的发展①。1840—1888年是张家川皮毛贸易动荡比较严重的时期,给社会各个行业都造成了严重的影响。尽管前人对此时整个西北皮毛贸易已经有所研究,但因资料不足对张家川皮毛缺乏深入研究。最终改成这样但因资料不足对张家川皮毛缺乏深入研究从1888年后,张家川皮毛贸易的情况才有零散记述,为研究提供了宝贵资料。

前文已述,张家川皮毛贸易与加工从1888—1911年初见端倪,尤其清政府在张家川设立皮毛专卖局,管理皮毛税收。此时皮毛的贩运贸易受到闭塞交通制约,皮毛运输主要靠肩挑背负等方式的人力运输和脚户来完成。从贸易的范围而言,皮毛贸易只集中在临近的陇东南各县,而走"北里"②则成为皮毛贸易所能到达的较远之地。

这一时期所谓内销的基本途径为:由皮毛小贩从临近各地收购皮毛运至张家川,或卖给当地从事皮毛加工的小商人,由此获取微薄利润;或自己加工成为皮毛半成品与成品。此时皮毛从业者的分工不甚明显,大部分商贩既是收购商人,又是承运者与加工者。"那时候的人自己收皮子,回来了自己做皮货。前半年串乡,后半年泡皮。"③而加工制成的皮货品类也较为单一,主要以手工加工,"生产交通用具,如车马挽具、套绳等,还有的生产农具连枷(打碾小麦、胡麻、蚕豆的农具)、磨板(用来整平土地,由牲畜前牵、人踩在上面平地)等"④为主。大部分皮货主要销售给当地居民,满足农业生产和社会生活的需求,只有少量出售给脚户,再由他们销往临近地区,获取利润。张家川在此时期的皮毛经营尤显活跃,为后期皮毛集散市场的形成奠定了一定的基础。

2.1912—1937年,是张家川皮毛集散市场初步繁荣时期。

这一时期张家川皮毛贸易的规模实现了实质性增长,其主要原因是皮毛贸易已经由内销为主变为外销为主。一方面,外国资本大量涌入张家川皮毛市

---

① 钟银梅:《近代甘宁青地区的皮毛贸易》,第6—7页,宁夏大学硕士学位论文,2005年。

② 张家川当地人对宁夏西海固地区的民间称谓。

③ 笔者对米振杰访谈资料。

④ 虎有泽:《试析黄土高原上的民族经济——对甘肃张家川回族皮毛经济的调查》,见《"郑和下西洋与文明对话国际研讨会"论文汇编》,第425页,2005年。

场;另一方面,当地资本也开始逐渐参与到皮毛贸易业务当中。因此,这一时期张家川皮毛贸易逐渐分化成洋庄贸易和本庄贸易两种类型,其中洋庄贸易成为该时期皮毛贸易的主导。

(1)洋庄贸易是指在皮毛贸易中为帝国主义洋行收购皮毛原料的贸易行为。20世纪初,世界各发达资本主义国家纷纷进入垄断发展阶段。正如列宁所指出的那样,"资本主义愈发达,原料愈缺乏,竞争和追逐全世界原料产地的斗争愈尖锐"①。这些国家本国境内的皮毛产出很难满足皮革加工和毛纺织工业的发展需求,所以向外的原料掠夺成为其工业生产的必由之路。在中国各大通商口岸的外国洋行逐步开始掠夺西北的皮毛原料。各商埠的洋行贸易机构,向内陆原料交换市场延伸,建立相应的分支洋行或在当地培植洋行买办。张家川作为皮毛集散与交换市场,也受到外国资本原料掠夺的影响。大量外国洋行在张家川设立分支机构,从1912—1937年之间,先后有五个国家的十家洋行或洋行分支机构在张家川收购皮毛等产品。外部需求的增长促使张家川皮毛集散与交换活动日趋活跃,最终确立了张家川陇东南重要皮毛集散市场地位。

从贸易分工的角度来看,这一时期洋庄贸易从业者的分工逐渐细化,由低到高分为皮毛收购小贩、大贩、专司运输的商人、洋行买办等几个不同层次,见图1-1。小贩大部分由资本量很小,甚至没有资本而靠商行借贷的本地人组成。他们在皮毛出产地通过走街串巷、以物易物等形式收购皮毛,并集中卖给皮毛大贩或洋行买办获取微薄利润。大贩俗称"二道贩子"。他们资本量较大且信息灵通,能给洋行买办提供大量所需皮毛原料,利润较为丰厚。洋行买办是洋行在当地的代理人,服务于当地外国洋行。买办可以由当地熟悉皮毛贸易的商人担任,为张家川当地的洋行负责;也可以由外地客商担任,为其所代理的外地或者商埠的洋行直接负责,来张家川收购皮毛原料。

张家川早期的买办商人有麻钧、马寿山、杨春元等人。在抗日战争之前,他们就已经"坐飞机买皮子"②了。从皮毛贸易的种类上而言,洋庄贸易大都收取珍贵皮张,"大部以狐皮、猾子、云板、羔皮、板子、羊毛、山羊绒为主"③。这些珍贵的皮

---

① 《列宁选集》第二卷,第802页,人民出版社,1960年。
② 笔者对马维林访谈资料。
③ 马守礼:《张家川皮毛、布匹集散市场的形成史》,见《张家川文史资料》(第三辑),第63页,1991年。

张市场需求较大,而原料价格往往与制成品价格相差甚大,故获利更加丰厚。

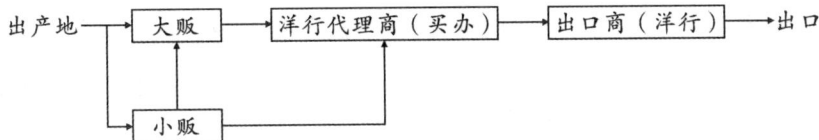

图 1-1 洋庄贸易流程图

(2)本庄贸易是指为满足本地商行与皮毛加工的需求而进行的贸易行为。从事本庄贸易的机构一为本地商行,二为皮毛加工作坊。张家川本地商行最早始于清末,如"李得仓开设的德盛行店,苏尚达开设的万镒行店"[1]。民国时期,在外资的刺激下,当地资本纷纷投入到皮毛经营的行列中来,皮毛商行(后文述及)大量出现也促进了本庄贸易的繁荣。从本庄贸易收购的皮毛种类上看,可以说只要能获得利润,本庄贸易对皮毛种类无过多要求,"本国皮毛业有啥买啥,并以二毛、老羊皮为主"[2]。在本庄贸易中,部分从业者仍继续从事皮毛加工,并且开始出现了以家庭为单位的皮毛加工作坊。尤其是在 1934 年以后,张家川皮毛贸易进入快速发展时期。究其主要原因,与陕甘公路的开通有关。皮毛运输从以前的肩挑背负和脚户驮运等传统运输方式,向马车与汽车运输方式发展。交通状况的改善也给外地客商提供了方便,大量"顺德、洛阳、豫北各处客帮驻栈收购狐皮、牛羊皮、羊毛"[3],如图 1-2 所示。

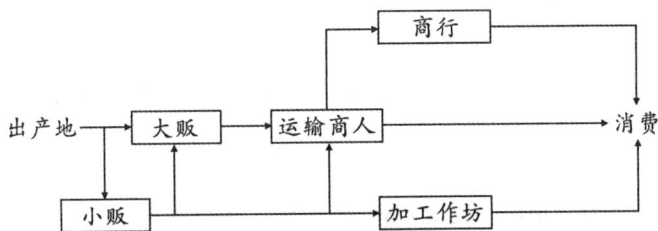

图 1-2 本庄贸易流程图[4]

---

① 马守礼:《张家川皮毛、布匹集散市场的形成史》,《张家川文史资料》(第三辑),第 56 页,1991 年。

② 马守礼:《张家川皮毛、布匹集散市场的形成史》,《张家川文史资料》(第三辑),第 64 页,1991 年。

③ 朱超:《清水县志》卷五《财政志》,第 23 页民国三十七年重修本。

④ 根据甘肃陇东羊羊毛货初步调查报告所载图表改制而成。见顾少白:《甘肃陇东羊皮毛货初步调查报告》,《西北经济通讯》,第 1 卷,第 61 页,1941 年第 4—6 合刊。

值得注意的是,此时张家川皮毛贸易虽有本庄与洋庄贸易的区别,但在实际的贸易运营上却没有明显的分界,甚至属于相互包含或交叉的关系。本庄贸易商行遇到洋行所需皮毛种类,若有较高利润,也愿意将皮毛出售给洋行。

3. 1937—1945年,是张家川皮毛贸易的萧条期和转型期。

1937年抗日战争爆发后,国内贸易环境恶化。外商部分缩小贸易范围,部分撤市回国,张家川洋行衰落,皮毛外销中断。这一时期张家川皮毛贸易的特点是:外销阻塞,洋庄渐衰;贸易低迷,购销不旺;内销增长,本庄发展。具体有如下两个方面的原因:

一是,由于抗日战争爆发造成了各大商埠的外资机构纷纷撤离,贸易网点迅速缩小乃至消失;二是抗日战争造成交通运输再次陷入艰难。东向的陇海铁路中断,而陕甘公路(西兰公路)很难满足交通运输的需求。该路建成之初质量较差,加之战时国民政府无暇顾及修缮,导致"一逢下雨,不仅路面泥泞难行,有时塌陷或山坡流沙,常出危险,故一有雨天,几天不能通车"[①],甚至有人戏称西兰公路为"稀烂公路"。洋行撤离以后,张家川很少有洋庄贸易的皮毛,只有少量洋行的本地买办还"绕道宁夏从天津出口"[②]。

从总体上看,虽然皮毛贸易的总量与市场的繁荣程度都不如从前,但皮毛贸易仍然存在,这主要体现在本庄贸易的经营之中。洋行撤离之前,当地资本已参与到皮毛贸易中来,由于资金数量和经营模式远远无法与洋行抗衡,所以本地商行和皮毛加工作坊的发展相对要缓慢。洋行撤离以后,本地贸易机构大量出现,尤其是皮毛加工作坊发展更为迅速。这一时期皮毛内销转为取道西南,销往重庆、成都等地,促使张家川皮毛贸易逐渐开辟新的贸易市场,成为该时期皮毛贸易发展的有效补充。从1940年以后,张家川皮毛贸易开始逐渐回

---

① 穆启圣:《清末以来张家川的交通运输概况》,见《张家川文史资料》(第三辑),第72—73页,1991年。

② 李忱:《张家川皮毛贸易的历史与现状》,《甘肃民族研究》,1993年第4期。

暖。以 1942 年为例,该年仅张家川各店购进皮张 9.35 万张①,其中大部分珍贵野生皮料由于加工成本较高、销售困难,所以直接转销外地。其他杂皮由本地皮匠加工成各种皮衣、皮鞋、皮帽等,就地销售或运销其他省市。

4.1945—1949 年间,是张家川皮毛贸易的全面恢复时期。

该时期的特点是:皮毛外销恢复;皮毛贸易品类多样化,数量大幅增加;皮毛加工贸易持续繁荣。

1945 年以后,皮毛外销途径逐渐畅通,境外皮毛收购恢复。这一时期皮毛外销与抗日战争爆发以前的皮毛外销出现了一些差别。抗日战争爆发以前,外国资本在张家川设立洋行,直接参与皮毛收购与贩卖。1945 年以后,张家川并没有出现洋行的分支和实体机构,大都是通过外地买办和本地买办来进行,几乎没有任何外销的实体机构在张家川开设行店或门面。

但外地买办客商频繁来往于张家川,来源地较为广泛,具体为:"河北省顺德府的顺德客商,天津客商,山东济南客商,河南开封、洛阳、孟县客商,湖北汉口、沙市、宜昌客商,陕西泾阳、三原客商,青海西宁客商,宁夏银川、吴忠客商,甘肃临夏、凉州(武威)、平凉、海原、固原、庆阳、临洮、岷县、西和、礼县、盐官等地客商"②。

这些买办或客商的来源地分别具有三个特征,一是所处地理接近性;二是当地贸易的接近性;三是外销机构所在地。就地理范围接近性而言,平凉、海原、固原、庆阳、西和、礼县、盐官等地与同属于陇东南地区,且和张家川皮毛集散市场距离较近,因而在皮毛贸易时能降低运输成本,所以张家川皮毛集散市场能吸引这些地区的皮毛客商。

就当地贸易的接近性来看,主要体现在山东济南,河南开封、洛阳、孟县桑坡,陕西三原、泾阳,青海西宁,宁夏银川、吴忠,甘肃临夏等地区。这些地区基本都有回族聚居,且皮毛贸易与加工就是当地人经济生产的重要行业之一。张家川也属回族聚居区,而且是西北重要的皮毛集散市场。这些地区的客商来张

---

① 《张家川回族自治县志》第 528 页记述:"绵羊皮 2 万张,二皮毛 4 万张,山羊皮 2 万张,狐皮 1 万张,牛皮 2000 张,崖貂 300 张,水獭皮 100 张,鼬鼠 800 张,豹皮 300 张。"

② 麻钧、马辅臣口述,王文业整理:《张家川皮毛业发展简史》,见《张家川文史资料》(第一辑),第 22 页,1988 年。

家川不仅能满足贸易需求,其日常生活也能得到保障。

就从事外销机构所在地而言,主要有天津,湖北汉口、宜昌,河北顺德等地。这些地区在抗日战争以后,对外贸易都有一定的发展,尤其是天津、汉口与顺德的买办较多。外销的生皮种类也开始扩大,从大宗羊皮、牛皮到驴皮、马皮、狐皮、狗皮、兔皮等几乎都有收购,尤其是二毛、羔皮、猾子、云板、板子更受到外地买办与外地客商的喜爱。例如,"汉口买办王正兴就以大宗收购牛皮为主",抗战胜利后曾长期在张家川扎庄收购牛皮①。

这一时期,张家川皮毛市场不仅生皮外销开始恢复,而且熟皮也开始逐渐进入外销市场②。由于张家川当地皮毛加工持续繁荣,皮毛加工技术提高,其皮毛成品与半成品的数量和质量有了大幅度的提高,受到国外消费者的青睐。其时张家川皮毛加工作坊突破了以家庭为单位的小作坊生产的制约,出现了联营与合作的较大皮毛作坊,"这些作坊集中在瓦泉、崔湾、黄沟一代以及街内,据传有三十多家"③。该时期,张家川从事熟皮外销的大买办就是麻钧。抗日战争爆发时麻钧"不过是能做百十件熟货的一般商人,这样经营皮毛作坊的结果,仅仅几年就进入张家川头号资本家兼地主的行列"④。这些经营熟皮生意的张家川当地商人或买办被叫作毛货客⑤。

通过以上四个阶段的发展,张家川作为西北乃至全国皮毛集散市场地位逐渐被确立。综观这一过程可知,虽然在此期间,张家川皮毛贸易受到清末民初政权更迭和抗日战争的影响,但总体上而言,张家川皮毛贸易呈上升趋势,这一繁荣景象甚至延续到1949年以后一段时间。

---

① 马守礼:《张家川皮毛、布匹集散市场的形成史》,见《张家川文史资料》(第三辑),第61页,1991年。

② 生皮是指未进行加工的畜类与野生动物的皮毛原料;熟皮是指通过炮制加工成的皮毛半成品。

③ 麻钧、马辅臣口述,王文业整理:《张家川皮毛业发展简史》,见《张家川文史资料》(第一辑),第26页,1988年。

④ 马守礼:《张家川皮毛、布匹集散市场的形成史》,《张家川文史资料》(第三辑),第60页,1991年。

⑤ 毛货客指张家川当地拥有皮毛加工作坊的商人。这些商人一方面从事皮毛炮制,把熟皮或皮货运往销售地点或商埠交换;另一方面在回程时购入布匹等其他日需产品贩运到张家川获利。他们既是皮毛商人又兼有货郎的作用,所以被叫作毛货客。

第三节　近代张家川皮毛贸易市场地位与贸易机构

一、张家川皮毛市场的贸易环境

（一）张家川皮毛贸易的物质基础

西北是中国最主要的畜牧区之一，也是全国最大的皮毛产地之一。具体而言，近代西北地区的皮毛产地主要集中在今西部地区，如青海、甘肃以及内蒙古各省（自治区）。畜牧经济类型是近代西北地区最主要的经济生产方式之一，而这一生产方式与西北之自然环境和群体构成有较大关系。西北境内高原、荒漠交错纵横，适宜畜牧的地区广大，而生存于此地的藏、蒙等民族又有从事畜牧的传统，因此畜牧成为西北地区经济生产的重要支柱，人们"所有衣食住行以及一切日常用品，无一不直接间接仰给于畜牧"[1]。畜牧生产方式保证了西北皮毛贸易的原料。

西北也是我国近代皮毛贸易的重要集散区域，尤其是畜类产品的生产与皮毛原料的贩运更为显要。张家川皮毛贸易在顺应市场趋势的前提下，逐渐得到发展，并形成了具有独特市场地位的西北皮毛集散市场。以洋行为代表的外国资本和以本地商行为代表的本地资本是张家川皮毛贸易市场最主要的资本构成方式。它们既推动了张家川皮毛贸易的发展，也剥削了当地人民。

皮毛原材料是皮毛贸易和加工的基础，没有大量皮毛的生产与供应，就没有张家川皮毛集散地的形成。张家川当地主要以农业为主，兼营畜牧。随着皮毛市场的扩大，当地地畜牧产品无法满足市场贸易的需求，因此周边大量出产的皮毛成为张家川中转市场的重要物质基础。从整个地理范围看，西北是集中的皮毛产地，在近代甘肃的皮毛也保持了很高的出产量。够而就张家川临近的地理范围而言，陇东诸县是供应张家川集散市场的皮毛产区之一。诸如来自秦安、甘谷、成县、徽县、武山、清水等地[2]，这些地区出产的皮毛或多或少地推动了

---

① 岚汀：《改进青海农林牧事业之研究》，《新青海》，第 1 卷，第 25 页，1933 年第 12 期。
② 张之毅：《西北羊毛调查》，《中农月刊》，第 3 卷，1942 年第 9 期。

张家川皮毛贸易的发展。

就甘肃而言,皮毛产出亦不在少数。1929年之前,甘肃统领八府六州一厅,包括今青海与宁夏。由于特殊的地理环境和生计方式,这里几乎"无家不畜,无家不牧"①,因而出产大量的皮毛和畜牧产品。1911年(宣统三年)陕甘总督长庚奏办理农工暨矿务情形时称"甘肃僻处西北……出产大宗如羊毛及牛羊皮张"②。其后的十年,皮毛产品仍然是甘肃最重要的土特产之一,"所产土货以羊牛、皮张为大宗"③。至抗日战争之前,甘青宁地区的皮毛产量一直保持较高的水平。20世纪30年代中期,刘友深估计"全省产绵羊毛25万担,各种羊皮40万张,驼毛1万担,牛皮1.2万张"④。1935年铁道部陇海铁路西兰段甘肃调查队调查,陇海路沿线"每年可产牛羊皮十余万张,羊毛十余万斤"⑤。

这一时期甘肃生产皮毛不仅数量巨大,而且种类繁多,有些皮毛原料诸如"西宁毛""肃州毛""滩羊皮"等已负盛名。从以上的这些史料可以看出,清末至民国时期,甘青宁地区大量出产皮毛及其他畜类产品。虽然在此时一些自然灾害和社会混乱等因素使甘肃畜牧遭受损失,但大体上甘肃皮毛生产仍然保持了较高的出产。就羊毛生产而言,甘肃分治之后其一省的皮毛产量亦巨。如表1-1所示,以1934年甘肃的羊毛生产为例,甘肃共有牧地面积57 192平方千米,只占了甘青宁三省牧地总面积约6%,而其羊毛产达到80 000担,近乎占青海的羊毛产量之半数⑥。

---

① 彭英甲:《陇右纪实录》卷八,清宣统刊本。

② 彭泽益编:《中国近代手工业史资料》,第3卷,第565页,中华书局,1962年。

③ 《甘肃清理财政说明书》四编(下),转自赵艳林:《辛亥革命前十年间帝国主义在甘宁青的侵略活动》,《西北师大学报》(社会科学版),1981年第4期。

④ 刘友深:《开发西北与中国经济之前途》,《西北问题》,第1—3页,1935年第5卷。

⑤ 铁道部业务司商务科编:《陇海铁路甘肃段经济调查报告书》,见沈云龙主编:《近代中国史料丛刊》三编,第51页,台湾文海出版社,1998年。

⑥ 魏英邦在《中国羊毛事业之概况》中提道:"1934年青海省的羊毛产量大约为166 000担,甘肃省大约80 000担,绥远和察哈尔大约64 000担,外蒙古52 000担,河北省约38 800担,四川省33 000担,宁夏省30 000担,热河省27 000担,山西、陕西两省26 000担,山东省20 000担。"见魏英邦:《中国羊毛事业之概况》,《实业统计》,第2卷,1934年第2期。

表 1 - 1　1934 年甘肃、青海、宁夏之牧地统计表[①]

省别＼项目	总面积(平方公里)	牧地面积(平方公里)	牧地面积占总面积的百分率(%)	占三省牧地面积的百分率(%)
甘肃	380 863	57 192	15	6
宁夏	302 451	241 960	80	25
青海	776 192	659 763	85	69
合计	1 459 506	958 915	180	100

就这些皮毛原料的出产地而言,除了这些适宜专营畜牧的农牧区之外,还有部分来自以农耕生产为主的地区。虽然甘肃本省的牧区面积并不是很大,但大部分以农业为主的农耕区农业生产远远不足,故以畜牧为其副业,"凡可以□□□□者,几近□繁殖"[②]。至于抗日战争,几乎未对甘肃皮毛生产造成太大的影响,而在民国后期的皮毛产量甚至达到更高的产量。顾少白先生在1941年对甘肃陇东羊皮毛货市场做了初步调查,其《甘肃陇东羊皮毛货初步调查报告》载"此项产量,为近十年来最高之产量,此由于抗战期中,地方较为平静,羊毛价格日趋高涨,且未曾遇到甚大天灾所致也"[③]。所以僻处西北的陇东十七县[④]不仅没有受到抗日战争的影响,反而生产有所增加。

张家川地区虽没有大量出产皮毛,但周边丰富的皮毛生产是张家川皮毛贸易的来源,给张家川皮毛贸易、流通和运输提供了较为丰富的原料资源。

(二)张家川在西北皮毛贸易市场中的地位

就近代历史进程而言,张家川已经成为一个以农业生产为主的地区,当

---

① 顾少白:《甘宁青三省羊毛之生产》,《中农月刊》,第 4 卷,1941 年第 4 期。
② 顾少白:《甘肃陇东羊皮毛货初步调查报告》,《西北经济通讯》,第 1 卷,第 40 页,第 4 - 6 合刊,1941 年。
③ 顾少白:《甘肃陇东羊皮毛货初步调查报告》,《西北经济通讯》,第 1 卷,第 48 页,第 4 - 6 合刊,1941 年。
④ 海原、固原、靖远、庆阳、泾川、镇原、宁县、平凉、隆德、化平、静宁、定西、环县、合水、灵台、正宁、会宁。根据顾少白的调查报告来看,海固靖三县为农牧区,而其余各县为农业区,农牧区出产大量皮毛,农业区也是农牧兼营,皮毛产量亦不在少数。

地很少出产畜类产品。但是张家川利用自身与地理因素,逐渐发展成为一个集散中转的皮毛市场。从整个皮毛贸易的网络看,近代甘宁青皮毛流通市场大致可以划分为三个不同的层级,即三级产地市场、二级中转集散市场和一级集汇出口市场。因此,近代张家川作为重要的皮毛集散市场,与产地市场和出口市场之间有着甚为紧密的联系,成为连接市场两端的桥梁与纽带。

甘肃的三级产地市场主要集中在两个重要区域,一为拉卜楞、临潭、岷州、洮州等畜牧区域;二为陇东南诸县。根据地理位置和交通状况所形成的二级集散与中转市场包括肃州、凉州、河州、陇东南地区的张家川与平凉等地。兰州是甘肃最大的集汇与出口市场,"自青海及本省各地运来之皮毛,多集中于兰州,然后运销至其他市场"①。从兰州经水运至包头的皮毛则转运至天津出口。

就皮毛贸易销售网络方式而言,西北皮毛主要有外销和内销两种形式。内销的主要目的是满足张家川区内居民和国内市场的生活所需。张家川皮毛集散市场的内销也仅局限于皮毛原料的供销,制成品的贸易在民国前期发展较为缓慢,这与西北皮毛贸易的发展也基本符合。民国前期,由于封建经济的桎梏和机器生产的落后,西北皮毛只有少量作织褐、擀毡和制皮靴等,大量原料则被废弃,以至于在天津开埠以前西北皮毛"弃诸原野,任其腐灭"②。尽管在民国后期甘肃皮毛加工作坊数量有了较大的增长,张家川皮毛加工也一度兴盛,但生皮贸易仍然是张家川皮毛内销的主要内容。

由脚户和民间小商人承担的内销网络也因需求不稳、贸易市场波动较大而不甚稳定,其贸易路线有很强的随意性。

张家川用于内销的皮毛主要有生熟两类,而毛类的加工较少,大部分以皮革加工为主,因此内销的途径也因生货与熟货的差异而有所不同。在生货内销中,张家川皮毛市场成为连接产地和各大皮毛集散市场与加工市场的中转站。张家川当地大贩将皮毛贩运至其他皮毛集散市场,获取差价利润;或者直接运往加工市场诸如天津、浙江、江苏等地,供应皮货生产之需。尤其是在清末至民

---

① 汤逸人:《西北皮毛现状及其前途》,见秦孝仪主编:《革命文献》,第 90 辑,第 364 页,"中央文物供应社",1982 年。

② 顾执中、陆治:《到青海去》,第 186 页,商务印书馆,1935 年再版。

国前期,生皮内销是张家川皮毛商最主要的获利方式,所以,以生皮贸易起家的张家川皮毛商也较为多见。熟货内销网络则更为复杂,西到青海,西南至四川、贵州等的广大区域都是熟货销售区域。可以说只要是有市场需求的地区,无论城市乡村,几乎都有张家川"毛货客"的身影。

如前文所说,外销则由外国洋行督办或者当地买办来承担,因此皮毛贸易也相应地分为洋庄贸易和本庄贸易。洋庄贸易以洋行为核心机构,大宗收购各种珍贵皮张、毛、肠衣、狐皮等畜类产品;本庄贸易则以西北当地皮毛商行为贸易机构,当地货栈除了部分用于加工消费以外,部分仍销售给洋行,获取利润。

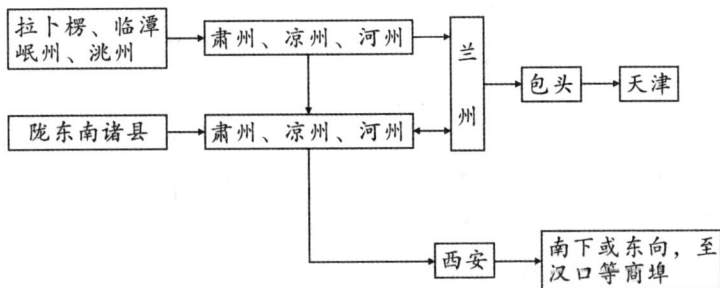

图 1-3　甘肃皮毛东路外销网络图

近代西北皮毛外销网络主要有东西两路。西路经河西、西部地区出口俄国。东路则由水陆两条运输路线构成,一是将皮毛集合于兰州,经水运至包头到天津;二是由陆路关陇大道(西兰公路)汇集于西安,转而南下或东向,最后到达外国通商口岸。总体而言,西北皮毛贸易的大体方向是由出产地流向贸易市场,由贸易市场流向加工和出口市场,其大体流动方向是自西向东。近代张家川皮毛集散市场的中转作用在其本地市场中也有所体现。通过前文可以看出,张家川本地皮毛出产并不能满足大量的市场需求,而这一市场需求的动力并不在张家川本地。外部需求促使张家川成为皮毛贸易网络中的中转站,张家川当地并不长时间存留大量皮毛。当地商人和贸易机构大量收购皮毛的同时又转手外销,皮毛的快速流动是保证市场正常运转的重要条件。

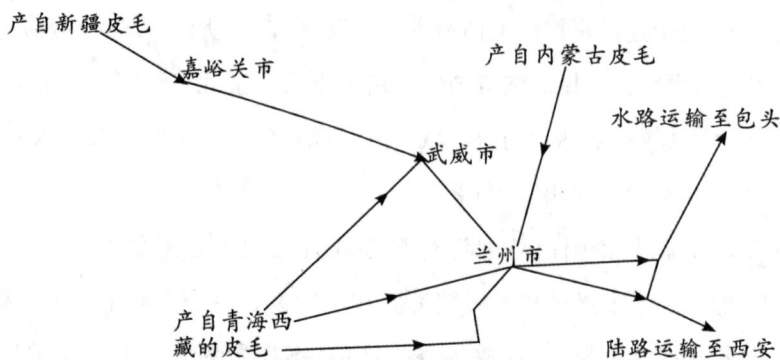

图 1-4　甘肃皮毛贸易路线图①

在西北甘、宁、青三省的皮毛外销中,张家川在贸易网络中处于二级集汇与中转的位置。尤其是在陆路贸易路线中,无论皮毛产地远近,张家川都是连接甘陕皮毛贸易的中转站。张家川皮毛贸易市场除承担着将陇东南皮毛集中收购中转至兰州的任务之外,还扮演着为西安这一省外皮毛集汇市场供给部分原料的角色。而西北贸易之皮毛若需外销至东南商埠,张家川也是其必经之地,所以张家川不仅是皮毛相对集中的贸易市场,也是陇东皮毛运输,甚至是皮毛进入中原与东南市场的枢纽与门户。

二、张家川的洋行与本地商行

从天津开埠以来,西北皮毛就开始进入国际市场。近代张家川皮毛外销基本上是一个稳定的持续增长阶段。虽然抗日战争时期,张家川皮毛外销洋行逐渐衰落,但外销的途径却在战后仍然得以恢复和发展。而张家川本地资本进入皮毛经营则受到帝国主义垄断资本的排挤而发展缓慢。在1921年或更早的时期,代表当地资本的本地商号纷纷成立自己的商行,开始涉足皮毛贸易。无论怎样,洋行和本地商行是近代张家川皮毛贸易中最大的两个实体机构,它们在张家川的皮毛贸易中所扮演的角色也是多元的。

(一)皮毛外销实体——洋行

1860年天津的开埠为西方资本主义经济输入的进一步深入,创造了有利条

───────────────

①　本图由地图改制而成。

件,外商"扩大经营,于是西北羊毛大有起色"①。西北地区的皮毛等原料可以通过天津港口直接运销,为利而来的洋行纷纷组成遍布西北城乡的买办经销网。前文所述,这一时期张家川皮毛市场兴盛的另一个重要标志就是洋行的进入和发展。尽管并不是所有的洋行都从事皮毛贸易,但张家川的洋行都把皮毛贸易作为其主要业务之一。因此在一定程度上,洋行的发展促进了张家川皮毛市场的繁盛。据张家川地方志可知,进入张家川地区最早的是英国洋行,"清光绪时期仁记洋行就已开始在张家川扎庄,接踵而来的是怡和、平和、德太等行"②。此后的近三十年时间,是张家川洋行兴盛时期。这一时期先后在张家川扎庄收购皮毛的外国洋行有十多家。

地处陇东南山区的张家川之所以有如此多的洋行驻扎收购皮毛,与这一时期洋行在西北的整个外部环境有很大的关系。整个西北已被纳入资本主义工业化生产的体系中,成为其重要原料市场,皮毛也是如此。因此,只要有大量皮毛原料汇集,地小偏僻的张家川就不再成为国外资本输出的盲区。杨绳信先生所著的《清末陕甘概况》中,辑录了截至 1907 年间英国、德国、日本等国在甘肃设立的洋行情况。文献记述:英国在兰州、宁夏、甘州、西宁、凉州等处开设商行货栈十家,其名称是:新泰兴、平和、仁记、隆茂、怡知、礼发、聚立、明义、和昌、高林";德国"在兰州、西宁、凉州、甘州等处开设洋行七家,它们是:兴隆、德义、瑞记、禅臣、礼和、和昌、志诚";日本"在肃州等处开设洋行七家,它们是:大隆、隆吉、周生、利运、同益、立兴、姓泰"③。

在整个甘肃境内的洋行都设立在甘州(张掖)、凉州(武威)、兰州、秦州(天水)等一些商业较为发达的城市,而有大半也在张家川设行或设立相应的分支机构,如表 1-2 所示。

---

① 王化南:《西北毛业鸟瞰》,《新西北》(甲刊),第 6 卷,第 100 页,1942 年第 1—3 期。
② 马守礼:《张家川皮毛、布匹集散市场的形成》,见《张家川文史资料》(第三辑),第 63 页,1991 年。
③ 杨绳信:《清末陕甘概况》,第 98—99 页,三秦出版社,1997 年。

表 1 - 2　20 世纪初甘肃全境与张家川的洋行对比表①

	甘肃（截至 1920 年）	张家川（截至 1930 年）
英国	新泰兴、平和、仁记、隆茂、怡知、礼发、聚立、明义、和昌、高林	仁记、平和、怡和、新太兴、聚生公、（聚生众）、久记洋行（与绍兴人合办）
德国	兴隆、德义、瑞记、禅臣、礼和、和昌、志诚	德斯股、（德太）、美最时
日本	大隆、隆吉、周生、利运、同益、立兴、蛀泰	春天茂、（崇天荣）
俄国	古宝财、茂升、吉利、大力、忠信	古宝财
法国	永兴	永兴
美国	慎昌	羔记洋行（与天津人合办）、慎昌、（正昌）

　　张家川的洋行几乎都是由外国资本建立的,原因在于:一方面资本主义发展原料短缺,张家川皮毛相对集中,在此掠夺原料是资本主义经济发展的需求;另一方面,这些国家向外都发动过不同程度的侵略战争,对消费产品的需求量也更大、更迫切。其中开设皮毛洋行最多的是英国与德国,这一情形与整个甘肃的情况相一致。

　　皮毛收购基本上都与表 1 - 2 中的这些洋行有密切关系,可以说他们无不将皮毛经销作为其主要业务之一。他们大多以经营"大宗畜产品中的皮张、羊毛为主"②,其中对较为珍贵的皮毛原料需求更大。在所有这些洋行中,除德国

---

　　①　从这些资料看,张家川的洋行从商号上看多于十家,但在党诚恩和陈宝生所著《甘肃民族贸易史稿》中,只记录有十家。所以在表格中,括号中的商号或为史料之误,或为该商号的分号。例如"怡知"与"怡和"是同一洋行;"新泰兴"与"新太兴"属同一洋行;"聚生公"与"聚生众"、"春天茂"与"崇天荣"、"慎昌"与"正昌"可能是同一洋行,或者是洋行的不同分号。各大城市的洋行据点下设的小洋行并不一定要与总行名称相同,有些洋行的商号是由当地买办来决定的。参见杨绳信:《清末陕甘概况》,第 98—99 页,三秦出版社,1997 年;马守礼:《张家川皮毛、布匹集散市场的形成史》《张家川文史资料》(第三辑),第 63 页,1991年;马世祥:《张家川皮毛专业市场的调查》,《西北第二民族学院学报》(哲学社会科学版),1991 年第 2 期。
　　②　党诚恩,陈宝生:《甘肃民族贸易史稿》,第 51 页,甘肃人民出版社,1988 年。

古宝财洋行总部设在哈尔滨以外,"其他各行的总行都在天津"①。

其实,很多洋行的总部并不一定在天津,天津洋行也常是其设立的分支机构。以广州著名的十三行之首怡和洋行为例,鸦片战争后,该行分别在香港、上海设立总行和分行,并陆续在沿海和内地二十个城市设立分支机构。其他洋行也是一样,天津不一定是其总行所在地,而张家川地区的洋行更是洋行经销网络中更次级的分支而已。这些分支机构虽说都是洋行,但这些洋行都与当地买办相互勾结。

抗日战争爆发之前,洋行大多都有"洋人"亲临张家川②,"除古斯特夫之外,其他各洋行的外国人均来过张家川,替他们来往购买皮毛的尽是中国籍买办"③。甚至在这些买办当中,大商埠的皮毛买办还在张家川当地另寻代理人,形成有层级关系的买办网络。

当时张家川与外国人合作的是摆瀛高。他是当地商会会长,有自己的皮毛货栈,当时的洋行就在他家里。早些时候给天津的外商收皮子的人有马有祥、马凤祥等人。

洋行在这里主要收猾子④和云板⑤以及一些野生皮。县上的第一个皮毛行店就是苏尚达家的行店,我记得羔记洋行和毛文广家的行店用的是油布缕子⑥

---

① 马守礼:《张家川皮毛、布匹集散市场的形成》,见《张家川文史资料》(第三辑),第65页,1991年。

② 关于洋行之外国人来张家川在《张家川回族自治县志》中明确记载:1911年(宣统三年),俄商古宝财洋行总负责人古斯特夫亲临张家川收购皮毛达一年,其余并不见任何书面记载。而在《张家川回族自治县志》中记载,除了古宝财洋行的古斯特夫之外,其他"洋行的'洋人'均未亲临张家川"。事实上来张家川的外籍皮毛商不止俄商一人。马守礼的资料肯定了外国皮毛商人大多亲至张家川的事实。而且在笔者调查过程中,当地老人盛传日本人来张家川把"毛链子"当作围巾等一些小笑话,也说明外国人屡来张家川收购皮毛确有其事。毛链子是用于裹腿,防止积雪融化内渗的皮毛制品。这也说明洋人屡来张家川收购皮毛确有其事。

③ 马守礼:《张家川皮毛、布匹集散市场的形成》,见《张家川文史资料》(第三辑),第63页,1991年。

④ 山羊羔皮。

⑤ 临近生育时间而宰杀母羊,死于腹中的小羊的皮就是云板。云板毛细软,卷曲成纹,板柔薄,较为珍贵。

⑥ 即钱帖子,在白洋布上印制成钱后,以桐油油漆,故称油布缕子。《清水县志》卷五《财赋志》,第20页钱帖子条说:"系商号印发之票号,票面注明当市钱一千文……张家川发行者为油布帖,以发行无限,流弊不免,自铜圆银币流行,统行废止。"

哩。那时候四乡八里的背夹客单日到龙山镇，双日再到张家川的洋行。日本人来了以后（抗日战争爆发），洋行就逐渐不收皮子了。①

尤其是从抗日战争以后，由于兵祸匪乱，洋行在张家川的业务逐渐被当地买办和外地洋行买办和客商所代替。无论洋行自己负责收购还是买办代其收购，皮毛经营活动将甘肃偏僻地区与外国资本主义商品市场紧密联系起来，促进了张家川皮毛集散市场的形成，同时洋行也通过皮毛贸易掠夺了当地大量资源。这种隐藏于看似平等贸易外表下的经济侵略，表现为如下两个方面：

首先，从洋庄所收购的皮毛种类上而言，他们只收购珍贵皮毛和野生皮毛，例如猾皮、云板、山羊绒等；野生皮包括狐皮、豹皮、虎皮、黄羊皮、猞猁皮、崖貂皮等。为了获得这些原料，洋行不惜哄抬价格。以云板为例，外国洋行大量收购云板的主要目的是牟取高额利润，云板"一出肚就很吃香，板面光滑色亮，毛眼细软，又轻又俊，每张售价八元"②。因其"皮薄而绒短厚，皱缩成为花纹，望之如行云流水，外国女人爱穿之"③，其市场需求很大，因此他们不惜哄抬原料价格，"一个云板八个白元，而一个老羊才两个白元，马中科老汉是做云板的高手，他的手一搭就知道羊肚子里的皮子是不是云板"④。如此悬殊的价格导致部分人为了追求利润"杀羊取羔"，有时由于羔皮不符合云板的标准则得不偿失，给本地畜牧业发展造成了较大的损失。

其次，洋行在实际收购活动中享有特权。他们在内地的经营活动有免税特权，通过海关三联单⑤也可以免除运输途中行经不同省份时的地方税；有些洋行"只凭过开空头汇票"⑥和向买办借款的方式大肆购买皮毛，"一些小洋行，俗称'皮包公司'，借助于买办的垫款，和依靠帝国主义掠夺的特权，在各通商口岸进

①　马维林访谈资料。
②　麻钧、马辅臣口述，王文山整理：《张家川皮毛业发展简史》，《张家川文史资料》（第一辑），第25页，1988年。
③　李烛尘：《西北历程》，见蒋经国：《伟大的西北》，第67页，宁夏人民出版社，2001年。
④　马万德访谈资料。
⑤　三联单由外商从中国海关处获得发给各地分行，分行再发给外庄，在贩运皮毛时使用。三联单上注明各种皮毛种类名称，开具清单，送至关卡。由关卡照清单数字填入，检验并加盖公章，一联存当地主管税卡，一联报省，一联由洋行随货送持海关。
⑥　马守礼：《张家川皮毛、布匹集散市场的形成》，见《张家川文史资料》（第三辑），第65页，1991年。

行种种冒险和投机活动"①。这些情况在张家川皮毛的洋庄贸易中屡见不鲜。洋行通过这些方式,使得当地皮毛商贩的利益大受损失,更重要的是当地的生产原料被廉价输出,掠夺了当地财富。

(二)本地皮毛商行的建立与发展

清末至民国时期,除了洋行有了较大发展之外,本地资本也积极参与到皮毛经营当中,本地商号在这一时期也有了较大的发展。商号与商行是两个不同的概念,有商号的皮毛商并不一定开设商行。在这些商号中,经营规模较大的商号在从事贸易的同时,还建立自己的贸易实体即所谓的商行。这些从事皮毛贸易的商行在张家川被称为行店、皮店或者货栈。

关于张家川地区最早的本地皮毛商行是何时建立的信息已无从考据,但《张家川回族自治县志》中明确其时间为1921年②。而事实上如果仅把皮毛贸易作为商行经营的业务之一来考虑,则本地商行的建立要比这一时间要早。因为早期张家川皮毛商行大致有两种类型:

一是当地有实力的乡绅和有社会影响力的重要人物所建立的商行,主要有四家,分别是李德仓开设的德盛、苏尚达开设的万盛、崔伟家开设的万镒、刘德久开设的德统。

二是宣化岗马元章和马元超的树德堂和义信德两商号下的分号,这些是为其子嗣建立的商号。"当时马锡武的商号叫天锡店,主要经营呢绒绸缎、布匹等;马毅武的商号叫藩盛店,主要经营皮毛;马辉武的商号有仰一堂和乾和真,主要经营布匹、皮毛、药材;马霆武的商号叫福来店,主要经营皮毛、茶叶等,该店还设有货栈,为四川等地的茶商提供方便;马桓武的商号叫桓盛店,他还开办了一个石印局,主要以刻版印刷为主;马重雍(殿武)开设的商号叫汇丰店,主要经营布匹和皮毛。"③虽然早期的商行并不单一地经营皮毛,但也可以看出,皮毛贸易是这些商行赖以生存的重要业务之一。不管是作为清末事变的重要领袖

---

① 赫树权:《外国"洋行"在中国》,《商业研究》,1988年第12期。

② 张家川回族自治县地方志编纂委员会编:《张家川回族自治县志》,第524页,甘肃人民出版社,1999年。

③ 马景:《哲赫忍耶宣化冈经济研究(1889—1949)》,第21页,西北民族大学硕士学位论文,2006年。

李德仓与崔伟所建立的商行还是宣化冈的商号,皮毛都是其贸易中的重要商品之一,而这些商行的出现时间也明显早于1921年。因此,张家川皮毛商行的建立可能早于1921年。

民国中期,张家川皮毛行店已经有了一定的规模。《清水县志》张家川之店铺条记载:

> 皮毛货栈七八家,花布疋头铺十五六家,土布摊染坊十四五家,杂货铺二十四五家,药材铺八九家,山货农器摊铺二十余家,鞍仗铺八九家,铁匠炉五六家,脚骡客店十数家……皮毛由铺户土贩由西路甘凉,北路宁夏中卫等处收来……牲畜每逢集,有四乡羊群、牛群、驴群、骡群、马群赶至出售,不时有洮岷群马赶至,客帮通常有顺德、洛阳、豫北各处客帮驻栈收购狐皮、牛羊皮、羊毛。①

这里记载的七八家皮毛货栈只包括张家川上的几家,事实上张家川此时出现的皮毛货栈远超这一数量,而一定量分布于龙山、恭门等地的皮毛行店并没有被统计在内。从客帮所从事的业务和专司运输的脚户以及为其服务的鞍仗铺数量,可以窥见当时皮毛行店的兴盛。

到了1936年以后,尤其是在抗日战争爆发以后,在张家川有关皮毛贸易的商行大量出现。为什么在这一期间张家川本地皮毛商行反而大量增长呢?就其原因大致有两个方面:

第一,外因。抗日战争爆发以后,张家川各个洋行纷纷撤离,洋行的撤离成为张家川本地皮毛商行大量出现的直接诱因。抗日战争促使天津通商口岸的皮毛贸易受到影响,外商大部分回国,洋行生意被迫中断。洋行生意虽然中断,但远离抗日战争中心区域的甘肃地区,诸如陇东十七县的皮毛生产和皮毛贸易并未停滞。洋行驻扎时,由于其财力并非当地一般商人所及,故洋行对市场的垄断抑制了本地较小资本的成长。洋行撤走以后,本地资本家顿失竞争对手,在皮毛贸易利润的吸引下纷纷创立自己的皮毛商号,建立商行,谋取利润。

第二,内因。由于皮毛原料外销受到阻隔,皮毛贸易要想继续生存只能靠内销的途径,而皮毛原料内销并不旺盛,因此当地皮毛加工渐成规模,加工作坊大量出现,熟皮商行成为民国后期张家川皮毛商行的重要组成部分。从原料到消费品

---

① 朱超:《清水县志》卷之五《财政志》,第23页,民国三十七年重修本。

的转变增加了贸易的时间,周转较慢但同时也打开了内销市场,利润更加丰厚。

这一时期,张家川皮毛商号的建立可以说达到了高潮。张家川、龙山二镇只要从事皮毛贸易的商人,或大或小都有自己的商号。本地商人皮毛商号的开设地点也从原来单一的张家川开始向恭门、龙山等地发展。在其从事的业务上,也出现了多元化发展趋势,除了以皮毛为主外,还涉及布匹、药材、茶叶、大烟以及放账①等业务。这些商号的皮毛业务大致分为两个类型,其一是以张家川为主要集结地的皮毛原料贸易,即所谓的生庄;其二是以龙山镇为中心的皮毛加工业务,即熟货。张家川的商号大部分以贸易为主,且部分与洋行有较大的生意往来;龙山镇商号很大部分也从事皮毛加工。

表 1-3　1911 年后张家川本地较大生庄皮毛商号基本情况②

商号名称	负责人	地点	经营范围
德盛	李德仓	张家川	生庄、布匹、药材
万盛	苏尚达	张家川	生庄
天锡	马锡武	张家川	呢绒绸缎、布匹、生庄
藩盛	马毅武	张家川	生庄
仰一堂 乾和真	马辉武	张家川	布匹、生庄、药材
福来(蚨来)	马霆武	张家川	皮毛、茶叶
桓盛	马桓武	张家川	皮毛、茶叶、石印
汇丰	马殿武	张家川	布匹、生庄
大德	马安民	张家川	生庄

---

①　放账即高利贷,是商行赚取利润的重要手段之一。放账分为现金放账和货物放账。现金放账是商行老板将现金贷给几乎没有资本的小贩,待皮毛贸易完成后与其分成利润并收取利息,俗称"驴打滚",是皮毛放账中利息最重的。货物放账是将生皮以"卖期"的方式高价借贷给中等以上的商人和加工者,待其加工完成或交易成功后收取月息三分左右,常以一年或半年为期。事实上货物放账的商人并不承担每月三分的利息,而是将这些皮货再次转贷给小贩,从中谋取利息差价。张家川货物放账最早的是经营布匹的兴盛太商号。由于利润丰厚,其主家李维岳成为张家川最大的资本家,其做法也被其他有实力的皮毛商号效仿。参见马守礼:《张家川皮毛、布匹集散市场的形成》,《张家川文史资料》(第三辑),1991 年。

②　本表所统计的张家川生庄皮毛商号只是其中规模较大的一部分。除了马守礼先生的记载外,这些商号大多无历史记载,多由笔者访谈而来,因此其名称与内容并不完全准确。

商号名称	负责人	地点	经营范围
福德	崔瑛	张家川	生庄
德兴	摆瀛高	张家川	生庄(洋行为主)
同盛	(不详)	张家川	生庄
德统	刘久德	张家川	生庄
钧义成	麻钧	张家川	生庄、熟皮贩运
大成	马保元	张家川	生庄
馥盛(复盛、福盛)	肖子福	张家川	生庄
凡盛	马少凡	张家川	生庄
太(泰)发	崔刚	恭门镇	生庄
万镒	崔伟家族	恭门	生庄
万生	(不详)	龙山镇	生庄、皮毛加工
长发	(不详)	龙山镇	生庄、皮毛加工
耕和	(不详)	龙山镇	生庄、皮毛加工
永盛德	王西宾(音)	龙山镇	生庄、皮毛加工、药材、大烟、布匹
永盛西	王志臣 王辅臣(音)	龙山镇	生庄、皮毛加工、药材、布匹

张家川皮毛商行名称一般有两种形式构成。一种为单一构成方式,即取一般表示生意兴隆的汉字作为商号,以两字者居多。例如大成、福来、万盛、太发、万镒等。一种则是复合形式构成,即在单一构成方式的基础上,融合所有者的姓或名来命名,以三字者居多,例如李德仓之德兴、马少凡之凡盛、马桓武之桓盛、麻钧之钧义成、王西宾之永盛德、王志成与王辅臣之永盛西等①。其实,这两种商号名称的构成形式是可以相互兼容的,取单一名称的商号在其演变与传承过程中,也可以转化衍生出复合式的商号名称。例如由于子嗣分立,长发商号分立为长发祥、长发荣商号,耕和衍生出耕和马、耕和钰等商号。不仅生皮原料商行名称构成如此,皮毛加工作坊的商号名称亦是如此。

表1-3中这些皮毛商号和商行为张家川较大的皮毛贸易机构,扮演着张家川皮毛贸易中枢的角色。这些商号几乎都与当地文化上层人士或与封建势

---

① 永盛德与永盛西为永盛商号下之分号,王西宾与王辅臣、王志成为堂兄弟关系。永盛德为"老号",永盛西是所谓"西号"。

力有关的大地主、大资本家和新兴的当权阶级有密切的关系。举例而言，马元章、马元超为其子嗣所建立的天锡、藩盛、桓盛、福来、汇丰等商号就与哲赫忍耶广泛的影响力有关；李德仓和崔伟都是新兴封建阶层与大地主，他们也相应建立了自己的皮毛商号，并以家族商号的形式绵延迤后，如李德仓之孙李镇侯开设的保太、崔仁山开设的万源、崔刚开设的太发等。甚至规模较小的商号也时与这些阶层有一定的联系，例如刘德久是利用其民国初年在建威军吴炳鑫处任职做官的权势开设了德统行店，而刘士栋的全兴商号就是继他三叔刘德久的德统行店而开设的①。

近代张家川皮毛贸易已经从分散的小户经营逐渐被专营皮毛的商号所垄断。这些商号数量庞大，规模不等，成为张家川皮毛贸易集散的重要桥梁。以资本主义洋行为开端的皮毛经营刺激了当地以农业为主的封建经济模式，牵引着张家川封建地主向资本家逐渐转化，这也是张家川资产阶级兴起的重要因素之一。

民国时期，张家川皮毛贸易作为回族商业的一个部分，正如高占福在研究民国时期整个回族商业经营者情况时所说，"民国时期，回族商业经济……其经营者，既有资本雄厚的富商大贾开设的大型商号，又有众多本小利微或亦农亦商的小商小贩"②。而其中"小商小贩居于主导地位"③。

因此，需要指出的是，虽然其时大量的皮毛商号与商行在张家川的皮毛贸易中占据重要角色，但是广大的小户、土贩所从事的皮毛收购是贸易实体得以正常运转的前提条件，也是商行发展的真正推动力量。

(三)皮毛税收及其与中外商行的关系

税收是国家进行社会产品利益分配的途径之一，具有强制性、无偿性与固定性的特征，是国家机构正常运转的必要手段，对作为社会产品的皮毛收取税收也不例外。由于清末至民国时期，国内政权更替、时逢抗日战争和内战等因

---

① 马守礼：《张家川皮毛、布匹集散市场的形成》，见《张家川文史资料》(第三辑)，第57页，1991年。

② 高占福：《历史的透视：回族商业经济与回族社会地位的关系》，《黑龙江民族论丛》，2001年第1期。

③ 答振益：《民国时期回族商业概论》，《中南民族学院学报》(哲学社会科学版)，1998年第1期。

素的影响,国内政局不稳,因此张家川的皮毛税收政策也废立无常,杂乱不堪。

1.税额与税种:

一般而言,在税种、税率相同的情况下,收取的税额愈高说明该区域相应行业的发展愈繁盛。也就是说,税收金额的多少与相应行业的税种、税率成正比。以1916年为例,与皮毛税捐相关财政收入的省份有三个,"新疆:皮张捐450元;甘肃:皮毛捐12 000元、皮毛行用220 470元;黑龙江:山货皮张49 706元"①。

各省的财政收入各有不同,税捐来源也有所差异,而各省的岁入情况可以反映出该省各行业的发展程度。

从税收总额来看,甘肃的皮毛税收也远远超出了其他有相应税收的省份,这一方面说明此时甘肃皮毛行业产销两旺,贸易活跃,市场繁荣,另一方面也可以看出甘肃皮毛税收种类较为复杂。

仅仅从上文材料来看,甘肃皮毛税收不仅包含了与其他省份相同的皮毛税捐,而且还有皮毛行用,其税收总额远远超过其他两省。

甘肃之皮毛税收之所以高居不下,除了皮毛贸易规模和市场活跃的原因外,更重要的是补充军费开支。国民政府对张家川皮毛征收的特种消费税一直在持续,即便是1930年当时"中央政府"实施"加税免厘",张家川的皮毛特种消费税也没有被取消。从税收机构上来看,不仅在张家川设局,而且在阎家店等处设置分卡,征收方式更为严格,以补充军费开支。"特种消费税即清代咸同后之厘金也,清末改为百货统捐。自1930年,中央加税免厘,他省均已裁撤,本省因军费无着,改名为特种消费税,照旧征收。总局设张家川,有财政厅委员专办,县城设分局,阎家店等处设分卡,本为商货落地或经卡验票征税,迨后与本地各种营业税同一税局征收。"②

通过史料可以看出,从清末到民国时期尽管张家川皮毛贸易的税收机构几易其名,但皮毛税收却不曾间断,无论是清政府还是国民政府都没有停止张家川皮毛贸易这一税收重要来源。这表明:一方面,史料说明了张家川地区的皮毛贸易数量之庞大、贸易之活跃,足以吸引政府分设税局,并通过特殊的税收政

① 贾士毅:《民国财政史》(下),见《民国丛书》,第二辑,第39卷,第189—199页,河南人民出版社,2016年。
② 朱超:《清水县志》卷五《财政志》,第5页,民国三十七年重修本。

策来搜刮军费,同时也反映出国民政府对当地皮毛贸易的横征暴敛。另一方面,史料也提示了对张家川皮毛税收之特殊政策的原因就是"军费无着",而皮毛税收在政府开支中主要耗费于地方军费。

事实上,民国时期张家川皮毛税收政策只是清末税收政策的持续。因为从清宣统年间开始,甘肃军费就开始吃紧,"至陕提所辖驻甘各标营每年饷需,向由陕西拨银十三万八千余两解甘济用"①。所需军费不仅从陕西调用,并且加紧搜刮民财,而张家川活跃的皮毛贸易也成为征税的重要来源之一,其税收总额亦不在少数。

这些皮毛税收大部分来自甘肃皮毛贸易中的各级市场,在张家川皮毛税收中,不仅体现了这一特征,而且还体现了税种名目繁多的实际情况。近代张家川的皮毛税收几经变革,税种颇多。从清代末期开始到民国时期,张家川皮毛税收曾先后归于釐金局、百货局和特种消费税局(特税局)。

清末张家川地区的皮毛税收曾一度与釐金局分设。到宣统三年,张家川设立皮毛专卖局,由甘肃省财政厅派人专办皮毛税收②。1911 年以后,皮毛专卖局仍然存在,只是归入了所谓特税局。《清水县志》皮毛公卖税条记载,"民元后在张家川设局征收后归特税局兼办"③。皮毛税收当时仍属特种消费税之范畴。由此可见,近代张家川皮毛税种繁多,先后有釐金、皮毛税捐、皮毛行用、特种消费税等,另外还有牙纪行牙佣等④。

2. 税收与中外商行:

上述繁杂的税种与数额庞大的税额表面上看与商行和洋行不无关系,但实际上承担这些税收的却是底层的皮毛商贩。洋行利用外国侵略势力和雄厚的

---

① 马塞北:《清实录穆斯林资料辑录》,下卷第二分册,第 1599 页,宁夏人民出版社,1988 年。

② 张家川回族自治县地方志编纂委员编:《张家川回族自治县志》,第 524 页,甘肃人民出版社,1999 年。

③ 朱超:《清水县志》卷五《财政志》,第 6 页,民国三十七年重修本。

④ 牙佣是变相的皮毛税收,即由当地所说的牙客,在皮毛交易时撮合买卖双方成交,并从中收取佣金和牙税。在民国之前由所谓牙行派人完成,收取皮毛1%—4%不等的佣金,买卖双方各付一半。佣金还要每年给清廷上缴部分税银。《清水县志》牙税条载:"向来牙行执有藩司帖照营业,年缴税银二三两,归县署经收,民国后渐变渐加,后变为包商制。"民国时期,皮毛牙税一直持续,牙税的税率根据市场行情时有波动。

资本,通过各种方式逃避皮毛税收,并享有特权;而本地商行则与官府、税局以及洋行关系密切,通过代收税金、行用等方式将皮毛税转嫁给皮毛商贩。

就早期的洋行而言,这些税收几乎对洋庄贸易不起作用,洋庄贸易的税收是通过三联单来控制的。除了洋行,本国皮毛商人行经每省都要缴纳地方税,而有了三联单则可以逃避地方税。洋行往往超出三联单规定数额、地点交易或私自篡改单据,甚至有些无单闯卡,对此税收机构不敢轻易干涉。访谈材料和文献记述有如下的反映:

"洋行缴啥税呢,人家都用的是联单,有了联单就不用收税。牙子钱(牙佣)都没人给,牙子主要就是收散户的佣哩。那时候我还小,常见洋行的皮脚骡后面都插的国旗(相应国家的国旗),没人敢惹。"①"洋行他们手里拿着有他们国家领到的所谓'练单'在我们国内可以不交厘金,脚户在运输时在一帮驮队的头一个骡马驮子上,插着外国旗子,享有特权,中国人不敢过问。"②不仅张家川的皮毛洋行如此,各地洋行也大体类似。如洋行的羊毛由兰州水路"运出时皮筏子上插有英国、德国的白旗,上面写着'保护'二字,沿河税局看到是外国的货物,即任其通行,不敢查问"③。

由此可见,洋行皮毛贸易是享有免税特权的,无论近代张家川皮毛税收政策如何波动与变化,但始终没有对洋行掠夺原料起到多大的作用。

本地行店是皮毛交易的场所,而皮毛税收却由行店控制。文史资料说:

行店门首都悬有两方牌,分挂左右。在民国元年以前是虎头牌,后来随着反动政权的更替,换为"五色国旗"和"青天白日国旗"牌。牌是向反动政府领取的,牌上写"抽收行佣金,禁止偷漏",或"抽收行佣"和所谓"补助国税"等字,俨然行政衙门。④

可见行店与税局的关系实为密切,甚至代理税局征收皮毛税收。另外,自民国以来牙税实行包商制,所有皮毛牙行都归行店管理。各行店均有专设的牙纪数人,

---

① 李毓华访谈资料。
② 麻钧、马辅臣口述,王文山整理:《张家川皮毛业发展简史》,见《张家川文史资料》(第一辑),第24页,1988年。
③ 党诚恩·陈宝生主编:《甘肃民族贸易史稿》,第52页,甘肃人民出版社,1988年。
④ 马守礼:《张家川皮毛、布匹集散市场的形成史》,见《张家川文史资料》(第三辑),第56页,1991年。

不仅收取税金,甚至可以稽查自由交易的皮毛商贩,防止皮毛税金与牙佣的流失。

这些行为的最终目的就是将皮毛税收悉数转嫁给底层的皮毛小贩和商户。甚至部分行店还实行"拨兑借"①的办法,以虚拟资金为诱饵,在逃避税收的同时强迫皮毛商贩无休止进行皮毛收购,从中获取高额利润。

通过对近代张家川皮毛贸易的市场地位、皮毛贸易的实体机构及其税收政策的简要叙述与分析可知:张家川周围大批出产的皮毛原料为其集散市场的形成提供了前提条件,而张家川皮毛贸易逐渐形成的二级集散与中转市场的作用更是其皮毛贸易发展迅速的直接因素。

西北乃至整个中国皮毛贸易的兴盛与资本主义的资本输出关系密切,皮毛洋行在张家川的开设反映了资本主义原料掠夺范围之广、程度之深,同时它也促进了张家川封建经济的资本化过程。早期张家川权贵、大地主纷纷建立自己的皮毛商号,开设商行。他们是张家川早期当地资本家的主要来源之一。

第四节　近代张家川皮毛加工贸易历史与鞣制工艺

一、张家川皮毛加工贸易历史及皮毛作坊

近代张家川皮毛加工与贸易是相互联系的。张家川早期生庄贸易较为兴盛,因此也带动了皮毛加工的兴起与发展。相应的,皮毛加工使张家川皮毛贸易的内容更加丰富。

皮毛加工是将皮毛原料通过各种熟制方法,将其加工成为制作农具、衣物、鞋帽、手套、装饰品等各种消费成品的材料的方法,在张家川俗称"泡皮"。关于张家川皮毛商人何时在何处开始加工皮毛,由于年代久远,缺乏历史记载,已经无从可考。虽然吴钰先生在其著作《天水回族史略》中考证:

天水的皮毛业历史悠久,相传晚唐时期就有皮毛加工技术从陕西传入。天

---

① 商行将商贩收购皮毛的货款不及时付清,而是通过债权相抵的方式转嫁给其"放账"户,这就是拨兑。如不按时拨兑,其皮毛货款还要收取更多的利息。没有按时拨兑到皮毛税款的商贩甚至不惜高息向行店"借"取布匹等货物,即所谓商行之货物放账,再换取皮毛。商贩往往本次购贩才能拿到上次或更早的皮毛货款,如此循环往复,皮毛税收与佣金利息则源源不断地流入行店与税局,商贩们则获利微薄。

水回族在宋元之际形成后……生活在城镇的工匠就开始了皮毛技术引进,到了明、清在秦州(今天水)、张家川、龙山、秦安以及伏羌(今甘谷)就出现了皮毛加工的小作坊。①

但时至清末,皮毛加工在张家川并不算兴盛,也就是说清末至民国时期张家川皮毛加工业的恢复经历了较长的时期。而相反的,笔者通过访谈得知,"最早泡皮的人我也不知道了,但是街上人原来泡皮的比较少,后来熟皮生意好了街上人才开始也有泡皮的了"②。

可见这些人最早以乡间商贩为主,其中以四方乡的马堡、马河,龙山乡西沟,连五乡诸村,恭门之崔窑、崔湾③等为代表。由此可以推断:张家川皮毛加工由来已久,主要集中于张川和龙山两镇的周边乡村。而1911年前后在皮毛加工的恢复与发展中,散户与皮毛小商贩的作用不可小觑,他们所从事的皮毛加工是作坊出现和发展的前提。

清末时期,张家川各地已有了从事皮毛加工与熟制、自产自销的小皮贩。这些商贩熟制皮毛大多是零星的业余加工,一般在隆冬农闲时收购少量皮毛并进行加工,具有数量少、品种少和临时性的特征。其时由于加工工艺所限,所谓泡皮只是制作简单的"白皮"④,用于制作农业工具,满足农业生产的需求。只有少量用于再次进行精深加工的原料由商贩运往上海、天津等商埠进行销售。这一时期,大部分皮毛加工只是集中在以户为单位的皮毛商贩中,"少则三五件,多则一二十件"⑤,规模较小。由于生庄贸易在洋行的刺激下回暖,大量商贩在利益的驱动下都加入了洋庄贸易链;熟货生产内部技术落后、产量颇小,难以打开市场。

1911年以后,张家川皮毛加工在整个皮毛贸易市场兴起大势的带动下,开始逐步的发展。这一时期开始出现了一些较大的皮毛熟制作坊,与前期以户为单位小商贩皮毛加工的不同之处在于:皮毛加工作坊有较充裕的资金,加工数

---

① 吴钰编著:《天水回族史略》,第155页,甘肃民族出版社,2000年。
② 马万德访谈资料。
③ 《张家川回族自治县志》,初稿,油印本,张家川回族自治县档案馆藏。
④ 通过简单脱毛处理的皮板,色白质硬故称白皮。
⑤ 马守礼:《张家川皮毛、布匹集散市场的形成》,见《张家川文史资料》(第三辑),第59页,1991年。

量较大,有少量雇佣工人。"民国九年(1920)前后,张家川地区有十余家手工加工皮衣的作坊。"①加工作坊出现后,除了简单原料熟制外,皮毛成品种类也逐渐增多,诸如柴皮袄、毛链子、光面皮袄②等。由于这一时期外国洋行对皮毛原料需求甚多,当地熟皮加工业仍然发展艰难。

同时,熟货贸易也因市场需求较小,皮毛加工作坊相应出现了复合型的获利方式。所谓复合型是指这些作坊并不单一以经营熟货为其获利途径,而是在回程之时从商埠购得所谓"洋布"或其他日用商品贩运至张家川再次获利,有些甚至经营药材、杂货等。早期,这些作坊仅靠皮毛经营所得有限,而通过来回两次贸易保证其收益。1920年前后正值洋行发展的兴盛时期,洋庄贸易几乎都以经营生皮和各类珍贵野生皮为主业,熟货在张家川皮毛洋行中并无太多份额。

当地最有影响力的资本家都与外国洋行合作建立洋行或成为洋行买办,而一部分资本较少、势力有限的商贩无法直接与其抗衡,获利也较为困难。相反的,由于熟皮加工竞争较小,因此选择开设皮毛加工作坊既能减少经营压力与风险,又能维持其皮毛经营的传统。这些皮毛加工作坊为了扩大销售途径,在销售地点上大部分选择了经济发展较快、城市居民购买能力强和商品集散能力强的通商口岸和大商埠,例如天津、上海、汉口、重庆、武汉等地。有些熟货在商埠销售以后并不是马上进入所谓消费环节,而是在一些商埠中囤积起来,然后由投机商人把皮毛产品再次贩卖给消费者。对于这些商人而言,张家川皮毛加工作坊只是普通的皮毛消费产品的供货方而已。

表1-4　1920年张家川规模较大的皮毛加工作坊基本情况统计表③

加工商号名称	负责人	开设地点	加工商号名称	负责人	开设地点
万盛生	(不详)	张家川	耕和马	马天元(音)	龙山镇
恒盛老	(不详)	张家川	耕和钰	马险泽(音)	龙山镇
风兴元	(不详)	张家川	永盛德	王西宾(音)	龙山镇

① 张家川回族自治县地方志编纂委员会编:《张家川回族自治县志》,第529页,甘肃人民出版社,1999年。

② 柴皮袄为毛为面,皮板为里,一般由绵羊皮制成;光面皮袄为毛为里,皮板为面,绵、山羊皮皆可制作。

③ 此表根据笔者访谈而来,表中空缺系无从考据。

加工商号名称	负责人	开设地点	加工商号名称	负责人	开设地点
俊兴茂	（不详）	张家川	永盛西	王辅臣（音）	龙山镇
金盛魁	（不详）	（不详）	全盛马	马寿山	龙山镇
义兴德	（不详）	（不详）	全盛福	（不详）	（不详）
长盛源	（不详）	马（家）河	万顺有	（不详）	（不详）
兴盛永	（不详）	龙山镇	聚兴堂	（不详）	四方
长发祥	（不详）	（不详）	万源东	（不详）	西沟

同前期相比,皮毛加工作坊的所有者也发生了较大变化。小商贩与散户虽也加工皮毛,但不足以开设皮毛作坊,如表1-4中这些较大的皮毛作坊是由当时地主兼资本家开设的。之所以称其为地主兼资本家是因为:一方面,他们没有放弃土地的所有权,坚持雇用农民进行农业生产。"凡在他们居住的地区,都有将近一半或更多的土地为他们所有,当地的公务权也照例由他们几家轮流管理或世袭管理。"[1]这是他们封建性质的体现。但另一方面,他们开设皮毛作坊,雇用工人,经营皮毛和其他产品,通过部分占有工人的剩余劳动价值获取利润,又体现了其资本主义性质。

如前所说抗日战争爆发以后,洋庄生意萧条,而本地皮毛加工商号与作坊则大量出现,至1939年"发展到58家,仅在龙山镇开设的就有40家"[2]。新开设的皮毛作坊与生皮商行是有内在联系的,具体分析如下:

首先,一些原来进行生皮贸易的商行开始逐渐参与到皮毛加工的行列中,如龙山之永盛德、永盛西、长发、耕和等商行。

其次,这些皮毛加工作坊表现出较强的家族传承性,例如原有的生皮商行万盛、桓盛、耕和、长发等,发展成以皮毛加工为主的万盛生、桓盛老、耕和马与耕和钰、长发祥与长发荣等皮毛加工作坊。一方面这些皮毛加工商号的数量大量增加,另一方面其产品也较为丰富,有各种皮袄、皮套裤、皮褂子、皮背心、二毛袍子,以及各种野生裘皮等。该阶段已经有大量皮毛加工作坊脱离了原有的

---

① 马守礼:《张家川皮毛、布匹集散市场的形成史》,见《张家川文史资料》(第三辑),第59页,1991年。

② 张家川回族自治县地方志编纂委员会编:《张家川回族自治县志》,第529页,甘肃人民出版社,1999年。

复合式贸易经营模式,开始专司皮毛加工与销售,这不仅反映出这些皮毛加工作坊的实力在逐步增长,而且也可以看出整个熟货贸易市场也较为兴盛,出现加工与销售两旺的境况。

事实上,此后张家川皮毛加工商号与作坊不止上述 58 家,因为大量由原有小皮贩组成的加工散户在资金积累到一定程度后,也纷纷设立自己的商号。

做皮子的稍微有点力程(资金),都有自己的号呢,那时候就兴那个东西。尤其是在龙山这边,几乎家家都有个名号,大的也就不多的几家。(调查者:咋样才算大)大的人家泡皮叫人(雇人),缝皮叫人,卖货的时候有自己的驮队,钱多得很。永盛德和永盛西家那时候在上海都买了很多地方。一般小的就是泡皮货不多,也不能到大地方去,有时候拿上皮袄串乡去了,有时候就直接给人家(大作坊)卖给了,钱赚得少。秋后泡皮的人多得很,家家都泡着哩。[①]

可见散户的皮毛加工仍然占有重要的地位,大量小作坊与散户的皮毛加工才是这一时期该行业发展不可忽视的力量。一些中等的商贩甚至可以自行建立商号,形成从大到小、规模不一的皮毛加工商号。无论这些从事皮毛加工的商号如何发展,其内部是有分层的。

第一层为早期较大资本家所建立,这些皮毛作坊的特点有:(1)存在时间较长,大部分为子承父业的家族性商号。(2)资金雄厚。熟制皮毛"少则几百件,多则两三千件"[②]。作坊规模庞大。(3)有较多的雇用工人,分工明显。散户在熟制过程中,大多没有雇用工人,自产自销。即使一般小作坊也只雇用有专业剪裁、缝制技术的毛毛匠[③]而已,但有规模的加工商号从生产到销售几乎都有雇用工人参与,且有较清晰的行业分工。

第二层为中等商贩建立的皮毛加工商号。这些商号大多为抗战爆发和内战开始后逐步建立的。相比前一类型的皮毛加工作坊,他们资金少,规模小,雇用工人非常有限。从销售上而言,这些中小型作坊大部分是将熟货出售给皮毛加工的大商号,大部分由其统一运至商埠和通商口岸进行销售,部分用于国内消费,也有少量出口。

---

① 马紫英访谈资料。

② 马守礼:《张家川皮毛、布匹集散市场的形成史》,见《张家川文史资料》(第三辑),第 59 页,1991 年。

③ 毛毛匠是皮毛加工中的一个工种,由当地农闲农民充任。这种工人只从事熟皮的剪裁、缝制等,类似于皮毛裁缝。张家川将所有此类雇用工人称为毛毛匠。

另外,虽然以户为单位的自产自销式的散户加工,大多没有自己的商号,生产能力有限,但是由于这些散户数量较大,从其总量和生产能力上来说也是该时期皮毛加工中的重要组成部分。

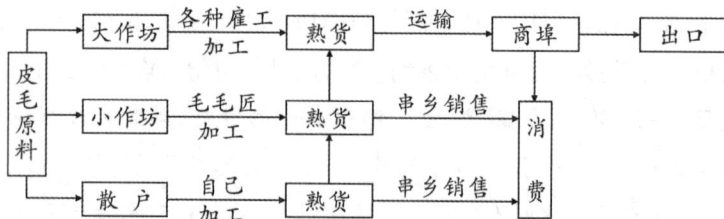

图1-5 皮毛加工作坊的分层与关系

至于皮毛作坊所加工皮毛原料的来源,则根据作坊的不同,其进货渠道也有所不同。大作坊的生皮要么雇人从皮毛产地或各级集散市场收购,要么由当地生皮商行供给,皮毛原料的供货方式也较为灵活。生皮收购与加工并不冲突,边收购边加工,甚至终年不停工。小作坊往往由于资金有限,经营者只能亲临生皮市场收购所需皮张,以降低加工成本。为了资金合理周转,小作坊的收购与加工往往有明显的时间区分。一般而言,他们秋天收购各类所需加工皮毛原料,冬天加工并销售,待销售完成以后再次收购加工原料,周而复始。这样不仅能使有限的资金合理利用并获取利润,同时也符合农业生产的时令要求。另外,在其销售方式上,小作坊或者散户除了把自己产品出售给较大皮毛加工商之外,还有所谓"串乡"方式,即将加工好的皮毛成品运至较偏僻的农村,出售或继续用生皮交换的方式提供给当地消费者。与商埠之皮毛销售相比而言,这种销售方式虽然分散零碎,但由于小作坊提供熟货的数量不大,竞争力较小,因而更容易打开农村市场。

另外,民国时期从事上述皮毛加工制作的人员除了散户和大量小贩之外,还有部分是以皮毛加工为业余工作的手工工人。这些工人有毛毛匠、毡匠、皮货客等,他们是张家川加工皮衣和其他皮毛消费品的主力。手工工人与加工作坊存在一定雇佣关系。这些手工工人有其自身的特点,主要表现在:

第一,自学成才,技能单一。张家川毛毛匠裁制皮毛的技术大多由外地的技术工人和当地农民及破产商贩充当。这些工匠大部分没有经过专业的训练,其皮毛加工技术都是逐渐积累而来。例如毡匠专司擀毡,不从事皮张加工与熟制;而毛毛匠并非专业裁缝,因此他们在裁制皮毛时都只有单一的裁制技能,有专门裁制大衣的,有裁制背心的,也有专门裁制袍子的,但鲜有身拥多种裁制技能的毛毛匠。

第二，工人虽然具有加工技能，但由于受雇于加工作坊，因此其收入较少。例如，作坊给毛毛匠的工资大部分以天计算，偶尔也有计件工资，但大体上其工资也只是维持生计，所谓"饿不死，养不肥，只挣辛苦钱"①。

第三，事农种田为主，受雇加工为辅。手工工人并非终年从事皮毛手工劳动，而只是在农闲时节单个或以小团体的身份，受雇于皮毛加工作坊。不过在规模较大的皮毛作坊里，也存在常年从事皮毛加工的手工工人，相应的他们的工资待遇也较高。

第四，流动性强。因为其工作的性质和皮毛加工本身的特征，他们从事皮毛加工有很强的流动性。因此这些手工工人往往没有固定的雇主，雇佣关系时断时续。

可以看出，虽然民国时期张家川皮毛加工工人与其雇主之间并不是稳定的雇佣关系，但这些加工作坊仍然通过榨取工人的剩余劳动来获取利益。资本主义生产方式的两个特征，一是它生产的产品是商品，二是"剩余价值的生产是生产的直接目的和决定动机"②，即剩余价值为资本家所占有是雇佣劳动与资本制度的实质，也就是资本主义生产关系的实质。由此来看，张家川的资本主义生产关系在早期的皮毛加工中也表现得尤为明显。

总之，张家川的皮毛加工历史较长，但清末以后其皮毛加工行业的再次兴盛却发端于民间。民国时期大型的皮毛加工作坊的出现与前期张家川地区的皮毛生庄商号不无联系，与其说是早期皮毛加工商号的出现，不如说是原有皮毛商号的业务拓展。尤其是从1920年以后，皮毛加工作坊就开始大量出现，该时期的皮毛作坊几乎都由张家川地主或早期资本家所拥有。洋行撤庄以后，张家川皮毛加工商号林立，发展更盛，出现了多元化、层次化的皮毛加工作坊，由此泡皮工艺也逐渐改进和推广并延续至今。

二、张家川皮毛加工工艺的形成

张家川皮毛加工工艺并非完全源于张家川地区。清初就有皮毛加工技术从陕西传入此地，尤其是在清末张家川回族聚居区形成之后，各地皮毛加工技

---

① 虎有泽：《试析黄土高原上的民族经济——对甘肃张家川回族皮毛经济的调查》，郑和下西洋与文明对话国际研讨会会议论文，2005年，第424页。
② 马克思：《资本论》，第3卷，第994—996页，人民出版社，1975年。

术被带入到张家川。民国初年，又有河南桑坡皮毛加工技术传入张家川，因此张家川皮毛加工可以说是在融合了各种皮毛熟制技术的基础上逐渐发展而来的。张家川皮毛加工主要有两个方面，一是皮张加工，就是所谓的泡皮或熟皮，最终产品与各种皮衣、皮帽、皮鞋、手套、褥子等有关；另一种是专门从事毛类加工，最终产品大部分为毡、毛线等产品。弹毛业在张家川皮毛加工中所占份额并不大，其加工工艺也较为单一，相反皮革鞣制与加工是张家川皮毛加工最主要的部分。

至民国中后期，这些皮毛加工技术被逐渐改变、发展和推广，并形成了一套独具特色的皮毛加工工艺。张家川皮毛熟制可以分为准备生皮、炮制、整理、裁缝、吊熏成品五个阶段，共十多个步骤。现对这几个阶段做一简要考察。

（一）准备生皮

该阶段是皮毛熟制所需的必要准备工作，主要工作是储备熟制所需皮毛原料，对其进行整理。这一阶段按先后次序，包括收购、晾晒、拔油、整理、洗铲五个步骤。

首先，加工者根据所要加工的成品需要来收购符合标准的生皮，具体要求是严格按照皮毛的种类、大小、产地、质量等标准来收购。

其次，将收购储存的生皮进行晾晒，并将皮板上残留的动物油脂去除干净。去油的方法各有差别，在张家川最主要的去油方法就是"黄土拔油法"。即将含碱量较高的黄土，张家川当地所称之"斑斑土"附于皮板使皮板上的油脂脱落的一种方法。

再次，将经过拔油的生皮抖掉黄土，重新整理。有些种类的皮毛如果皮毛原料差距太大，皮张品质较差时，可能要做简单处理，即将附着在皮张上的各种脏物剔除干净，用"杀剪"（见图1-6）剪齐，即所谓"生杀"。

最后，还要通过洗、铲两个阶段，才能完成生皮的准备工作。（1）洗，将整理好的生皮洗涤干净。洗皮需要大量流动水，因此张家川洗皮工作几乎都在河里完成。洗涤时所需的原料有皂角和硝，皂角的主要用途是去污；硝的用途是防止湿皮发热、稳固毛根、防止"臭脱"①。（2）铲，此铲即所谓铲水皮或铲生皮（生铲），主要目的是去除皮板上残留油脂，伸展皮张，防止熟制时出现所谓"脂肪皮"。铲皮所用的工具叫作皮铲（见图1-7），由铲和铲楔儿（音：xuer 见图1-8）

① 如果生皮油脂未祛干净，待皮见水后会发热继而发酵，不仅恶臭而且毛会自动脱落，故称"臭脱"。

两部分组成。铲楔上柄为弯曲状,铲皮时上柄紧贴胸口(见图1-9)。

图1-6 杀剪

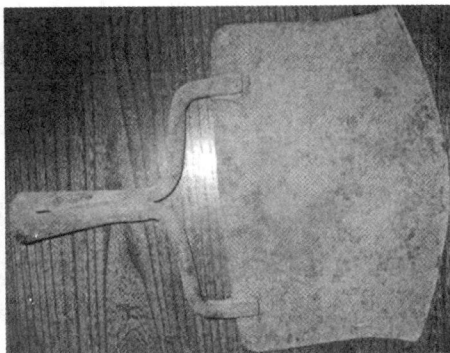

图1-7 皮铲

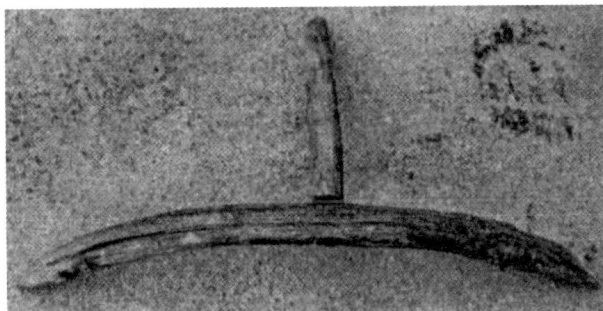

图1-8 铲楔儿

图1-9 铲的使用方法

(二)炮制

炮制是皮毛加工的核心阶段,其主要目的是将生皮炮制成熟皮。泡制方法经历了由落后到先进、由复杂到简单的变化。

近代张家川散户皮毛鞣制最主要的方法是自然泡熟。自然泡熟的方法较为简单。具体做法是在锅中水里兑好硝面,控制使其恒温。每隔固定时间将生皮放入锅中过水和硝面一次,然后将皮革放在一起自然发酵熟制,如此反复数次,直至皮革捏压后不恢复原状,则鞣制完成。由于自然泡熟的方法工艺落后,需要较多的劳动力,且加工难成规模,因此在张家川散户皮毛加工中较为多见,至于作坊则大都不采取这一工艺。

民国时期,规模较大的皮毛作坊都盛行所谓"拉熟"的泡制方法,以后逐渐固定且延续下来。这个步骤技术含量较高,较为精确,因此一般由经验老到的泡皮者担任。其主要做法是:将铲干净的湿皮放入缸中,缸下锅中生火熟制。根据皮毛种类的不同,熟制所需的时间和温度都有所差异。而这里温度和时间的度量单位都是所谓的"火"。火即炭火,每天为一个火。温度则要求缸内保持恒温,在 46 ℃[1]左右。例如二毛或者老羊皮大都需要七个火,而诸如貂皮、狐皮等只需五个火。另外,根据熟皮时气温差别,火候也应该有所不同。一般而言,除了野生珍贵皮毛之外,冬天需要七个火,夏天需要五个火。

民国时期,熟制皮毛的温度和时间全靠加工者的经验。皮子泡得好的人知道如何控制火候,那时候哪儿来的温度计,都是凭一把手。不会泡的人再看表也白(白搭)着哩。[2]

泡制时温度与时间的要求比较精确,如若温度太高、泡得太久,导致皮毛直接变熟,毛脱板烂;相反,温度太低则毛色暗淡,皮板太硬。只有皮毛炮制温度与时间恰到好处,才能达到皮质柔软易伸展,毛固色正的效果。泡皮时所用的原料是硝和糜面(玉米面也可)。硝的用途是防腐、防臭和恒温。而糜面的作用是软化皮板,糜面越多熟制出来的皮质越软,熟皮质量也越高。

(三)整理

整理阶段是对泡制成的皮毛产品进行再次加工,目的是使其宜于裁剪和缝制。整理阶段共分为晾晒、上钩刀、铲皮、除尘、上板等几个步骤。待皮张炮制完成以后,先要将其阴干至凉,然后再晒。由于生皮上的残留纤维组织并不能完全剔除干净,因此待皮张泡熟后还要继续加工。其除去纤维的做法是:首先给晾晒干燥的皮毛喷水,软化皮板;其次就是所谓"上钩刀"。钩刀也叫刮刀,状如镰刀,内有齿(见图 1-10)。使用时由加工者腿部发力,自上而下对固定在高出的皮张操作(见图 1-11)。其主要目的是将熟皮上的纤维(肉茬)刮起,为铲皮做好准备。最后就是铲皮,此铲为铲熟皮。铲熟皮的技术要求比较高,用力要均匀,既要铲净残留物,又要防止铲破皮板。通过铲熟皮的工序,皮板上所有的残留肉、油、纤维组织会被全部铲除,只剩外皮。

---

① 虎有泽:《试析黄土高原上的民族经济——对甘肃张家川回族皮毛经济的调查》,郑和下西洋与文明对话国际研讨会会议论文,2005 年,第 424 页。
② 马世杰访谈资料。

图1-10 钩刀或刮刀　　　　图1-11 钩的使用方法

熟皮残留纤维除去以后,要对其进行除尘处理,即"弹(音:dan)皮子"。弹皮子可以将铲皮遗留下来的皮屑和渣滓除净,附着在毛里的杂质和掉毛也可以通过凿子(见图1-12)来清除,凿子的造型、大小和凿口的粗细由皮毛种类来决定。一般而言,较粗的皮毛凿口也较粗,而用于梳理狐皮等较为珍贵的皮毛时,凿子的凿口较细。

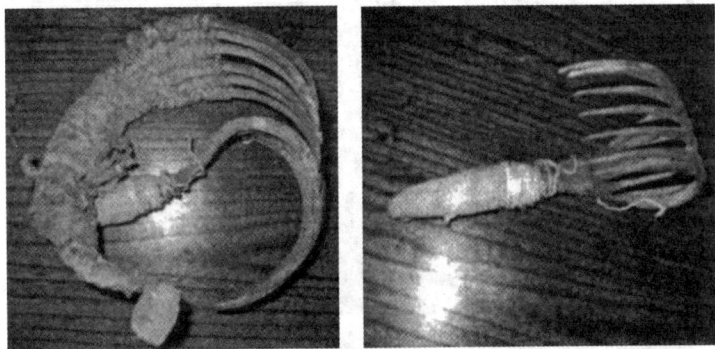

图1-12 凿子

整理完成以后就要对皮张进行伸展,也就是所谓"上板"。上板是将整理干净的皮张放在木板上伸展。由于熟皮容易皱缩,因此在伸展时往往也将皮张皮板向外、毛向里钉在木板上,经过曝晒、刷硝面等阶段,逐渐使其定型。通过整理阶段,皮毛原料被加工成可以直接进行裁制加工的熟皮。

(四)裁缝

裁缝的主要目的是将熟皮原料按照要求加工成各种皮毛消费品。在开始加工之前,加工者要经过一个所谓的"铲杀"环节。所谓铲杀实际上是两个分立的工作,即铲和杀两个阶段。毛毛匠将凝结在皮板上的固体硝残留物铲除干净就是铲,这样便于裁缝,也防止成品出现硝臭。铲完以后也可以揉皮,使皮板变软,便于缝制。杀就是利用杀剪整理毛长,使其毛锋均匀,即所谓的"熟杀"。前文已述,"生杀"可以根据皮毛的种类、品质和制作要求随意选择,但"熟杀"却是必须要进行的工序之一。经过"铲杀"的熟皮就变成可以直接用于缝制皮衣或其他制品的熟皮原料。

进入裁制阶段后,大致有三个步骤需要逐一加工完成,即案、裁、缝。

案,就是所谓上案。上案首要任务是配皮,加工者按照皮毛的种类、质量、大小,皮板的厚度,毛的性质、颜色、长短等要求,将其进行分类,分配成一类的熟皮原料在加工时也可以加工成同类产品或同一产品。

裁,即剪裁。由于皮板较厚且相对坚硬,在裁皮时几乎很少用到剪刀,而是利用所谓裁刀与裁尺(见图1-13)。裁刀有大有小,规格根据毛毛匠和裁制皮革的种类而有所不同。裁刀使用方法较为特殊,一般拿法如笔(见图1-14),裁制时由裁刀一角向上裁,不能向下拉。裁皮是较为专业的加工技术,因此除了散户为节省费用时常自己裁制以外,皮毛加工作坊都雇用毛毛匠来裁制。

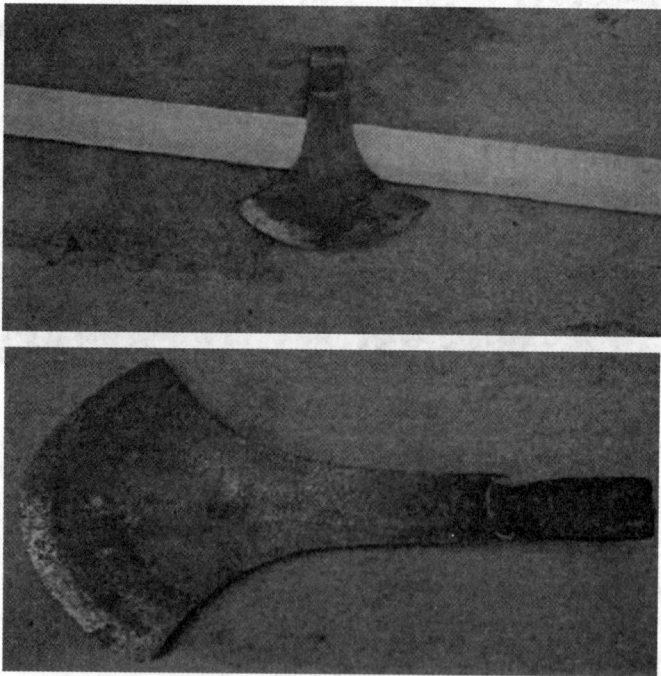

图1-13　裁刀与裁尺

图 1 - 14　裁刀的使用方法

　　裁好以后,这些熟皮由毛毛匠缝制成皮毛消费产品。当然,在以户为单位的皮毛加工中,缝制往往由家庭中的女性来担任。

　　(五)吊熏

　　这个环节是在皮毛产品缝制成形以后所进行的整理与美化的阶段。吊是指给皮衣等产品的毛里喷水,然后梳理使其恢复皮毛原有纹路,更重要的是要给皮毛再次刷硝。这次刷硝的主要目的是要漂白皮毛。吊完,要将皮毛上残留的硝除去,方法如前。待皮毛晾干以后就进行最后一个环节,就是所谓的熏。熏是将皮毛产品放入封闭的空间,内生炭火、上置硫黄,硫黄产生的烟可再次将皮毛熏白,给皮毛产品定型,不易变形。

　　总之,近代张家川皮毛加工工艺逐步成熟,尤其是上述制革工艺有了更加充分的发展。而制革业、弹毛业等在该时期也逐渐成为张家川回族手工业的重要组成部分。张家川制革工艺仍然以手工加工为基础,因此"回胞之工业……弹毛业……制革业……皮货业……浪费人力物力,此后如物资闻名,普及西北,上项工业势必淘汰"[1]。虽然制革工艺有了发展,而就整个皮革工业而言,张家

――――――――――――

[1]　石觉民:《西北回教生活》,民国铅印,见吴海鹰主编:《回族典藏全书》,第 145 卷,第 345 页,宁夏人民出版社,甘肃文化出版社,2008 年。

川缺乏规模化机械生产的能力,这与甘肃的整体情况是一致的。例如,在1912—1913年间全国皮革加工的大型手工工厂由427家增加到551家,但甘肃却只有4到5家①。尽管如此,从张家川整体经济发展的角度来考量,民国时期制革工艺的形成与发展将张家川皮毛经营引向深入,给1949年之后张家川皮毛贸易的再度崛起奠定了基础。

结 论

清末至民国时期,虽然我国社会动荡不安,但张家川传统皮毛贸易却在当地进入一个稳定发展的时期。通过本文对近代张家川皮毛贸易的研究,可以得出以下几个结论:

第一,近代张家川皮毛贸易发展繁荣,促成这一发展的原因较多,但其中外部因素即资本主义掠夺原料基础上的资本输入才是近代西北皮毛市场兴起的关键因素②。张家川皮毛贸易的兴起与国外资本的关系较为密切。皮毛洋行介入张家川皮毛贸易,把张家川皮毛市场与国际贸易市场联系起来,虽然他们剥削了当地人民,但同时也孕育着当地皮毛市场的建立和皮毛商人的成长。

第二,近代张家川皮毛贸易总体呈上升趋势,但也有明显的阶段性,先后经历了市场的兴起、初步繁荣时期、萧条转型期和全面恢复时期。

第三,外国洋行和本地货栈在近代张家川皮毛贸易中发挥了重要作用。众所周知,"民国期间回族中的当地资本主义工商业已经发生并发展起来了"③。而张家川回族的资本主义商业的形成,以及皮毛加工作坊当中的资本主义生产关系也体现较为明显。张家川早期地主、封建权贵和大皮毛商人都成为当地资本的一部分,参与到皮毛贸易的经营活动当中。这些当地资本参与皮毛贸易最直接的方式就是创立商号,建立货栈或行店。这些贸易机构经历了由少到多、由小到大的发展,尤其是在洋行撤离以后,其发展更是迅速。

---

① 彭泽益:《中国近代手工业史资料》,第2卷,第447页,中华书局,1962年。
② 钟银梅:《近代甘宁青地区的皮毛贸易》,第7页,宁夏大学硕士学位论文,2005年。
③ 赖存理:《回族商业史》,第224页,中国商业出版社,1988年。

"回族民族工商业资本具有两重性。"①张家川参与皮毛贸易的当地资本也是同样,一方面当地资本家具有一定的先进性,即与底层民众一起受到帝国主义的压迫与剥削。这些当地资本受到帝国主义的排挤与剥削,因此张家川早期当地资本在皮毛贸易中并不活跃。同时期当地的和外地商埠代表洋行利益的洋行买办,在皮毛贸易时却拥有比这些当地资本家更高的权利。另一方面,从事皮毛贸易的当地资本家也具有一定的局限性,主要表现在:首先这些当地资本家兼具大地主和资本家的双重性质;其次张家川皮毛贸易中的当地资本家通过各种手段转嫁资金负担和税收,剥削底层皮毛商贩。尽管如此,张家川皮毛贸易并没有代替农业的主体,而是采用"农业为主,兼营商业的传统模式,且商业中绝大多数以本小利微的小商小贩为主"②。这也反映了该时期张家川皮毛贸易的实际情况。

第四,皮毛加工推动了近代张家川皮毛贸易的发展与繁荣。就整个皮毛商业来看,原料贸易和皮毛加工消费一样都不可偏废。"关于利用此种富源(皮毛)问题……应讨论两个问题,第一,原料之出口问题,第二,当地人在本地及其附近建设消费工业问题。"③因此,皮毛加工也是张家川皮毛商业当中的重要组成部分。清末全民国时期,张家川皮毛加工基本靠层次不一的加工作坊和大量的民间散户。由于皮毛作坊的层次不一,其皮毛加工的内部运作机制也有所差异。需要注意的是,在这些加工作坊中多不同程度地出现了雇佣工人。这些工人虽不像资本主义机械生产中的雇佣工人那样与雇主之间有固定的雇佣关系,但也体现出这些作坊的资本主义生产关系的实质。这些皮毛加工的工艺逐渐确定,虽然在当时看这些工艺是先进的,但仍然属于手工加工,很难与机器化的规模生产相适应。无论怎样,加工工艺的形成促进了张家川皮毛贸易的发展。

---

① 赖存理:《回族商业史》,第225页,中国商业出版社,1988年。
② 周伟洲主编:《西北少数民族地区经济开发史》,第250页,中国社会科学出版社,2008年。
③ [苏]克拉米息夫:《中国西部之经济状况》,见《中国西部开发文献》,第7卷,全国图书馆文献缩微复制中心,2007年。

第二章　资源利用与环境保护关系探究

——以兴海县虫草资源开发为例

　　兴海县位于青海省海南州西部,因具有海拔高、温差大、光照足等自然条件,成为青海省第三大虫草产区,并形成了交易规模位居青海省第二的虫草交易市场。在兴海虫草资源采挖规模逐渐扩大的背景下,如何利用资源,将对兴海当地生态环境产生日益深远的影响。本章试图以虫草资源开发利用为切入点,探究资源开发给当地带来的经济正效益与环境负效益间的关系。

　　本章主要由"兴海虫草资源利用历史与功能变迁"和"兴海资源利用与生态保护的关系"两大部分构成。

　　第一部分追述兴海虫草资源利用的历史及现状,分析在这一历史过程中,虫草消费功能所发生的变化。通过研究认为:兴海虫草业分工日益明确,销售者与采挖人员逐渐分离,生产、销售、消费界限清晰,形成了产地市场与中转市场网络;兴海县虫草等级评价标准确立,进而有了相对应的价格体系;虫草功能不再局限于单一的药用价值,现今被赋予象征社会地位的文化属性;尽管虫草开采、交易规模扩大,但仍处于产业化水平低与高度依赖自然环境的情形。

　　第二部分主要分析虫草采挖行为对环境的影响,探究出现环境问题的原因。现今兴海虫草资源开发所带来的环境问题主要为:草场退化、生物多样性受到影响、虫草的质量与产量下降,起因就是采挖人口数量众多、采挖期间居住、日常生活造成破坏;又因监管失范,管理办法缺乏可操作性影响了有效管理。

　　兴海县地处三江源保护区。这一地区生态脆弱,一旦破坏难以短时间恢复。

　　虫草资源开发看似带来经济收益,给当地居民提供增收渠道与致富机遇,但这种透支环境效益的行为将会产生负面效应:一方面影响到虫草资源的可持续利用,另一方面也不利于兴海当地的经济发展。由此观之,面对当前这种环境效益与经济利益的两难抉择之时,要明确个人的环境权利与环境义务。

第一节 研究背景、学术研究史

一、研究背景

冬虫夏草(Cordyceps sinensis)[①],简称虫草,藏语称"野儿扎根布"[②],因其生长周期和成形过程独特而得名。民间认为其冬天是虫,夏天化为植物,即"冬在土中,身活如老蚕,有毛能动,至夏则毛出土,连身俱化为草。若不取,至冬复化为虫"[③]。实则冬虫夏草的植物特性与菌类更为接近,系麦角菌科植物。冬虫夏草菌寄居于绿蝙蝠蛾(鳞翅目蝙蝠蛾科,蝙蝠蛾属昆虫)的幼虫体内。冬季蛰居土中,虫草菌的孢子侵入虫体吸收养分,致使幼虫死亡;至春夏季,虫草菌发育,自虫体头部生出子座,露出地面,子座单身,基部与幼虫头部连接,通体棕黄,断面灰白色,全长4—9厘米,有20—30个环节[④],是青藏高原高寒草甸特有的珍贵生物资源。

青海是冬虫夏草重要产区,省会西宁有各种售卖虫草的店铺,主要集中于火车站附近的勤奋巷、七一路新千虫草交易大市场以及各大宾馆附近。购买者多是外地游客或商人,本地人鲜有问津。

在查阅文献过程中,笔者研究了虫草资源开发与环境保护间的关系,经济效益与环境效益该如何取舍的考察。在选择调查地点时,笔者本属意选取玉树州,那里是青海最大的虫草产区,但考虑到自己不懂藏语,难以进入当地田野,

① 冬虫夏草,亦称冬虫草、夏草冬虫,文中为行文方便皆用虫草。
② 青海省地方志编纂委员会编:《青海省志(七十九)特产志》,第54页,黄山书社,2000年。
③ [清]赵学敏:《本草纲目拾遗》,第139页,人民卫生出版社,1983年。
④ 《全国中草药汇编》编写组编:《全国中草药汇编(上册)》,第273页,人民卫生出版社,1975年。

于是将调查地选到了青海省海南州兴海县,其原因有三:第一,兴海县虫草资源丰富,是青海第三大虫草产区,每年采挖虫草人数众多;第二,兴海县有青海省规模第二的虫草交易市场,产地与交易市场集中,有助于探究资源开发与环境保护背后隐含的经济效益与环境效益之间的关系问题;第三,兴海县与西宁市仅县5小时车程,调查方便,并且当地汉语普及度较高,有助于笔者进行田野调查。

兴海县位于青海省海南州西部,东西宽118.75千米,南北长159.5千米,总面积达12 100平方千米,地理坐标北纬34°48′—36°14′,东经99°01′—100°21′。全县海拔2590—5320米,平均海拔为4 300米;年最高气温24℃,最低气温−25℃;年平均降水量353毫米,年日照时间4 431.8小时,属高原大陆性气候。兴海县的自然气候条件有利于虫草生长,故该区虫草产量大。兴海县地质结构较复杂,属昆仑—秦岭印支褶皱带,境内山脉、河流、盆地相间分布,鄂拉山矗立于西北,西南为布尔汗达山余脉,南部是阿尼玛卿山。这些高山中皆有虫草资源分布。黄河流经兴海县,黄河支流大河坝河、曲什安河纵横其境。该县水利资源丰富,该地水土涵养对下游水源有影响。兴海县草原属于高寒干草原,土壤平均厚度仅为40—60厘米,生态脆弱,一旦破坏很难自我恢复。草场面积1 515.42万亩,占全县总面积的82.93%。其中可利用草场面积1 404.07万亩,占草场总面积92.65%。兴海县草场主要分布于河卡盆地、唐乃亥乡、中铁乡、龙藏乡、温泉丘陵、滩地及黄河谷地①。而兴海虫草也主要分布于上述地区,其中中铁乡为29万亩、龙藏乡为37万亩、温泉乡为56.28万亩、河卡镇为10万亩、子科滩镇为10万亩、唐乃亥乡为5.01万亩、曲什安镇为0.45万亩②。

尽管采挖虫草会对环境带来影响,但兴海县虫草交易规模仍在扩大。2010年兴海县还建成了青海省第二大虫草交易市场——黄河源冬虫夏草兴海县综合交易市场,成为全省第二个重要的虫草交易集散地。由此,兴海虫草资源利用的发展将会给环境带来的影响、二者的关系,将是本章试图探究的重点。

---

① 兴海县志编纂委员会编:《兴海县志》,第3—5页,三秦出版社,2000年。
② 《兴海县虫草资源情况》,第1页,2010年兴海县草原管理站内部资料。

二、学术研究史

（一）冬虫夏草的药物价值研究

《本草备要》中称："冬虫夏草，甘平，保肺益肾，止血化痰，止劳咳。四川嘉定府所产者佳。冬在土中，形如老蚕，有毛能动，至夏则毛出土上，连身俱化为草。若不取，至冬复化为虫。"①赵学敏著《本草纲目拾遗》②一书中对冬虫夏草的药效作了补充，还较详细说明了冬虫夏草的产地、形态、食用方法和用量。《本草从新》③一书中也有关于冬虫夏草的记录。

《全国中草药汇编》④对冬虫夏草的功效、形态、生长机制及药理作用进行了系统的介绍。张晓峰、刘海青编著《中国虫草：历史·资源·科研》⑤全面介绍了以冬虫夏草为代表虫草真菌的历史、资源、研究和应用，及我国目前对冬虫夏草以及虫草真菌研究的大量成果。吴庆光等合著的《冬虫夏草抗肿瘤作用研究进展》⑥从化学成分、实验研究、临床应用及作用机理等方面总结了国内外冬虫夏草抗肿瘤方面研究的最新成果。梁洪卉、程舟等人所著的《青海省冬虫夏草的遗传变异及亲缘关系的形态性状和 ISSR 分析》⑦采用 ISSR 标记分析青海省 11 个县的冬虫夏草样品，确定青海省不同地区冬虫夏草无论是形态性状还是 ISSR 多态性都存在很大的遗传变异，并根据其形态性状等数据将青海省冬虫夏草大致分成 3 组。张古忍、余俊锋等人著《冬虫夏草发生的影响因子》⑧从土壤、菌种、过度放牧、采挖等多个角度分析了影响冬虫夏草生长的条件和制约因素。康帅、罗晖明等人著《冬虫夏草与其非正品——戴氏虫草的生药学鉴别研究》⑨

① ［清］汪昂：《本草备要》，人民卫生出版社，1965 年。
② ［清］赵学敏：《本草纲目拾遗》，人民卫生出版社，1983 年。
③ ［清］吴仪洛：《本草从新》，上海科学技术出版社，2000 年。
④ 全国中草药汇编编写组：《全国中草药汇编（上册）》，人民卫生出版社，1975 年。
⑤ 张晓峰、刘海青：《中国虫草：历史·资源·科研》，陕西科学技术出版社，2007 年。
⑥ 吴庆光、赵珍东、王宗伟：《冬虫夏草抗肿瘤作用研究进展》，《中医药导报》，2005 年第 6 期。
⑦ 梁洪卉、程舟、杨晓伶：《青海省冬虫夏草的遗传变异及亲缘关系的形态性状和 ISSR 分析》，《中草药》，2005 年第 12 期。
⑧ 张古忍、余俊锋、吴光国、刘昕：《冬虫夏草发生的影响因子》，《生态学报》，2011 年第 14 期。
⑨ 康帅、罗晖明、郑健、林瑞超：《冬虫夏草与其非正品——戴氏虫草的生药学鉴别研究》，《药物分析杂志》，2011 年第 6 期。

探讨了冬虫夏草及其非正品的戴氏虫草的鉴别方法。这些著述考察了冬虫夏草的形态特征、生境分布、药用功能、鉴别方法等医学、植物学等方面的问题。

（二）生态环境与经济发展的相关理论研究

莱斯特·R·布朗著的《生态经济：有利于地球的经济构想》[①]认为地球环境严重恶化，提出必须以特定方法来扭转这种局面的发生，并就如何制止环境恶化、拯救地球提出设想，即资源可持续开发。凯·米尔顿著《环境决定论与文化理论：对环境话语中的人类学角色的探讨》[②]从地方社会和当代全球范围两个层面阐明了解释环境问题的方法，通过人类学的方法分析了人类文化与生态学之间的关系，为笔者提供了重要方法论。弗里德希·亨特布尔格、弗莱德·路克斯等人著《生态经济政策：在生态专制和环境灾难之间》[③]围绕世界发达国家工业化进程中该如何处理好环境、资源、经济三者关系展开论述，系统研究了德国乃至欧洲生态经济发展现状，并提出解决方案，以避免发生生态危机，进而远离环境灾难，走上可持续发展之路。该书虽以发达国家为研究对象，但对现处于发展阶段的中国也有借鉴作用。

我国学者蓝盛芳等编著《生态经济系统能值分析》[④]阐述了能量系统论、环境与经济价值论、能量与能值分析、各种价值论等问题，以及考察了生态经济系统、环境资源、能源、经济发展、信息与劳务之间的关系等问题。曲福田、孙若梅主编的《生态经济与和谐社会》[⑤]结合我国实际，提出了发展中国家与发达国家生态恶化的不同模式。他们认为，发达国家生态恶化是相对剩余状态下的生态恶化，是有限生态承载力无法满足无限经济增长要求。而我国生态经济研究对象是绝对短缺下的生态恶化。因模式不同，所以二者面临的问题也不同。沈满

---

① ［美］莱斯特·R.布朗：《生态经济：有利于地球的经济构想》，林自新、戢守志等译，东方出版社，2002年。

② ［英］凯·米尔顿：《环境决定论与文化理论：对环境话语中的人类学角色的探讨》，袁同凯、周建新译，民族出版社，2007年。

③ ［德］弗里德希·亨特布尔格、［德］弗莱德·路克斯、［德］玛尔库斯·史蒂文：《生态经济政策：在生态专制和环境灾难之间》，葛竟天等译，东北财经大学出版社，2005年。

④ 蓝盛芳、钦佩、陆宏芳编著：《生态经济系统能值分析》，化学工业出版社，2002年。

⑤ 曲福田、孙若梅主编：《生态经济与和谐社会》，社会科学文献出版社，2010年。

洪著《生态经济学的定义、范畴与规律》①提出了生态与经济发展的四种模式，即良性互动模式、高投入模式、模式高消耗模式，生态贫困型模式。陈庆德著《资源配置与制度变迁：人类学视野中的多民族经济共生形态》②探讨了历史认识论与区域经济间的关系、社会经济过程中各个群体间的关系、资源配置的社会初始等问题。刘永佶主编《中国少数民族经济学》③考察了区域经济与中国地方区域经济的异同，地方区域经济的特征及其在中国经济中的地位。曹征海著《和合加速论：当代民族经济发展战略研究》④论述了当代各区域经济发展与群体现代化所面临的机遇与挑战、当代区域经济发展战略、经济现代化与群体现代化和加速发展目标等内容，并制定了发展目标。上述研究对本章的研究有一定借鉴作用。

（三）历史时期生态环境与经济发展关系的研究著述

蕾切尔·卡森著《寂静的春天》⑤认为，当今美国农业大量使用 DDT 等农药非但不能减少害虫的绝对数量，还会导致物种的基因突变，最终陷入一种浮士德式的交易，即以长远悲剧代价来换取近期利益。这部著作发出了"不能因追逐眼前可见效益而放弃人类长久生存发展"的强音，并直接推动了世界环境保护运动的发端。唐纳德·沃斯特著《自然的经济体系：生态思想史》⑥对生态学史进行了系统的回顾，探讨了生态学史概念的来源，追述生态学史形成过程中林奈、吉尔伯特·怀特、达尔文、梭罗以及弗雷德里克·克莱门茨、奥尔多·利奥波德和尤金·奥德姆的贡献。他认为，我们对现存世界的看法是一种文化的产物；而生态学的发展，应密切地反映社会中各种变化的内容；其结尾对生态学

①　沈满洪：《生态经济学的定义、范畴与规律》，见曲福田、孙若梅主编：《生态经济与和谐社会论文集》，第 23—29 页，社会科学文献出版社，2010 年。

②　陈庆德：《资源配置与制度变迁：人类学视野中的多民族经济共生形态》，云南大学出版社，2001 年。

③　刘永佶主编：《中国少数民族经济学》，中国经济出版社，2008 年。

④　曹征海：《和合加速论：当代民族经济发展战略研究》，民族出版社，2005 年。

⑤　[美]蕾切尔·卡森：《寂静的春天》，吕瑞兰、李长生译，上海译文出版社，2008 年。

⑥　[美]唐纳德·沃斯特：《自然的经济体系：生态思想史》，侯文蕙译，商务印书馆，1999 年。

最近的发展趋势做出了展望。巴里·康芒纳著《封闭的循环》①是1970年环境保护运动的先声。他当时就提到了水体富营养化问题，认为环境和生态问题事关人类的生存大计。比尔·麦克基本《自然的终结》②从现实和不远的将来两个部分阐述了温室效应带来的全球变暖问题。这些环境史的相关著作都在讨论人类在初次享受现代化的"反噬"后，怎样由慌乱或漠视，发展到逐步反思，进而回归理性思考等内容。

我国环境史学界这方面的研究论著颇多，有关历史时期植物分布变迁的研究成果也很丰富。张建民著《明清长江流域的山区资源开发与环境演变——以秦岭—大巴山区为中心》③以明清时期长江流域山区的人口发展、资源开发、经济增长、生态环境演变为主要分析对象，阐释了环境演变、人口流动与环境变迁等问题。

（四）人类学领域关于人类经济活动对生态影响的研究著述

经济与生态关系愈来愈密切，引发了一系列问题，致使学术界关注这一问题。

唐纳特·L.哈迪斯蒂著《生态人类学》④考察了人类生态问题，并以人类生态族群观点为出发点探讨生态学。秋道智弥、市川光雄等著《生态人类学》⑤结合西非田野调查的资料，考察了环境与人口、现代化与女性、生态与社会变化等方面的专题研究。这两部著作对生态人类学的基本理论做了全面解释，为笔者提供用人类学方法解读经济行为的理论指导。

作为人类学的分支学科，生态人类学同样注重人类志的研究。它的主要研究对象为发展中国家的农民、渔民、牧民。近来生态人类学转而研究现代化生产、生活方式对发展中国家居民生活方式带来的影响，以及对比研究视角分析

---

① ［美］巴里·康芒纳：《封闭的循环》，侯文蕙译，吉林人民出版社，1997年。

② ［美］比尔·麦克基本：《自然的终结》，孙晓春、马树林译，吉林人民出版社，2000年。

③ 张建民：《明清长江流域的山区资源开发与环境演变——以秦岭—大巴山区为中心》，武汉：武汉大学出版社，2007年。

④ ［美］唐纳特·L.哈迪斯蒂：《生态人类学》，郭凡、邹和译，文物出版社，2002年。

⑤ ［日］秋道智弥、［日］市川光雄、［日］大冢柳太郎：《生态人类学》，范广融、尹绍亭译，云南大学出版社，2006年。

这些变化。我国生态人类学研究相对滞后,但有一些成果问世。尹绍亭著《人与森林:生态人类学视野中的刀耕火种》①从生态人类学的视角,探索我国刀耕火种的历史原因及现状,揭示山地群体与森林的互动关系,强调保护生态环境和生物多样性的重要性。尤其重要的是该书以人类学为分析视角,解释了人类文化与环境间相互依存的适应关系。黄娟译《经济、生态人类学与消费文化研究》②将个案放到更广的历史和政治经济框架中去理解,重视当地人在选择生计方式和消费水平方面的主观能动性,并考察全球化背景下不同地区因消费领域的不平等而带来的环境问题。高鑫著《1644—2006 松花江下游赫哲族地区环境变迁——一个生态人类学视野下的区域历史研究》③从生态人类学的角度,考察了松花江区域生态变迁的问题。保罗·钱德勒著《福建山区混农林业的传统知识》④从生态人类学角度探讨了中国杉农们的耕作传统。

这些研究涉及方面较多,对本课题研究提供了有益参考,为进一步研究提供了资料和方法上的前提条件。

第二节　兴海县虫草资源利用与销售变迁

一、兴海县虫草资源利用历史

兴海县是青海省第三大虫草产地⑤,现已形成市场规模位列全省第二的虫草交易市场。虫草贸易是兴海虫草资源开发利用最直接的表达方式。当地虫草贸易自明末清初兴起,经历了发展、停滞、繁荣四个阶段,经营主体经历了民间资本带动、官僚资本垄断、国家经营、市场主导的演替。综观整个发展过程尽

---

①　尹绍亭:《人与森林:生态人类学视野中的刀耕火种》,云南教育出版社,2000 年。

②　[美]理查德·韦尔克:《经济、生态人类学与消费文化研究》,黄娟译,《广西民族学院学报》(哲学社会科学版),2005 年第 6 期。

③　高鑫:《1644—2006 松花江下游赫哲族地区环境变迁——一个生态人类学视野下的区域历史研究》,《广西民族大学学报》(哲学社会科学版),2007 年 32 期。

④　[美]保罗·钱德勒:《福建山区混农林业的传统知识》,薛建辉编译,《生态学杂志》,1991 年第 3 期。

⑤　青海省地方志编纂委员会编《青海省志(七十九)特产志》第 53 页称:"全省资源蕴藏量约为 200 吨,玉树州资源量最大,果洛州次之,再后为兴海。"

管经历了短暂的停滞期,但就总体趋势而言,兴海县虫草出产量、从业人数、交易额皆持续扩大。具体表现为:兴海虫草资源开发的行业分工日益明显;采挖与销售人员职能逐渐分离;购销渠道日趋完善;经销人遍及兴海当地、省内、省外;有关虫草等级评价标准确定,且出现了与之相应的虫草价格体系。

(一)兴起与缓步发展阶段:清末至 20 世纪 50 年代

这一时期兴海地区①虫草贸易只是当地药材贸易的一部分,经历了以民间贸易为先导,逐渐向官僚资本垄断的转变过程;虫草交易数额小,但出现了商品化现象,交换职能日益凸显。这一阶段是虫草贸易发展的初期阶段。

明清时期兴海地区虽有茶马互市、皮毛、药材等贸易活动,但受交通不便、市场需求小及官方垄断等因素制约,该地区经贸活动一直不甚活跃。至清末,一方面清政府对茶马互市贸易限制放宽②,促使民间贸易兴起,活跃了青海的资本市场,为兴海地区商贸活动提供了政策保证;另一方面山陕商人③、外国洋行

---

① 兴海县志编纂委员会编《兴海县志》第 57 页说:"清乾隆五十七年(1792 年)今兴海县隶属贵德厅抚蕃统治管辖;民国 18 年(1929 年)青海建省,今兴海改为新设的共和县辖地;民国 28 年(1939 年)10 月在今兴海大河坝设局;民国 32 年(1943 年)兴海治局改为兴海县,取振兴青海之意。"

② [清]邓承伟、基生兰:《西宁府续志》记载:"同治十三年陕甘总督清军指挥议奏以督印官茶票代引(政府发给茶商的运货凭证,始自宋朝——宋置榷茶务官)。茶商贾之欲贸易者入钱。若金帛于京师榷货务以射六务十三场茶给卷,随射予至谓之交引,此卖茶之法。"见中国西北文献丛书编辑委员会编:《西北稀见方志文献》(第 55 卷),兰州古籍书店,1990 年。[清]杨应琚:《西宁府新志》中曰:"不分何省商贩均准领票,遂召集东西柜汉、回旧商,并添设南柜招来湖南、北新商,印发引票三万余道。每引五十道合给票一张……行销十年,未能尽售,茶商座耗成本,苦累不堪。"见中国西北文献丛书编辑委员会编:《西北稀见方志文献》(第 55 卷),兰州古籍书店,1990 年。翟松天:《青海经济史(近代卷)》称:"为了扭转官茶滞销局面,光绪八年(1882 年),遂关闭了西宁、凉州、庄浪各地的半官方茶店,由私营茶店自行开店卖茶",第 213 页,青海人民出版社,1998 年。

③ 翟松天:《青海经济史(近代卷)》,青海人民出版,1998 年。书中说:山陕商人靠贩卖皮毛获得厚利,成为青海的重要商帮,经营范围扩大至布匹、绸缎、百货、药材等行业。清末民初青海最大的四个商号:泰源涌、世诚和、德合生、德兴旺,都是山陕商人经营。西宁市三十多家中药商铺,大多是陕西华阴商人开设的。

势力①进入青海药材贸易领域,促进了兴海虫草进入流通市场,商品化逐步发展。当时兴海地区从事虫草等药材贸易的群体主要是山陕商人和外国洋行。他们将茶叶及工业日用品"上货"②运至青海地区,将畜产品、药材等物"下货"③运至省外。包括兴海在内的广大牧区,货品流通主要有两种形式:一是牧民将产品运到临近农业区贸易中心出售,通过以物易物的方式交换回生活必需品,兴海地区牧民大多到湟源、贵德、鲁沙尔(今湟中)等地。需要说明的是牧民到外地贸易必须通过部落头人批准才可集体出行,并由武装保护④。二是商人驮运牧民所需粮食、布匹、盐、茶等到各部落交换皮毛和药材,所收购药材中就有冬虫夏草。由于资料缺失,无法确定当时冬虫夏草具体交易数额。这些商人必需由头人保护,各自有固定的贸易对象,被当地人称作"客娃"(商人)。由于受天气和道路因素影响,牧民和商人交易时间,多为农历三、四、八、九月⑤。

民国时期官僚资本在青海地区日益占主导地位,民间资本处于劣势。1938年,国民政府颁布抗日战争期间防止重要物资资敌的法令。代理青海省政府主席马步芳以此为由,制定《青海协和商栈组织规程及统营皮毛药材暂行办法》,规定全省所产皮毛、药材统归协和商栈收买,各类物资收购价格皆由协和商栈确定,兴海地区冬虫夏草由此列入统一收买行列。同年,马步芳将义源祥商号更名德兴海,于1944年在兴海县大河坝建立商号,兼营皮毛、药材生意,与协和商栈互为依托⑥。早期这两个商号虽兼营军用物资,享受部分特权,但在市场上

---

①　翟松天:《青海经济史(近代卷)》,青海人民出版社,1998年。书中说:英商新泰兴洋行于光绪十八年最先闯到青海。这一年西宁府通知所属县、厅,该洋行要到西宁各地采买羊毛、羊绒、皮张、药材等,各地厘局要关卡放行。青海历史概况自光绪二十六年起,英、美、俄、德等国的商人(或委托代理商人)陆续在青海各皮毛集散地设立洋行,以收购羊毛为主,同时收购药材、木材。

②　运商品到青海。

③　运皮毛、药材等出省。

④　周希武:《玉树调查记》说:"阴历九月十五在共和县切吉滩附近与返族驱牛羊十数群,络绎而来。每群牛羊约数百头,中又番骑三十余,均负枪(有毛瑟、来福、土枪数种),上有机子,怒马飞至,状颇凶悍。令通事询问,悉系汪时台克族,所驱牛近万头,多驮羊毛,间有驮酥油者",青海人民出版社,1986年。

⑤　翟松天:《青海经济史(近代卷)》,青海人民出版社,1998。

⑥　翟松天:《青海经济史(近代卷)》,青海人民出版社,1998。

依然随行就市经营。后马步芳成为协和商栈和德兴海的"东翁"①,各分支机构的经理多是当地专员、县长,这两个商号凭借政治、军事优势垄断市场②。由此,官僚资本在兴海乃至全青海地区各类商贸活动中优势日益明显。尽管如此,兴海地区仍有小量民间资本从事贸易活动。1940年湟源皮毛商号"忠德永"在兴海地区经营小百货、布匹、茶叶等,主要换取当地土特产,如皮毛、草药等③。但官僚资本垄断已成为这一时期主导。据估算,这一时期每斤虫草收购价格应在5个银圆上下,兴海地区年虫草产量为百斤④。

(二)统购包销与停滞:1950年至1978年

1950年1月1日,青海省人民政府在西宁市成立,新政府废除了马步芳设立的苛捐杂税,制定新政策,提高药品等各类商品的收购价格,稳定社会秩序,促使兴海县经贸活动发展,冬虫夏草收购量逐年上升。1955年,兴海县根据中央和青海过渡时期总路线的精神⑤及本地的实际情况,试办了初级畜牧合作社。合作社的劳动力组织,分两种模式:一种是规模大的合作社,按劳动力分工,分农业组、牧业组、副业小组;一种是规模中小者,只固定放牧小组,其余劳力按工作忙闲调配任务。兴海县冬虫夏草采挖属副业,评工记分办法按缴纳虫草数量和钱数折合多少记工⑥。一方面合作社的成立促进了生产要素的优化组合,加

---

① 翟松天:《青海经济史(近代卷)》,青海人民出版社,1998年。书中说:《青海协和商栈组织规程及统营皮毛药材暂行办法》称马步芳为"东翁"。

② 翟松天:《青海经济史(近代卷)》,第235页,青海人民出版社,1998年。

③ 据兴海县志编纂委员会编《兴海县志》第215页内容整理所得。

④ 《甘肃、青海地区考察记》中关于虫草的记录:"民国时期玉树某年五、六、七三个月的出入货,虫草出货150斤,单位均价5银圆,总价750银圆。"见中国西北文献丛书编辑委员会:《西北文献全书》(第19卷),第424页,兰州古籍书店,1990年。兴海地区虫草产量为青海第三,每年产量应过百斤,而每斤收购价格应与玉树相似,故有此估算。

⑤ 陈云峰主编:《当代青海简史》,当代中国出版社,1996年。书中第68—69页称:1953年12月,中共中央公布了党在过渡时期总路线和总任务,设想在10年到15年或者更多一段时间内,完成国家对工业、农业、手工业、资本主义工商业的社会主义改造。青海省是边远地区和民族地区,各行业都有许多与内地不同的特点,故青海对牧业区的社会主义改造先个别试办,摸索经验,没有大规模推行。

⑥ 陈之峰:《当代青海简史》,当代中国出版社,1996年。根据第85至第86页整理所得。

强了社会分工,按劳动力的特点为药材采挖等副业安排人力与时间;另一方面原本官僚资本、头人、封建牧主的特权被废除①,当地群众的劳动热情被大大激发,工作积极性提高。这些都为1955—1957年兴海冬虫夏草收购量由0.2千克到4.5千克②的提升打下基础。

1957—1971年缺乏对兴海县冬虫夏草收购情况的具体材料。这一时期兴海县生产活动受政治环境影响,虫草收购有所降低。原因有三:

第一,大跃进中以开荒为纲的思想违背兴海地区适农土地少的规律③,盲目开荒致使草场受损,不利虫草生长与采挖。第二,人民公社化运动将账房、牲畜集中,使牲畜饲养不利,造成牲畜死亡,生产力受损④;取消"三定一讲"生产责任制,破坏按劳分配原则,加之所谓政治挂帅评计工分办法,挫伤了群众生产积极性⑤。第三,1956年6月兴海积雪山区在麻石崖发生刑事案件,造成社会恐慌⑥,当地人民缺乏生产生活的安全感。

1972—1978年兴海县虫草收购尽管出现了波动,但就总体趋势而言却是重现生机,这得益于兴海等牧业区原有错误理念得以纠正:首先,牧业区纠正了"左倾"错误,恢复以生产队为单位核算体制,继续推行"三定一奖"制度,重新激发了兴海群众的生产热情⑦。其次,牧业学大寨,发展草原建设,恢复原有牧草生长。灭鼠灭虫,通过轮牧与分散放养方式实现草地封育,为冬虫夏草创造了良好生长环境。再次,学习内蒙古经验,建设"草库伦"(草圈子)。用网围栏

---

①　陈云峰主编:《当代青海简史》,第88页,当代中国出版社,1996年。

②　据兴海县志编纂委员会编《兴海县志》第207页图标资料。

③　陈云峰主编:《当代青海简史》第139页称:在开荒为纲的错误思想指导下,各部门迫于开荒任务大、时间紧,未经勘测设计和科学论证,将农业上大批劳力、畜力与机具投入开荒,结果草原自然生态遭到破坏,加剧农牧矛盾,而且造成对原有耕地投入减少,耕作粗放,草荒严重,单位面积产量逐年降低。

④　陈云峰主编:《当代青海简史》,第143页,当代中国出版社,1996年。

⑤　陈云峰主编:《当代青海简史》第228页称:'三定一奖'在畜牧业生产实践中产生,主要指按劳定群、按畜定产、按产定工和超产奖励,减产赔偿的生产责任制,体现了按劳分配、多劳多得的原则;政治挂帅评计工分是以政治态度、阶级成分等做评分标准的工作评定制度,有的地方十天半月一评,有的地方一个月甚至几个月一评。

⑥　陈云峰主编:《当代青海简史》,第152页,当代中国出版社,1996年。

⑦　陈云峰主编:《当代青海简史》,第229页,当代中国出版社,1996年。

保护草场,提高牧草质量,节省放牧劳力,减少家畜践踏,为当地虫草采挖提供人力保障与生态支持,见表2-1①。

表2-1　1954—1978年可考年份兴海县虫草收购情况统计表②

年份	1954	1955	1956	1972	1973	1975	1976	1978
收购量（千克）	0.2	1.5	4.5	10	9	25	0.2	34.5

20世纪50年代新中国成立后至改革开放前,在计划经济体制下,虫草由政府收购。当地政府依据年药材需求量向各牧业生产队下达收购任务,最终采挖所得虫草由政府统一收购、统一销售。当时虫草药用价值并未受到关注,常规中成药的处方、配剂中使用极少,主要用于出口。上等虫草每公斤收购价格在16—18元③。

(三)恢复与初步繁荣:1979年至1996年

这一时期的特点是:冬虫夏草收购数量提升,虫草收购价格大幅上涨,私人采挖群体出现,虫草交易繁荣。

1979年1月,青海省讨论工作转移问题,并部署实施,其中包括提高青稞、蚕豆、牛皮、麝香、虫草等18种农副产品收购价格的政策④。这一时期个人开始进入兴海县虫草采挖业,买方与卖方市场初现端倪。其中一部分人来自青海海东的农民,一部分人是本地牧民。虫草收购量在1983年突破了100千克,1984年、1985年分别达到142.7千克、124.7千克⑤。

我原先在县上的医院(上班),1993年办了个病退就开始做这行了。刚开始买卖小,就自己和搭伙的三个人唄,都没啥钱就亲戚、朋友们的到处借。(虫)草自己挖,阿门(我们)有个分工咧,那会儿苦,不过一天能挖几十根来。后来生意大了,女婿跟上一块干了,我就专门收开草了。开始我有一些认识的朋友找

①　陈云峰主编:《当代青海简史》,第229—212页,当代中国出版社,1996年。
②　据兴海县志编纂委员会编《兴海县志》第207页图表资料。
③　兴海县子科滩镇访谈资料,受访人:当地虫草商人,男,约60岁。时间:2012年6月2日。
④　陈云峰主编:《当代青海经济简史》,第274页,当代中国出版社,1996年。
⑤　据兴海县志编纂委员会编《兴海县志》第207页图表资料。

给一些道道(销售渠道)把虫草卖掉,一般都是广东那边的人。和我搭伙的一个(人),80年代初就开始挖(虫草)了,听说一根卖着三毛钱。那时候(价格)也高咧,我有公职的一个月工资才一两百,一斤虫草卖个四五百,也值钱;到了九几年我干那会,(一根)卖到三块半了吧,那时候挖的人也多了。[①]

由本段资料分析,十年间虫草价格由每根0.3元上涨至3.5元,上涨十余倍。采挖群体也由外来商人、当地牧人扩大到前公职人员。其原因有二:一是改革开放后,市场自由,牧民承包草山,对草场的自主支配权力扩大,而土地少、劳动力富余的海东农业区农民可自由流动,可较自由从事其他生计活动。公职人员下海从商也是这一时期的潮流,兴海受此影响;二是东南亚虫草需求大国,进口我国虫草不转口香港,改为直接进口,提升了我国虫草出口量,进而推动兴海县虫草采挖业发展。

从贸易分工角度看,这一时期行业分工并不明显,大部分虫草贸易商既是挖草人,又是承运者与销售者。通常自己采挖虫草,自己寻找销售渠道。虫草贸易私人经营初期,从业者资本量小,亲戚借贷、相互赊欠的现象较为常见,销售渠道要依靠个人社会资源寻找。买方市场主要是药厂收购和供销海外,政府统购统销逐渐被自由贸易、自寻市场取代。尽管如此,兴海虫草采挖收购日益兴盛,为大规模虫草资源开发埋下伏笔。

(四)大规模采挖:1997年至今

兴海虫草市场经历前期发展,从业人员、行业规模、市场流通环节逐步完善。这一阶段特点是虫草资源大规模开发,行业规模继续扩大,形成系统销售流程,人员构成多元化、分工更具体,虫草的等级评估标准确定。每千克虫草收购价格突破万元[②]。

虫草资源开发规模扩大引起虫草价格上涨。一方面,国际、国内市场对虫草需求量增大,尤其是广东一带对虫草的消费量极大,外部需求增长促使兴海

---

① 兴海县子科滩镇访谈资料,受访人:当地虫草商人,男,约60岁。时间:2012年6月2日。

② 兴海县子科滩镇访谈资料整理所得。受访人:当地虫草商人,男,约60岁。时间:2012年6月2日。

虫草交易活动活跃,刺激了兴海县虫草贸易增长;另一方面,早期从事虫草贸易的群体已有了一定资本积累,拥有较完备的供销渠道。

二、虫草销售流程变迁

近二十年兴海县虫草采挖业规模实现了实质性增长,贸易分工逐渐细化,虫草销售者从采挖者中分离出来,形成了"挖草人—收购人—销售人"的贸易流程。兴海县虫草贸易已初步形成草山主、草山承包商、草山采挖人、虫草销售、虫草中介等一系列分工明确、利益分配明显的贸易链条。虫草资源成为牧民群众创收的一个来源,占牧民收入比重提高。尤其明显的是虫草采挖群体日益扩大,2010年在虫草采挖季有近4万外来挖草人①。虫草采挖规模与采挖范围远超前一阶段,对草山的破坏也达到前所未有的程度。同时,虫草消费者日益扩大,消费目的不再是早期的治病、养生之需,而投资、炒作日益明显。虫草贸易风险不断扩大,由此形成虫草中介人。这部分人并不直接买卖虫草,其作用是为买方与卖方建立一个相互沟通的桥梁,利用人际关系买卖虫草交易信息。此阶段寻找市场,追求丰厚利润成为虫草经销商最主要的目的。

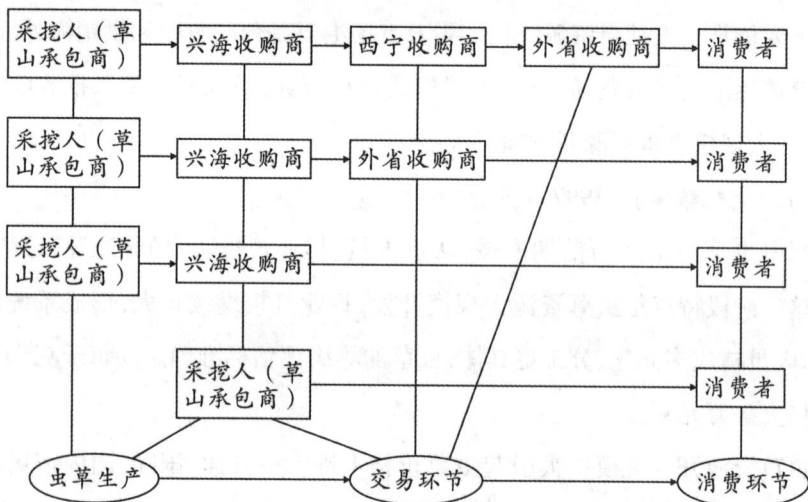

图 2-1　虫草销售流程模式图

自主经营取代统购统销,并成为虫草流通的主要模式后,兴海虫草资源从

---

① 根据对兴海县子科滩镇访谈资料整理所得。受访人:兴海县草原管理站工作人员,男,约30岁。时间:2012年6月3日。

当地采挖者到消费者间的流通经营渠道中,民间资本起主导作用,其主要流通模式如图 2-1 所示。第一条经由兴海收购商、西宁收购商和外地收购商三个流通环节完成交易;第二条是由兴海收购商、外地收购商两个环节组成;第三条经过兴海收购商直接进入消费市场;第四种模式没有任何中间环节直接进入消费者手中。目前兴海虫草进入消费领域主要还是通过前两条路径实现,因此兴海虫草要通过众多中间环节才能最终获得消费。也就是虫草从开始采挖到最终消费的整个过程完全受市场因素主导,政府干预少。为了使流通过程顺利完成,必须经过中间多个环节共同作用完成。这些中间环节具体完成者就是各类收购商,他们的特点群体、地缘背景、交易方式、交易手段、经营方式各有不同。他们有本地人,也有来自邻近省份或远在广东、江苏的商人;交易采用现金直接购买、预付订金、以物易物、赊销等方式;一部分人直接进入采挖一线收购,另一部分人在虫草产区附近集中收购,一些商人收购虫草销售给经营规模更大的收购商,另一些人直接开店经营。兴海当地虫草流通还有一种特殊流通模式,即草山承包商直接进入原产地承包草场,雇佣外地或本地工人采挖虫草,所得虫草由承包商以每根 5 元价格回购,并经图 2-1 模式图所示中间环节进入流通市场。从一定程度说这种模式可视为上述四种模式的变体,它只是将虫草采挖人概念广义化,在这里采挖人既是个体概念,又是对一种群体统称①。

　　虫草贸易规模化发展后,市场还确立了虫草等级评价体系。现今中药材,有的药品以年代远近确立等级高低,如人参、灵芝;有的药品按产地评价好坏标准,如天麻、牛蒡子。而虫草等级评定以每斤所含虫草根数、虫草颜色为准,并以此定价。虫草王每斤约 800 根,特级虫草每斤 1200—1500 根,一级虫草每斤约 2000 根,二级虫草 2500—3000 根,三级虫草 3000—3500 根,四级虫草每斤约为 4000 根。2007 年后兴海虫草王、特级虫草产量极低,一级虫草的出产量也十分有限,现今每斤 3000 根左右的虫草产量最多,这主要因采挖偏早,虫草尚未

① 本段中内容根据对兴海县子科滩镇访谈资料整理所得。受访人:当地虫草商人,男,约 60 岁。时间:2012 年 6 月 2 日。受访人:兴海县草原管理站工作人员,男,约 30 岁。时间:2012 年 6 月 3 日。

/ 067 /

发育完全就脱离土壤,成为商品所致①。

虫草评价等级是与本身药用价值似乎无关联的另一套评价体系。商家以颜色和大小来确定虫草等级。以兴海虫草商人的说法:"卖价格的时候看(虫)草的颜色和大小,颜色黄黄的,草身大的就值钱。"②虫草的药用价值与市场中虫草等级无必然联系,衡量虫草价值的主因是其外在形色等因素,除此之外产地也是定级标准。根据青海市场虫草评定标准,虫草的产地等级排序为:青海省玉树地区颜色上乘和虫体肥大的虫草为上等品;其次为果洛州;再次为兴海;湟中、循化所产虫草更次。市场何以形成这样的评定系统?兴海虫草商人有自己的看法:"你想撒,买个苹果、洋芋都要挑个儿大的、长得好的咧,买虫草也一样呗。虫体大,就说明它长得好、营养全;颜色黄,看上去好看,瞅着舒服。我看再没有旁的原因。哪一种虫草药用价值大,我也不知道呗。"③这段文字表明了虫草等级体系建构是商人文化想象的产物。从表象看,支撑这一文化想象的是虫草的外形,但其实不然。虫草资源的稀缺性与基础药用价值基础,应是价格标准依据。"好看的黄色"和"饱满的虫体"只是商人文化想象的一种媒介和表征。设想毫无使用价值的物品是难以成为商品进行买卖的。

虫草大规模采挖早期(1997—2002 年),1996 年底每千克虫草价格在7 000 元上下徘徊,1997 年初每千克虫草价格已突破万元,每年每千克涨幅5000元左右。然而在这一时期虫草价值未被重视,并未获得资本市场与社会广泛关注。2003 年"非典"流行,虫草被描述成包治百病的"神药",由此虫草价格一路飙升。2003 年上涨至 3 万元/千克。2006 年底价格攀至 4.6 万元/千克。2007 年1 月便突破5 万元/千克,同年 7 月产新虫草,3 500 条规格突破 7 万元/千克,2 000条规格突破 10 万元/千克,至 2012 年 2 000 条规模售价已达 17 万/千克④。

---

① 根据对兴海县子科滩镇访谈资料整理所得。受访人:当地虫草商人,男,约 60 岁。时间:2012 年 6 月 2 日。
② 兴海河卡访谈资料,受访人:河卡虫草收购商,男,约 45 岁。时间:5 月 30 日。
③ 兴海河卡访谈资料,受访人:河卡虫草收购商,男,约 45 岁。时间:5 月 30 日。
④ 根据对兴海县子科滩镇访谈资料整理所得。受访人:当地虫草商人,男,约 60 岁。时间:2012 年 6 月 2 日。

第三节　虫草资源开发利用及其特点

一、行业发展迅速

兴海县虫草资源开发自清末兴起,百余年间经历了从官僚垄断、国家经营、市场主导的资本演替过程。整个发展过程出现过缓慢停滞但整体呈发展趋势,主要表现在以下几个方面:

第一,从业人数逐渐增加,分工细化。2000 年兴海县外来采挖虫草人员为 1.2 万人, 2003 年 2.3 万人,2008 年外来人员已近 4 万人[1]。仅 8 年时间从业人员数增加近 3 倍,平均每年增加近 4 000 人。虫草商人群体构成、来源省份日益多元,甘肃、青海、江苏、广东[2]等地的商人皆在兴海从事虫草贸易。同时兴海虫草采挖、售卖环节的人员分工逐渐清晰,一人同时采挖、销售,身兼两职的现象减少。

第二,交易数量、交易额增加,市场需求扩大。20 世纪 50 年代初兴海县虫草收购数量为个位数,至 20 世纪 80 年代之前虫草收购量在 50 千克以下,至 80 年代初始突破此数量。由图 2 - 2 可见兴海虫草收购数量在 1976 年以前增幅平缓,自 1976 年后兴海虫草交易量急速上升。时至 2000 年,根据相关资料虫草年采挖量已至 400 00 千克。虫草产量虽受气候、湿度等众多因素影响,但 2000 年至今虫草产量基本维持在这个数量以上。在这里虫草产量的增加并非自然条件改善、采挖技术提高的结果,而是市场需求扩大的表现,具体原因主要为大众对虫草药用价值认识加深、生活提高等因素,前文已有叙述,在此不赘述。虫草交易量增加、单位价格上涨,促使虫草交易额提升。

---

[1] 根据对兴海县子科滩镇访谈资料整理所得。受访人:兴海县草原管理站工作人员,男,约 30 岁。时间:2012 年 6 月 3 日。

[2] 根据对兴海县子科滩镇访谈资料整理所得。受访人:兴海县草原管理站工作人员,男,约 30 岁。时间:2012 年 6 月 3 日。

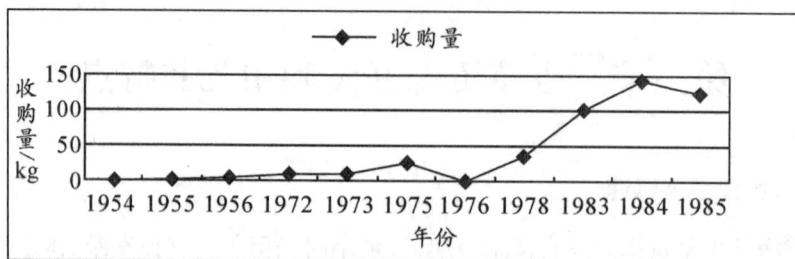

图 2-2 虫草收购数量趋势图①

第三,商铺增加,专一产品交易市场形成。兴海县虫草贸易在发展初期,仅是当地药材贸易众多产品的一种,规模量不及大黄②,现今已具有专门交易市场。"刚开始干这行(1989 年)的时候就在家里做买卖来。收来的、自己挖哈的都放家里,熟客们就知道自己找上来,要不我拿上西宁倒(卖)掉去。兴海那会儿阿扎(怎么)有个市场(虫草交易市场)咧。"③

20 世纪 80 年代到 90 年代初,兴海当地没有专门虫草交易市场。虫草交易依靠熟人网络或非本地交易市场从事贸易。现今兴海县已拥有价值 300 万、占地面积 1 200 平方米、含有 62 个固定交易商铺的虫草交易市场,虫草交易规模位列青海省第二。单一商品的专门化市场使得兴海虫草行业急速发展,我们就必须关注其背后对生态环境的影响。

二、虫草开发利用水平低

尽管兴海虫草营销发展迅速,但是其对虫草资源的开发仍停留在采挖虫草层面,只是简单加工,深度利用水平低。兴海虫草加工流程如图 2-3 所示:

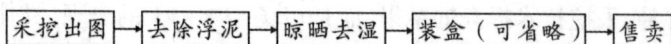

采挖出图 → 去除浮泥 → 晾晒去湿 → 装盒(可省略) → 售卖

图 2-3 兴海虫草加工流程图

兴海虫草自采挖出土,只需经过去泥、晾晒过程便可进入交易流程。加工稍细致的店家,也不过给虫草加一个包装盒。虫草去泥一般雇佣当地妇女集中进行,一则妇女心细、手轻,不会弄断虫草;其次大家一起工作可以互相监督,以

---

① 《兴海县志》第 207 页图表绘制。

② 据兴海县志编纂委员会编《兴海县志》第 57 页称:1953 年收购大黄 2 000 千克,1954 年收购量为 8 690 千克,1955 年收购量为 1 720 千克,1957 年收购量 15 500 千克。

③ 兴海县河卡山访谈资料,受访人:虫草采挖人,男。时间:2012 年 5 月 31 日。

防有人私拿虫草。虫草的晾晒是将虫草平铺于白色单子上,先放阴凉处除去湿气,再搁置太阳下直晒;若直接将虫草放入阳光中,虫草干燥太快,整个虫体会迅速缩水,影响最终售卖价格。通常这一过程 2—3 天即可完成,随后即可售卖①。

这种只是出售原材料或是简单装盒后直接售卖的经营模式,致使兴海处于虫草行业始端,市场竞争力低下。究其原因,第一,缺乏营销、加工的人才与技术,无法生产高附加值的产品。兴海虫草从土壤挖出后仅是去泥—晒干—装袋,不经宣传、包装等营销手段直接交易,无法展现虫草的产品定位、档次。第二,将虫草视为生财手段,缺乏品牌意识和产业意识。兴海虽是青海第三大虫草产区,然而却没有知名的虫草品牌,消费者购买虫草完全依据口碑、经验、运气,而毗邻兴海的西宁地区已形成三江源、鲍氏虫草、青海湖等品牌虫草。兴海仅是虫草的初级产品交易市场,利用现代产业技术开发的胶囊、保健酒、含片、冲剂等高附加值产品基本为零。第三,行业监管缺失,市场自发无序。兴海虽有固定的交易市场,但在虫草交易旺季,市场秩序较混乱。笔者在调查过程中发现,摆摊卖草的商户占据百米长的街道,十几个妇女围坐一圈除去草泥,垃圾直接倾倒于地面。市场混乱,没有管理人员,极易发生欺诈、诱抢等引起市场混乱的事件。虫草交易以主观经验确定等级、价格,没有统一行业标准。总而言之,兴海虫草资源利用仍处于粗放式经营阶段,缺乏对虫草资源的深度利用。

虫草资源利用对环境依赖度高。兴海县虫草的资源利用属于资源密集型产业,虫草资源的产出依托自然环境。兴海县虫草资源的利用规模逐渐扩大,就意味着对环境的依赖度增加,对环境施加的影响也在增强。

兴海虫草行业中始终不能忽视虫草所生长的特殊性,虫草的生长涉及昆虫、植物和真菌等不同生物类群,任何环境因子变化都可能影响虫草生长的不同环节,结果影响虫草的产量。虫草生存环境要求高寒、缺氧和低气压等自然属性促使了冬虫夏草对环境的高度依赖,也决定了虫草的稀有与珍贵。虫草最终成形是冬虫夏草菌和其寄主昆虫(鳞翅目,蝙蝠蛾科)共同作用的结果,这两

---

① 此过程根据笔者调查亲身所见及兴海县子科滩镇访谈资料综合整理所得。受访人:当地虫草商人,男,约 60 岁。时间:2012 年 6 月 2 日。

者受高寒草甸生态系统中生物和非生物因子影响,相互依存。任何环境因子的变化都可能会影响这种平衡关系,从而影响虫草资源的质量。

降水量对冬虫夏草产量影响最为直接,早春降雪量多少直接影响当年冬虫夏草产量,这一点从兴海当地虫草采挖工人处可证实,"挖草前一周下场雪好,草头好找,挖的量也多了咧"①。可见,产草前降雪多则当年虫草产量高,反之产量低。虫草生长要求冬半年时间长,夏半年月平均温度低,如此才能满足虫草虫体发育的有效天数。光照对虫草生长的影响主要表现在两个方面:一是光照能提高大气和土壤温度,使土壤中蝙蛾幼虫的活力增强,提高虫体的新陈代谢水平,促进虫草虫体的生长发育;二是光照和环境温度的升高促进了植物的光合作用和生长发育,为虫体提供更丰富的食物资源②。由此可见虫草采挖也是靠天吃饭,受环境影响大的行业。

虫草资源利用对环境依赖度高,相应的兴海虫草业发展对环境造成了影响:虫草适生地高寒草甸生产力低,人为活动会影响草甸植物生长发育,从而降低地上、地下部分生物量的增长,导致草甸退化、生态功能下降,改变冬虫夏草适生地的环境条件,影响冬虫夏草的发生。此外,人为活动可能危及虫草生长过程,影响虫草子座的出土、子囊的成熟和子囊孢子的喷发等虫草有性世代的不同发育阶段③。虫草采挖对环境的具体影响将在下一节具体阐述,在此不赘述。

第四节　兴海县冬虫夏草资源开发原因与功能变迁

一、兴海县冬虫夏草资源开发原因

(一)适宜冬虫夏草生长的自然条件

冬虫夏草生长在海拔 3500—5000 米之间的山地阴坡、半阳坡的草甸和灌木丛中;生长土壤呈弱酸型,pH 值在 5.0—6.5 间,含水量 30%—50%;腐殖质

---

① 兴海县河卡山访谈资料,受访人:虫草采挖人,男。时间:2012 年 5 月 31 日。

② 《冬虫夏草与环境》,2012 年冬虫夏草培训班教材,兴海县草原管理站提供,第 1 至 4 页整理所得。

③ 《冬虫夏草与环境》,2012 年冬虫夏草培训班教材,兴海县草原管理站提供,第 1 至 6 页整理所得。

层厚 10—30 厘米,有机质含量一般达 8%—22%。虫草在大气平均温度 2.6℃时开始生长,7℃—12℃最适宜生长。根据年气温变化可将冬虫夏草生长周期分为冬半年和夏半年,前者天数多于后者。冬虫夏草所需年日照时数和年日照百分率分别为 2500 小时和 60%左右①。

表 2-2　冬虫夏草生态影响因素表②

影响因素	具体要求
气温	气温变化幅度大,2.6℃开始生长,最适温度是 7℃—12℃
土壤	高原草甸土,含水量 30%—50%;腐殖质层厚 10—30 厘米;有机质含量一般达 8%—22%;土壤弱酸型,pH 值 5.0—6.5
湿度	80%—95%是冬虫夏草生长发育的最适大气相对湿度;低于 70%则不利于冬虫夏草的生长。早春降雪量的多少直接影响当年虫草的产量,降雪量与虫草产量呈正相关
光照	冬虫夏草产区的年日照时数和年日照百分率分别为 2500 小时和 60%左右,强紫外线对虫草囊孢子有促进作用
植被	垂直分布

兴海县的自然地理条件基本符合冬虫夏草生长、成形要求,有利于虫草采挖业发展。虫草缊藏量高、采挖量大,虫草的资源量由蕴藏量、采挖量两个概念组成。由于缺乏对兴海虫草储量的具体研究以及统计资料不足,兴海县虫草储量只能由历年采挖量估算,年储量为 1.5×10^3—2.3×10^3 千克③。兴海县草原总面积为 1 515 万亩,虫草资源分布面积为 47.2 万亩。其中,中铁乡 9.8 万亩、龙藏乡 17 万亩、温泉乡 16.29 万亩、河卡镇 2.3 万亩、子科滩镇 1.2 万亩、唐乃亥乡 0.16 万亩、曲什安镇 0.45 万亩,全县年虫草储存量估计在 2 吨以上(见表 2-3)。兴海县虫草年采挖时间依温度高低、降水量多少,在 4 月下旬—6 月上旬期间浮动,采挖周期为 40 天左右。2010 年全县产出虫草 21 530.4 千克,其中主产区产量 15 970 千克,零星产区 5 226 千克,平均每百亩产出虫草 4.56 千克,即百亩产出普通虫草 60 000 根。

---

① 《冬虫夏草与环境》,第 1 至 3 页整理所得。
② 《冬虫夏草与环境》,第 1 至 3 页整理所得。
③ 《兴海县虫草资源概况》,兴海县草原管理站 2010 年内部统计资料,第 1 页。

表2-3 兴海虫草分布及产量表(单位:万亩、千克)①

	虫草面积	虫草产量	主产区		一般产区		零星产区	
			产量(鲜重)	面积	产量(鲜重)	面积	产量(鲜重)	面积
温泉乡	16.29	5 760	4 018	11.48	1 742	4.81		
龙藏乡	17	7 770	7 020	15.6	750	1.4		
中铁乡	9.8	7 140	4 572	6.35	2 568	3.45		
河卡镇	2.3	376.8	182.4	1.14	120	0.75	74.4	0.41
子科滩镇	1.2	255.6	177.6	0.81	46	0.23	32	0.16
唐乃亥乡	0.16	132					132	0.16
曲什安镇	0.45	96					96	0.45
全县	47.2	21 530.4	15 970	35.38	5 226	10.64	334.4	1.18

由图表2-3可知龙藏乡、中铁乡、温泉乡是兴海虫草的主产区,年产量都在5 000千克以上,即便是一般产区年产虫草量也在750千克以上。河卡镇、子科滩镇虫草产量虽为376.8千克、255.6千克,然而每万亩产量可达163.82千克、213千克,均在150千克以上。由于兴海海拔高、温差大,虫草生长周期长,本地虫草不仅储量大而且质量高,其色泽、品相、大小均居于全国虫草前列,其蛋白质含量也较高。

(二)贸易路线过境与交通路线改善

兴海地区冬虫夏草采挖、收购从清末至今一直得以发展延续,与其交通便利密切相关。兴海旧时便是唐王朝与吐蕃王朝之间相互联系的走廊,从赤岭(日月山)入今海南州境内,经倒淌河、恰不恰、大非川(今海南州共和县西南切吉平原)、那录驿(今兴海大河坝)、暖宗驿(今兴海温泉)、烈漠海(今兴海苦海)进入果洛、玉树到拉萨。唐代,文成公主入藏时车载佛像经过此地,足见当时车马已能通过这一地区②。1932年,《南州风土调查记》提道,"恰不恰道路分为两大段,其中第二段自恰不恰起至大河坝,可通行马车。据记载,1945年县境内通行木轮车的车道主要由子科滩经那塘滩至大米滩才乃亥;唐乃亥经大河坝、姜

———————————

① 《青海省冬虫夏草资源分布、产量基本情况调查表》,兴海县草原管理站2010年内部统计资料。

② 兴海县志编纂委员会编:《兴海县志》,第193页,三秦出版社,2000年。

路岭至玉树;大河坝经河卡至曲沟共三条"①。

　　黄河干流流经兴海,其中大米滩、唐乃亥、尕马羊曲均可放皮筏子运输粮食、皮毛、药材,后公路运输发展,水运被放弃。陆路、水路通达,马车、皮筏往来为兴海早期贸易发展创造了条件,也为虫草流通提供了便利②。

　　1950年国家修筑青康公路,兴海县境内段为三塔拉—河卡乡—青根河—温泉—玉树,至1985年已修四级公路17条③。西部大开发后,国家对道路桥梁等基础设施的投入加大,青海全境交通闭塞、道路不通的情况得以改善。国道214,省道S312、S314贯穿该县,各村镇间道路贯通,道路硬化率达到75%,使得兴海至各地的交通更为畅通。待国道214倒淌河至姜路岭段公路河卡山隧道竣工后,车程将缩短为40分钟左右,更有利于兴海虫草贸易的发展。道路改善一方面方便往来贸易通行,大巴、普通轿车、摩托车可通行兴海大部分地区,进入兴海各地的交通工具不再局限马车、越野车,兴海虫草贸易的交通成本支出将降低;另一方面进一步加强了兴海与玉树、果洛的联系,使两地商品的输入输出更快捷,是兴海成为虫草流通中转二级市场的基础。

　　(三)产地市场与中转集散市场的形成

　　兴海所处的高原牧区毗邻玉树、果洛,是全国虫草较集中分布的地区。这一地区有大量的虫草产出,是兴海县虫草贸易发展的地理优势。

　　从虫草贸易网络分析,青海虫草流通市场大致可以划分为三个不同的层级,即三级产地市场、二级中转集散市场和一级集汇出口市场。青海的三级产地市场主要集中在三个重要区域,一为玉树州各县,其中称多、杂多两地的高山牧场产量与质量最高;二为果洛州全州,三为兴海县全境。根据地理位置和交通状况所形成的二级集散中转市场包括兴海县及玉树结古,但受地震影响,玉树流通中转地位受到影响。青海虫草的一级市场是西宁,集汇与出口都集结于此。就虫草贸易的网络而言,青海虫草主要有外销和内销两种形式。内销主要目的是满足青海及周边临近省份的需求,外销主要销往东南沿海各省及海外地

---

① 兴海县志编纂委员会编:《兴海县志》,第194页,三秦出版社,2000年。
② 兴海县志编纂委员会编:《兴海县志》,第195页,三秦出版社,2000年。
③ 兴海县志编纂委员会编:《兴海县志》,第194页,三秦出版社,2000年。

区①。兴海虫草贸易市场的内销仅仅局限于原草的供销。由于流通周转速度快、生产工艺低下,兴海虫草的精包装成品发展较为缓慢,虫草的附加价值较少。兴海虫草的外销地主要是江苏、广东等地。

兴海县位于青海湖、日月山以南,是毗邻青海东部农业区较近的一个县,东接海南州州府共和县,从该县出发经共和、湟源、多巴可直达西宁,向南经滑石峡可至玉树州与果洛州,向西绕过青海湖可至青海海西州。出产于玉树州、果洛州的虫草受气候因素影响及市场规模限制,大多会运至兴海、西宁集中销售,兴海自然成为虫草向外输出的必经之地。2010年玉树地震,玉树州基础设施与商品交易市场遭到自然灾害重创,玉树州的虫草交易亦受影响,部分交易转移至兴海地区,使兴海县中转集散的作用突出。

兴海县的内销网络以西宁收购商及青海临近省份的草山承包人为主体,这一主体人员构成及资本运作方式较为稳定,需求市场稳定增长,获得利润也较高。外销网络多以兴海本地为中介,直接运往江苏、广东等地②。概而言之,兴海县虫草贸易总体方向是由产出地流向贸易市场,其大体流动方向是自西向东。兴海县集散市场的中转作用在其本地市场中也有所体现。兴海县虫草市场在每年5、6、7三月较为兴盛,年内其余时间青海省的虫草贸易主要集中在西宁进行,兴海县虫草贸易市场的重要作用是将每年新产虫草及时中转销售。市场需求促使兴海成为虫草贸易网络中的产地及中转站,兴海当地并不长时间存留大量虫草。当地商人和草山承包商大量收购虫草的同时,又快速转手外销。虫草快速流动是保证市场正常运转的重要条件。上述分析可知,兴海县主要承载了三级市场与二级市场的功能,如图2-4所示。

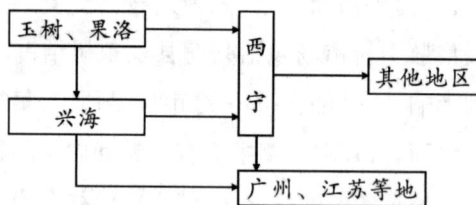

图2-4 兴海虫草销售网络图

---

① 根据兴海县子科滩镇访谈资料整理所得。受访人:兴海县草原管理站工作人员,男,约30岁。时间:2012年6月3日。

② 根据兴海县子科滩镇访谈资料整理所得。受访人:当地虫草商人,男,约60岁。时间:2012年6月2日。

（四）产业结构单一，劳动力就业选择面狭窄

兴海县城镇化发展速度缓慢，镇区面积 735 公顷，镇区人口 13 593 人[1]，占总人口比例的 19.98%。全县 80%的人口皆以畜牧业、农业为生。兴海以畜牧为主，收入结构单一，加之土地退化、放牧收入减少等诸多诱因，导致劳动力收入有限，增收渠道窄，虫草采挖门槛低、收益高，促使兴海本地居民投入虫草采挖业。

从另一方面看，兴海草场面积广袤，境内草场面积达 1 515.42 万亩，为全县总面积的 82.93%，其中，可利用草场面积 1 404.07 万亩，占草场面积的 92.65%[2]。畜牧业是当地群众的主要经济生活方式。牧民的生产、生活受传统生产方式和财富观念的影响较大。牧业粗放经营，以牲畜数量衡量财富的传统财富观依然存在。截至 2004 年各类牲畜存栏数 88.7 万只，牛出栏率 6.8%，羊 19.74%，牛羊商品率为 13.38%，成幼畜死亡率高 13.98%，畜牧业生产效益低[3]，不利于畜产品深加工业的发展与牧民增收。加之近年来人为活动对草原生态带来破坏，牲畜饲料问题不易解决，草原载畜量下降，牧民的收入无形减少。在调查中笔者得知，一个采挖季牧民单采挖虫草收益可达 8 000—10 000 元。若是自家草场出产虫草，单采挖季节的承包草山费基本维持在 10 万元以上，历年出草多的草山承包费超过百万元。由此，传统畜牧业生产与虫草业的巨大收入差，在经济层面为虫草业发展提供可能。

兴海地区经济结构单一，第三产业发展缓慢，2010 年第三产业从业人口仅为 2 606 人[4]，多元化、多层次的经济发展格局尚未形成，无法提供足量的就业岗位。牧民就业渠道相当狭窄，牧民转产的难度很大。兴海地区大部分牧民除从事简单的放牧外，基本上无其他劳动技能。而虫草采挖对劳动技能无特殊要求，七八岁的儿童至六十上下的老者皆可操作[5]，虫草采挖低准入条件，为牧民

---

① 青海省统计局、国家统计局青海调查总队编：《青海统计年鉴 2010》，中国统计出版社，2010 年。

② 兴海县志编纂委员会编：《兴海县志》，第 3 页，三秦出版社，2000 年。

③ 郭万春：《兴海县畜牧业存在的问题和措施》，《青海畜牧兽医杂志》，2005 年第 3 期。

④ 青海省统计局、国家统计局青海调查总队编：《青海统计年鉴 2010》，中国统计出版社，2010 年。

⑤ 根据兴海县子科滩镇访谈资料整理所得。受访人：兴海县草原管理站工作人员，男，约 30 岁。时间：2012 年 6 月 3 日。

转向虫草采挖业创造了条件。

兴海县虫草采挖业的发展也与兴海当地社会经济发展水平密切相关。城镇化水平低、产业结构单一、居民收入来源渠道少,导致当地居民为提高生活水平投入到虫草采挖业。

二、冬虫夏草功能变化

冬虫夏草由兴起到兴盛的历史发展阶段中,还隐含了虫草功能不断变迁的过程,其功能由单一化逐渐向多元化发展。虫草先天具有治病救人的药用价值,然而虫草的这一功能却不断被弱化,并被不断赋予新的社会功能。虫草的功能经历了药用价值渐受重视、养生保健作用受到关注与投资、炫耀性消费[1]的变迁过程。虫草功能的集中变化主要出现在虫草初步繁荣阶段的后期与大规模采挖阶段。究其原因,首先是虫草普及度与获得的关注度提高,食用虫草的人增多;其次这一时期文化呈现多元化发展趋势,不同的文化与视角赋予了同一事物多样的蕴涵。

(一)对虫草药用价值的逐渐认识

这一时期虫草虽出现在各种方剂配药之中,但不同医药典籍对虫草药用价值的记载却有所出入,关于虫草产地的描述各有不同,有关虫草生长特性的叙述众多。部分笔记体小说更是用"化生论""阴阳论"将虫草传奇化。

《本草纲目拾遗》[2]认为虫草功效如下:"出四川江油县化林坪,夏为草,冬为虫,长三寸许,下跌六足,以上绝类蚕。羌俗采为上药。功与人参同。"《从新》云:"产云贵,冬在土中,身活如老蚕,有毛能动,至夏则毛出土上,连身俱化为草。若不取,至冬复化为虫。"《四川通志》云:"冬虫夏草出里塘拨浪工山,性温暖,补精益髓。"《黔囊》:"夏草冬虫出乌蒙塞外,暑苗土为草,冬蛰土为虫。"《青藜余照》:"四川产夏草冬虫,根如蚕形,有毛能动,夏月其顶生苗,长数寸,至冬

---

① [美]凡伯伦说:炫耀性消费,首先就是对贵重事物的大量消费,原始的财富积累不能证明一个人财富水准,因此一个人的富有必须通过明显的消费来证明,且该消费是带有歧视性的。消费作为财富的证明是一种派生的发展,作为有闲一族,他们消费的生活必需品远远高于维持生活和保持健康所需要的最低限度以上,其消费的财物都是经过精挑细选、特殊化的,是挑最好的消费,其行为本身是任情的,没有限制。于是其购买的物件中奢侈品首当其冲,它是有闲阶级的标志,而以上对于贵重物品消费的终极目标是博得荣誉和他人的尊重。见《有闲阶级论》,蔡受百译,第67—70页、第18—第19页,商务印书馆,2007年。

② [清]赵学敏:《本草纲目拾遗》,第139页,人民卫生出版社,1983年。

苗槁,但存其根,严寒积雪中,往往行于地上。"《文房肆考》:"迩年苏州皆有之,其气阳性温。孔裕堂述其弟患怯汗大泄,虽盛暑处密室帐中,犹畏风甚,病三年,医药不效,症在不起。适有戚自川归,遗以夏草冬虫三斤,逐日和荤素做肴炖食,渐至愈。因信此物保肺气,实腠理,确有征验,用之皆效。"《西城闻见录》:"夏草冬虫生雪山中,夏则叶歧出类韭,根如朽木,凌冬叶干,则根蠕动化为虫。入药极热。"《徐后山柳崖外编》:"冬虫夏草,一物也。冬则为虫,夏则为草,虫形似蚕,色微黄,草形似韭,叶较细。入夏虫以头入地,尾自成草,杂错于蔓草间,不知其为虫也。交冬草渐萎黄,乃出地蠕蠕而动,其尾犹簌簌然带草而行。盖随气化转移,理有然者,和鸭肉顿食之,大补。"

《本草纲目拾遗》记录了不同阶段、不同群体对冬虫夏草药性、产地、发生机制的探索研究,同时也见证了虫草药用价值日益得到认可的过程。这一时期是虫草的药用价值日益显现时期。

以前虫草多得很,山上有,牛羊也吃。我们不吃,不知道咋吃。那会儿(20世纪80年代初)有的人把这(虫草)挖上换汽油去,差不多一斤换一桶汽油。他们拿上(虫草)干啥去也不知道。就说对肺啥的好,我们不需要,有酥油吃就成了。还是汽油实用,做饭燃得快。[①]

由这段资料可以间接反映出20世纪80年代初期,乃至更早的一段时间内,兴海本地居民对虫草的药用价值不了解。首先是因为他们日常饮食习惯中有功能相似的替代品;其次是由于普通居民中草药药理知识缺乏。兴海县居民对虫草价值的认识是通过外界交流获知的,由此也反映了文化的传递性[②]。

(二)养生保健作用受到关注

虫草原来也不是特别火,就这么个圈圈里搞(经营)。当地人不吃,就卖给下边的(客商)。后来"非典"闹开就火哈了,你想我2002年的存货全卖完了,2003年收货都困难。阿门了好,说防"非典"在,有效果没在不知道。[③]

上述材料反映了2003年虫草供不应求的现象。由于该年"非典"流行,众人认为虫草有抗病毒、强身体的奇效,可以防"非典",以至于虫草药效被夸大,

---

① 兴海县河卡山访谈资料,受访人:虫草采挖人,男。时间:2012年5月31日。
② 郑杭生:《社会学概论新修精编本》,第67页,中国人民大学出版社,2015年。
③ 兴海县子科滩镇访谈资料,受访人:当地虫草商人,男,约60岁。时间:2012年6月2日。

众人争相购买。这一现象背后蕴含着深层的社会原因:第一,在信息的模糊性与权威人士的影响力作用下,大众受从众心理影响跟风购买虫草。群众对疾病和药物价值缺乏客观的认识,易受广告不实宣传误导,不加分析地顺从大众行为,购买虫草。第二,大众吃饱穿暖的生理需求得到满足,对自身健康关注度提高,老人怕老无所依,年轻人担心身无所养,养生防病成为一种心理需求,众人渴望得到保健的有效方法,而虫草的出现,满足了大众渴望健康的心理。虫草由此具有了安慰剂的作用,为大众营造了"包治百病,没病强身"的幻想。

(三)投资价值显现

虫草投资价值的具体表现形式是价格升值,而投资价值主要源于虫草的稀缺性和人为的市场炒作。固然有一部分人出于治病养生目的购买虫草,但是与虫草功效相似的药品众多,可供这一群体购买选择的产品丰富;此外,这一群体的数量有限且稳定,不会长期大幅度增长;再次,这一消费群体分布分散,单次购买量小,对短期虫草物价起伏影响小,故不可能成为导致虫草价格上升的主因。虫草价格上涨应还有其他原因,其中炒作是不可忽视的因素。调查过程中有人推测,当前投资炒作虫草以温州人居多,政府部门对房地产业进行宏观调控后,"炒楼团"将一部分资金投入到药材贸易,其中虫草高收益最吸引投资者,从而致使虫草需求增加,虫草价格上涨。并且,原本从事虫草贸易且资本雄厚的卖家也会囤积虫草,待价高抛售,炒作虫草价格。访谈如下:

我们收了草,卖掉一些,钱要周转。那肯定还留下一些品相好的,能抬价,价格高了再卖出去。5、6月在产草,这会儿大家都急着往外卖,把本捞回来,卖不上个好价钱。年末没草的时候价格才好(高),一斤上能多挣将近万把块。再说了手上不留点心里不踏实,平时干啥咧。这么多年,也赚过,也赔过,现在竞争大了,但还赚钱。几个女婿跟上了一起干在,把车、房子的都买上了,那还要个啥,挺好的。①

由上述资料分析,天然虫草集中产出于五六月,首先要保证虫草贸易的全年可持续进行,卖家必然会囤积虫草保证库存。其次,虫草年销售价格波动频繁,产草期虫草供应量大,市场售价低,而年末售价提升,经销商为追求利润差

① 兴海县子科滩镇访谈资料,受访人:当地虫草商人,男,约60岁。时间:2012年6月2日。

额,亦会存虫草待价而沽。此外,虫草市场需求量大,只要控制货源,虫草就可以成为保值的硬通货。资本雄厚的大户在虫草产季大量收购虫草,制造人为的市场紧缺假象,使冬虫夏草的价格上涨,待涨至预期价位集中抛售。

虫草价格升高与虫草炒作互为因果。1983 年,兴海县每千克冬虫夏草的价格约为 300 元,折合每克 0.3 元。1996 年每千克冬虫夏草的价格已至 7 000 元。2003 年上等冬虫夏草的价格已涨到 3 万元/千克,每克合 30 元。到 2007 年,冬虫夏草每千克的价格 5 万元,运送至西宁售每千克 6.5 万,至江苏、到广州可达 8 万[①],虫草计价单位从“千克”变为“克”,经济价值显现,虫草成为奢侈品。

“灰色需求”也是造成虫草价格上涨的助推器之一。“买虫草自己吃的有,买的量少,买个 200 克够一个人一年吃了。一般都是送礼的,政府机关的呀,做生意的呀。做工程的老板买的最多,过个节他们不上下打点,活能接下来哇,工程款能给哇。老板们一次四五斤的买在。”[②]送礼需求的存在,使虫草投资有利可图,也导致了虫草购买者与使用者相分离的现象。

(四)炫耀性消费

虫草主要消费市场为华人社会。港台地区和东南亚华人是虫草的主要消费群体。此外,韩国人也视虫草为上等滋补佳品,韩国亦是海外销售地之一[③]。目前国内新兴消费市场已形成,我国虫草消费群体主要集中在长江三角洲、珠江三角洲地区,这一地区是我国经济较发达地区,在饮食文化传统[④]与消费水平双重作用下,有能力的消费个体开始消费虫草,使其功能逐渐多元化,并显现出社会文化的特点。部分虫草消费者购买虫草除了满足滋补养身的需要,还是为了展示相对高的社会地位,因为地位与财富本身是不易被察觉的,需要通过具体行为展现。按照马克思·韦伯的社会分层理论,划分社会阶层有三个标准:经济标准(财富和收入)、政治标准(权利)和社会标准(声望)[⑤]。社会的每个个体都有自身的群体归属和阶层归属,而且这种阶层或地位是物质性的、象征性

---

① 兴海县子科滩镇访谈资料,受访人:当地虫草商人,男,约 60 岁。时间:2012 年 6 月 2 日。

② 兴海县子科滩镇访谈资料,受访人:当地虫草商人,男,约 40 岁,2012 年 6 月 3 日。

③ 罗绒战堆、达瓦次仁:《西藏虫草资源及其对农牧民收入影响的研究报告》,《中国藏学》,2006 年第 2 期。

④ 广东等地相信药食同源,有煲汤的习惯,用虫草煲汤被视为滋补上品。

⑤ 郑杭生:《社会学概论新修》,第 226 页,中国人民大学出版社,2015 年。

的,需要通过具体行为表现出来。权利与声望缺乏具体衡量指标,而经济标准可以通过购买力反映出来。按照韦伯的观点,某一阶层的成员对其具有的共同特征以及使他们与其他阶层区分的社会界限具有强烈的意识。他们要通过具体的行为来表现自己的不同,划分阶层属性,将普通人偶尔使用的产品日常化,则是表明阶层与身份较直接的方式。

买虫草的南方人多,听说主要煲汤润肺,还有说每天放二三根泡茶效果更好。中药这个东西,见效不可能这么快,要长期吃劲儿才能上来。那一天要喝掉几百块钱,时间久花销更大。我们当地人(兴海人)一般不买,消费水平达不到;再说了吃酥油更润肺,效果更好,不用买这个。就是城里的也不可能把钱都喝掉这个呗。消费虫草的要么是有权的,要么有经济实力,烧包们买的多。①

由资料分析,虫草发挥功效需要时间周期与大量财力,并且与虫草功能相同的替代品众多,追求虫草药用功能的消费者既可以买高价的虫草,也可以买大量的低价替代品,购买虫草不求疗效,攀比价格的人被当地人视为"烧包"或是"有权的人"。由此足见消费虫草并非单纯追求虫草的使用价值,而是为了展现与普通人不同的优越性。虫草具有的符号意义对炫富消费行为的影响是巨大的,当这一符号意义出现在日常的互动和交往时,其影响效果会被无限地放大。消费虫草会被视作有经济实力、社会地位高,令购买者拥有"倍儿有面子"的感觉。即便虫草购买者主观没有炫耀意识,但虫草价格与使用价值的巨大差异也会给他人以炫富的信号。个体通过虫草消费具有的符号意义,建构不同群体的等级分类体系。

第五节　兴海县资源开发与生态系统保护的两难考察

一、兴海县草场生态系统与虫草采挖关系实证分析

虫草生长于高寒草甸草场,与生活在其中的动物、植物共同构成一个生态系统,与各物种间存在着密切而重要联系。"当我们的行为将影响到这些关系时,我们必须要谨慎一些,要充分了解我们的所作所为在时间和空间上产生的

---

① 兴海河卡访谈资料,受访人:河卡虫草收购商,男,约45岁。时间:5月30日。

远期后果。"①可见,虫草资源开发利用不是一种独立行为,而会对草场生态产生深远影响。为此本节将对兴海草场生态系统与虫草资源利用问题做一考察。

兴海县虫草资源开发规模逐渐扩大,一方面提高了居民收入水平,活跃了工商业;另一方面加剧了虫草资源无序开采,带来了草场退化、生物多样性面临威胁、虫草质量与产量锐减等各种问题。笔者认为,这些问题虽然受自然因素与人为因素共同影响,但分而论之,更应该关注自身行为对生态带来的后果。托尼·班克斯说"草原退化问题,与其说是一个自然现象,毋宁说是一个社会经济现象,特别是人类经济活动的因素使然"②。人类追求最大利益经济活动对草地资源造成破坏,从本质分析,是由人类日益增长的物质需求与人类对自然认知片面性的矛盾所造成的。有观点认为,草场生态系统变化归结为草场超载,这一看法固然反映了追求经济利益对生态平衡造成的不良后果,以及群体追求利润最大化的心态。但笔者认为,对虫草资源不合理利用、掠夺性采挖,应是导致草场生态恶化的根本原因:

首先,统计资料显示兴海县乃至三江源地区的牲畜出栏数在20世纪80年代—90年代经历了螺旋式的下降,到2000年处于低谷,但所处地区的草场生态退化格局并没因此而改变,反而呈现出退化加剧的局面。三江源地区高寒草甸的平均退化速度由70年代—80年代的3.9%增加到90年代的7.6%,高寒植被的平均退化速度由70年代—80年代的2.3%上升到90年代的4.6%③。这固然是由于70年代—80年代的超载所酿成的草场退化的延续,但由此推论草场载畜量是导致问题的绝对原因却是值得商榷的。

其次,畜牧并不是兴海县当地牧民唯一的收入来源,当地群众获得收益的经济活动还有草山承包、采挖虫草和外出务工。随着虫草价格走高,与虫草相关的草场承包费用和挖草工资也水涨船高,占当地居民收入比重提升。采掘虫草成为当地人过度经济活动的新趋势。

因此,采挖虫草是诱发兴海草场生态问题的原因之一。

---

① [美]蕾切尔·卡森:《寂静的春天》,卢瑞兰、李长生译,第63页,上海译文出版社,2008年。
② 孙喜涛:《玛曲草原退化的人为因素分析》,第9页,兰州大学硕士学位论文,2010年。
③ 《腾讯网深度对话青海气象局专家李凤霞》,腾讯网。

二、采挖人口特征与草场生态关系实证分析

影响兴海县草场生态人口特征主要体现为人口数量、人口观念,这两个因素相结合对兴海本就脆弱的草场生态系统带来更为严重的影响与制约。

（一）采挖人口数量众多

兴海县农村社会经济和小城镇发展滞后,农牧区非农就业不充分,第二、三产业从业人员 3 533 人,乡村人口高达 6 万人①,人均可利用草场 221.25 亩,靠有限的草场放养牲畜收入很有限。截至 2012 年笔者调查单只虫草收购价已达 30 元,部分草山承包价达 100 余万元人民币,采挖虫草、承包草山等成为当地牧民增加收入的途径。2007 年当地 72% 的家庭有挖药材收入,户均挖药材收入 2 212.26 元,高者可达 9 000 元②。当地牧民加入采挖群体,采挖冬虫夏草总人数不断增加。

2010 年兴海县户籍人口 6.8 万人口③。每年虫草采挖季节涌入外来淘金者多达万人,2003 年涌入外来采挖人员为 2.3 万人,2008 年外来人员已近 4 万人。由于统计资料缺乏,笔者没有得到近 5 年外来采草人数的精确数字,但推测外来采挖人口数量的规模是增加的,并对兴海县当地居民日常生活有所影响。

采挖季节该县班车发车频率变化也能反映采挖人数众多这一现象。在非虫草采挖旺季,西宁城东客运站发往兴海班车首班发车时间为上午 9 时 30 分,末班车于下午 15 时 30 分出发,其间每 1 小时发车一次。采挖旺季末班车发车时间延长到 18 时,每 30 分钟发车一次。兴海至西宁车程 5 小时 35 分,末班车在深夜才能赶到兴海子科滩镇。

这个时候西宁往兴海跑的车好多都超载,有的超载哈 10 个俩。好多人都是去兴海挖草、收草去的。我们这几天两班倒,平时一天跑一趟,车里人少的末

---

① 青海省统计局、国家统计局青海调查总队编:《青海统计年鉴 2010》,中国统计出版社,2011 年。

② 2008 年兴海统计资料。

③ 青海省统计局、国家统计局青海调查总队编:《青海省 2010 年统计年鉴表》,中国统计出版社,2010 年。

有(没有),现在每天跑两趟都拉不完。①

由访谈资料分析,虫草采挖季到来为班车司机带来了更多客源。司机虽未加入虫草采挖活动中,却处在兴海县虫草开发经济利益链条之中。海南藏族自治州至兴海县的车次频率更高,平均每20分钟一趟,早8时发首班车,18时末班车。由发车频率密集度可知,采挖季节涌入兴海县外来采挖人员的大致数量。

五六月虫草(采挖)季节一到,包车生意好得很,天天都有活。包我车的都是小老板,我(的)车小,就装十来个人。人家大老板直接到下面(兴海以东的农业区)找人,用卡车、大轿子(大巴)一车车直接拉到山里(挖虫草)。

由访谈资料分析,兴海虫草采挖地远离市镇,个人挖草者需要包车或拖拉机才能进入虫草产区,当地司机在这一阶段获利甚多。草山承包人雇佣的工人则是集体被送到采挖地点,平均一车可载近40人。中等草山承包商平均雇佣采挖工60—70人②,兴海县大小草山承包人近千,由此估算兴海外来采挖虫草人员数量大致在4万—5万人。

大量外来人口涌入致使兴海子科滩镇物价也出现阶段性变化,一袋面粉(50千克)涨价20元,一斤鸡蛋涨至5.2元,餐馆饮食、宾馆住宿价格都在上涨③。"平时吃一碗面就7块钱,最近(5月底6月初)要给10块,就一点萝卜皮皮,肉都没有。"④采挖虫草季节到来,外来人口涌入,部分挖草人、草山承包人、收购人会在镇上住宿,为当地商户带来商机。因兴海县部分物资由县外运入,大量货物需求致使运输成本增加。另外由于商家借此牟利,追求高利润,物价由此上涨。虫草采挖季节兴海县子科滩镇住宿价格会上涨,其中标间价格在150—180元之间,并且房源紧张,平时定价仅为120元左右。县府子科滩镇规

---

① 西宁至兴海班车田野访谈资料,受访人:西宁至兴海班车司机,男。时间:2012年5月28日。

② 兴海县河卡山访谈资料,受访人:虫草采挖人,男。时间:2012年5月31日。

③ 笔者2012年在兴海县子科滩镇调查所得。

④ 兴海县子科滩镇访谈资料,受访人:当地司机,男,约30岁。时间:2012年5月30日。

模较大的 4 家宾馆入住率达 80%①。"每年这会儿（虫草采挖季）生意最好，都想多赚点。人来得多，都要提前订，一些老客户（主要是草山承包商）年年都来我这儿住。"②

这段访谈包含了两个信息：第一，虫草采挖季兴海外来人口众多；第二，兴海虫草资源利用已形成了涉及住宿、运输、餐饮人员，包含本地人、外地人在内的经济圈，虫草资源利用推动了与其无直接关联的其他行业的发展。

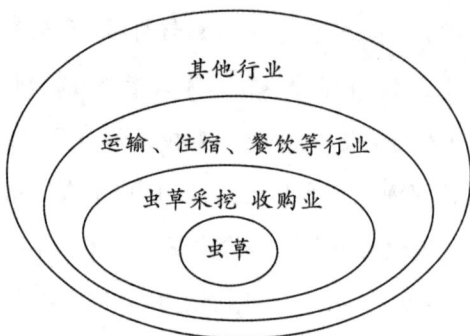

图 2-5　兴海县虫草经济效益圈

由图 2-5 可知，以虫草资源利用为中心的行业利益圈在兴海县日渐显现，中心虫草行业的发展带动着周边相关行业的发展。以理性经济人的角度分析，该利益圈中各行业为追求利润最大化，将支持中心行业的过大发展，忽视人口因素对当地生态的影响。事实上短期人口大规模涌入兴海，远超出当地草场原有承载能力。加之兴海当地群众也参与到虫草采挖中，据笔者估算虫草采挖季本地采挖人与外来采挖人合计，将有近 10 万人③涌入高寒草甸采挖虫草。环境对人口的容纳量是有限的，短期增加的人口压力，在环境技术、环境政策、环境状况相对稳定的前提下，将转化为不断增加的环境压力，影响草场动植物的正常生活，破坏原本平衡的人与生物相处模式。

---

① 笔者在兴海县子科滩镇调查所得。

② 兴海县子科滩镇访谈资料，受访人：宾馆老板，女，约 40 岁。时间：2012 年 5 月 28 日。

③ 兴海县草原管理站工作人员表示，2010 年兴海外来采挖人口保守估计已有近 4 万人。2011 年、2012 年此数字继续增加。兴海有乡村人口近 6 万，虫草采挖季很多当地居民都会采挖虫草。由外来 4 万人加本地 6 万人及未统计的数字，笔者估计总采挖人数应在 10 万左右。

表2－4　兴海县生态足迹①、生态承载力②与生态适度人口③统计表④

地区	生态足迹需求（公顷）	生态承载力（公顷）	可利用生态承载力（公顷）	生态足迹盈亏（公顷）	生态足迹需求GDP产出系数（元/公顷）	万元GDP生态足迹（公顷/万元）	生态适度人口（人）
兴海	96 443.6	79 362.9	69 839.4	－26 604.2	1 612.8	6.201	47 728

上述图表表明,兴海县生态脆弱,生态承载能力有限,生态适度人口其实仅为47 728人。兴海县当地人口已超过这一基准,致使生态足迹处于－26 604.2的亏损状态。短期大量人口涌入将加剧亏损局面,对草场生态造成不利影响。采挖人口增加还将带来两种结果:一是强化对原有虫草产地的采挖力度;二是努力开发迄今尚未采挖的草场。

(二)环境保护观念淡薄

兴海县虫草从业人员构成特点:

第一,地缘性强。兴海采挖虫草的群体由外乡人和本地人两大群体构成。外乡人主要是来自当时青海海东市、甘青交接处的农民。他们农闲期间外出打工赚钱,一般为同乡、亲友。本地人多为牧民,采挖地点是村庄的共有土地或自己的草山。

第二,血缘关系、亲缘关系强。其特点源于兴海虫草业尚处于产业发展初级阶段,从业人员"高度的信任、忠诚、情义意识"在产业发展的初级阶段更受到重视。虫草采挖人通常来自同一个村庄。他们间有着亲戚或同乡关系,远离故乡务工与自己亲人在一起有安全感,由此归属感更为强烈。

兴海县虫草业从业人员平时从事农牧业劳动,虫草采挖期间受雇挖草。受虫草生长特性影响,虫草采挖工人并非终年从事采挖劳动,而只是在农闲时节单个或以小团体的身份,受雇于草山承包人。采挖虫草工作对劳动力文化程度

---

① 自然本身能提供的生态足迹称生态承载力。

② 生产已知人口消费的所有资源和吸纳这些人口产生的所有废弃物所需要的生物生产土地总面积和水资源量称为生态足迹,也称生态空间占用。

③ 生态适度人口＝生态总承载力/人均生态足迹。

④ 徐小玲:《三江源地区生态脆弱变化及经济与生态互动发展模式研究》,第153页,陕西师范大学博士论文,2007年。

没有要求,耐心与体力是决定采挖量与质的前提,经验与运气决定最终采挖结果,而经验获知与书本知识直接联系少,主要来自具体工作中的积累。

虫草采挖对人员年龄没有特别限制。笔者调查过程中发现以20岁到50岁这一年龄段较为常见,还有部分16岁以下的少年,甚至儿童,农村妇女也占一定比例。

我家乐都的,成天家里待着也没事,村里好多人都搞副业(外出打工)去了。我没上过啥学又没个技术,出去也干淡(没前途)。挖草挺好的,管吃住,挖到草还给钱,别人来我就跟着来了,来了就死劲挖,多挣钱呗。现在挣钱才是实话,有钱别人才把你当人在,要不把人瞧不起,没脸面。挖完草就回家了,老板把钱结给,回头我(拿钱)把家里房子拾掇一下。别的跟我末(没)关系了呗。①

这段访谈资料反映,虫草采挖人员通常缺乏专业技能,主要依靠体力与经验采挖虫草。他们以多挖草、多赚钱为目的,草场的影响则不在考虑之内。采挖虫草就是采挖工人自我实现需要的一种表现。他们缺乏获得高收入的劳动技能,但依然拥有为家庭做贡献、改变生活现状的心愿。挖虫草门槛低、时间短、管吃管处的特点对这一群体具有较大吸引力。人们对成就定义中财富所占据的地位越来越重要,拥有财富也就意味着拥有成就。这种以经济利益为追求目标的舆论导向,极大地激发了人们挖草赚钱的热情,降低了采挖者的环保意识。

此外,劳动力教育水平也与生态问题有间接关系:第一,受教育有限,限制了他们掌握先进技术的机会与能力;第二,对少数资源(如虫草)具有极强的依赖性,导致对虫草过度采挖,加剧草场生态失衡。

兴海县丰富的虫草资源与虫草贸易历史,首先为虫草采挖发展创造了条件,靠山吃山往往是人们进行经济活动的选择,进而形成一种群体资源利用惯性。其次,兴海县虫草采挖业主要由本地人与外乡人构成。外乡人多来自省内或临近省份,进入兴海县感到交通方便、生活习惯相似、地理气候差异小,基本是一种"离土不离乡"的工作方式,并且同乡或亲戚集体出行有助于消除外出务工的不安全感;再次,不用掏钱还能挣钱的工作方式,吸引了大量收入低、希望通过从事副业来缓解生存压力的群体。以上种种因素的结果就造成兴海挖草人员数量偏多,仅以追求经济利益为导向,不计环境后果。

---

① 兴海县温泉乡访谈资料,受访人:虫草采挖人,男。时间:2012年6月5日。

三、采挖日常生活与草场生态关系实证分析

（一）采挖日常生活对环境破坏实证分析

短期过多人口涌入兴海采挖虫草带来兴海草场的生态压力,致使草场资源为人类提供服务功能的能力减弱。采挖工数量多,生态意识淡薄等人口特征可以从宏观角度证实采挖虫草与草场生态间关联。采挖人员日常生活的点滴将更具体地表明,采挖虫草这一经济活动与草场生态的关系。

1.运输交通工具对草场的破坏。

兴海县虫草产地主要分布于海拔3 000米以上的高寒草场,山地海拔高、湿度大,较为偏僻,道路硬化率低。有的草场间或有一两条人畜踩踏的小道,大多草场茫茫一片,没有道路。采挖人员到达采集地必须乘坐越野车、卡车、拖拉机等交通工具。

每年的五六月我家都要去挖虫草,我爸也跟着去,在家里也闲不住。他和我兄弟一块儿。家里离山上远,我们自己开车去,装上帐篷、煤气炉,准备好羊肉、牛肉、炒面、洋芋,再带个发电机。山路上走,草摊子上走咧,车子容易爆胎,轮胎们的也要带上个。一个车在前头带路,找到合适的地方再定下来。①

由访谈资料可知,具体的虫草采挖点路途较远,需要借助汽车等交通工具方可到达。车辆通常会带采挖期间的生活用品,负载物品多、质量重,并且路途艰难。山路难行,车辆在行驶过程中极易压伤牧草,给植被造成破坏,损毁土层。高寒草甸土层薄,土壤覆盖度仅有25—50厘米,损坏后很难恢复,易造成土地沙化,致使草场涵水能力下降。草山承包人接送挖草人的车辆都是载重标准高的大卡车,"老板们(用)卡车的把人(往)山上送在,阿门多(特别多)的人俩,用开卡车了"②。重型车辆施加于草场的压力更大,在土地疏松地段卡车极易陷进土层,汽车发动引擎摆脱下陷的过程致使草场留下坑洞,雨雪天气积水堆积,将会带动整块草皮滑动,草场呈现出斑驳黑块。

我包的草山不大,不敢投太多。虫草这东西没准,一会儿说这出在,去了也未(没)多少。年挖的(草场承包人)都确定不了,找了人满山转磨磨在,挖草靠

---

① 兴海县温泉乡访谈资料,受访人:虫草采挖人,男。时间:2012年6月6日。
② 兴海县鄂拉山附近访谈资料,受访人:附近居民,男,约50岁。时间:2012年6月4日。

运气。①

由此可知,虫草采挖点并非固定区域,经验丰富的"虫草猎人"也只能确定大概的范围。不断寻找新的草地,反复更换地点是采挖虫草的常态。为寻找虫草,车辆辗转于草场,在挖草过程中极为常见。整个虫草采挖周期里,部分收草人会不定期开车巡山收草。在各采挖点奔走的过程中,汽车轮胎多次施压于草场,持续破坏牧草。

2. 采挖周期日常生活对草场破坏。

整个虫草采挖过程一般持续50—60天。采挖点多在海拔3 500米左右的雪线附近,远离生活区。在采挖周期内,采挖人员以小范围聚居、整体散居特点集结于各产草区。这些人要在草山上扎帐篷、生火做饭、休息工作。随着采挖量的变化,采挖人还需常迁移帐篷,更换住地。虫草采挖期,有些人甚至提前两个月就到达采集点,搭建帐篷,囤积物资,圈占地盘②。虫草采挖人在草场生活,践踏草地、砍伐灌木丛并制造大量生活垃圾,污染了产区环境,破坏了脆弱的草地生态。整个采挖过程主要表现以下几个方面的问题:

(1)生活垃圾多。虫草采挖季节近十万人生活于高寒草甸,每人每日消耗代谢量极大,吃饭剩余厨余,洗漱产生废水,乃至抽剩烟头数量大。高寒草甸自净和承载能力是有限的,生活垃圾残留草场需要消耗分解时间也是漫长的。笔者在调查河卡山虫草采挖点时看到,塑料食品袋、烟盒、酒瓶、瓜子皮在草丛中醒目刺眼,未燃尽的烟头也赫然在目,如遇干燥草皮极易引燃。"挖虫草的人都住在山上,包山的老板们把吃的、住的都拉上来了。"③采挖工人生活在相对封闭的环境中,对草场的依赖无形中加深,其生活细节点滴都与草场生态相关。

(2)动植物受影响。虫草采挖季虽然在节气中属春末夏初,但采挖地海拔高,气候湿冷、温差大,防寒保暖十分必要。采挖人多穿着小棉袄、长衣御寒。到夜晚气温会骤降3℃—4℃,他们往往就地取材,焚烧小灌木、干草取暖以保持

---

① 兴海县温泉乡访谈资料,受访人:虫草承包商,男,约40岁。时间:2012年6月6日。
② 根据对兴海县子科滩镇访谈资料整理所得。受访人:兴海县草原管理站工作人员,男,约30岁。时间:2012年6月3日。
③ 兴海县河卡山访谈资料,受访人:虫草采挖人,男。时间:2012年5月31日。

体温。因而不少高寒低矮灌木都成了燃料,仅粗略计算,近10万人每天将破坏灌木林地15公顷①,加剧了草地的退化。高寒草地植物一旦损毁很难再生,植物被焚毁后留下的疮痍将黑化,成为土滩。此外,虫草采挖的五六月正是高山植物重要的生长期,人为踩踏、铲挖将影响高山植被的正常生长。

采挖虫草过程中不少人也会捕猎小动物,如套兔子、打雪鸡,致使这些动物数量锐减,难觅踪迹。大量人类阶段性出现于高山草场也影响其他动物种群正常生活。为避免人类干扰,很多动物向三江源南部玉树、果洛等地迁徙。

(二)采挖方式对草场破坏实证分析

虫草采挖方式对草场生态的影响最大。2007年青海省质量监督局制定了青海当地标准虫草采挖技术规程。有关虫草采挖原则、技术、保护措施的具体内容摘录如下:

冬虫夏草采挖技术规程②:

1.采挖原则:

(1)实行依法保护、科学规划、合理利用的方针。

(2)以现有草原为基础,因地制宜,统筹规划,分类指导,实行轮采、禁采措施。

(3)生态效益、经济效益、社会效益相结合。

2.采挖技术:

(1)采挖地区、时间:

海南州:4月下旬—6月上旬;

黄南州:5月上旬—6月上旬;

玉树、果洛州:5月上旬—6月中旬。

(2)采挖工具:采挖工具切面宽度不超过3厘米。

(3)采挖方式:采挖工具在距离草头7厘米左右,连草皮挖9厘米左右,取出虫草。虫草采挖后,坑要填平、踩实,采挖产生的裸露面积不应该超过30—50平方厘米。

---

① 根据对兴海县子科滩镇访谈资料整理所得。受访人:兴海县草原管理站工作人员,男,约30岁。时间:2012年6月3日。

② 青海省质量监督局:《冬虫夏草采挖技术规程》,2007年12月,文件号DB63。

3.保护措施:

(1)采集虫草要本着保采结合、永续利用的原则,做好生态修复工作。

(2)采挖虫草后,坑要填平、踩实,把裸露泥土的原植被放回原处,做到随挖随填。

(3)虫草采挖出来后应放置在布袋内。

该技术规程制定了虫草采挖的时间、采挖工具、采挖方式和保护原则。其中一条规定:采挖工具切面宽度不超过 3 厘米,但未对具体采挖工具提出要求,采挖可采用各种锐利工具,小刀、小铲都较常见,没有统一采挖工具。在 20 世纪 80 年代初期,当地人采挖药材以兽角为工具,禁止使用铁制工具挖掘草原,挖出虫草后要及时回填。现在兽角已被铁器替代,很少有采挖工人及时回填。"采挖产生的裸露面积不应该超过 30—50 平方厘米",由此可知,虫草采挖过程中对草场造成破坏是必然的,只是程度不同。"采挖虫草后,坑要填平、踩实,把裸露泥土的原植被放回原处,做到随挖随填。"首先,在具体实施过程中此条难以实行;其次,采挖虫草,铲挖草皮的过程中已破坏了植物的根系,即便回填受损植物也难以恢复。若天气晴好,太阳光照强度大,回填植物也难以存活。在笔者调查过程中发现,依照此规程采挖虫草的牧民极少,甚至基本不知道有这一规程。

虫草的实际采挖过程可以分为确定、挖草、回填三个环节①,现对这几个阶段做简要考察。

一是确定时间与范围。虫草采挖时间与地点的确定将直接影响最终采挖数量与质量,是整个流程中不可或缺的环节。由于确定失误而导致投资失败的事例每年都会发生,因而兴海当地人将这一阶段称为"赌草山"。

该阶段的必要性与重要性是冬虫夏草自然属性与社会属性共同作用的结果。产地与成熟日期的不确定性、采挖时间短暂是决定这一阶段必不可少的自然原因。冬虫夏草出产地点受气候湿度影响不断变化,经验丰富的采挖人只能根据草场湿度、光线范围及历年出草量估计大致的范围。冬虫夏草的成熟期在每年 5 月至 6 月间,前期出产冬虫夏草的草身与虫身短小,草未长实并且不易

---

① 根据对兴海县子科滩镇访谈资料整理,及笔者在河卡山、鄂拉山实地调查所得。受访人:兴海县草原管理站工作人员,男,约 30 岁。时间:2012 年 6 月 3 日。

寻找;后期采挖的虫草虫身干瘪、徒长,质量欠佳;只有中期15天采挖的虫草品相与经济价值最好。确定准确日期与范围将提高采草质量,降低采挖难度。

冬虫夏草高风险、高回报的经济特性使得前期确定环节至关重要。草山历年产草量是采挖人和草山承包商选择草山的主要参考因素。产草数量多、质量好的草山是各草山承包商争夺的焦点,预期收益价值高的草山最终承包价可达百万。2012年笔者调查过程中兴海县的"草山地王"达到140万,平均每日承包价达2.8万。依照兴海县2012年单只虫草收购均价20元初步估算,该草山每日必须产出1400根虫草,方能收回承包费用;若考虑每日雇工费、伙食成本及交通费,每日采挖定量将更高。采挖人及草山承包商为了规避风险,获取利润往往提前"摸山"。寻找最佳草场、确定合适日期工作一般提前一个月进行,当地有专业"虫草猎人"负责前期寻找草山的工作。这部分人多是受雇于虫草承包商的当地牧民。由于自然气候因素复杂多样,草场生态不断变化,前期"摸山"结果出现失误的概率较大,2012年不少"虫草猎人"提前两月已开始工作。

二是挖草产草区域与时间确定后,就要开始具体采挖工作。这一阶段先后包括找草头、试铲、铲挖三个步骤,采挖所需主要工具是小铁铲。

首先,在草甸中寻找虫草草头。草头呈棕色与土壤颜色相近,一般冒出地面2厘米—3厘米,不易辨认,主要凭借观察力与经验寻找。气候湿度与动物活动都影响草头辨识:天气干燥,草头破土而出的部分仅有1厘米左右,辨查难度高;若适逢雨水天气,草头冒出地面长度高,有利采挖。有时动物啃食牧草可能将草头部分咬断,致使寻找工作极为困难。采挖虫草并非易事,笔者调查中部分采挖人一天只挖到一根草,甚至有的人一无所获。"我在这坐下了(采挖)三天了,一根草也没有挖到。我们一块来的五个人,也才挖了七根,山上把人冻得吃不住了(坚持不住)。"[1]在采挖人的眼中,寻找草头如同撞大运,运气好时同一区域接连出现虫草,但更多是苦苦寻觅的过程。草头难寻,一部分采挖人索性将草皮大块铲起,直接从土层中翻找虫体。这种暴力采挖行为,一方面影响牧草正常生长,令地表土层裸露,造成草场沙化,降低牧草涵水能力,最终引发大片草皮滑落,使草场形成黑土滩;另一方面草地生态环境恶化造成冬虫夏草

---

[1] 兴海县河卡山访谈资料,受访人:虫草采挖人,男。时间:2012年5月31日。

菌的寄主昆虫蝙蝠蛾幼虫的食料锐减,破坏了寄主昆虫和虫草自身的繁殖生长环境条件,影响了虫草数量和质量,个别产地甚至面临灭绝的危险。

第二,找到草头后,不急于直接采挖,要用小铁铲试挖虫草周围土壤,由土壤湿度确定采挖力度,依据草头长短确认采挖深度,这二者将最终影响虫草品质。虫草销售价格并不完全由使用价值决定,虫草的大小、虫身与草头比例决定虫草价格,断草价格仅是整根虫草的1/3①。因此试铲工作尤为重要,经验丰富的采挖人通过这一环节可判断虫草整体大小,确定采挖的纵向深度,避免挖断虫草,影响出卖价格。这一环节对采挖人经验与判断能力要求高,部分新手在这一环节造成失误,挖断虫草,破坏了虫草品相,使所挖虫草价格降低。采挖人为了避免断草情况,尽可能增加采挖深度,多数采挖人的挖掘深度达9—12厘米,致使草场坑洞遍布,满目疮痍,这是造成草场退化与草原鼠害的诱因。

第三,铲挖虫草。这一阶段与试铲过程连续紧密,部分采挖人不经试铲直接跳至第三步,致使两个阶段难以区分。二者的区别主要表现于对草场的破坏力度。试铲从深度上对草场生态带来影响,而具体铲挖虫草对草场带来的破坏是立体的、全方位的,在宽度上需铲起草皮15—20厘米,深度需达7—10厘米,铲挖过程将形成体积1575—2000立方厘米的坑洞,这类坑洞进一步加速了草地的水土流失与草场生态的恶化。兴海县2010年采挖人员近10万,若每人每天平均挖虫草3—6根,每天将形成30万—60万个坑。挖掘期为50天左右,将形成坑洞数万个,远多于鼠害导致的数量,每年破坏的草皮面积为13.5万—27万平方米。

由于管理不善、无序组织,致使草地被挖得千疮百孔、沙石遍地,草地植被受到严重破坏。一个冬虫夏草采挖季,每人平均要挖1600个坑,破坏极大。"有的草场坑坑多得把人绊下俩,挖草的毛(没)管找,就冷怂(努力)了挖外。"②

第四,回填。采挖虫草完毕后按照虫草采挖技术规程应该将挖出的土回填

---

① 根据兴海县子科滩镇访谈资料整理所得。受访人:当地虫草商人,男,约60岁。时间:2012年6月2日。

② 兴海县河卡山访谈资料,受访人:虫草采挖人,男。时间:2012年5月31日。

坑洞,但实际执行者甚少,原因在于:一方面,兴海县虫草采挖业相关从业人员受经济利益驱使,片面追求采挖量,忽视采挖活动对草场生态带来的不良影响。草山承包商通过购买采挖期内草山所有权,拥有对应时间内草山物质资源的使用权。承包商投入的土地租用金、雇工费、交通工具使用费、采挖期内生活费等各项成本投入必须通过充足的虫草采挖量才能收支平衡、获取利润。采挖工人受雇于草山承包商,这一群体获取工资的高低直接与虫草采挖量的多少相联系。2012 年采挖工人每采挖一个整草得工费 5 元,断草则依据大小、破损程度获取 1—3 元的劳务费①。这种将薪酬与采挖量直接挂钩的绩效方式,将采挖工人视为追求利益最大化的经济人,从而导致不顾生态后果的暴力采挖。另一方面,牧场主与草山管理部门生态意识淡薄,缺乏采挖期内对草场的监督管理,纵容暴力破坏草山的行为一再发生。草山主通过让渡草山阶段使用权获取包山费,其主要工作是禁止陌生人挖草,对于采挖方式并不过问。虫草产区分布于兴海县全境各高寒草场,受自然因素制约及有限的人力、物力资源限制,监管部门进入草山执法可能性极低,由此对虫草采挖很难具体管理,只能从思想上加强督导指引。"挖草的(人)见到一点草苗苗就挖,出来了都没长足,把先人(虫草孢子)都挖出来了呗,再长个啥俩。"②在虫草采挖季节,草山成了当地牧民、草场承包人、采草人共同牟利的"公地",众人获取财富的心态加之有限的管理制度,最终导致草场生态持续恶化,草场服务功能持续削弱。

采挖方式对草场生态带来的破坏是多样的:首先,冬虫夏草深藏在草丛之中,寻找过程费时费神,风餐露宿之余,生手几天找不到一根是常事,寻找难度高。同时虫草具有高额的价格,在利益驱使下,采挖群体以破坏性的方式暴力找草,采挖的过程不仅破坏植被,还在草地上留下众多空洞,加快了雨季中水土流失的可能性。其次,大量外来人员涌入产地,给当地政府带来管理压力。不同群体互相争夺采集点和虫草资源,甚至引发暴力斗殴事件,给社会稳定造成隐患。再次,没有标准、没有规范的采挖方式不利于虫草孢子与蝙蝠蛾幼虫的正常生长,致使虫草产量下滑,品质下降。20 世纪 70 年代初期,1 千克虫草规

---

① 兴海县温泉乡访谈资料,受访人:虫草承包商,男,约 40 岁。时间:2012 年 6 月 6 日。
② 兴海县鄂拉山附近访谈资料,受访人:附近居民,男,约 50 岁。时间:2012 年 6 月 4 日。

格为 3 000 头(根),而目前约 5 000 头(根)才有 1 千克①。

(三)兴海县虫草管理政策缺失与草场生态相关关系

兴海县的虫草采挖方式是以劳动力资源为主,粗放集约式的。在多数人的视角里,虫草就是山上的草,挖完了明年接着长,这种资源是不竭的。这种错误认知的结果就是采挖规模超过草山承受范围,过度采挖冬虫夏草忽视资源的有限性,更不考虑采挖过程对草场生态带来的影响。兴海县虫草管理政策的主要问题是:

1.对兴海县当地虫草储量、分布规律缺乏了解。

兴海县主要的虫草产区在温泉乡、中铁乡和龙藏乡,但全县总体虫草储量与分产区的虫草储量没有精确数字。兴海县当地统计局与草原管理站的记录数据出入较大,原因在于部门间的统计标准有异。虫草交易规范虽已建立,但是通过个人、中间人介绍买卖虫草的情况常有发生,以至于无发票税单可查。此外部分草山承包商雇人采挖所得虫草直接在外地交易,兴海当地没有购销记录也造成统计数据缺失②。其次,虫草产量和价值缺乏准确、科学预计,无法制定合理采挖目标,致使虫草采挖毫无限度,缺乏可持续性。当前对虫草资源生态、物种和遗传多样性等相关生物学问题仍在研究阶段,许多观点仍有待事实检验。无序采挖虫草极有可能破坏虫草发育环境,致使虫草孢子与蝙蝠蛾幼虫发生机制突变,导致虫草无法正常生长。

当地政府与专家普遍对虫草资源经济价值持肯定态度。倘若缺乏对虫草储量及生长规律调查研究,对经济行为的结果缺乏认识,乐观态度与美好憧憬只能导致虫草资源开发陷入"先破坏、再治理"的老路。

2.虫草采挖证办理与管理困难重重。

(1)虫草采挖证办理。虫草属国家二级保护野生植物,国家规定国家保护野生植物采挖必须要办理采挖证,并且有具体审批程序与办理方法。《国家重

---

① 根据对兴海县子科滩镇访谈资料整理所得。受访人:当地虫草商人,男,约 60 岁。时间:2012 年 6 月 2 日。

② 根据对兴海县子科滩镇访谈资料整理所得。受访人:兴海县草原管理站工作人员,男,约 30 岁。时间:2012 年 6 月 3 日。

点保护野生植物采集许可证审批》[1]工作程序为：

一是申请。申请采集国家二级保护野生植物。由采集地的县级农业行政主管部门在《国家重点保护野生植物采集申请表》上签署意见后，向采集地的省级农业行政主管部门或其授权的野生植物保护管理机构申请办理采集许可证。

二是审批。申请国家二级保护野生植物采集许可证。由采集地的省级农业行政主管部门或其授权的野生植物保护管理机构负责办理审批，核发采集证，并同时报当时农业部野生植物保护管理办公室备案，抄送同级环境保护行政主管部门备案。

三是监督管理。当时的农业部野生植物保护管理办公室委托采集地的县级农业行政主管部门，对在本辖区内采集国家重点保护野生植物的活动进行实时监督检查，并及时向批准采集的农业行政主管部门或其授权的野生植物保护管理机构报告监督检查结果。

（2）工作依据。

一是《中华人民共和国野生植物保护条例》。

二是《国家重点保护野生植物名录（第一批）》（国家林业局、农业部令第4号）。

三是《关于成立农业部野生植物保护领导小组等有关事宜的通知》（农科教发〔2001〕1号）。

四是《农业野生植物保护办法》（中华人民共和国农业部令第21号）。

由以上规定可知，兴海县虫草采挖证的办理，必须向县级农业主管部门申请，再经省级农业主管部门或授权单位审批，最终县级相关部门还要时时监督，并将结果呈报上级部门。但笔者调查中却发现具体实施与此有出入，一部分人根本不知道挖草需要办理采挖证，只是听从草山承包商安排；还有一部分人表示只要交2 000元钱就可以挖草了。

采挖期间管理工作停留表面，难以落实。兴海县目前管理冬虫夏草采挖事宜的政策性文件，主要是农业部2001年第1号文、《青海省人民政府关于印发<青海省冬虫夏草采集管理暂行办法＞的通知》[青政（2004）87号]和《兴海县

---

①　农业部：《国家重点保护野生植物采集许可证审批》，2002年。

虫草资源管理办法实施细则》等①。这三项文件的主要作用是提供政策指导与依据,但缺乏实际依据操作指标与具体管理办法。

(3)兴海县虫草采挖季虫草管理办法。

一是抓好当地农牧民的宣传教育。把禁采工作通知译成各民族文字后发至各乡镇、牧委会,利用县、乡工作组深入开展中央、省委1号文件和政策法规宣传教育活动的有利时机,广泛深入宣传本县禁采政策和生态保护及相关法律法规,增强牧民群众的责任意识,使广大群众自觉参与到保护生态环境的工作当中。

二是重点抓好各乡镇的宣传教育。组织农牧、林业环保、公安、工商、交通、草原执法等有关单位,在各重点乡镇开展丰富多样的宣传教育活动,充分利用流动宣传车、张贴标语、悬挂横幅、制作发放宣传材料等宣传手段,广泛宣传本县采挖政策的重要性,使宣传内容深入人心、人人皆知。其间,共张贴藏汉两种文字的《兴海县人民政府关于加强虫草资源管理的通告》和《禁止外来人员到我县境内采挖虫草的通知》3000余份;在海南州电视台滚动播放藏汉两种语言的《兴海县人民政府关于加强虫草资源管理的通告》;发放宣传材料8400余份,制作横幅4条。

三是抓好外来人员原籍地的宣传。县政府向邻近的几个县政府发出《关于劝阻贵县群众不要进入我县境内采挖虫草的函》,并组织由县级领导干部牵头的三个工作组,分赴外省、州、县虫草采挖人员集中的地区,宣传本县的虫草禁采政策,发放宣传材料100 00余份。在各地政府的大力支持下,所到甘肃、宁夏及周边各县电视台播放了禁采通告,在各省电视台、省广播电台藏语台播放禁采通告20余天。在青海电视台、《青海都市报》等传媒平台上刊登禁采通告,同时以短信的形式发放100 000条禁采信息。通过一系列的宣传教育活动,干部群众对禁采工作有了一个全新的认识,营造了一个良好的禁采环境。

四是抓好道路交通客运及检查的整治宣传力度。兴海县认真开展道路交通安全教育宣传活动,制作专题展板,深入社区、乡(镇)村、单位,举办道路交通事故案例警示展,加强司机和虫草采集人员的交通安全意识,自觉遵守交通法

---

① 《兴海县草原管理站关于虫草资源管理的工作情况汇报》,兴海县草原管理站2009年内部资料。

规,自觉维护交通安全;抽调专人在那日干桥等地设检查点和流动检查,严查"三无"车辆,严禁超载、"病险车"营运、货车载人、客货混装等违章运输,坚决避免重大交通事故的发生,切实保障交通安全运行,从而形成一种"人和、车好、路畅"的良好氛围;并通过电视、广播、发放宣传资料等形式大力宣传保护生态环境和道路交通安全,增强采集人员及农牧民群众生态保护、交通安全、治安管理等意识,为合理开发虫草资源奠定良好的基础。截至目前各宣传点清查车辆500多台次,劝返外来人员1000多人次①。

由以上资料可见,兴海县对来自不同地区虫草采挖人员有不同管理办法:对于本地区居民采用在当地电视台播通告、乡镇贴公告、通知、发放宣传资料方式来提高居民的责任意识;对外来人员则是加强来源地宣传,具体方式是在各种媒体播放通知,发放宣传资料,短信提醒,目的是对外来采挖人员进行劝阻。此外所做管理工作是加强虫草采挖季节道路安全教育。

然而这些方式收效甚微。首先,宣传和舆论引导缺乏强制性,无法从法规高度限制大规模的虫草采挖行为;其次,宣传地主要集中在乡镇,没有深入到采挖者所在的村、组,宣传没有针对性;再次,以电视、报纸、短信为媒介的宣传方式,覆盖面虽广却无法保证具体效果;此外,加强道路安全教育只是确保了采挖期间道路与采挖人员安全,没有任何限制采挖意义,甚至为虫草采挖提供了交通保证。在调查过程中,笔者看到仍有大量外来人员通过各种渠道采挖虫草,5—6月兴海县就自然形成了由牧民、小商贩、小老板、大老板共同组成的采挖经济圈,在巨大利润刺激下,宣传引导的管理方式收效甚微。

(4)管理困难。

尽管在虫草采挖期间,县农牧部门与各乡镇、司法、公安不定期进行联合巡山检查,但草山海拔高、面积广大,虫草分布分散,巡山人员数量有限,执法只是流于表面。即便发现有外来人员,对其进行劝返,但不久还是有人员重回旧地采挖。此外,有关部门对本地采挖人缺乏有效管理,甚至出现管理真空。"多巴乡的虫草是各个村所有的,村里再分给村民。好多牧民把分到的草山包给外面的老板,老板们买到地,上面长的虫草就归其所有。每年他们(老板们)老雇人

---

① 《兴海县虫草资源情况》,兴海县草原管理站内部统计资料。

挖草,外面的人、村里的人都有。人多得很,阿门(怎么)管来"。① 兴海县对草场采取划片管理,将草山分配到各村各牧民家庭,牧民对分得草山自行使用和维护。很多牧民将自己的土地承包他人,对管理部门宣称请人帮忙,致使执法政策失去应有效力。

此外为保护虫草资源相关单位制定各类管理办法,虽然在形式上减少了虫草采挖量,但事实上反而提高了虫草的稀缺性,物以稀为贵,虫草价格借此提高。

(四)传统生态文化观念与消费变迁

兴海广袤的草场形成了当地人以畜牧为主的经济生活方式,也造就了与高原草场环境适应的生态文化。兴海虫草资源开发规模日趋扩大,为兴海居民带来经济收益。兴海居民纷纷投入到采挖虫草、草山外包的行列中,以谋求更大的经济利润,在这一过程中传统草原生态文化与消费观念也在发生变化。

1.草场保护观念变化。

兴海县主要以牧民为主体,他们世代都有尊崇自然、保护生态的传统。他们有禁春的旧俗。每到春暖花开的季节,僧侣、群众皆足不出户、闭关清修,在他们的眼里春天乃万物生长季节,牧草萌芽,动物复苏,这是生命最脆弱的时候,应加以保护,以期万物生息繁衍。由此当地传统初春禁止踏青,避免影响动植物的正常生长②。西藏法典《十六法》赞颂的著名五大功业,其中一条就与保护野生动物有关,主要记述统治者施舍肉、骨、皮于无主动物的事迹,这一记述表明保护动物是受到赞许的大功德③。《毗奈根本论》中有"除病者外,比丘不得站立弃大小便、口痰、唾沫及呕吐物于水中或青草上"④的规定,表明要保护草山使之不受秽物污染,这也是牧民应遵守的准则。由此法令推想口痰、唾沫于草地尚不被许可,肆意挖采植被的行为应是被严格禁止的。其民间谚语也承载了诸多保护草原生态的智慧观念,"破坏草原地鼠繁殖快,扰害村庄的恶人搞

---

① 兴海县多巴乡访谈资料,受访人:乡政府工作人员,男。时间:2012年6月7日。

② 郭武、高伟:《藏族环境习惯法文化与环境保护》,《甘肃政法学院学报》,2005年第9期。

③ 娄云生:《雪域高原的法律变迁》,第25页,西藏人民出版社,2000年。

④ 措那巴·西热桑布:《藏律注疏》,载《佛学基础原理》,甘肃民族出版社,1997年。

头多"①,"若不扑灭小火,它可以烧大山;若不堵截小流,它可以烧平川"②。这些谚语意义深远,皆可表明民众重视草原生态、保护草原的观念。

除了有保护草场的观念,牧区旧时还有保证草场生态安全的具体法规,主要内容涉及管理人员、管理办法、惩罚措施等各项内容。《十六法》之地方官吏律规定:"在节日期间的五个月内,禁止渔猎……藏历七月为'猴月',要求各地僧属众人要祈祷十天。"③《番例》"纵火熏洞"条中说:"纵火熏洞,有人见者,其人即罚一九牲畜。若延烧致死牲畜,照数赔偿;致死人命,罪三九牲畜。若系无心失火,以致延烧,所见之人,罚失火之人牲畜五件;烧死牲畜,照数赔偿。"④

由此可见旧时对草场是极为重视的,它是牧人生产生活的重要保障,保护草场就是保障生息的根本。草场具体管理事务主要由"求得合"负责,其任务是组织生产,看管草山,处理违反生产规范的人和事⑤。马步芳统治时期除加强对草山的管理,还通过经济手段限制民众活动对草场的影响。当时政府向牧区征收烟囱税,凡看见起火冒烟就要交税⑥。这固然是对牧民的经济掠夺,但在某种意义上保护了草场。

然而,现今掠夺式采挖虫草的行为却与以往的草山保护观念大相径庭。虫草采挖季正是草原植被生长的重要时期,无论外地采挖人员还是本地采挖者,完全无视过去禁春的旧例,大肆采挖虫草并且将生活垃圾、废物随意倾倒于草场,不顾及对草原生态带来的影响;并且焚烧草原植被、破坏植被的同时,还易引发火灾。而政府部门缺乏有力督导与管理措施,任由破坏草山行为发生。总而言之,牧场已沦为赚钱工具,似乎丧失了原有的和谐安宁。

2. 消费文化变迁。

虫草采挖带来巨大的经济利润,加速兴海当地以畜牧为主的经济生活方式的演变。挖草、承包草山收入占当地牧民收入比重提高,部分人消费、致富的观念增强,藏传地域文化"重来生,轻今世"的观念逐渐发生变化。特别是中青年

---

① 徐晓光:《藏族法制史研究》,第404页,法律出版社,2001年。
② 翟松天:《青海经济史(近代卷)》,第74页,青海人民出版社,1998年。
③ 娄云生:《雪域高原的法律变迁》,第29页,西藏人民出版社,2000年。
④ 翟松天:《青海经济史(近代卷)》,第76页,青海人民出版社,1998年。
⑤ 翟松天:《青海经济史(近代卷)》,第75页,青海人民出版社,1998年。
⑥ 翟松天:《青海经济史(近代卷)》,第78页,青海人民出版社,1998年。

人比以往任何时代都重视现实生活,各家拥有轿车等级、数量,电器好坏,服饰贵重都是攀比的内容。这种现象的结果就是盲目消费,缺乏产业支持,只能加速对草场资源的掠夺,采挖虫草趋于失控。

> 挖草赚上钱,我要买辆新摩托。现在放牧都用摩托了,人家有钱的都买汽车。我挖草就为了钱,有钱可以换个新手机,把电视换一下。我家草山不出草,我才来这(河卡山)挖草。要不然我把草山一包掉,直接拿钱,还不用劳动。我们村有的人家光包草山就能赚三四十万。人家车早买上了,我们家运气太不好了。①

这段材料说明,赚钱、消费是当地采挖人的挖草动机。用虫草换取最新电子产品、交通工具是他们最为渴望的,村里靠承包草山赚大钱的人是他们艳羡的对象。采挖虫草为他们购买商品提供金钱支持,改变着传统消费观念。在购买欲望与经济利益的诱惑下,无暇顾及自身行为对草原生态影响,及时享受、不劳而获的思想已逐渐渗透至当地牧人消费观中。

兴海县当地居民同过去相比有一鲜明的特点:自然的神圣性减弱,当地居民视草场为挣钱的工具。受物质主义的影响,兴海县当地牧民以谁家挖草赚钱买了车、买了新家电引以为荣。对于兴海当地居民来说,草原保护观的变化反映出经济生活方式与对草原生态环境的影响。

四、兴海县虫草资源利用的两难局面

资源利用与环境保护关系十分复杂,二者既相互促进又相互冲突。"在保护中开发,在开发中保护",在现实中是很难实现的。对经济发展和环境保护的同时追逐,使得政府陷入一个奇怪的循环。国家和各级政府一方面投入大量资金保护自然环境和生态资源,另一方面又不断扩大当地虫草交易市场规模,间接鼓励虫草采挖;草场环境破坏后,又要投入巨资来治理环境问题。兴海县虫草资源的开发利用处在环境保护与经济效益的两难中,而二者又有其各自存在的合理性。

(一)兴海县虫草资源开发的经济合理性

兴海县虫草资源开发具有经济效益:第一,加强了对兴海县当地草场资源的利用,使虫草医疗价值得到关注,并应用到医疗和保健领域;第二,虫草资源

---

① 兴海县河卡山访谈资料,受访人:虫草采挖人,男。时间:2012年5月31日。

开发促进了兴海县虫草交易市场的形成;第三,形成了"牧场主—草山承包商—挖草人—收购者—销售者—消费者"的购销链条,整个行业仅外来采挖人就有4万人之多,依靠虫草资源开发维系生存的人更多;第四,虫草资源开发带动了兴海当地其他行业的发展,例如交通运输、餐饮、住宿等行业都在虫草采挖季获益;第五,拓宽了兴海县当地居民增收的渠道,当地牧民通过承包草山、采挖虫草获得收益,部分牧民在采挖季承包草山获利丰厚。

此外,虫草资源开发改变了当地牧民的消费观念,日渐关注自己的生活质量,将虫草收益投入到购买家电、汽车、手机等消费活动中,消费观念与生活品质都在发生变化。因此,从经济层面分析兴海当地居民以及购销环节从业人员是虫草资源开发的受益者,通过虫草获得收益,生活品质提高。

(二)兴海县环境保护的必要性

虫草资源开发带来经济效益的同时,也给当地带来草场退化、黑土滩面积扩大、生物多样性受到影响等诸多问题。牧草产量降低,有毒杂草丛生,载畜量下降等草原生态问题,使兴海当地居民成为虫草资源开发的直接受害者。换句话说,兴海县居民既是虫草资源开发的受益者,同时又是草场生态恶化的受害者。资源开发的受益圈与受苦圈在此出现了重叠[1]。为了改变兴海草原生态恶化的局面,保护当地环境迫在眉睫。

兴海县地处三江源自然保护区,这一区域环境脆弱,是影响全国乃至世界生态安全的重要区域。其中黄河流经兴海县境内146.2千米,平均流量640立方米/秒,入境高程2 900米,出境高程2 590米,高差310米[2]。兴海县黄河上游重要的水文观测点,当地草原生态状况将直接影响黄河兴海段的经济与生态效益发挥。兴海县建有装机3 750千瓦曲什安电站,装机500千瓦的唐乃亥电站,装机250千瓦的拉日干电站。草场退化、土壤涵养水源能力降低,将导致河

---

① [日]鸟越皓之:《环境社会学》说:"我们把受益者的集合叫作'受益圈',把蒙受'排泄物'之苦的受害者的集合叫受苦圈。有时受苦圈和受益圈会出现部分重叠的情况。"宋宝文译,第96页中国环境科学出版社,2009年。

② 兴海县志编纂委员会编:《兴海县志》,第93页,三秦出版社,2000年。

道泥沙淤积,影响这些电站的正常运行。兴海地区还具有丰富的生物与自然景观,是珍贵物种资源和高原生物基因库。保护当地生态环境,有助于生物多样性的保持,很多高原动植物都在此生息繁衍。兴海地区还有生态屏障功能,是黄河上游的绿色生态屏障,其生态保护与水土涵养将影响我国黄河河中、下游和周边地区生态安全。

(三)两难的模型及原因分析

1. 虫草资源开发经济效益与环境效益模型分析:

兴海虫草资源开发拥有经济效益,为了获取更大的收益,扩大开发范围与力度是必然的选择;而资源开发又不可避免地影响到当地环境安全,这不单与虫草采挖技术有关,主要是受虫草生长、分布环境特殊性影响。虫草生长于高海拔的高山草甸,埋藏深,不易发掘,对它的采挖不可避免地会破坏土层与周边植被;而当地生态环境脆弱,一旦破坏难以短期恢复,由此虫草资源开发就陷入开发即破坏的怪圈。

(1)兴海县虫草采挖经济效益与环境效益模型图:

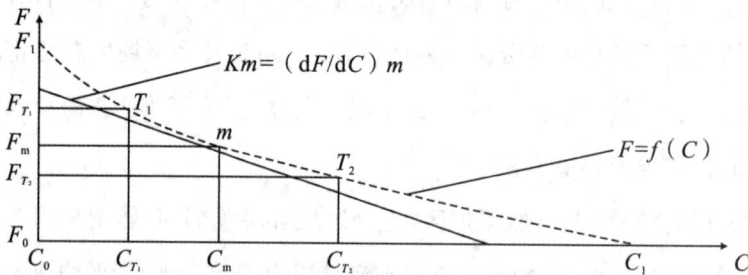

图2-6 兴海县虫草采挖经济效益与环境效益模型图①

该模型试图通过虫草采挖经济效益与环境效益间的关系反映兴海虫草资源开发两难处境。兴海草场资源在采挖虫草的过程中,遭到不同程度的污染或破坏,此时采挖虫草的环境效益随之下降,功能随之减退。图中横坐标表示兴海虫草资源采挖量,即虫草资源开发的经济效益。如果以虫草采挖的强度为函数,正方向表示采挖程度增大,经济效益提高。纵坐标表示兴海草场环境效益

① 于连生主编:《自然资源价值论及其应用》,化学工业出版社,2004年,第173页模型改动。

降低,其功能减退。当虫草采挖量为 C_m 时,对应的环境效益为 F_m,则在(C_m, F_m)值如下式:

$$K = \frac{b}{Q}\left(-\frac{dF}{dC}\right)$$

K——兴海虫草采挖效益;

F——兴海虫草采挖的环境效益;

C——兴海虫草采挖经济效益(虫草采挖量);

b——兴海草场环境资源的价值参数;

Q——兴海虫草资源量;

当兴海虫草采挖量由 T_1 变化到 T_2 时,其环境效益损失为:

$$\triangle F = -\int_{T_1}^{T_2}\frac{b}{Q}KdC$$

F——兴海草场环境效益降低或损失值;

F_{T_1}——兴海草场环境效益在状衾 T_1 时的功能值;

F_{T_2}——兴海草场环境效益在状态 T_2 时的功能值;

b,K 含义同上。

通过对 $F = f_o$ 曲线的外推,可以求得 C_o,F_t 状态下的 K_t,即为兴海草场生态资源的经济与环境效益变化。因此可知,当横轴变大时,纵轴也相应增长。简而言之,虫草采挖量越大,对环境造成的影响也越大。

(2)虫草资源开发经济效益与环境效益两难原因。虫草资源开发经济与环境共同受益的理想模式,只能通过控制采挖规模与采挖数量实现。然而草原环境与当地生态具有的公有性及外部不经济性,促使个人在效益驱使下持续投入到虫草采挖的活动中,进而出现经济效益与环境效益此消彼长的关系。

第一,公共环境与虫草资源的公有性:公共物品是经济学中对供给整个社会共享品的称谓。公共物品具有两个特点,一是每个人都可以消费,具有非排他性[1]。公共物品的消费权或享用权并不是个人独有,而是由整个社会共同所有。个人对该物品的消费或使用并不能阻止他人对该物品的使用。二是公共

_____

[1] 李克国、魏国印、张宝安主编:《环境经济学》,第71,中国环境科学出版社,2003 年。

物品的供给具有非竞争性,即供给的普遍性。公共物品的消费增加时,成本并不会增加,也就是说一个人使用了该物品并不会减少他人使用该物品的概率①。

兴海县草场资源是当地乃至全社会共同所有的,牧民承包草场仅拥有草场的使用权而非所有权,草场生态功能的发挥仍是全体共有的。在虫草采挖季节草山承包商租用牧民的草场,在此阶段他拥有草山虫草的采挖权利,而每个承包商仅能拥有少量的片区,并不能阻止其他承包商进入租用别的草山。同样以虫草分布的区域与绝对数量计算,个人采挖虫草并不能减少他人的采挖概率。因此在众人都有采挖权的草场,作为一个理性经济人,每个采挖人都想将自己的收益最大化。个体或许会思考自己采挖虫草破坏了草场,而别人采挖也同样破坏了草场,而环境破坏的负面效果是由众人和社会共同背负的。如果别人采挖量大会获取高额的利润,在经济利益面前,明智的选择应该是尽可能多采挖虫草,以经济效益抵消采挖虫草带来的环境负效应。

2. 所有权分析:

美国著名经济学家夏普、雷吉斯特和格里米斯指出,没有人拥有产权,没有人强迫他们处于被污染环境中,或正在被污染的资源具有集体消费的特征②,易导致环境问题。兴海县虫草资源开发恰恰具备上述两个特征。一方面从产权的角度来看,兴海县的草原资源不仅是当地居民或政府的,更应该是国家共有的财产。作为一种公共产权,它不像私有产权那样具有明显的排他性,易产生搭便车行为。另一方面,从公共物品角度来看,自然资源是一种共享性的消费资源,在一定的范围内其供给边际成本几乎为零。缺乏有效的管理约束,就容易导致对自然资源消费过度,并使这种消费呈无限增长的态势。自然资源在法律上应归国家所有。其具体产权是不明确的,谁占有谁就可以尽情利用。结果资源被占有,环境被破坏,最终这片土地成了大地的弃儿。

---

① 李克国、魏国印、张宝安主编:《环境经济学》,第114页,中国环境科学出版社,2003年。
② 李克国、魏国印、张宝安主编:《环境经济学》,第207页,中国环境科学出版社,2003年。

3. 外部不经济分析:

虫草采挖对兴海当地及社会的影响表现为以下两类:第一类是外部经济性[①],虫草资源开发不仅能够促进地方经济发展,而且可以提高居民收入水平,促进周边产业发展,其特点是使社会收益远大于个体收益。例如,创造交流市场带动产业发展,受益者不仅仅是从事虫草经济的群体,也是整个兴海县社会。第二类是外部不经济性[②],即虫草资源开发带来的负面影响,其特点是使资源开发的社会成本,远大于虫草资源开发的行业成本。如影响当地区民生活、不利于社会稳定等,其中最为突出的是虫草采挖对自然环境的破坏。而虫草采挖环境效益损失由社会共同承担,采挖人破坏草原生态,无须承担治理生态的个人成本,使社会承担生态恶化的成本,使私人成本社会化。如此,虫草采挖行为成本降低,促使更多人投入这一行业中。

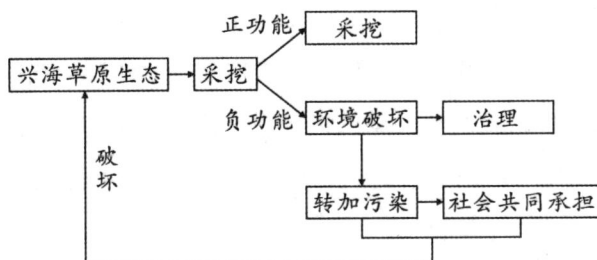

图 2-7　兴海县虫草采挖的外部不经济性分析图

由上图分析可知,虫草采挖行为一方面带来虫草产出,然而不可避免会造成环境破坏。我们或许可以选择马上治理,但更多情况下众人会做出对自己有利的选择,即转嫁虫草采挖带来的污染,使环境成本由社会承担。

当前虫草资源开发中,经济效益与环境效益的两难主要源于个人行为。虫草采挖所带来的经济利润是可以立即获知和及时感受的,可以转变为金钱、满足大众消费与购买欲望,提高居民的生活水平。这些收益可以通过实物反映出

----

① 李克国、魏国印、张宝安主编:《环境经济学》第 61 页说:外部经济性揭示了经济活动中低效率资源配置问题的根源,简而言之,指生产或消费活动中对他人带来影响,一般指有益的影响。

② 李克国、魏国印、张宝安主编:《环境经济学》第 61 页说:与外部经济性相对,外部不经济性主要指生产或消费对他人带来的不利影响。

来,切实影响到居民生活。相反,环境受益则是一个潜移默化的影响过程,难以通过具体实物直接衡量。环境效益相对经济效益是潜功能,环境的变化无法立即影响居民生活水平,是一个由量变引起质变的过程。此外,环境破坏所带来的负效应是集体共同承担的,对个人收益影响小,使大众容易陷入"我不破坏,还有别人破坏"的误区,放弃环境利益去追求资源开发的显性经济价值。

结 论

青海省兴海县虫草资源开发只是当前资源开发热潮中的沧海一粟。尽管这些已开发或待开发的资源在种类、属性、特点、功效、分布等方面存在差异,但在具体开发过程中或多或少有着相似之处:众人在环境效益与经济效益间总是进退两难,似乎陷入鱼和熊掌不可兼得的悖论中。而集体作出的最终选择也存在着高度相似性,即先污染后治理,追求眼前经济利益,弃长远生态效益而不顾。如果单纯只是个案,我们或许可以认为这是一时的冲动或肆意行事,但当这种现象频繁出现时,我们就不能再将问题归咎于个体,而是应该谨慎思考现象背后的本质原因。本文以兴海县虫草资源开发中所出现的经济与环境抉择两难为切入点,得出以下结论:

第一,兴海县虫草资源开发从发端到现今的繁荣局面,中间经历了民间资本、官僚资本、国家经营和市场主导的资本变化过程。虫草交易量、交易额逐年增加,兴海县虫草业的行业分工也日益明显。那么究竟是哪些因素促使其得以快速发展? 第一,兴海县具有产地市场与交易市场的优势;第二,兴海县道路与交通条件良好;第三,采挖虫草获利多,吸引劳动力采挖虫草;第四,当地劳动力缺乏其他就业与致富渠道,不得不转向劳动力密集型的虫草采挖业。靠山吃山似乎是当前资源利用的症结所在。虫草业的迅速发展也使得虫草具有更多象征意义,众人消费虫草不再单纯追求治病效果,也在寻求养生保健的心理安慰。虫草所带有的高额价值使其成为具有投资价值的商品,使用虫草似乎更多是为了彰显一种社会阶层的优越感。

第二,虫草开发利用的迅速发展,不禁使人忧虑:如此大规模的开发力度会给环境带来怎样的影响? 这些影响又是如何表现的? 虫草开发对环境的影响主要表现为草场退化,植被遭破坏,虫草自身质量与产量降低。采挖人口数量多、环保观念淡薄是导致问题的诱因之一,此外其间的日常生活、管理失范也会对脆弱的高原生态带来不利影响。而对环境影响最大的还是采挖虫草的具体操作过程。挖坑找草的采挖方式不可避免会造成生态破坏,回填这一缓解措施也无法从根本上解决高寒草场一旦破坏难以迅速恢复的事实。

第三,当出现虫草资源利用规模持续扩大而环境破坏程度继续加深的局面,探讨原因是必要的。笔者认为,问题出现的主要原因是因为环境是大家共有的资源,破坏后的后果由大家共同承担,但是虫草资源开发获得的经济效益由开发者个人获得。如此有弊共担、有利独享的利益分配方式,及这种责任与获利的不对等性,应是环境保护与经济效益陷入两难的原因之一。

面对这种情形,解决利益分配与责任承担的问题应是当务之急。此外拓宽当地居民的就业渠道,改变炫富、投机的消费观,使虫草资源利用回到理性的轨道也是解决途径之一。最后,人们站在环境受益者的角度,以文化、观念的视角为切入点,以一颗敬畏和感恩的心面对自然、保护自然,或许也能缓解当前采挖虫草所带来的环境问题。

第三章 人类学视角下的小城镇旅游业发展之路

——以眉县汤峪镇为例

汤峪镇位于陕西省宝鸡市眉县东南部,地处秦岭北麓,总面积171平方千米,总人口3.8万,是眉县地域面积最大、农业人口最多的乡镇。汤峪镇依靠境内的汤峪温泉和秦岭主峰太白山等旅游资源,自20世纪90年代初开始在时任汤峪林场场长杨文洲的带领下在全省率先发展起了旅游业。陕西省眉县汤峪森林公园创立于1988年3月,1991年8月晋升为国家森林公园。2001年1月太白山国家森林公园成为陕西省首批七个被认证为国家AAAA级旅游区的景区之一。十多年间汤峪镇的现代旅游业从无到有,从有到大,极大地改变了汤峪镇乃至眉县的经济格局,改变了当地经济落后的状况,同时也是陕西省山岳旅游发展的一面旗帜。

然而,从2000年至2011年汤峪镇的旅游业发展受到来自秦岭北麓沿线同质景区的挑战,加之管理体制问题,汤峪镇的旅游业发展跌入一个"怪圈"。十多年间它始终处在一个温而不火的状态,其间经过多次改革但始终难有起色。2011年9月眉县新一届领导班子对汤峪镇旅游业进行大刀阔斧的改革。2012年8月底一场百年不遇的山洪,彻底摧毁了之前二十年间大部分基础设施,汤峪镇旅游业发展不得不按下暂停键。伴随着旅游业发展的起伏,汤峪镇的生态环境、经济结构、居民的生产、生活方式、社会观念也都随之发生着变化。本文试图从人类学的视角梳理和分析小城镇旅游业——汤峪镇旅游业发展的兴衰之路,对汤峪镇发展旅游业以来的利弊得失作出反思,并对汤峪镇及其同类城镇当前的发展状况做出分析、对发展中存在的风险作出预判。

本章共分为四个部分,从小城镇旅游业发展研究背景与研究成果、汤峪镇旅游业发展的历史资源、汤峪镇发展的现状与规划和汤峪镇发展之路的总结与反思等几个方面研讨小城镇旅游业发展中的问题。

第一部分,主要梳理太白山、汤峪镇、旅游小城镇、人类学相关研究等专题的前人研究成果,介绍本章的研究方案。

第二部分,按时间线索将汤峪镇旅游业的发展分为"前杨文洲时期""杨文洲时期""后杨文洲时期至 2011 年改革""新时期"四个阶段。通过查阅相关资料和人物访谈,以大事记的形式梳理民国以来汤峪镇与旅游相关的发展历史。

第三部分,通过笔者的实地考察,结合相关文献和数据资料,全面展示当前汤峪镇旅游业发展的现状和未来规划。

第四部分,全面总结汤峪镇发展旅游业以来的各个历史阶段,分析汤峪镇旅游业相关利益主体之间的关系与博弈现象,进而对汤峪镇及其同类小城镇的发展作出反思,对未来风险作出预判。

第一节 绪 论

一、研究背景

"太白积雪六月天"自古就是关中八景之一,闻名天下。汤峪镇则是关中西部一个因太白山而闻名的旅游小镇。它隶属陕西省宝鸡市眉县,位于眉县东南部,东经107°50′,北纬34°10′。现在的汤峪镇是2001年原汤峪镇与小法仪镇合并而成的。汤峪镇东接横渠镇,南依秦岭与周至县接壤,西邻金渠镇、营头镇,北连槐芽镇。全镇总面积171平方千米,超过70%的辖地位于秦岭山区,辖16个行政村,134个村民小组;3.8万人,其中农业人口3.7万人;全镇耕地总面积5.8万亩。小镇因境内凤凰山麓有温泉而得名"汤峪",俗称"西汤峪"(区别于蓝田县东汤峪),当地人又称之为"汤峪口"(汤峪河出山口)。汤峪镇政府驻地位于汤峪口西约4千米。

汤峪镇自20世纪80年代末依托境内的秦岭主峰——太白山和汤峪河口丰富的温泉资源,在全省率先发展起了温泉和森林旅游业,可以说整个20世纪90年代汤峪镇是全省山岳旅游发展的一面旗帜。汤峪镇之所以能成为远近闻名的旅游小镇,究其原因大致可以归纳为以下几点:

第一,得天独厚的旅游资源。位于汤峪镇的太白国家森林公园,地处我国自然地理南北分界线的秦岭山脉之中。太白山作为秦岭主峰海拔3 771.2米,汤峪口海拔 620 米,高差达 3 000 余米,其相对高差与绝对海拔高度在我国森林公园中都是独一无二的。因其丰富的动植物资源,太白山国家森林公园有"亚洲植物园""中国天然动物园"之美誉。丰富且高品质的温泉资源是汤峪镇发展旅游的又一优势,著名的凤凰泉就位于汤峪镇汤峪河口。汤峪口温泉众多,其中汤峪热水井的水温达 70 ℃。据调查汤峪口温泉的水温、水质为陕西之冠,居全国第三位①。

第二,客源地较好的经济基础。汤峪镇的游客主要来自关中地区,尤其是西(安)宝(鸡)高速公路沿线。这一地区是全省工农业最为发达的地区,沿途工农业生产总值占全省的 80% 左右。

第三,便捷的交通。汤峪镇与主要客源地——关中地区主要城市的交通十分便利,东距西安 110 千米、咸阳 90 千米,西距离宝鸡市 90 千米,距离眉县县城约 30 千米,距离 310 国道、西宝高速公路、西宝高铁约 5 千米。省内有法汤旅游专线、关中旅游环线直达汤峪镇。

第四,人为因素。汤峪镇之所以能在全省率先发展起来旅游业,和以杨文洲为首的太白山国家森林公园初创者们的努力是分不开的。正因为他们在极端困难的条件下积极探索、艰苦创业,才有了太白山国家森林公园的创立和汤峪镇旅游业的发展。

2012 年 8 月 31 日至 9 月 1 日汤峪镇及其周边地区遭遇了两百年一遇的特大洪水,导致太白山国家森林公园园内交通、通信、电力全部中断,入山 38 千米主干道路和其他基础设施损毁殆尽。

这场大洪水对景区基础设施的破坏是毁灭性的,使本镇依托旅游业的行业遭受巨大损失。这场大洪水引起省、市、县各级部门的广泛关注,洪水过后在当地政府主导下,社会各界迅速投入汤峪镇的重建之中。身为眉县人,笔者一直以来都非常关心汤峪镇的情况,从 2011 年 12 月就将旅游小城镇汤峪镇作为自己论文写作的对象。洪水发生之后笔者分别于 2012 年 9 月、2013 年 3 月和 2014 年 1 月三次赴汤峪镇展开田野调查。看到因为山洪对汤峪镇造成的巨大破坏,笔者万分心痛和惋惜;看到重建后的汤峪镇,笔者十分欣喜。在调查中,

---

① 根据 1987 年 7 月,眉县汤峪林场委托陕西省第一水文地质工程地质队,对眉 2 号地热井(龙凤泉)水质进行分析化验和评价报告。

笔者发现二十多年来旅游业发展的起伏对汤峪镇产生了深远影响。回顾汤峪镇二十多年来旅游业的发展并非一帆风顺,各利益主体对汤峪镇旅游业发展的态度不尽相同。当前汤峪镇的旅游业仍是政府主导、企业注资的发展模式。政府和旅游企业对汤峪镇的开发,更多的是放在经济价值和眼前效益,对文化、民生、社区参与和居民态度等方面关注不足,这使得部分个人和团体颇为不满。

凡此种种,出于对家乡的热爱和对汤峪镇发展的关心,笔者决心运用历史学方法对汤峪镇旅游业二十多年的发展进行梳理,同时运用人类学理论和方法对汤峪镇的发展之路作出自己浅陋的分析评价,并对汤峪镇及同类小城镇旅游业未来发展中可能遇到的问题作出预判。最终,笔者希望通过对关中西部这一小城镇旅游业发展典型的研究,归纳出一些共性问题。

二、研究学术史

(一)关于太白山的专题研究

现在通常所说的太白山即指太白山国家级自然保护区。太白山自然保护区成立于1965年,1986年经国务院批准升为国家级自然保护区。保护区位于秦岭山脉的中段,周至、太白和眉县的交界处,总面积563.25平方千米。保护区西起太白县城嘴头镇,东至周至县老君岭,南部以滑水河在太白县黄柏塬以上的东西走向河段为界址,北到眉县营头镇、汤峪镇。整个区域大约在东经107°19′—107°58′和北纬33°40′—34°之间,东西长约61千米,南北宽约39千米,山体近东西向展开。太白山是秦岭主峰,最高点拔仙台海拔3771.2米,是我国大陆东部的最高峰。黄山、庐山、泰山不能比其高,西岳华山还比它低1700多米,正如于右任在《太白山纪游歌》中写道,"高踞西北雄且尊,太华少华如儿孙"。太白山是渭河水系与汉江水系分水岭的最高地段;霸王河、石头河、褒河、湑水河等均发源于此。笔者经过调查,梳理出前人关于太白山的研究主要集中在地质、林业与中草药、旅游、宗教文化等四大方面。

第一,地质研究主要侧重于对太白山形成过程的研究。地质力学认为,太白山之所以能成为秦岭主峰是板块运动的结果。太白山处在秦岭受南北向挤压最强烈的地段,是我国陆上最大的山字型构造体系——祁连山、吕梁山、贺兰山山字型构造体系的孤顶,在南部受到汉南地块对其强有力的抵制,太白山正好夹在这二者之间,因此造就了孤高独立的华中高峰太白山。

第二,林业与中草药研究方面。以太白山国家自然保护区管理局为主的科研管理机构,分别在1982—1985年和2005—2006年对太白山自然保护区进行两次综合考察。考察内容涵盖保护区内的气候气象、地质地貌、冰川地貌、森林资源、资源植物、珍稀濒危植物等,尤其对大熊猫及其栖息地、保护管理与可持续发展等方面,分别出版了《太白山自然保护区综合考察论文集》①《太白山自然保护区生物多样性研究与管理》②两本专著。太白山不光风景秀丽,还有"中国第一药山"之称,太白山中草药以太白"七药"最为出名。关于太白山草药的历史,可以追溯到神农氏、伏羲、黄帝等人文先祖在太白山及周边地区发现药物、创始医学的传说。隋唐时药王孙思邈长期隐居太白山,潜心研究医学。近代以来关于太白山中草药的研究成果,主要体现在李伯生、李心吾编著的《太白山草药概要》。总而言之,太白山因其丰富的动植物资源不愧"自然博物馆"和"太白山中无闲草"的美誉。

第三,关于太白山旅游的研究。太白山作为中华名山,关于其旅游的记录颇多。隋文帝杨坚曾在太白山下汤峪口建"凤泉宫"作为避暑洗浴之地。唐玄宗曾三临其地,赐名"凤泉汤",当地至今还留有唐玄宗的诗作《幸凤泉汤》的碑刻。李白、杜甫、柳宗元、韩愈、白居易、贾岛、岑参、林宽、苏轼、徐霞客、张载、梅询、朱铎、仇圣耦等人都曾来此游览,并写下了著名篇章。近代以来,于右任、邵力子等名士曾前来太白山旅游并留下墨宝。1991年6月,时任中共中央政治局常委、书记处书记李瑞环视查了太白山,并对太白山的旅游价值、科研价值给予高度评价。

1991年8月,林业部正式批准成立"太白国家森林公园",自此太白山旅游翻开新的篇章。自太白山旅游兴起以来,关于太白山的旅游研究主要集中在生态旅游、旅游营销和旅游规划等方面。例如,陈永兵的《发挥区位优势,做好太白山保护区的生态旅游》③、何晓光的《低碳环保的朝阳——产业生态旅游——

---

① 李家骏主编:《太白山自然保护区综合考察论文集》,陕西师范大学出版社,1989年。
② 任毅等主编:《太白山自然保护区生物多样性研究与管理》,中国林业出版社,2006年。
③ 陈永兵:《发挥区位优势,做好太白山保护区的生态旅游》,《陕西林业》,2011年,第51期。

太白山自然保护区生态旅游发展成效》①、任军号等的《太白山旅游度假区开发规划研究》②、周旗等的《太白山客源市场结构与游客行为模式研究》③、黎洁等的《我国生态旅游者的激励因素与市场细分研究：以陕西太白山国家森林公园为例》④。

第四，关于太白山宗教文化的研究。太白山有道、佛两教，又以道教活动为主。八世纪，唐睿宗、玄宗时期，道教天师司马承祯著《天地宫府图》中紧接"十大洞天"之后，记载着"三十六小洞天"，明确地将太白山名纳入道教神学教理中，并将太白山列为第十一处小洞天级"玄德洞天"。从地域分布来看，道教活动多在高山区，佛教多在浅山区活动。其中唐代太白山区的道教活动最为昌盛。长期修道于太白山的名士有：孙思邈、郭休、王休、李浑等。明、清时，太白山下汤峪口是坤道集中地，与周至县楼观台乾道东西呼应，称为"西楼观"。到清代乾隆、道光、光绪年间，此地宗教活动又达到一个高潮。据宣统元年《眉县志》记载，这一时期眉县各集镇、大村皆有太白庙，香烟鼎盛。当时在眉县境内形成不少庙宇集中区，较大的庙群在太白山的远门、营头两条登太白山线路上。清以后宗教活动逐渐衰微，20世纪60年代以后跌到谷底，浅山区的寺庙大多被毁。20世纪80年代后期太白山的宗教活动再次复苏⑤。另外值得注意的一点是，太白山信仰最主要的功能是祈雨，这是清代陕西境内众多的雨神中影响最大的。

（二）关于汤峪镇的研究

陕西省宝鸡市眉县汤峪镇位于秦岭北麓、太白山脚下，眉县县城东南部，距离

① 何晓光：《低碳环保的朝阳——产业生态旅游——太白山自然保护区生态旅游发展成效》，《陕西林业》，2011年第51期。
② 任军号、张东泊、李雪茹：《太白山旅游度假区开发规划研究》，《陕西师范大学学报》（自然科学版），1997年第1期。
③ 周旗、卫旭东：《太白山客源市场结构与游客行为模式研究》，《人文地理》，2003年第5期。
④ 黎洁、井悦玲：《我国生态旅游者的激励因素与市场细分研究：以陕西太白山国家森林公园为例》，《预测》，2005年第5期。
⑤ 胡崇德、魏宝艳：《太白山宗教活动与自然保护互利发展初探》，《现代农业科技》，2008年第24期。

县城约 30 千米,是国务院经济体制改革办公室命名的国家级小城综合改革试点镇,同时也是陕西省政府命名的文明村镇——"关中百镇"其中之一。现在的汤峪镇是 2001 年行政区划调整时原汤峪镇与小法仪镇合并而成的。汤峪镇是眉县地域面积最大、农业人口最多的乡镇。全镇总面积 171 平方千米,超过 70% 的辖地位于秦岭山区,辖 19 个行政村,134 个村民小组,10 013 户,38 307 人,其中农业人口 37 274 人,全镇耕地总面积 58 081 亩。虽然汤峪镇旅游业发展较早,但从全镇总体来看农业依然处于主导地位,且以果业和养殖业为主。汤峪镇工业基础薄弱,目前汤峪镇规模最大的企业是"农夫山泉"在汤峪镇的生产基地。汤峪镇第三产业主要是围绕旅游业发展起来的酒店业和餐饮业。本镇只有个别村庄居民参与到第三产业经营之中,规模较大的酒店餐饮企业还是以市、县办企业为主。

笔者查找发现,在已经成书的著作中没有关于汤峪镇的专题研究,提到汤峪镇的研究主要集中在地方史志资料之中,主要是《眉县志》和陕西省《旅游志》。地方史志中提到的关于汤峪镇的信息,主要是以对汤峪镇历史、地理、资源、物产和人物的介绍为主。在"中国知网"检索关键字"眉县汤峪"共检索到文献 57 篇,其中来自"中国重要报纸全文数据库"的文章 32 篇,"中国学术期刊网络出版总库"的文章 18 篇,"特色期刊"5 篇,"中国优秀硕士论文全文数据库"1 篇。来自学术期刊的 18 篇文章中,有 6 篇是关于汤峪镇镇域内太白山林业方面的研究,有 3 篇是关于太白山道教的研究,有 2 篇是关于汤峪温泉资源的研究,有 1 篇是关于新农村建设的研究,剩余的 6 篇文章基本是新闻报道。由此可见,关于汤峪镇的研究还是比较少的。本章将从人类学视角出发以汤峪镇作为小城镇旅游业发展的典型来研究,以期在一定程度上填补汤峪镇研究的空白。

(三)关于小城镇旅游的研究

旅游业已是当今世界第一大产业[①]。关于旅游业的研究还在不断扩大,而城镇化早已是人类发展的一个重要研究课题。由此处于城镇化和旅游业这两大热点结合点的小城镇旅游研究就应运而生。小城镇旅游在国内外的研究中

---

① (英)伦纳德·J.利克里、(英)什卡森·L.詹金斯:《旅游学通论》,程尽能等译,中国旅游出版社,2002 年。

都备受重视,从检索到文献来看,国外对小城镇旅游并没有形成独立的研究领域,这在很大程度上是由于国外研究者认为小城镇只是乡村到城市的一种过渡形式而不做单独研究。与国外不同的是,小城镇旅游研究虽然在中国起步较晚,但是小城镇体系是中国城市体系的重要组成部分,故小城镇旅游研究在中国一开始就拥有独立的发展和研究地位。笔者梳理了国内外对旅游小城镇的研究,主要可以归纳为以下四个方面。

第一,基础理论知识的研究。这是旅游小城镇研究能够持续的基础,关于基础理论知识的研究主要集中在经济学、旅游管理、社会学和人类学相关领域。例如,自 20 世纪 70 年代以来,人们开始关注城镇旅游经济的研究。布莱尼和高兰认为,小城镇旅游有助于推动经济发展。德罗伊认为,小城镇旅游在经济发达地区比在经济落后地区发展更快[1]。欧意德、弗莱舍尔和哥特兹更是认为,城镇旅游对当地经济的贡献和意义完全超乎人们的预期[2]。国内,曾博伟在博士论文《中国旅游小城镇发展研究》[3]中,对中国旅游小城镇的存在价值、发展特征和发展方式等问题进行了探讨。

第二,关于政府、社会、社区、居民与旅游发展关系的研究。研究发现小城镇旅游业的发展大多带有十分明显的政府意图,然而只有在发展过程中充分尊重当地社区和居民的利益,尽可能提高社区参与度,才能使小城镇旅游实现可持续的发展,否则小城镇旅游业的发展将失去其根本的意义。罗伯特·马德里加尔(Robert Madrigal)曾以美国和英国的两个旅游小城镇作为个案,研究当地居民对旅游业发展影响的感知与政府在旅游业发展中的作用之间的关系[4]。就国内的研究情况来看,2000 年前后小城镇旅游业研究尚处在产业的可行性研究阶段,研究目的是引起旅游地政府和资本对城镇旅游的重视和扶持。现今小城镇旅游的研究,主要集中在城镇旅游的综合效益方面[5]。

---

① 傅德荣:《国外乡村旅游的发展现状和趋势》,《小城镇建设》,2006 年第 7 期。

② 李柏文:《国内外城镇旅游研究综述》,《旅游学刊》,2010 年第 6 期。

③ 曾博伟:《中国旅游小城镇发展研究》,中央民族大学博士学位论文,2010 年。

④ Robert Madrigal, "A Tale of Tourism in Two Cities", *Annals of Tourism Research*, 1993 (20), pp. 336 – 353。

⑤ 韩先成:《旅游小镇建设是提高城镇化质量的重要举措》,《社会主义论坛》,2006 年第 8 期。

第三,具体案例的研究。在国外比较具代表性的是西顿(Seaton),对20世纪60年代兴起于威尔士,20世纪90年代扩散到全英国的欧洲图书镇旅游发展项目进行的长期跟踪研究①。在国内,学者们对小城镇旅游开发的个案进行较多的研究,特别是对中西部欠发达地区和少数民族地区的案例研究丰富。这些研究运用各类优秀理论和方法,针对不同的旅游要求的小城镇提出不尽相同的发展方案。例如,赵丽华对位于五台山北麓、恒山脚下的山西省忻州市繁峙县砂河镇旅游小城镇建设的基本条件进行的分析②。唯物辩证法认为共性是不同事物的普遍性,个性是指一事物区别于他事物的特殊本质。认识事物既要注重其共性又要注重其个性,共性和个性是对立统一的关系。对小城镇旅游的研究也是如此,个案研究在一定程度上具体指导和服务了当地城镇旅游经济的发展,也有利于小城镇旅游研究的总体发展。它与前面提到的理论研究可以互相补充、互相促进。

第四,国家政策层面对旅游小城镇发展的意义和作用的论证。在旅游小城镇的发展过程中,各国在政府层面都有关于旅游小城镇发展的政策指导。我国也不例外,最为著名的是2006年5月建设部和国家旅游局联合召开的"全国旅游小城镇发展工作会"。会上时任建设部部长汪光焘发表了题为《加强引导,创新机制,促进旅游与小城镇协调发展》③的讲话。讲话指出,"发展服务旅游小城镇……丰富了我国小城镇发展的实践……发展这类小城镇,有利于促进城市基础设施和公共服务向农村地区延伸,有利于提高城乡居民物质文化生活质量,有利于农民就地就近就业和增收致富,有利于城乡协调发展……因地制宜发展旅游小城镇在我国城镇化过程中有着特殊的位置"。

综合来看,首先小城镇旅游研究这一课题在国内外都受到高度重视,所不同的是国外比较注重理论和方法的探讨,而国内注重具体案例的研究。其次,国内外研究都十分重视政府作用,国外研究更为重视在政府主导基础上,如何以社区利益为中心,在社区和政府之间进行利益分配;而国内研究大多还停留在政府如

---

① Seaton. A. V. "Hay on Wye,the mouse that roared;book towns and rural tourism",*Tourism Management*,1996a,17(5),pp. 379 – 382。

② 赵丽华:《政府在旅游城镇建设中的作用——以山西砂河的旅游城镇建设为例的分析》,《山西高等学校社会科学学报》,2005年第11期。

③ 汪光焘:《加强引导,创新机制,促进旅游与小城镇协调发展——在全国旅游小城镇发展工作会议上的讲话(2006年5月26日)》,《小城镇建设》,2006年第7期。

何主导以推动小城镇旅游业的发展,进而促进旅游小城镇经济的发展①。

(四)人类学的相关研究

1.旅游人类学相关研究:

丹尼森·纳什(Dennison Nash)认为,严肃的旅游人类学研究最早可以追溯到努涅斯(Nunez)于1963年发表的一篇关于周末在墨西哥村庄旅游的文章。纳什在其专著《旅游人类学》综述了人类学对旅游研究的三大主要视角:一是把旅游看作文化涵化和发展的一种形式,引起当地社会文化的变迁;二是把旅游作为实现游客自身行为转化的一种形式;三是把旅游看作是一种“主要建筑”,其产生实际依赖于其他更为根本的社会因素。这三种视角将旅游研究与人类学视野紧密结合起来,是20世纪90年代学术界对旅游人类学研究的系统归纳②。近年来,旅游人类学者也开始关注旅游开发中当地人参与程度与传统文化、民族认同以及社会发展速度之间的关系研究。例如,加利福尼亚州立大学的瓦林·L·史密斯在《爱斯基摩人的旅游业:微观模式和边缘人》③一文中讲到边缘人(marginal men)的说法。

归纳起来看,旅游人类学关于小城镇旅游的研究主要是社区参与地位的加强。社区参与大体经历了四大阶段:不被重视阶段—逐渐成为发展规划要素—作为可持续发展的需要加以考虑—成为旅游业发展的主要利益主体,进而出现了关于社区参与的有效性的研究④。

2.发展人类学相关研究:

发展人类学是应用人类学的一个分支,研究人类社会发展中面临的问题(如贫穷、环境恶化、饥饿等),并应用人类学知识去解决这些问题。二战结束后为了与社会主义阵营对抗,美国向经济落后国家提供了多项援助项目,此类项目通常将经济增长作为社会发展的最终目标,但最终效果欠佳,引发诸多社

---

① 赵小芸:《国内外旅游小城镇研究综述》,《上海经济研究》,2009年第8期。

② 陈刚:《发展人类学视野中的文化生态旅游开发——以云南泸沽湖为例》,《广西民族研究》,2009年第3期。

③ (美)瓦林·L.史密斯:《东道主与游客:旅游人类学研究》(第二版),张晓平,何昌邑等译,云南大学出版社,2002年。

④ 孙九霞、保继刚:《从缺失到凸显:社区参与旅游发展研究脉络》,《旅游学刊》,2006年第7期。

会、经济和文化问题,如分配不公、生态破坏、贫富差距增大、文化冲突等①。20世纪70年代初,格林·考齐教授在其专著《发展人类学》中首次提出"发展人类学"的概念。在同一时期,许多国际发展机构如美国国际发展署等开始重视人类学的研究成果。这些机构利用人类学家和人类学的知识和方法修订了发展计划,把社会问题加入援助的政策和规划里。

发展人类学创立之初就一直将研究重点放在发展项目上,致力于发展过程中出现的社会、政治、文化问题的研究和解决。它提倡将本土文化运用于发展项目,把发展看作政治、经济、文化等因素综合作用的结果。

3.利益主体理论:

1963年斯坦福研究所(Stanford Research Institute)首次使用了利益主体理论这个术语。这主要是为了适应变化了的经济环境对一种业务的所有游戏者更加密切合作的要求(Clark,1998)。弗瑞曼(Freeman)被认为是把利益主体理论应用于美国的先行者。他认为,"利益主体是指任何可以影响该组织目标的或被该目标影响的民族或个人"。

索特(Sautter)和莱森(Leisen)两人被认为是最早将利益主体理论运用于旅游研究的学者。索特和莱森在弗瑞曼的利益主体谱系图的基础上,绘制了一幅旅游业利益主体图(见图3-1)。该图的基础观点是所有的利益主体都具有本质上相同的价值理念。与此同时他们还告诫在实际运用时,一定要考虑具体个案的实际情况,不可照搬。

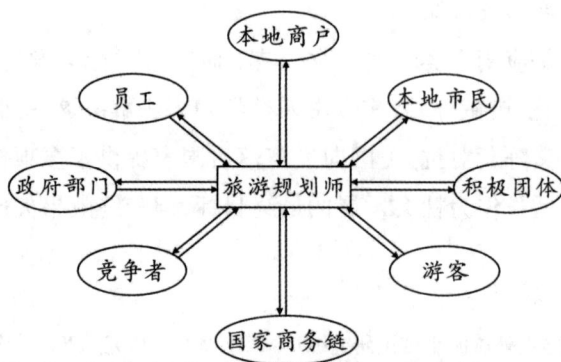

图3-1 旅游业利益主体图②

① 杨小柳:《发展研究:人类学的历程》,《社会学研究》,2007年第4期。
② 张伟、吴必虎:《利益主体理论在区域旅游规划中的应用——以四川省乐山市为例》,《旅游学刊》,2002年第4期。

　　旅游地利益主体的研究主要集中在两个方面①：(1)旅游地利益主体理论与方法探讨，其研究主要集中在利益主体的界定②、利益主体的权力(power)③、利益(interest)④和关系(relationship)⑤等几方面。对关系的研究包括利益主体的协作与冲突问题。国内学者则是在引入上述理论研究成果的基础上进行个案研究。(2)旅游地利益主体理论在旅游规划与目的地管理中的运用、评价，其研究主要集中于探讨该理论在旅游规划中的作用、重要性及其技术、手段的实施，并对应用效果进行评价⑥。

　　4. 其他人类学观点：

　　(1)社区参与理论与社区增权理论。社区参与理论在旅游研究中的应用始于1985年，源于墨菲的《旅游：社区方法》一书，旅游研究中的社区参与概念由此产生，旅游研究的视角也因此丰富⑦。国外旅游学者随后对社区参与问题进行了深入的研究：塞尔诺认为是当地居民自住的管理资源；布兰登提出了更为主动的概念，认为应该由"受利于"转变为"获利于"⑧。

　　国内学者对社区参与旅游研究的代表有：刘纬华认为社区参与是把社区作为旅游发展的主体，社区参与应成为旅游可持续发展的一个指标，并对社区参与旅游发展的内容、形式和方法等诸多方面进行研究⑨；唐顺铁探讨了旅游地建

---

　　①　杨春宇、黄震方、舒小林：《旅游地利益主体博弈关系变迁的演进论解释》，《中国人口、资源与环境》，2009年第1期。

　　②　Elise Truly Sautter, Brigit Leisen, "Managing Stakeholders: A Tourism Planning Mode," *Annals of Tourism Research*, no. 2, (1999): 312 – 328.

　　③　Taylor G, "Participatory Planning: A View of Tourism in Indonesia," *Annals of Tourism Research*, no. 3, (1999): 371 – 391.

　　④　Bill Bramwell, Angela Sharman, "Collaboration in Local Tourism Policy Making," *Annals of Tourism Research*, no. 2, (1999): 392 – 415.

　　⑤　Lindermberg Medeirosde Araujo, J Bill Bramwell, "Partnership and Regional Tourism in Brazil," *Annals of Tourism Research*, no. 4, (2002): 1138 – 1164.

　　⑥　周玲：《旅游规划与管理中利益相关者研究进展》，《旅游学刊》，2004年第6期。

　　⑦　Murphy P E, Tourism: Acommunity Approach, New York and London: Methuen, 1985: 155 – 176.

　　⑧　Petty J, The Many Interpretations of Community Participation, San Francisco, Calif: Focus, 1995: 5 – 10.

　　⑨　R Scheyves, "Ecotourism and the Empowerment of Local Communities," *Tourism Management*, no. 20, (1999): 245 – 249.

设的社区化，提出从社区利益出发，由社区互动来发展旅游①；杨桂华将社区参与原则作为生态旅游保护性开发的十原则之一②。

20世纪90年代中后期，西方社区参与旅游研究进入互动与整合阶段。由于参与实践始终无法获得实质性进展，引起人们对社区参与旅游发展有效性的反思。1996年，阿克玛最早在对肯尼亚生态旅游的研究中，提出了对社区居民增权的必要性③。1999年，斯彻文思提出一个包括经济、政治、心理和社会四个维度的旅游社区居民增权框架④。在国外研究思潮的影响下，国内学者开始循着国外的足迹展开旅游增权的研究。2008年，左冰、保继刚将旅游增权理论引入中国，对西方旅游增权理论进行了梳理、吸收和批判⑤。此后，国内有关旅游增权的研究蔓延开来。总体上，近些年国内外有关旅游增权的研究主要围绕增权研究的逻辑展开，具体涉及增权是什么、凭什么增、为什么增、增什么和怎么增等问题⑥。

（2）发展的受害者理论：约翰·傅德利在其著作《发展的受害者》（Victims of Progress）一书中提到"每个人都是发展的受害者"⑦。在该书《发展的代价》一节中讲道：直到最近，政府规划人员一直认为，所有社会都向往经济发展和物质文明带来的益处。社会发展的优越性，可以用不断增加的收入、更高的生活水准、更大的安全系数和更好的安全定义。这些都是积极的、常见的益处，人们无论花多大的代价都要获得它们。尽管有人可能会坚持认为，土著居民不应该为了获得这些利益而牺牲他们的文化和自治权。但从历史角度来看，政府规划人员觉得文化自治遭受的损失，只是为这些显著的进步所付出的很小的代价而已。

约翰·傅德利总结，现代文明发展以来世界范围的土著居民或殖民者遭受

---

① 唐顺铁：《旅游目的地的社区化及社区旅游研究》，《地理研究》，1998年第2期。

② AkamaJ, "Western Environmental Values and Nature Based Tourism in Kenya", *Tourism Management*, no. 17(1996):567–574.

③ 刘纬华：《关于社区参与旅游发展的若干理论思考》，《旅游学刊》，2000年第1期。

④ AkamaJ, "Western Environmental Values and Nature 2 *basedtourism* in Kenya", *Tourism Management*, no. 17,(1996):567–574.

⑤ 左冰、保继刚：《从"社区参与"走向"社区增权"——西方"旅游增权"理论研究述评》，《旅游学刊》，2008年第4期。

⑥ 王会战：《旅游增权研究：进展与思考》，《社会科学家》，2013年8月。

⑦ 左冰、保继刚：《从"社区参与"走向"社区增权"——西方"旅游增权"理论研究述评》，《旅游学刊》，2008年第4期。

的发展的弊端。

其一，生活质量与发展。如何建立一个有意义的经济发展评估尺度？众所周知，最常用来测量进步的标准是生活水平，这是一个民族中心主义概念，它严重依赖一些缺乏文化关联性的指标。快乐指数是一个较少民族优越感的替换指数，常用来表示个人报告的生活满意程度。它与寿命、生态足迹的国家排名一起，表明最小的、最不发达的国家反倒是最幸福的国家。将土著居民先前自给自足的生活条件与进入世界市场经济后的状况进行比较，可以得出这样一个结论：他们的生活水准往往被经济发展降低，而不是提高——降低异常显著。

其二，发展的疾病。经济发展至少在三个方面提高了受影响者的患病率。首先，从某种意义上来讲，发展是成功的，但它使得发展地区内的人突然对慢性生活方式的疾病失去抵抗能力。这些疾病只有"进步"的人才会患上，这些疾病包括糖尿病、肥胖症、高血压和各种血液循环疾病。其次，发展干扰了现存的环境平衡，可能会急剧增加细菌和寄生虫之类的疾病。再次，当发展目标难以达到时，各种贫困性疾病就会随着拥挤的城市贫民窟和小规模社会经济体系的解体一起出现。发展的疾病归纳起来主要有三个表现：一是饮食的精细化和趋同化，使得人们越来越不适应生活的环境，由此带来的危害已经从一些疾病中得到验证；二是与生活在原始状态下的"野蛮人"相比，大部分"文明人"有一口糟糕的牙齿；三是营养不良。

其三，生态灭绝。发展不仅给土著居民的健康带来威胁，还对他们赖以生存的生态环境系统产生新的压力。对于大多数土著居民来说，引入新技术、消费增加、死亡率下降及先前其他控制的消除，合在一起代替了人与自然资源之间相对稳定的平衡。新的生态系统已经无法保持平衡。经济发展将生态灭绝强加给土著居民。他们居住的地方已经出现环境普遍退化的趋势，包括资源耗竭、土壤流失、动植物灭绝，以及其他一系列他们以前看不到的威胁。

其四，剥夺与歧视。土著居民在与现代文明接触之后，他们已经不知不觉背上永远的负担，要接受强加给他们的剥夺，商业世界为他们设定了社会经济发展的标准①。

———————————

① ［美］约翰·博德利：《发展的受害者》，何小荣等译，第55页，北京大学出版社，2010年。

约翰·傅德利的观点和当前政府主导的一切以"经济建设为中心"来发展小城镇的观点看来差别迥异,但对笔者来说未尝不是一种新的视野,也为我研究汤峪镇的发展之路提供了一种新的思维模式。

第二节 汤峪镇旅游业发展的历史资源

汤峪镇的旅游业是依托太白山发展起来的,故要研究汤峪镇不得不从太白山说起,本节将从汤峪镇太白山旅游业发展的历史方面展开论述。

一、太白山名杂谈

1. 太白山名考:

关于太白山名称的变化,1909 年的《眉县志》是这样记述的:"终南、惇物,三代之山名也;太乙、垂,汉之山名也;太白、武功,魏晋之山名也;皆终南也。"①

然而对于《眉县志》的解释,长期以来是存有异议的。争议主要存在于三个方面:(1)是否有惇物山这一名称的存在,即《禹贡》中的"终南惇物"作何理解,究竟是"终南山和惇物山",还是"终南山物产丰富"。(2)如果惇物山存在,那么所指何山,是今太白山还是华山。(3)太白山名称的由来与出现的时间。

《禹贡》在讲到雍州之山的时候称:"荆、岐既旅,终南、惇物,至于鸟鼠。"②胡渭在《禹贡锥指》中讲到"终南、惇物、鸟鼠,三山名"③,按照"治水从下,自东而西,先荆后岐,荆在岐东也"④,由此认为惇物即为山名,且是位于终南山西部、鸟鼠山东部的一座山,即今之太白山。

《雍录》卷第五《南山一:厚物、垂山》讲道:终南山横亘关中南面,西起秦陇,东彻蓝田。凡雍、岐、眉、户、长安、万年,相去且八百里,而连绵峙据其南者,皆此之一山也。既高且广,多出物产;故《禹贡》曰:"终南厚物"也。(厚物本当作惇物,避宋光宗赵惇讳改,其下悉同)厚物也者,即《东方朔传》所记,

---

① [清]沈锡荣:《郿县志》,第 68 页,成文出版社,1909 年(宣统元年)。
② 《尚书》,慕平译注,第 64 页,中华书局,2009 年。
③ [清]胡渭注:《尚书锥指》卷十,邹逸麟整理,第 316 页,上海古籍出版社,1996 年。
④ [清]胡谓注:《尚书锥指》卷十,邹逸麟整理,第 317 页,上海古籍出版社,1996 年。

谓出"玉石、金、银、铜、铁、豫章、擅拓,而百王可以取给,万民可以仰足"者也。《秦诗》曰:"终南何有,有条有梅。"条、梅,其物也,兼有此者,明其富也,举一以见余也。毛氏曰:"终南,周之名山中南也。"中南即终南也。《关中记》曰:"中南,言居天之中,都之南也。"郑《笺》曰:"问何有者,意以为名山高大。宜有茂木。"是自尧、禹以至周、汉,皆言终南之饶物产也,不当别有一山自名厚物也。武功县有太一山、垂山,《汉·志》引《古文》而曰"太壹者,终南也,垂山者,厚物也。信如此言,则是厚物、终南各为一山也,不知其何所本而云然也"①。由此可知,程大昌更倾向于认为"终南惇物"是"终南山物产丰富"之意。

北宋乐史在《太平寰宇记》卷二十七《雍州二:关西道三》中讲道:"惇物山,即华山之别名也。自华州华阴县东接潼关,连亘经于是邑。"② 即惇物山乃华山之别名,与今太白山无关。

关于太白山名称的由来,有两种说法:一是《水经注》记载:"杜彦达曰:太白山,南连武功山,于诸山最为秀杰,冬夏积雪,望之皓然。"③即太白山"冬夏积雪,望之皓然",故曰太白山。二是杜光庭《录异记》记载:"金星之精,坠终南圭峰之西,因号为太白山。其精化为白石,状如美玉,时有紫气复之。"④即太白金星坠于此,故曰太白山。

关于太白山这一名称是何时出现的,学者们对此是有争议的。杨玉坤认为到了魏、晋,太一山才正式改为太白山⑤,理由是《水经注》卷十八《渭水》记载有:"《地理志》曰:县有太一山,《古文》以为终南。杜预以为中南也。亦曰:太白。山在武功县南,去长安二百里,不知其高几何。俗云:武功太白,去天三百。"⑥此记载被认为是太白山见于典籍最早的例证。

僧海霞认为太白山之名当出现于两汉时期⑦,理由是《史记》卷二八《封禅

---

① ［南宋］程大昌:《雍录》,黄永年点校第105—106页,中华书局,2002年。

② ［北宋］乐史:《宋本太平寰宇记》,第584页,中华书局,1999年。

③ ［北魏］郦道元:《水经注》,陈桥驿注第137页,中华书局,2009年。

④ ［五代］杜光庭:《录异记》,第148页,上海古籍出版社,1995。

⑤ 杨玉坤:《太白山名考》,《西北大学学报》(哲学社会科学版),1981年第2期。

⑥ ［北魏］郦道元:《水经注》,陈桥驿注第137页,中华书局,2009年。

⑦ 僧海霞:《区域视野下的信仰与景观——以清代陕西太白山神信仰为中心》,陕西师范大学博士学位论文,2010年。

书·第六》（《正义》《三秦记》）云"太白山西有陈仓山，山有石鸡"①。根据成书时间判断《史记》成书于西汉。史念海先生在刘庆柱《三秦记辑注》总序中讲到"辛氏此书不见于隋书经籍志及两唐书经籍艺文诸志的著录，然三辅黄图及刘昭续汉书郡国志注、郦道元水经注皆有所征引，而所记皆秦汉都邑、宫室、苑囿地理，当出于汉时人士手笔"②，即太白山的名称出现至少是在东汉，而不是魏晋时期。

2.古文解读：

综合众家之言，笔者认为：其一，《禹贡》中"终南、惇物，至于鸟鼠"其中的"惇物"应为山名。原因有二：第一，按照古人文辞简洁和语法规律，此处应该理解为"终南山、惇物山直到鸟鼠山"；第二，《禹贡》中记载的雍州地区终南山、鸟鼠山的位置在现在是可以确定的，这样一来两山之间存在的这座山便是惇物山。

其二，如果惇物确是山名，应指今太白山而非华山。原因有二：第一，《禹贡》记载："荆、岐既旅，终南、惇物，至于鸟鼠"。《汉书·地理志》记载："武功，太壹山，古文以为终南。垂山，古文以为惇物。皆在县东。"③与《禹贡》所说的终南山和惇物山东西对应。按照古人"治水从下，自东而西，先荆后岐，荆在岐东也"④来看，三座山由东往西依次是：终南山、惇物山和鸟鼠山。终南山是在华山以西，而惇物山更是在终南山以西，这样一来惇物山便不可能是指华山。而关于华山《禹贡》中则另有记载，即"西倾、朱圉、鸟鼠至于太华"，太华即今之华山，而太华山至今仍是华山的别名是无误的。第二，从"惇物"字面的含义来讲，惇，厚也。惇物山，是说此山物产丰富。清代陕西巡抚毕沅在《关中胜迹图志》中道："窃以雍州之山，莫奇于太华，莫长于终南，莫峻于太白，太华、终南皆见《禹贡》而太白阙如，意所谓'惇物'者，唯太白足以当之。《一统志》以眉县之武功山为即垂山，即为可信，且与太白相连属，则以太白为惇物更无疑义。"⑤由此分析

---

① 〔汉〕司马迁：《史记》卷二十八，第1359页，中华书局，1959年。
② 刘庆柱：《三秦记辑注　关中记辑注》，第1－2页，三秦出版社，2006年。
③ 〔汉〕班固：《汉书》，〔唐〕颜师古注第1532页，中华书局，1962年。
④ 〔清〕胡渭注：《尚书锥指》卷十，邹逸麟整理，第317页，上海古籍出版社，1996年。
⑤ 〔清〕毕沅：《关中胜迹图志》卷十六，张沛点校第480页，三秦出版社，2004年。

可知,《禹贡》之惇物山即今太白山应是无疑义的,至少在《禹贡》成书的战国时期及战国以前时期,太白山是被称为惇物山的。

其三,太白山这一名称出现的时间大体应该是在汉代。"太白"一词在《史记》中多次出现,如"察日行以处位太白"①,"太白晨出东方日启明,故察日行以处太白之位也"②,诗云"太白晨出东方为启明,昏见西方为长庚"。又孙炎注尔推,以为晨出东方高三丈,命曰启明;昏见西方高三舍,命曰太白。官占云:"太白者,西方金之精,白帝之子,上公、大将军之象也。一名殷星,一名大正,一名大炎。事,言也。西方,以夕一名荧星,一名官星,径一百里。"天文志一名梁星,一名灭星,一名大嚣,云"其日庚辛;四时,秋也;五常,义也;五人主义亏言失,逆时令,伤金气,罚见太白:春见东方,以晨;秋见西方,以夕",即认为太白即太白星是西方之金星③。《史记》卷二八《封禅书·第六》(《正义》《三秦记》)云:"太白山西有陈仓山,山有石鸡。"④根据这一记载,太白山之名当出现于两汉时期。

其四,关于太白山名称的由来。《水经注》引用杜彦达"冬夏积雪,望之皓然"的说法已经被证实是不确切的。因为,望之皓然是真,然并非积雪所致,乃山顶之白石所致。杜光庭认为,"金星之精,坠终南圭峰之西,其精化为白石若美玉焉,时有紫气复之,故名",确是有几分道理的。虽然从科学的角度看,不可能有"金星之精"的存在,但是从《史记》的记载可知太白乃西方之神,而太白山又是位于都城长安西部的高山,故以太白命名是合理的。综合两者,笔者更倾向于认为,太白山名称的由来是因为其本身终年"望之皓然"和位于帝都西方,即金星对应之位而得此名。

二、汤峪镇旅游的历史记忆

1. 帝王的游幸与封赐:

笔者根据收集到的资料将帝王的游幸与封赐整理如下图。

---

① [汉]司马迁:《史记》卷二十七,第1322页,中华书局,1959年。
② [汉]司马迁:《史记》卷二十七,第1323页,中华书局,1959年。
③ [汉]司马迁:《史记》卷二十七,第1322页,中华书局,1959年。
④ [汉]司马迁:《史记》卷二十八,第1359页,中华书局,1959年。

表 3-1 帝王的幸游与封赐统计表①

朝代	时间	人物	内容
秦	始皇二十七年(前220)	秦始皇嬴政	车驾西巡,在眉邑汤谷温泉沐浴
西汉	后元二年(前162年)	汉文帝刘恒	巡游至雍,幸凤泉汤沐浴
	元鼎五年(前112年)	汉武帝刘彻	西行至雍,幸凤泉汤沐浴
	建始元年(前32年)	汉成帝刘骜	敕建太白山祠,祀谷春山神
隋	开皇十五年(595年)	隋文帝杨坚	建凤泉宫以昭示胜迹
唐	永徽五年(654)	唐高宗李治	幸临凤泉宫沐浴游览
	开元三年(715)	唐玄宗李隆基	幸临凤泉汤(今眉县汤峪口)沐浴,并题《幸凤泉汤》五言诗
	开元十二年、十七年、十八年(724、729、730)		携杨玉环三临凤泉汤沐浴游览
	天宝八年(749)		御封太白山为"神应公"
	天宝十四年(755)		御封太白山为"灵应公"
宋	至和二年(1055)	宋仁宗赵祯	凤翔府李太守祷雨,并奏请封爵,遂封太白山为"济民侯"
	嘉祐五年至七年(1060—1062)	宋仁宗赵祯	凤翔府签书判官苏轼祷雨太白山,奏请加封太白山为"明应公"
	熙宁八年(1075)	宋神宗赵顼	晋封太白山为"福应王"
	绍圣二年(1095)	宋哲宗赵煦	改封太白山为"济远公",旋又晋为"惠济王"
元		元世祖忽必烈	敕封太白山为三王曰:"普济王""惠民王""灵应王"
明			明朝祀典,盛祀太白神于南坛,布政使请春秋祭
清	乾隆三十九年(1774)	清高宗爱新觉罗·弘历	御赐"金精灵泽"匾
	乾隆四十三年(1778)	清高宗爱新觉罗·弘历	加封太白山神号为"昭灵普济福应王"

根据上表发现,古代帝王在汤峪镇太白山的幸游与封赐主要体现三个特征:首先,帝王的幸游与封赐活动在唐代及唐代以前发生比较频繁,西汉、隋、唐三代最多,唐以后再无皇帝亲临的记载。究其原因,笔者认为主要是西汉、隋、

---

① 陕西省地方志编纂委员会编:《陕西省志·太白山志》,第711—717页,三秦出版社,2012年。

唐三朝均在长安建都,距离太白山比较近,皇帝方便到达。其次,唐代以前帝王幸游太白山主要是来汤峪沐浴,从唐代开始才对太白山册封。再次,唐代皇帝对太白山的册封主要是太白山有修道炼丹的名士的缘故,是对道教的推崇;唐以后历代对太白山的册封主要是太白山神作为陕西重要的"雨神"而得到皇帝的册封。由此可见,太白山被官方重视,首先是从汤峪温泉开始;再到道教兴起,太白山作为道教重要的活动场所被重视;唐宋以后太白山作为陕西地区重要的"雨神"不断被官方祭祀和册封。

2. 汤峪与文人雅士:

太白山不但是帝王官宦游览喜爱之地,文人雅士也多来太白山考察或是游览。北魏孝昌元年(525)正月,北魏地理学家郦道元考察太白山,将太白山、汤峪温泉记入《水经注》。《水经注》卷十八:"渭水又东,温泉水注之,温水出太乙山,其水沸涌如汤。杜彦达曰:可治百病,世清则疾愈,世浊则无验。其水下合溪流,北注十三里,入渭……"①著名地理学家徐霞客赞誉太白山为"至此尺脱山骨,竟发为极胜处"。从文献记载来看太白山旅游以唐宋两代为盛。唐代太白山作为京畿附近的名山,从帝王将相到文人雅士来太白山览胜者实繁,并在游览之后留下众多关于太白山的千古名篇。

宋代苏轼任凤翔府签判时,曾游览西汤峪并有诗作传世。1933 年,国民党元老于右任和时任陕西省主席邵力子同游太白山。于右任除了写楹联和短诗,还写了长达百余句的《太白山纪游歌》。邵力子写了一万三千余字的《登太白山的感想》。这两篇文章具有极高的文学价值和科学价值。

此外从历史记录来看,曾经游览过太白山并留下诗词著作的还有唐代大诗人李白、杜甫、白居易、王维、柳宗元、张度、李洞、岑参、林宽等,宋代及以后还有张载、梅询、朱铎、仇圣耦、王圻、何景明、孙太初、吴玉、王世贞、朱尚、张执中、冯健、伟健、张素、李柏、朱集义、黄景仁、张问陶、萧震生、冯云程、冯贡琛、虚云和

---

① ［北魏］郦道元:《水经注》,陈桥驿注,第 137 页,中华书局,2009 年。

尚、仇以信等等。其中张载①、李柏②作为生活在汤峪附近的眉县本土大学问家对汤峪镇太白山的描写更是不吝笔墨。其中李柏一生写下百余诗作,关于太白山的诗作就达六十余首,在此不一一赘述。

从收集到的关于太白山的诗作与文章来看,表现出以下三方面的特征。首先,从文献的类型来看可以分为考察报告、诗歌和祈雨记文三类。其次,从文献的内容来看可以分为三类:其一,赞扬太白山雄伟高大、风景秀丽和汤峪温泉舒适宜人的;其二,从宗教层面,尤其是道教层面,对太白山作为道教"第十一洞天"的赞扬;其三,对太白山祈雨的记录和因为祈雨灵验而对太白山神赞颂的文章。再次,从文献的年代来看,主要集中在唐、宋、清三代。笔者认为之所以出现这种情况,主要是因为唐代文化繁荣和太白山靠近京畿文人雅士来往方便,所以留存文章较多;而宋、清两代主要是因为太白山地区的地方官吏和眉县本土涌现出较多的大学问家。他们对当地名山赞美的诗词、文章多有问世。总的来说,正是由于历代文人留下的大量赞美太白山和汤峪温泉的经典篇章,在很大程度上引起现代人对太白山的兴趣,在一定程度上促进了太白山的旅游业发展。

3.汤峪境内的宗教文化:

由于太白山的高寒神秘,历代统治者皆将其奉若神明,宗教信徒也将其视为修行的圣地。这就使得历史上太白山的宗教旅游极为繁盛,从现在的分布情况来看,道教场所多在高山区分布,佛教场所多在低山区分布。

据《云笈七签》卷二十七记载:"第十一太白山洞,週回五百里,名曰玄德洞天。在京兆府长安县,连终南山,仙人张季连治之。"③由此可知太白山被确定为道教三十六洞天之第十一洞天。如今太白山上有按道教神仙谱系建立起来的

---

① 张载(1020—1077),字子厚,北宋著名哲学家、教育家、思想家,"关学"创始人,北宋"五子"之一。祖籍大梁(今河南开封),生于长安,15岁移居陕西眉县横渠镇(汤峪镇东北约7.5千米),因长期在此设立书院讲学,故学者称其为"横渠先生"。又因张载弟子多为关中人,后世称他所创立的学术流派为"关学"。

② 李柏(1630—1700),字雪木,号太白山人,眉县曾家寨(今属槐芽镇在汤峪口北约5千米)人。祖籍汉中府城固县,其七世祖徙居眉,遂为眉籍。兄弟三人,柏其仲。明末清初文学家,与周至李颙(二曲)、富平李因笃(天生)齐名,世称"关中三李"。后人所辑《槲叶集》四卷为其代表作,今仍传世。

③ [宋]张君房撰辑:《云笈七签》,蒋力生等校注,第154页,华夏出版社,1996年。

庙宇建筑群,比较著名的如太白庙、文公庙、南天门、药王庙、老君殿、拔仙台、玉皇庙、三宫殿、铁甲神庙等。据《眉县志》记载,从汉代开始太白山就建有太白神祠,并成为重要的宗教活动场所。魏晋时期太白山的道教归入道教发祥地楼观派。唐代太白山道教活动达到鼎盛,孙思邈①、郭休、王休、李浑等众多名士长期修道于太白山。太白山"神应公"的封号便是由于唐玄宗因信任李浑而得,自此太白山作为陕西地区重要的"雨神"长期被官方和民间膜拜,有"神湫灵泽"流传于世。

明末清初太白山道教归入龙门宗。眉县汤峪楼观庵庙宇颇为壮观,是坤道集中地。因其与周至楼观台乾道驻地东西相望,故曰"西楼观"。清朝后期太白山的道教活动开始衰退,至 20 世纪 60 年代宗教活动基本停滞,浅山区的寺庙大多被毁。20 世纪 80 年代后期,太白山的宗教活动以及由此带动的"朝山"②活动又整体呈复苏之势③。

《眉县志》记载:"唐显庆三年(658),在太白山下眉县齐家寨为玄奘法师建西铭寺④。孙思邈隐居太白山中,常来西铭寺与宣律法师论道。武周永昌元年(689)八月,天竺婆罗门僧佛陀波利来到眉县太白山下,在大敬爱寺⑤见到西铭寺上座澄观法师,询问过志静在洛阳与日照三藏法师勘核《佛顶尊胜陀罗经》(简称《陀经》)之情。此时参与翻译《陀经》的汉僧顺贞和尚住在西铭寺。唐宪宗元和十一年(816)五月立八段碑⑥。"⑦从文献记载来看,唐时县境内佛教寺院众多,多为云游僧侣,挂单客居者多。比较著名的寺院从太白山山麓到高山有:

---

① 孙思邈(541—682),京兆华原(今陕西省铜川市耀州区孙原村)人,一生致力于草药医学研究,有 24 项成果开创了中国医药学史上的先河,被世人尊崇为"药王""医圣""药圣"。前后三次隐居太白山长达 27 年,太白山上今仍遗存药王坪、碓窝坪、药王殿、药王庙,供有他的塑像。汤峪河谷内 23 千米处之碓窝坪,是他隐居之地,距此不远的药王栈道遗迹尚存。山前祭祀、供奉药王的庙宇洞府遍布村野。

② 每年农历六月当地人结群上山朝拜太白山神,祈求家人平安和风调雨顺。

③ 胡崇德、魏宝艳:《太白山宗教活动与自然保护互利发展初探》,《现代农业科技》2008 年第 24 期。

④ 原址在今眉县齐镇下西铭村,在原址南北的两个村庄因寺得名"上西铭村""下西铭村"。20 世纪 90 年代在原址以西(今岐山县安乐乡境内)建有石佛寺,寺内有一大石佛。

⑤ 今净光寺,现址位于眉县县城美阳街中段。

⑥ 此碑现存于眉县政府食堂。

⑦ 眉县地方志编纂委员会:《眉县志》,第 749 页,陕西人民出版社,2000 年。

仙游寺、教坊寺、建法寺、大敬爱寺、西铭寺、铁佛寺、清凉寺、轮武寺、大安寺、静林寺、凌云寺、蛟龙寺、蟠龙寺、蒿坪寺、中山寺、菩萨大殿等。

清代中叶，太白山佛道二教逐渐相混。在登太白山线路上，佛教寺院、道教宫观交叉而立。一些善男信女便如当地的一句俗语所说"见庙就烧香，遇神便叩头"。清湫太白庙内雕塑有十八罗汉就像是太白山地区佛道合一的一大见证。

除佛教和道教外，基督教和天主教从清末传入太白山浅山地区，但势力远不如佛教和道教。清末到民国直至 20 世纪 60 年代后期，太白山地区的各类宗教活动逐渐衰微。20 世纪 80 年代后期，各类宗教活动又逐渐复苏。

从太白山地区宗教活动发展的情况来看，主要表现出以下特征。首先，佛道合一，交叉而立。在太白山地区，佛教和道教是分布最广、信众最多的两大宗教，总体上看道教多分布在高山区，佛教多分布在低山区。近年来佛教和道教都有所发展，并呈现出交叉而立的特征。尤其是在太白山部分庙堂，佛道被同堂供奉，信徒不论佛道"见庙就拜"。其次，太白山的宗教资源是太白山旅游业发展的基础资源之一。古话说"山不在高，有仙则名"，太白山的旅游活动之所以千百年来长盛不衰，很大程度上是因为太白山的"灵性"。这种灵性一方面是由于太白山在道教和佛教历史上的重要地位，另一方面是由于太白山自唐代开始作为陕西地区重要的"雨神"在全省范围被官方和民间广泛供奉。这就使得太白山不仅"高"，自然资源丰富、风景秀丽；而且"灵"，即太白山独特的宗教地位和丰富的宗教资源。再次，太白山地区以佛道为主的宗教文化，对汤峪镇发展旅游业具有双重影响。一方面，太白山独特的资源成为它吸引人们上山朝拜和旅游的一个重要因素。广大信众出于虔诚的宗教信仰，定期前往太白山开展宗教活动。这种宗教旅游在一定程度上保持了太白山人气的稳定，也带动了众多非信众前往太白山观光旅游。另一方面，由于太白山上道士、僧侣的增多和定期性的太白山朝山活动，使得太白山在每年的某一时期内人口剧增。由于环境承载力有限，过多人口的存在对太白山的生态环境造成较大的破坏。这种破坏往往很难修复，从根本上说是对太白山旅游资源的破坏。

第三节　杨文洲与汤峪镇近现代旅游业

一、杨文洲与太白山国家森林公园

年龄稍长一些的汤峪人甚至眉县全县人都知道,汤峪曾经有个杨文洲。大家都说,没有杨文洲就没有太白山国家森林公园,就没有现在这么方便的谁去都能享受的汤峪温泉。虽然汤峪镇历史上就是一处游览胜地,但是毋庸置疑汤峪镇现代意义上旅游业的开发是从杨文洲开始的。因此要研究旅游小城镇汤峪镇的发展之路,杨文洲时期是一个重要的历史阶段。

在太白山国家森林公园成立之前,太白山虽然风景秀丽、温泉品质极高,但是始终处于一种无人开发、无人管理的状态。民国时期太白山正式纳入当时政府的林业管理之中,是西北农学院眉县林场所在地。杨文洲1985年11月调入汤峪林场(太白风景林场)任场长。当时国家为了保护森林资源封山育林,林场发展面临困境。为了适应林场的转型发展,他带领林场职工利用汤峪镇的温泉资源和森林风景发展旅游业。经过十多年的艰苦创业,林场职工终于把一个县属小林场建成国家级森林公园,汤峪镇因此从全县最穷的乡镇一跃成为全县的富裕镇。

在访谈中笔者发现,当地稍微年长一些的村民对杨文洲至今依然充满怀念和感激之情。从笔者对当地上王村某农民陈某[①]的访谈可见一斑:

笔者:老师傅,你是哪里人?

陈某:额奏(我就)是咱上王村的。

笔者:哦,那你一定知道之前咱这儿的杨文洲了。你觉得那人咋样?

陈某:那肯定么,那人跟我年龄邦兼(差不多)。那是个能人,能人都寿数短。那都殁了十几年了,你打听那揍啥呢?

笔者:我是咱陕师大的研究生,研究咱汤峪的旅游呢。想跟你谝嗑(了解)一下杨文洲那时候的一些情况。

---

① 田野访谈资料,访谈人:陈某,约70岁,农民,儿子家里开有农家乐。时间:2013年3月12日。

陈某:哦,像你们这年龄肯定是不清楚。我想想……杨文洲大概是 2000 年还是 2001 年殁了。那时候咱县上天天宣传杨文洲的事迹呢,听说市上和省上都宣传呢。那阵势大得很,那时候你们还小,不知道。

笔者:那你能具体给我说说当时杨文洲在汤峪的一些情况吗?

陈某:具体说说,恩,杨文洲大概是八几年来汤峪的,听说之前是在营头来。刚来汤峪那时候在汤峪林场,那时候国家不让伐树了,林场日子不好过。杨文洲就领着林场职工先弄温泉来,之前国民党的时候汤峪就修的有。杨文洲在那基础上挖了个更大的,挖好后听说省上还来人看来。省上人说是陕西省最好的温泉。

笔者:挖个温泉那就算汤峪的旅游开始吧。

陈某:温泉挖好之后那还不行么,后来还盖宾馆了,要不来了人黑了住哪儿。

笔者:那都是杨文洲领着干的吗?

陈某:刚开始都是杨文洲领着干的。后面盖的太白酒业宾馆、电力宾馆啥的,听说也都是杨文洲联系来的。

笔者:那你现在看杨文洲对汤峪的贡献到底有多大?

陈某:哎,咋说呢,反正没杨文洲可能就没有汤峪的现在这阵势。就说话"谁栽的梧桐树,谁引得凤凰来",那肯定是人家杨文洲。不说残(别)的,杨文洲那时候要是不领着搞旅游,咱上王村大多人可能还是就种那几亩地,村上也没有像现在这么多农家乐。办个农家乐,起码娃不出去给人家打工了。

对潼关寨村民王某①的访谈,则代表了深山区山民对杨文洲的态度。

笔者:师傅,你好!我是咱陕师大研究生,研究课题是咱汤峪的旅游,想跟你谝谝了解些情况。

王某:哦,研究生好么,想谝啥呢?

笔者:我想跟你谝谝杨文洲。你都知道哪些情况,能给我说嘎不?

王某:哦,杨文洲前些年那在咱这儿可是个大人物,汤峪这森林公园奏是人家领着弄的。你看这阵势现在美得。

① 田野访谈资料,访谈人:王某,约 50 岁,农民。时间:2013 年 3 月 12 日。

笔者：那你觉得杨文洲那人干的咋样？

王某：干的咋样，那人肯定是厉害人，要不能弄那么大的事。你看他一死后面接手的人就不行，要不是李书记这两年在这儿弄，汤峪还不知道现在是个啥样。

笔者：那你觉得杨文洲发展的旅游业是好事不？

王某：唉，你这采访敢不给县上反映吧？

笔者：呵呵，我这就是研究生自己做的研究不给谁反映，放心吧。

王某：人家都说发展旅游好，我再说点啥不合适的，你再记下往上一反映，那我奏不敢说了。

笔者：没事儿，你说，我就是自己做研究呢。

王某：其实嘛，总体上看发展旅游汤峪人富了，这是事实。以前咱汤峪是个啥地方，眉县最穷的地方，大多数人都在山上住着呢，跟集揍啥至不行还得走上十里路去槐芽。现在自打发展旅游来，一年一到夏天咱这儿人多的，繁华得很。杨文洲刚死那几年不行，这两年李书记来了又搞大开发，你看现在咱汤峪修得漂（漂亮）的。现在这还没修起来，将来修起来了肯定比县城还漂。

笔者：那你觉得自打杨文洲开始发展旅游，有啥不好的吗？

王某：不好的（沉默）。不好的嘛，那就是胡拆乱建么。咱汤峪就这规模非把山上人都搬下来。我家以前就在潼关寨住着呢，现在住到汤峪口了。要说住到平处了，住到好地方了，但是咱山上人世世代代奏是靠山吃山。现在把人搬下来，反倒不适应。最简单的就是平处地少，山下人不愿意给我们分地。我们住在山下再回去种地？那不现实么。这从根子上说，要是杨文洲那时候不在汤峪搞旅游，后面肯定就不会有这些事。

对退休干部杨某[①]的访谈，则代表了与杨文洲同一时期干部对杨文洲的评价。访谈如下：

笔者：杨师，你好，我是咱陕师大的研究生，研究咱汤峪的旅游呢，想跟你谝嘎了解一些杨文洲的情况。

杨某：你想了解啥情况？

---

① 田野访谈资料，访谈人：杨某，约65岁，曾在汤峪乡政府工作。时间：2013年3月15日。

笔者:就是杨文洲在汤峪搞旅游的一些情况,以及当时社会上对杨文洲的一些评价。

杨某:要说汤峪旅游的发展,那肯定离不了人家杨文洲。那时候我在汤峪乡工作,那时候还没跟小法仪合并,还不叫汤峪镇。杨文洲在汤峪搞旅游的那些年,那是比较早了。那时候国家政策也才开放,林场日子不好过,国家不让伐树了。发展旅游那也是逼出来的,那真的是白手起家。

笔者:都说那时候弄这公园艰难的很,到底有多艰难?

杨某:给你们年轻人说,估计你们也理解不了。杨文洲到汤峪林场的时候大概是1985年吧。那时候林业系统眼看就不行了,很多领导都调到别的单位或者下海经商了。杨文洲就是在那个情况下硬是带着职工搞公园,就那有的职工还不理解。反正我记得当时好像弄温泉的时候,还有林场职工把老杨给打了,说是杨文洲把大家的钱贪了。为了搞公园,当时老杨除过待在山上搞建设,就是开着林场那吉普车跑来跑去要政策、要资金。那是个硬性人,当时事情有多难弄,大家都能看着。反正现在这些年轻的领导,我看是没有人能下得了那苦。当时公园里面的主要工程,老杨都是自己亲自盯着,跟着弄。他屋就在窝村,离得这么近一年都甚不回去。当时公园跟汤峪乡联系也比较多,我见过几次老杨。说那个嘎,那才是个真正的共产党员。

从笔者选取的三个访谈代表来看,他们分别代表了汤峪口当地居民、深山区搬迁居民和同一时期的领导干部对杨文洲的评价和态度。大家对杨文洲在汤峪镇旅游事业发展初期起到的决定性的作用是没有异议的,即"没有杨文洲就没有汤峪镇现代旅游事业的发展"。然而不同利益主体的人对杨文洲的评价都是从各自的角度出发,评价略有不同。首先,当地居民对杨文洲作为汤峪镇旅游事业的奠基人给予高度评价,正是因为汤峪镇旅游业的发展当地居民才有机会从事农家乐、小旅店等第三产业,提高居民收入,改善居民经济状况。其次,深山区搬迁居民对杨文洲的态度呈现出两面性。一方面,因为在杨文洲的带领下当地发展起了旅游业,使他们的物质生活得到改善。另一方面,因为旅游业发展规模的扩大,他们被迫搬迁,被迫放弃原有的生活方式。在新的生活环境里,他们遇到新的问题,使他们对此颇为不满。但这种对杨文洲的不满是间接性的,实际上是对当地管理有所不满。再次,杨文洲同时期的领导干部对杨文洲的工作大加肯定,对杨文洲的人品、工作能力、工作态度给予高度评价。

从收集到的资料和访谈情况来看,杨文洲在汤峪镇现代旅游业的发展这一历史进程中起到决定性作用。正是在特定时期这一英雄式人物的出现,才使得汤峪镇在全省率先发展起温泉和森林旅游,成为整个20世纪90年代陕西省和全国林业系统的一面旗帜。杨文洲逝世后,根据太白山国家森林公园职工和旅游区群众的要求,在太白山国家森林公园内修建了自然园林式的"杨文洲纪念园",建起"杨文洲事迹展览馆",塑立杨文洲铜像。后来,杨文洲的事迹被各级新闻媒体广泛报道,中央电视台为其拍摄了《杨文洲》数字电影,人物传记《杨文洲》一书得到出版。杨文洲也是陕西省《旅游志(人物传)》仅有的两个人物之一。

二、近代以来汤峪旅游业发展历史阶段的简析

鉴于杨文洲在汤峪镇旅游发展历史上的巨大影响力,笔者以杨文洲的任期为时间坐标,把汤峪近代以来旅游业的发展分为四个阶段:前杨文洲时代、杨文洲时代、后杨文洲时代、新时期。

(一)前杨文洲时期(1912—1985年)

表3-2 前杨文洲时期汤峪镇旅游业发展重要事件一览表①

时间	人物或部门	事件内容	备注
1922年8月22日	安德森、高村司	在太白山浏览、狩猎	安德森系美国亚洲古物调查团成员,高村司系英国矿师。外国人进入太白山旅游科学考察最早的记录
1932—1933年	布鲁贺音	连续两次登上太白山,发现太白羚牛,欲偷猎送往德国博物院,未果	布鲁贺音系黄埔军校第八期德国步兵顾问
1933年8月	于右任、邵力子、德国林学专家芬茨尔、地质专家白超然等	登太白山游览、考察	游览后于右任写成《太白山纪游歌》、邵力子作《登太白山的感想》、芬茨尔、白超然撰作森林、地质科学考察报告

① 陕西省地方志编纂委员会编:《陕西省志·太白山志》,第719—727页,三秦出版社,2012年。

续表

时间	人物或部门	事件内容	备注
1942 年	西安警备区司令、眉县政府	修建浴池,成立汤峪温泉管理处	汤峪温泉纳入政府管理
1942 年	夏有德及驻眉县东关基督教堂的意大利牧师(佚名)	沐浴于汤峪温泉,赞扬"汤峪温泉仅次于南美洲温泉,位居世界第二"	夏有德系加拿大基督教牧师
1960 年 5 月	陕西省林业厅	建立眉县汤峪林场	
1966 年 5 月	眉县人民政府	设立眉县汤峪温泉办事处	
1982 年	陕西省政府	确定汤峪口为关中西部旅游点	
1983 年	斯莫理,尤金·莫斯利	科学考察、游览,夜沐龙凤池	斯莫理系美国威斯康星大学植物病理学博士,尤金·莫斯利系美国沙士敦大学教授、昆虫专家
1984 年	眉县人民政府	成立汤峪旅游管理处	

笔者在寻找资料的过程中,无意中发现了一本 1946 年的刊物《西北农报》。其中有一篇文章这样描述:

初来西农的人,无不赞扬西农的伟大。可是西农伟大之处,并不在张家岗上之高楼大厦,而在数十年前已经高瞻远瞩地确定了建设西北的伟大计划,而且这计划已于十数年前着手实行了。本院的眉县林场,便是这计划的一部……眉县林场虽是西农的一个很小的部门,可是谁也不能否认它是绿化西北的出发点,它是西北林业基础的所在地……(1)我们提到眉县林场,就不能不介绍苦心孤诣、创办该场的德籍林学博士芬次尔先生……初来中国时,任广州中山大学森林系教授,后以协助中国开发西北,任陕西省林务局副局长……遂选定眉县为中心地点,积极计划,育苗造林。今日眉县分场的规模及内部一切设施,无不由芬次尔先生之手创。不幸正当造林工作日渐开展之际,他精神失常,竟愤而自杀殒命。这位西方哲人就长眠于西安莲湖公园……①

---

① 孙金波、阎金祥:《暑期赴眉县林场暨太白山实习之观感》,《西北农报》,1946 年第 1卷,第 1 期。

由此可见,汤峪镇的旅游业在改革开放后能有如此的发展和这位德籍林学博士早年间在眉县林场(今太白山风景林场)的苦心经营是分不开的。

综上所知,其一,早在民国时期执政当局和科学家已经认识到汤峪旅游资源得天独厚,并有意进行科学考察和旅游开发,无奈局限于当时的社会经济发展水平和时局动荡,最终均未能成规模开发。其二,民国时期的旅游开发仅处于初始阶段,旅游业并没有与汤峪镇当地居民产生多大的利益关系,属于社会上层人士猎奇和享受的个别行为。其三,20世纪50年代以后,汤峪的旅游资源被外界所认识仍是从科学研究和林业开发的角度进行的。20世纪60年代政府曾有意开发汤峪温泉,后因"文革"搁浅。80年代开始官方层面正式介入汤峪旅游业的开发,且汤峪的旅游开发是从太白山脚下的汤峪温泉开始的。但此时太白山上众多的森林景观尚未开发,从旅游业受众和开发程度来看,仍不能算现代意义上的旅游业。

(二)杨文洲时期(1986—2000年)

表3-3　杨文洲时期汤峪镇旅游业发展重要事件一览表[①]

时间	人物或部门	事件内容	备注
1987年4月22日	杨文洲及林场职工	打成一眼高温自流温泉井,井深279.5米,水温73℃	这是杨文洲上任汤峪林场场长之后,迫于林场职工生计,冒着巨大风险开发汤峪旅游的第一步
1987年9月	汤峪林场	建龙凤池,面积300平方米。1988年5月,龙凤池开业	对汤峪及周边居民来说,汤峪温泉第一次从文献记载走进普通民众的生活,从此汤峪镇真正开始从旅游业发展中获益
1988年3月21日	陕西省林业厅	批准在眉县汤峪林场建立陕西省眉县汤峪森林公园	这是省级层面对汤峪发展旅游业的支持
1989年12月	汤峪林场	太白楼竣工	汤峪口地区第一个旅游服务综合接待设施

① 陕西省地方志编纂委员会编:《陕西省志·太白山志》,第728—734页,三秦出版社,2012年。

续表

时间	人物或部门	事件内容	备注
1991 年 6 月 19 日	李瑞环、张勃兴等	视察太白山,并题词	时任国家领导人对汤峪镇旅游资源的高度评价为其日后晋升为 4A 级景区助力
1991 年 8 月 2 日	林业部	晋升为国家级森林公园,定名陕西太白国家森林公园	
1993 年	眉县人民政府	成立眉县太白山旅游开发区管理委员会	第一次为适应汤峪镇旅游业发展而做的行政体制的改革
1998 年 5 月 12 日	太白国家森林公园	举办太白山首届观雪赏花登山节,太白山索道正式建成开通	索道第一次在太白山旅游中运用
1998 年 8 月 20 日		汤峪河流域遭特大暴雨袭击,损失惨重,灾后开展自救	杨文洲时期汤峪镇遭遇的一次大洪水记录
2000 年 7 月 28 日		杨文洲逝世	杨文洲时期的结束
2000 年	陕西省旅游局	设立太白山旅行社	眉县自办的第一家旅行社

表 3-4 眉县汤峪口地区旅游服务设施统计表 (1991 年)[①]

单位	床位 (张)	洗浴(个)	接待游客(人数)	住宿 (万人次)	收入 (万人次)	备注 (万元)
森林公园	98	87	48	10.5	2.8	38.2
温泉宾馆	173	108	168	10.0	5.0	31.2
供电局宾馆	61	28	14	1.0	0.35	13.0
牧草站宾馆	40	8	8	0.4	0.4	1.5
东干渠宾馆	36	4	6	0.8	0.5	3.2
五二〇宾馆	250					
疗养院	50	25	10	216 人次	216 人次	3.7
国营旅社	50			0.45	0.45	1.2
供销学校招待所	24			0.15	0.15	0.3
财政局宾馆	50					
合 计	832	260	254	23.32	9.67	91.3

---

① 数据来源眉县汤峪镇政府。

从1985年杨文洲出任汤峪林场场长到2000年杨文洲逝世,这15年间汤峪镇的旅游业从文献记录走向现实生活,走向大众,开启了现代意义上的旅游业。(1)在杨文洲的带领下,太白山国家森林公园是继张家界国家森林公园(1982年)之后,全国首批、陕西省首个国家森林公园,是当之无愧的陕西省森林旅游开发的先驱。林场开发旅游业不但使不能适应时代的采伐业成功地转向现代旅游业,传统伐木工人也转变成旅游从业者。西部地区国有林场向森林公园转变的大门由此打开,让太白山之美、汤峪温泉之美,通过发展旅游的方式进入外界的视野。(2)杨文洲任期内在汤峪口创造了太白山发展历史上的数个第一。例如,太白楼——汤峪口地区第一个旅游服务综合接待设施,养圣宫温泉——太白山区第一个温泉游泳池。(3)汤峪旅游的管理日渐规范、声誉日高,为日后汤峪镇旅游业的发展奠定了很好的基础。例如,1991年8月2日,经林业部批准定名为"陕西太白国家森林公园"。1993年眉县太白山旅游开发区管理委员会成立,驻地汤峪口。(4)当地居民开始从旅游业发展中受益。据统计①,1992年以来,汤峪口内外建宾馆、山庄、饭店、培训中心、度假村等旅游服务设施,带动了汤峪当地村民多方投资,兴办家庭旅馆150家,接待床位约2 000张,以及旅游饭店、商店、美容美发室、纪念品商店、水果店、诊所、药店等120余家,开发农家旅游经营活动,还有个体旅游汽车30辆,社会旅游从业人员1 300余人,农家旅游经营年收入约4 000万元。

从笔者的访谈中发现,当地居民对杨文洲的感情非常深厚。笔者在汤峪口对商户贾某②的访谈记录如下:

笔者:姨,我是陕师大的研究生,研究汤峪镇的旅游,想跟你调喷了解一些情况。

贾某:哦,那你想了解啥呢?

笔者:想了解一下,杨文洲那时候汤峪旅游的发展情况。你那时候是干啥的?汤峪旅游发展起来之后对你有啥影响不?

贾某:刚开始旅游的时候我还没弄残啥,还是种地呢。大概是1999年吧,摆了个摊摊卖鞋呢。

---

① 数据来源汤峪镇政府。
② 田野访谈资料,访谈人:贾某,女,约60岁,经营服装鞋帽店。时间:2013年3月13日。

笔者:哦,那时候咋想起卖鞋了?生意咋样?

贾某:嗯,大概是1998年吧,公园搞了个大型活动。当时省上大领导下来了,来旅游的人就不少。我队上两口人家在汤峪口卖鞋,我看生意不错。我第二年也去西安批发了些鞋回来卖。那两年奏生意的人少,生意好做。

笔者:你那时候都卖啥鞋?利润咋样?

贾某:刚开始光批发了点黄胶鞋,从康复路发去5、6块钱,回来15、20都卖呢。利润好得很,一个登山节下来也能挣几千块钱。那时候钱难,几千块钱比种一年地挣得多。

笔者:那不错么,说明那时候汤峪旅游发展得好呀!

贾某:那确实是,老杨那人能下苦,硬是在咱汤峪把旅游搞起来了。从南山根这一线来说,咱汤峪的旅游开发得最早,老早把名打出去了。来的人自然就多。只要有人来就有生意做。

笔者:那杨文洲没了之后得是奏不行了?

贾某:才赖活没了那一两年还可以,可能是老杨打下的基础还在。再往后李书记来的前些年,那几年不行。

笔者:那咱汤峪口的人是不是都挺感激杨文洲的?

贾某:大多数肯定是感激的。汤峪开发旅游之前是个啥样子,你们年龄小可能不知道。那时候汤峪人穷得很,发展旅游之后人都富了。那是人家老杨领着大家搞旅游才把人带富的。那肯定感激人家了么,你没见老杨没了的时候开追悼会,那人多的很!

由于各人所处地位不同,利益诉求也就不同。还有部分居住距离汤峪口较远的村民,因为未能从旅游业的发展中获益,对在汤峪口开发旅游颇为不满。笔者对小法仪村村民李某[①]的访谈记录如下:

笔者:你好!我是陕师大的研究生,研究汤峪镇的旅游,想跟你谝喀了解一些情况。

李某:你想了解啥?

笔者:你知道杨文洲吗?

---

① 田野访谈资料,访谈人:李某,男,约50岁,农民。时间:2013年3月12日。

李某：那肯定知道么，公园奏是人家弄起的。

笔者：那你觉得杨文洲搞的这旅游好不好？

李某：唉，这咋说呢。切处旅游把钱挣了的都说好，咱没享上那利。

笔者：汤峪口的人不是大多数都享上利了吗？

李某：我是小法仪的，之前汤峪和小法仪是分开的、各弄各的，现在为了把汤峪做大把小法仪合并到汤峪了。国家投钱都投到汤峪了，你看汤峪口现在修的漂亮，小法仪还是那老样子。

笔者：那发展旅游业没啥大的坏处吧？

李某：唉，我看这不好说。你看人一多撂下那垃圾，光这就对咱这污染不少呢。将来人要是来得太多，我看不一定是好事儿。

毋庸置疑，杨文洲是汤峪旅游业发展的奠基人。他使一个原本贫穷落后的山麓小镇，一跃成为闻名全省的旅游胜地。汤峪当地人也从旅游业发展中获得诸多实实在在的利益。然而客观来说，杨文洲带领林场职工走上旅游开发之路，是在国家禁止采伐、林场资金困难、林场发展走投无路的情况下应激性的选择，并非在有计划的情况下做出的理性选择。故这一时期汤峪镇旅游发展实际上还是存在过分注重经济效益、忽视社区参与等现象，但是我们不能苛求杨文洲超越他所处的历史阶段和现实。总而言之，这一阶段可以视为汤峪现代旅游业的启蒙时期。

（三）后杨文洲时期（2001—2011 年）

表 3-5　后杨文洲时期汤峪镇旅游业发展重要事件一览表①

时间	人物或部门	事件内容	备注
2001 年 1 月	国家旅游局	确定太白山国家森林公园为全国首批 AAAA 级旅游景区	陕西省首批国家 AAAA 级景区仅有七家，另外一处 AAAA 级山岳景区为华山景区。这标志着汤峪镇已经是国家认可的高品质旅游目的地

---

① 资料来源于眉县文物旅游局。

续表

时间	人物或部门	事件内容	备注
2001 年 4 月 28 日	太白山国家森林公园	第一届太白山旅游登山节暨招商洽谈会开幕	汤峪镇第一个旅游性质的节会活动,标志着汤峪镇旅游营销的多样化时代到来
2002 年 10 月	国务院经济体制改革办公室	确定为全国小城镇建设综合改革试点镇	汤峪镇被作为旅游小城镇的发展典型
2003 年 4 月 16 日		宝鸡红河谷旅行社在眉县汤峪口成立	汤峪口已经作为眉县的旅游营销中心,管理经营临近景点①
2003 年 7 月 25、26 日	太白山国家森林公园	召开太白山饮食文化研讨会	旅游节会形式发展的多样化
2003 年 10 月 22 日	陕西省摄影家协会	太白山摄影艺术委员会在眉县文化馆挂牌成立	关于太白山的文化类协会出现
2004 年 5 月	太白山国家森林公园	召开第二届中国森林旅游博览会	汤峪首次承办国家级展会
2004 年 7 月		ISO9000 和 ISO14000 国际双认证	标志着太白山景区得到国际质量体系认可
2005 年 10 月	宝鸡市委、市政府	将原眉县太白山旅游开发区管委会、太白山国家森林公园管理处和红河谷森林公园管理处合并,成立陕西太白山旅游区管理委员会,隶属眉县人民政府领导,正县级建制	为适应旅游业的发展,从行政体制对汤峪镇旅游业管理机构进行再一次调整

表3-6 太白山旅游区汤峪口服务设施统计表 (2009 年)②

名称	建筑面积（平方米）	建成营业时间	接待床位(个)	总投资(万元)	备注
太白楼	1 169	1990	64	42	2011 年冬拆
太白酒业宾馆	2 400	1992	120	1 000	二星
邮政宾馆	3 000	1992	90	450	二星,2012 年冬拆

---

① 红河谷森林公园位于眉县营头镇。
② 数据来源太白山管委会。

续表

名称	建筑面积（平方米）	建成营业时间（年）	接待床位（个）	总投资（万元）	备注
太白度假村	16 000	1996	300	2 200	三星
水利宾馆	5 000	1992	200	2 000	二星
青园山庄	2 600	1996	140	1 600	三星
七女峰宾馆	1 200	1996	70	1 100	
神龙山村	1 000	1996	80	100	
温泉宾馆	8 000	1997	206	700	神水宫、唐子城、凤楼
杏林宾馆	3 600	2002	84	200	
太白宾馆	4 200	2002	104	760	
国税太白山庄	10 500	1995	210	2 200	二星
太白山国际俱乐部	13 000	1995	400	6 500	原铁道兵疗养院
雪峰山庄	1 200	1999	100	180	
民族饭店	800	2001	32	150	
桃源山庄	6 000	1998	108	409	二星
政太宾馆	2 100	1999	54	150	
电力招待所	3 500	1966	60	1 100	2012年春拆
兵工宾馆	2 500	2000	120	900	2012年冬拆
粮食宾馆	3 500	1993	120	550	二星
西汤峪宾馆	800	1995	80	80	
馨园宾馆	350	1997	20	50	
美思湾大酒店	4 000	2003	120	300	
惠源宾馆	1 200	1998	80	80	2011年冬拆
佳星大酒店	4 000	1992	90	800	
龙凤山庄	3 100	2000	98	500	
仟佰众大酒店	4 300	1995	150	600	二星,原太白山庄
公路大恒度假村	3 200	1997	190	760	
宝铁山庄	2 000	1994	90	350	
合计	114 219		3 580	25 811	

　　从2000年7月杨文洲逝世到2011年9月,这十多年间汤峪镇旅游依然在继续,从数据统计来看不乏可圈可点之处。如,2001年国家旅游局确定太白山国家森林公园为全国首批AAAA级旅游景区,2002年被国务院经济体制改革办

公室确定为全国小城镇建设综合改革试点镇,连续举办十二届太白山登山节,成立若干围绕太白山的文化协会,成立正县级建制的陕西太白山旅游区管理委员会等。

然而从当地居民眼里汤峪镇和汤峪镇旅游业发展的角度来看,这十年汤峪镇走得却是异常艰难。根据笔者田野调查的情况来看,有些居民甚至对当时的主管部门颇有意见。笔者对当地某小旅店老板陈某[1]的访谈记录如下:

笔者:叔,你好。我是陕师大的研究生,研究汤峪镇的旅游,想跟你谝嗑了解一些情况。

陈某:嗯,能行么,你说。

笔者:我想了解嗑,杨文洲去世后咱汤峪旅游发展的一些情况。

陈某:杨文洲刚死的时候还可以,停了两年奏不行了。

笔者:得是,你那几年弄啥呢(干什么工作)?

陈某:我屋就在这儿呢,屋里就弄个这碎摊摊(小旅店),也不耽搁种地。咱奏是农民,啥时候都要种地呢。

笔者:那你说杨文洲要是没死,现在汤峪会是个啥样子?

陈某:杨文洲要是没死,那汤峪口都不知道发展成啥样子咧。我屋(家)经营这旅社也是从杨文洲那时候开始的,大概是1999年吧。在那之前我屋就是种几亩地。那时候还没有猕猴桃,就是种的苹果撒(啥)的。歪(那)两年(1998—1999)一到夏天来了很多游客,大多数是西安的吧,还有咸阳、宝鸡的。来的那人都比咱时髦多了,都是城里人,女娃都长得乖(漂亮)的很。嘿嘿,到人最多的那两天像太白酒业宾馆、电力宾馆撒的都住不下。有的人寻不下地方住,(天)黑了没办法就只得回去了。我一看国家能开宾馆,咱私人也能开么,反正那时候政策也放开了。我就把我屋房子改造了(一)下,就开始弄(经营)旅社了,算是我队上比较早的吧。生意刚开始好,六七月(农历)基本上空不下几间房。慢慢地我队上又开了几家,生意都好着呢。反正就是弄个夏天,比种地强阿达去了……杨文洲死后慢慢就不行了。当官的来都是到这儿耍来了,耍完就跑了,没人建设。再往后人家跟前的那些景区开开(开发)之后,咱这儿来的人就越来越少了,就是最热的那两天也住不满。不过无

---

① 田野访谈资料,访谈人:陈某,男,约60岁,经营家庭小旅社。时间:2013年3月12日。

所谓,咱这儿都种猕猴桃了,也不靠这(旅社)。(但是)猕猴桃毕竟吃力么,阿达(哪里)有这(旅社)挣钱轻松些。

不客气地说,在汤峪口居民眼里4A级景区和全国小城镇综合改革试点镇这些荣誉,还有汤峪口大部分旅游设施都已在杨文洲时期做足了功课,后来者只是坐享其成。最近这十多年间,汤峪镇旅游业总体呈现的是温而不火,不断被其他同类景区赶超。2010年3、4月间,《中国旅游报》记者走进太白山,进行了大范围实地采访。之后《中国旅游报》以《一个旅游业发展典型的沉浮》为主题,连续刊发了《太白山之痛:落寞》《太白山之伤:怪圈》《太白山之惑:迷失》《太白山之梦:重振》系列报道,深度解读了太白山旅游梦为何"十年不醒"。笔者将其原因归纳为三点:

其一,管理体制混乱。几次变更管理体制,行政级别不断提高,但是太白山的管理机构,从以下笔者对管委会原某副职领导①的访谈也有体现,具体如下:

笔者:叔,听说你在汤峪那儿待过几年?

贾某:我算噶,从2003年到2006年吧,大概连皮也四年呢。

笔者:得是,您觉得汤峪旅游那两年发展咋样?

贾某:咋说呢,总的来说我觉得我们干的那几年还可以吧。登山节、滑雪场都是我们那几年弄得。

笔者:恩,奏是的。我前两天翻了一下那两年的报道,还有啥森林旅游博览会好像都是那两年弄的。但是,我听当地人说杨文洲死了,汤峪旅游就不行了。你觉得是这么个不?

贾某:呵呵,杨文洲树太大了,谁跟到(他)后头老百姓都骂呢。

笔者:呵呵,就是,那你觉得你弄那几年工作好开展不?

贾某:说老实话,不好弄。前面杨文洲弄得太好了,全国都树成标杆了,我们的工作肯定不好开展。再说了汤峪牵扯的人和利益关系太多了,工作不好推。关键还是体制不顺,各方面阻力太大。到最后的结果就是工作做了,还是力没少出,骂没少挨。

其二,营销失策。在西安市区、景区高速路沿途和网络等关键部位看不见

---

① 田野访谈资料,访谈人:贾某,男,59岁,现任县某事业单位副职领导。时间:2013年3月13日。

汤峪镇旅游宣传的广告。管委会年年加大营销力度,接待人数却始终冲不上历史制高点。笔者访谈的西安游客王某[①]如下所说:

笔者:您好! 我是陕师大的研究生,在做田野调查。麻烦能问您几个问题吗?

王某:哦,可以。

笔者:你是第一次来太白山吗?

王某:不是第一次,不过上一次来大概是十年前的事吧。

笔者:那这是为什么?

王某:大概十年前和同事一起来过一次。那时候是夏天,是来避暑的。后来西安附近的什么翠华山啊、王村啊、户县的那叫什么森林公园都开了,那几年也没看见太白山宣传有什么新产品。再说那边近一些,平时夏天避暑就去那边了。

笔者:是这样啊,那这次又是为什么来太白山?

王某:这次来主要是滑雪。听说这边的滑雪场是省内最好的,就过来了。

笔者:那您感觉怎么样? 您是通过什么渠道获得这些旅游信息的?

王某:雪场确实不错,也比较贵。至于这些信息,现在主要就是上网看的。想滑雪了,网上一搜,看看网友评价啥的。

其三,观念落后。就汤峪镇而言,在后杨文洲时代当秦岭北麓同类景区开发风生水起的时候,汤峪镇依然是在吃杨文洲时期的老本。仅是宾馆盖了几座,很少有新的景点开发。旅游业的发展本身就是一个不断求新的过程,没有新的景点,宣传又跟不上,导致汤峪镇旅游业在这十年间越来越没有声音发出。

(四)新时期(2011 年 9 月至今)

2011 年 9 月,原宝鸡市凤县县长李智远调任眉县出任县委书记,着手对汤峪镇旅游进行改革。

2012 年 8 月 31 日至 9 月 1 日,太白山地区普降两百年一遇的暴雨。汤峪河爆发山洪冲毁了太白山国家森林公园 38 千米的公路,交通、通信、电力等设施损失殆尽。太白山国家森林公园被迫闭园,汤峪镇旅游基本停滞。

2013 年 10 月 1 日,为期一年的重建之后,汤峪镇旅游业再次起步。2013 年

---

① 田野访谈资料,访谈人:王某,男,约 40 岁,来自西安。时间:2014 年 2 月 13 日。

国庆节 7 天假期接待游客 27.355 万人[①],创造新的历史纪录。

2014 年春节期间,眉县将汤峪口作为春节节庆活动的主场地,开展形式多样的庆祝活动,吸引大批游客前往。

第四节　汤峪镇旅游业发展管窥

一、汤峪镇旅游资源

太白山作为秦岭主峰,生态环境优美,旅游资源得天独厚。围绕太白山发展起来一系列旅游小城镇,其中以眉县汤峪镇、周至县厚畛子镇、太白县嘴头镇旅游业发展规模较大。而这三镇之中又以汤峪镇旅游开发最早、规模和影响最大,这也是本文选取汤峪镇为研究对象的重要原因。

太白山古有红河丹崖(眉县营头镇)、斜峪雄关(眉县齐镇)、古枫幽境(眉县汤峪镇)、斗母奇峰(眉县营头镇)、桃川曲流(太白县桃川乡)、平安云海(眉县汤峪镇)、太白明珠(眉县汤峪镇)、拔仙绝顶(眉县汤峪镇)"八景"传颂于世。现今太白山区生态旅游深度拓展,游赏空间扩大,登顶线路增多,逐步形成拔仙绝顶、太白积雪、天池明珠、冰川奇石、原始森林、垂直景观、太白云海、斗母奇峰、黑河峡谷、凤泉神泽等景观,被誉为"新十景"。这十景中除斗母奇峰和黑河峡谷之外,其他八景都以汤峪镇作为观赏点,其中拔仙绝顶、天池明珠、凤泉神泽三景为汤峪镇独有。

汤峪口位于太白山北坡眉县汤峪镇东 4 千米的汤峪河出山口,南依龙山、凤山,北瞰关中平原,东有潼关寨村东漫湾,西有上王村西漫湾。因凤凰山麓有温泉而得名,闻名于陕西关中,俗称"西汤峪"(以区别蓝田县"东汤峪")。汤峪口是汤峪镇人口最集中的区域,也是汤峪旅游服务业的集中区。

汤峪镇的旅游资源按照类型可以分为:自然景观和人文景观;按照分布区域可以分为:园门前景区、汤河谷景区、鬼谷洞景区、九九峡景区、开天关景区、七女峰景区、观云海景区、天桥沟景区、远门口景区、香引山景区,共十大景区。为了更明确地表达作者观点,笔者在此选取汤峪镇人文景观和自然景观中有代表性的景点做一个介绍。

---

① 数据来源眉县文物旅游局。

（一）人文景观

人文景观多分布在低山区，这里主要选取园门前景区景点做介绍。园门前景区位于森林公园大门前，北自汤峪口大桥，南至公园大门，包括龙山、凤山、端南山迎水坡面及板桥沟。它北邻山前平原农区，南连汤河谷景区，西接远门口景区，东靠大镇沟天然林保护区；景区面积 7.72 平方千米，以唐文化、温泉文化见长，主要功能是温泉疗养、休闲度假、山水游览、史迹觅踪等。园门前的主要景点有凤泉神泽、神功石、青牛洞、龙虎石、太白碑廊等。

1.凤泉神泽：

汤峪温泉位于眉县汤峪口凤山脚下，原有 11 个泉眼组成天然温泉，水温20℃—59.8℃；后因修路、治河压埋，留下 4 个高温泉眼。温泉属低矿化弱碱性硫酸钠型高温矿泉水，含有 29 种化学元素和矿物成分，为优质医疗矿泉水，对各种皮肤病、风湿性关节炎疗效显著，对气管炎、心血管疾病、胃病也有一定的疗效，故被当地群众奉为"神水"。

唐玄宗曾携杨贵妃三次来汤峪沐浴，并留有诗作《幸凤泉汤》。后来此处被誉为"凤泉神泽"，是眉县十景之一。

2.神功石：

神功石俗称"摞摞石"，位于太白庙前汤峪河东岸。它由两块巨石叠摞而成，体积约 80 立方米，重约 200 吨。它的奇异之处是，如果找不到着力点，就是再多的人不论用多大的力气推，纹丝不动；若找准着力点，一个人就能推动，好像借助"神功"一样，故被称为"神功石"。

明正德年间，永寿王朱尚曾来此亲验此石，后在《幸温泉长短歌》中记述道："曾言温泉南数里有一巨石，相传曰'神功'。一夫撼则动，经数夫则不动矣。余虽聆而未信……余尝用陕城士大夫有侍古眉太白山下温泉者，因遣一夫撼之果动，神功之名不虚耳……太白名山予所慕，一见此山如旧故，安得腾踏蹑青云，游览仙迹抚我素。飕飕邃谷起西风，却来山下睹神功。此石屹立秋壑畔，苔藓苍苍雾霭中。造化此石应有用，留与国家栖彩凤。屹屹数仞势难攀，轻轻一夫扛能动。看罢妄言理难知，此山唯见此石奇。左有飞泉绿水之缭绕，右有悬崖翠巘之参差。水热看山频览处，长啸一声心欲怡。"

永寿王还命人勒石立碑,记述他来汤峪沐疗、查验神功之事①。

3. 青牛洞:

青牛洞又叫牛窑,位于汤峪口西侧龙山麓。青牛洞因供奉老子坐骑青牛而得名,是太白山海拔较低的道教活动场所。每年农历二月十九日是青牛洞庙会。庙会期间,临近县、乡道教信徒和游客都来赶会。信徒到青牛洞焚香敬拜、摸石牛求祛病,然后到温泉洗"桃花水"。

4. 龙虎石:

龙虎石又名盘龙卧虎石,位于公园大门前西侧。龙虎石重约五十吨,出自汤峪河中。远看像猛虎盘卧,近瞧正面和侧面群龙飞舞,栩栩如生。

5. 太白碑廊:

太白山碑廊位于太白山牌楼前公路西侧。碑廊共有碑刻 14 通,其中复刻古碑 13 通。第一通石碑是清乾隆御赐太白山神的致谢碑,其他碑文选录镌刻清乾隆御笔《太白山封禅记》以及唐、宋、元、明、清著名诗词 9 首,还有记述曾隐居太白山名人的《太白山隐者传略》、国民党元老于右任《太白山纪游歌》等。

(二)自然景观

奇特的自然景观多分布在高山景区,故笔者选取高山景区的主要景点做一介绍。高山景区位于太白山国家森林公园大门以内的景区,北自公园门口,南至上板寺(海拔 3 511 米),西邻红河谷森林公园,东连太白风景林场大镇沟天然林保护区,以高山风光、唐家山水、道教文化为旅游主题。它占据了"新十景"中的七景:拔仙绝顶、太白积雪、天池明珠、冰川奇石、原始森林、垂直景观、太白云海。

1. 拔仙绝顶:

拔仙绝顶即拔仙台,系太白山主峰,亦称"绝顶",是第四纪冰川遗迹的巨大角峰,参天入云。台上有雷神殿、封神台、太白山神祠。古庙凌空而建,相传姜子牙曾在此封神。

2. 太白积雪:

"太白积雪六月天",是著名的关中八景之一。古传,太白山盛夏积雪,终年不化,银光四射,千里可见。笔者于 2014 年 3 月底曾登山至海拔 3511 米处,此

---

① 此碑现镶嵌在汤峪温泉二郎庙。

时山上积雪尚有一尺有余,气温比山下低十摄氏度以上,非常寒冷。笔者访问曾经登顶的游客张某得知,他已经是第三次上太白山,如今盛夏时节是没有积雪的,山下人看到的白光是山上的白石在阳光下反射发出的光芒。

3. 天池明珠:

太白山绝顶拔仙台附近,有 6 个冰斗湖、冰蚀湖、冰碛湖。那里天蓝水清,波光粼粼,碧波含秀,湖光山色,堪称"天池明珠"。拔仙台西北侧有大太白池(俗称大爷海),北临冰川槽谷,多雨季节湖水溢出,沿槽谷下泻,悬空飞流,直泻百尺,轰鸣震耳。拔仙台南侧有二太白池(俗称二爷海)、三太白池(俗称三爷海)、玉皇池、三清池、佛爷池,可谓"五池连珠"。这些高山湖泊的海拔 3 063—3 610 米,水面 1 000—26 000 平方米。

4. 冰川奇石:

在太白山海拔 3 000 米以上的高山区,保存有完整、清晰的第四纪冰川遗迹和冰缘地貌。雄伟壮观的角峰、刃脊、槽谷、粒雪盆、石海、石河,形态奇异的石环、石玫瑰、石裙、石多边形、冰缘岩柱、岩屑堆等,怪石嶙峋,棱角分明,千姿百态,妙趣横生,如禽若兽,似人似仙。最著名的奇石景观当属"三霄五阵",位于太白山西南跑马梁上,乱石滚滚,形态各异。

相传,商朝末年,西岐军师姜子牙与三霄在此大战。三霄溃败,跪伏于此谢不杀之恩。传说因此这里留下姜太公当时布下的黄河阵、万仙阵、石人阵、风云阵等。

5. 原始森林:

太白山海拔 2 000 米以上,分布有红桦、牛皮桦、巴山冷杉、太白红杉原始森林,面积约 600 平方千米,是陕西现存面积最大的原始森林。此处林龄 100—300 年,古老的红桦原始林,干枝橙红光亮,树冠黄绿如盖,树皮层薄若纸;牛皮桦原始林,多为纯林,长势较差,杆矮多枝,枝顶断头较多,树皮成层翘起,树干弯曲多姿;巴山冷杉原始林,多为纯林,高大通直,树形美观,四季常青,长势良好;太白红杉原始林,纯林为主,生长缓慢,树干尖削,树冠旗形。

6. 垂直景观:

太白山地貌、气候、土壤、植被和野生动物,都呈明显的垂直分布规律。地貌有高山、亚高山、中山、低山和山前黄土台源之分;气候有北亚热带、暖温带、温带、寒温带、亚寒带、寒带之别;土壤分黑土、褐土(北坡)、黄棕壤(南坡)、棕壤、暗棕壤、亚高山草甸森林土、高山草甸土、山地沼泽土;森林植被有人工林果、栓皮栎、锐齿栎、辽东栎、红桦、牛皮桦、冷杉、太白红杉、高山灌丛草甸等9个景观带;野生动物有平原山脚、低山、中山、高山、山顶等5个垂直分布带,见图 3-2。

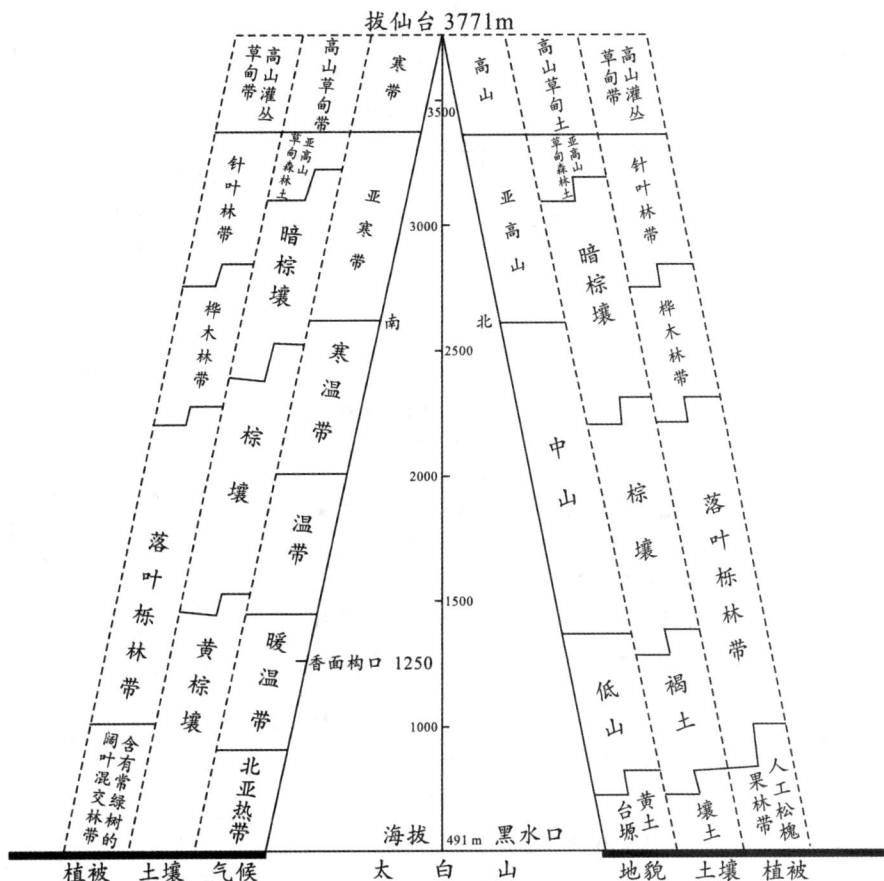

图 3-2 太白山生态垂直景观带谱图①

7. 太白云海:

太白山群峰竞秀,山壑藏云。在中高山地带,常见云海雾幔景观,云蒸霞蔚,浮岚罩雾。尤以平安云海最为壮观,还有板寺云海(眉县)、大岭云海(太白县)、老君岭云海(周至县)、鳌山云海(太白县)、灵光台云海(周太县界处)。平安寺海拔2 790米,四周高峰耸峙,势若屏障,峰间峡谷深邃,云雾翻腾,变幻万千,景象万千,景象万千。

---

① 陕西省地方志编纂委员会编:《陕西省志·太白山志》,第250页,三秦出版社,2012年。

表3-7　太白山国家森林公园景区景点表①

景区	景点(个)	一级景点	二级景点	三级景点
园门前	25	凤泉神泽、神功石、青牛洞、龙虎石、太白碑廊	唐子城遗址、定觉寺、帽盔石、太白庙、太白湖、龙凤泉、神龟石、漱石、龙凤山庙	二郎庙、眺望太白、龙山、凤山、魁星楼遗址、秋望端南、川咏飞云、汤峪第一瀑、翠畴积芳、将军迎客、练桥
汤河谷	17	观音洞、杨文洲纪念园、骆驼山、独山、玄德洞天	鱼洞仙音、铁拐李洞、观星台	晴空银练、藤影素芳、林光潋壁、蕴奇积翠、密林幽静、怡情丘壑、灵岩霞蔚、浮岚江芳、锦云波
鬼谷洞	14	鬼谷洞、百担榆柴、别有洞天	乾艮生水、龟背乾坤、拜师石、艾屏、清风怡香、虎涓岩	毛遂峰、白猿石、点将台、军阵图、观象台
九九峡	32	铜墙铁壁、剑劈峰、三国古栈道、升仙石、莲花峰瀑布、世外桃源、泼墨山、神龟石、碓窝坪	回望太白、九流一瀑、顽猴觅月、药王栈道、跌水入画、仙姬出浴、珍珠潭、金蟾观天、金穗银花、石人挂画	细纱珠帘、支天石、石人望西、石猴望东、羚羊岩、镇龙石、清流洞、半壁亭、二龙戏珠、翠影红霞、卧佛寺、醉卧石、清心潭
开天关	14	开天关、重阳宫、神仙洞、连香珍奇、林海清幽	笑佛飞瀑、素野芬芳、将军临流、牡丹谷、高山流水	懒龙岩、莲花谷、听涛台、觅音谷
七女峰	15	七女峰、红桦坪、二仙山、神龟探海、石峡天梯、石阵	鱼脊岭、倚天剑、一线天、通天门	青峰插云、枕云听涛、聚仙台、灵芝石、青龙洞
观云海	20	板寺云海、拜仙台、天宫盆景园、太白宝光、天圆地方、万亩杜鹃、飞鹰石	会仙坪、石河、高山草甸、太白红杉原始林、冷杉原始林、龙爪松	天都门、神云石、望仙岭、救苦岭、卧牛台、猴抱石、瘦鱼岭
天桥沟	5	天桥	玄奘佛冠石、月牙潭瀑布	太师宝座、栈道遗址

① 陕西省地方志编纂委员会编：《陕西省志·太白山志》，第272页，三秦出版社，2012年。

景区	景点(个)	一级景点	二级景点	三级景点
远门口	26	八爪盘龙柏、支腰石、远门十三宫、金仙洞、大雪崖洞、三厘宝地、老君洞、云台山	云雨玉带、晴霭翠眉、玉皇殿、太白殿	三官池、八仙聚首、山神庙、华泉、舍身崖、仙通沟、授书台、王母宫、关帝庙、湘子庙、神仙洞、玉皇泉、飞仙石、青牛卧梁
香引山	12	接官亭、新开山、香引山	十里景、万芴山、独秀峰、松花坪	金锁关、十里庙、二仙桥、黑风岭、栈道遗址
合计	180	52	53	75

二、汤峪镇旅游业配套设施与其他产业

(一)管理机构与游客接待能力

目前汤峪镇旅游事业的总体管理机构为陕西省太白山旅游区管理委员会,其前身先后是眉县汤峪旅游管理处、眉县人民政府汤峪办事处、太白山旅游开发区管理委员会。经营机构为太白山投资集团。中介机构为太白山旅行社和红河谷旅行社。汤峪镇主要负责全镇旅游业之外的其他产业发展,配合管委会做好旅游发展工作。

表3-8　汤峪镇旅游管理机构设置的变迁①

设立时间	机构名称	机构职能	地点	备注
1982年	眉县汤峪旅游管理处	负责以汤峪温泉洗浴为主的群众性游览活动管理	眉县汤峪口	眉县人民政府设立,正科级事业单位
1991年3月	眉县人民政府汤峪办事处	负责汤峪口地区旅游行业管理	眉县汤峪口	县政府派出机构,正科级事业单位
1998年2月19日	眉县太白山旅游开发区管理委员会	眉县旅游局挂靠其下合署办公,负责全县旅游事业,下辖汤峪口房地产开发部	眉县汤峪口	副县级事业单位

---

① 陕西省地方志编纂委员会编:《陕西省志·太白山志》,第527页,三秦出版社,2012年。

续表

设立时间	机构名称	机构职能	地点	备注
2005 年 10 月	陕西省太白山旅游区管理委员会	将原眉县太白山旅游开发区管理委员会、太白山国家森林公园管理处、红河谷森林公园管理处合并之后组建而成,负责全县旅游事业	眉县汤峪口	眉县县政府直属机构,正县级建制,全额拨款事业单位;太白山国家森林公园管理处由副县级建制改为正科级建制,隶属于陕西太白山旅游区管理委员会领导
2010 年	眉县文物旅游局	下设旅游股,管理全县旅游产业	眉县县城	主要配合管委会发展全县旅游事业

表 3 - 9 眉县 2011 - 2013 年旅游接待人数与营业收入情况①

年份	接待游客数量(万人次)	营业收入(万元)	备注
2011 年	271.69	176 241.4	2011 年 9 月,眉县新任领导班子上任,开始对汤峪镇旅游进行改革
2012 年	345.14	230 326.72	2012 年 8 月 31 日至 9 月 1 日,汤峪河爆发山洪,闭园后开展重建
2013 年	503.59	343 294.24	2013 年国庆节期间,太白山国家森林公园开始试运营

汤峪镇是眉县旅游业发展的支柱。据眉县文物旅游局测算,汤峪镇游客接待人数约占全县的 50% ,旅游收入约占全县 60%②。

(二)交通、电力、通信

1. 交通:

汤峪镇的区位优势非常明显。它位于中国地理中心核心带,地处西安、成都、兰州、银川四大城市群几何中心,与客源地——关中地区主要大城市的交通十分便利。它距眉县县城 25 千米,从眉县发往汤峪镇的客运班车 15 分钟一

---

① 本表系笔者根据眉县文物旅游局提供数据绘制。

② 数据来源眉县文物旅游局。

班;东距咸阳90千米、西安市110千米,西距离宝鸡市90千米,310国道、西宝高速、法汤旅游专线、关中旅游环线均可直达太白山。

2. 电力:

1993年,太白山自然保护区管理局安装变压器1台,投资3.78万元。1994年,太白山自然保护区管理局机关院内建配电室、架设电缆,投资2.24万元。陕西省农电公司在太白山旅游区建汤峪供电所,安装500千伏安变压器1台,向旅游区各旅游管理服务单位供电。

1998年,太白山国家森林公园索道站自备200千瓦柴油发电机组,向索道动力站和旅游服务设施提供电力供应。世外桃源、红桦坪、开天关等服务点自备小型发电机组4台,供应照明用电。

在笔者访谈中,据眉县电力局工作人员介绍,他们承接太白山电力上山项目,要给太白山安装16台变电站,于2013年9月底实现太白山全山通电。

3. 通信:

太白山旅游区汤峪口,设有电信、邮政营业所,提供有线通讯、宽带服务,以及移动通信服务。中国移动、中国联通公司,建无线通信基站1座及营业所2处,提供移动通信、业务咨询、用户入网、收费等服务。

太白山国家森林公园内,中国移动公司建立通信基站8座,中国联通公司建立通信基站4座,使园内海拔3 400米以下的游线、景点基本实现无线通信覆盖。

据太白山管委会工作人员介绍,目前正在完成移动、电信、联通信号上山工程,截至2023年实现信号全覆盖。

(三)娱乐服务设施

经过2012年的大洪水,汤峪旅游区内的旅游服务设施基本损失殆尽。经过一年多的重建,大部分基础设施在恢复的基础上得到加强。汤峪旅游区除公路、水电、通信等基础设施得到空前加强之外,还新修建了目前省内较大的游客中心。以汤峪镇宾馆业为例,汤峪镇大小宾馆饭店目前总数138家,星级宾馆2012年有8家,其中五星级2家、三星级3家,较大的宾馆酒店总共有40家左右①。

(四)汤峪镇其他产业发展概况

自杨文洲在汤峪镇以原汤峪林场为基础发展旅游业以来,汤峪镇的经济结

---

①　数据由眉县文物旅游局提供。

构不断得到改变,已有部分居民开始从事旅游相关产业的工作。

在后杨文洲时代,汤峪镇旅游业整体处于温而不火的状态。很多居民只是季节性地从事与旅游相关的行业,平时还是以果业和养殖业工作为主。据统计:"截至2010年,全镇猕猴桃面积达23 000亩,中早熟优质苹果3 100亩,干鲜杂果3 200亩,草莓1 200亩,果业已发展成为农民增收的主导产业。此外,农民自发组织各类产业合作社、专业协会、信息部等经济服务组织20余个。发展果品储藏冷库156座,库容量500余吨,果业是当地农民收入的主要来源,养殖业是汤峪镇农民收入的另一主要来源,发展生猪、家禽、肉牛、奶牛等规模养殖。全镇共有规模以上养殖户26户,生猪存栏2.2万头,笼养鸡5.6万只,肉牛存栏3 650头,奶牛存栏1 650头。"[①]

2011年新任眉县领导班子将发展汤峪镇旅游业作为全县发展的头等大事来抓。政府从资金、政策多方面给予汤峪镇旅游业发展支持。经过两年多的大规模建设,汤峪镇镇区发生巨变。很多居民从这种发展中获益,对汤峪镇旅游业发展重拾信心。然而,很多本地农民依然是坚守在农业和养殖业上。

(五)汤峪镇的宏伟蓝图

2011年9月,眉县新一届领导班子组建之后迅速提出"5A眉县"发展战略,其核心是:将眉县全境863平方千米的面积用景观化统筹谋划,将发展县域大旅游贯穿于全县经济社会发展的各领域和全过程,将旅游业打造成眉县的主导产业。

太白山下的汤峪镇是打造太白山旅游产业新区的核心地带。为了推动旅游产业发展,县政府将原管委会管理面积由15平方千米扩大到25平方千米。

2012年山洪过后,太白山景观大道、游客服务中心、秦岭生态主题景区、太白山凤凰温泉酒店、欧式风情小镇等13个项目全力推进,总投资高达62.4944亿元。目前山上已完成的项目就有:总投资需5亿元的太白山索道有4条,分别是:红桦坪至海拔3511米的"天圆地方";红河谷至小文公庙;红河谷至四嘴山;升级原有的下板寺至上板寺索道;投资2 800万元的电力上山项目;投资1 000万元的电信、移动、联通"三位一体、资源共享"的山上网络全覆盖项目;投资1 440万元建设太白山、红河谷森林公园标识导示系统;投资3亿元的

---

① 数据由汤峪镇政府提供。

宗教文化项目;投资 1 000 万元的摩崖石刻、四嘴山项目等等①。

按照眉县县政府的规划,汤峪镇要在国家 AAAAA 级旅游景区基础上,进一步升级为关中西部旅游集散地、全国知名软饮产业聚集地和国家统筹城乡示范区,要把太白山打造成集观光旅游、休闲度假、居住投资等八大功能于一体,具备国际水准、国内一流的复合型旅游目的地。

2013 年 12 月 9 日,太白山旅游区管委会与陕西万城投资有限公司在西安签署共同开发协议。万城投资公司将投资 200 亿元,对太白山旅游区核心度假区 25 平方千米进行整体开发建设②。

第五节　汤峪镇发展之路的思考与展望

一、汤峪镇发展旅游业以来的历史阶段总结

根据前文的分析,从汤峪镇旅游业发展的大事件来看,汤峪镇的旅游业发展可以分为四个阶段:前杨文洲时期(1986 年以前),这一时期汤峪镇现代意义上的旅游业尚未开始,前来的人群多以科学考察或者名人览胜、宗教活动为主。旅游业尚未显现其经济价值,汤峪镇居民的生产经营以农业为主。

杨文洲时期(1986—2000 年):作为林业工作者,迫于林场生存压力,杨文洲大胆开拓利用汤峪镇旅游资源在全省率先发展森林旅游业。由于是"第一个吃螃蟹的人",汤峪镇旅游业在全省产生巨大影响,旅游业起步早、发展快,吸引税务、电力、水利等国有资本投资汤峪镇旅游业,为汤峪镇旅游业发展奠定了基础,首批投资人也从中获利。1990 年以后逐渐有当地居民加入旅游相关产业的经营,但这一时期的经营还是相对粗放的,可视为汤峪镇现代旅游业发展的启蒙期。

后杨文洲时期(2000—2011 年):随着杨文洲的逝世,汤峪镇失去一位英雄式的强有力的领导。最初一两年里汤峪镇依靠杨文洲时期奠定的良好基础,旅游业走上第一个发展高峰。随着秦岭北麓同质景区的开发建设,汤峪镇旅游设施发展滞后、管理体制混乱等原因,汤峪镇在全国全省旅游业集体向好的大背

---

① 数据来源眉县文物旅游局。
② 《宝鸡日报》,太白山旅游区管委会与陕西万城投资有限公司签订合作协议:200 亿元打造太白山核心景区,2013 年 12 月 9 日第 1 版。

景下走入一个温而不火的发展"怪圈"。其间虽然经过多次体制机制改革,但是汤峪镇旅游业发展依然处于一个在低谷中波动发展的状态。这一时期在杨文洲时期投资汤峪镇旅游事业的外部资本出现撤资、减少投资等现象,当地经营宾馆、娱乐等项目的企业只靠季节性的营业勉强维持生存。当地居民在旅游业不景气、眉县猕猴桃大面积种植和创收的背景下,纷纷转向猕猴桃种植。从事旅游业的当地人越来越少,仅有的人也多是季节性经营。这一时期可以视为汤峪镇旅游业发展的低谷震荡发展期。

新时期(2011年至今):2011年9月眉县新任领导班子上任伊始,将汤峪镇旅游业发展作为全县发展的头等大事来抓,制定了AAAAA级景区的发展目标和"五年百亿"的投资计划。2012年8月31日至9月1日汤峪河爆发两百年一遇特大山洪,汤峪景区之前二十年建设起来的旅游设施损失殆尽。借此眉县举全县之力,引进大量外资,集中力量重建汤峪镇旅游设施。2013年10月1日,汤峪镇旅游业重新上路,显现出强大的吸引力。2011年以来,由于大规模的基础设施建设,汤峪镇处于前所未有的繁忙期。当地居民在保证农业和养殖业发展的基础上,大部分都投入到汤峪镇旅游业改革和重建之中。这一时期,在投资建设方面,由政府牵头大力引进外资,资金的规模、建设水平在全省同类景区之中都是前所未有的。在吸引游客方面,除汤峪镇传统的关中地区客源之外,吸引了大批来自山西、甘肃、河南等周边省份的游客。从参与群体来看,政府依然是旅游业发展的主导,外部企业参与到旅游业相关产业,更多的当地居民也都参与景区建设和旅游业相关产业,参与主体更加广泛。这一时期可以视为汤峪镇旅游业的重新起飞时期。

二、汤峪镇发展旅游的利益主体与博弈现象

(一)利益主体描述

前文已经交代利益主体理论(Stakeholder Theory)的思想可追溯到19世纪。1963年斯坦福研究所首次使用利益主体理论。美国经济学家弗里曼(Freeman)认为,利益主体是"那些能够影响公司目标实现,或者能够被公司实现目标的过程影响的任何人或民族"[①]。这一作为分析经济活动中相关利益主体间冲突的

---

① 杨春宇、黄震方、舒小林:《旅游地利益主体博弈关系变迁的演进论解释》,《中国人口·资源与环境》,2009年第1期。

工具,20世纪80年代开始被引入旅游研究领域。

就汤峪镇旅游业发展的实际情况,笔者将汤峪镇旅游业发展的利益主体分为六个团体,具体如下:

1.当地居民:

当地居民是旅游地的主人,不仅是重要的人力资本和当地旅游景观的建设者,当地人的生活方式本身也是当地旅游文化的一部分,如汤峪镇当地独特的嫁娶仪式。

发展旅游业以来,一方面当地居民获得了相关利益:一是获得了更多就业机会,收入增加。如汤峪镇本地居民在当地建设基础设施时期参与到设施建设工作中,在旅游业兴旺的时候参与到旅游相关行业(宾馆业和零售业),收入水平得到提高。二是思想观念逐渐开放。当地居民通过与旅客接触,逐渐有了商业经营观念,思想也更加开放。三是生活环境得到改善。在发展旅游业之前汤峪镇因为山地多、交通不便是本县最穷的乡镇,20世纪80年代眉县有"有女不嫁汤峪口"的说法。自从发展旅游业以来,汤峪镇趁旅游开发之机,基础设施得到改善,居民生活环境也得到巨大改善。

另一方面因为旅游业的发展当地居民也受到一些消极影响:一是对传统文化的冲击。汤峪镇旅游区内的居民多为山民。他们世世代代居住在秦岭浅山之中,多以种植业和中草药采挖为生,当地民风淳朴、热情好客,信仰上多遵从佛、道或当地民间信仰。随着旅游业的发展,外来游客的进入,金钱至上、唯利是图的思想逐渐腐化了部分当地居民。二是生活成本上升。在发展旅游业之前,当地的经济形态以小农经济为主,居民日常除部分生产工具和轻工业品之外大体都是自给自足;发展旅游业以来原先的生存方式逐渐被破坏,居民被迫加入旅游业相关产业,对外界的依赖程度增加,生活成本上升。三是居住地的搬迁。由于环境保护和发展旅游业的需求,部分居民被迫搬出原来居住地。汤峪镇境内有7个村庄位于山区。因为旅游业发展的需要,原来居住在景区内的潼关寨村和上王村已搬迁至汤峪口的汤峪新区。四是人地关系紧张。由于旅游业的发展,镇域内居民按照政府规划向汤峪口聚集。按照眉县政府规划,汤峪口城区人口达五万人①。新老居民、旅游企业、游客都聚居到汤峪口,使得汤峪口人地关系逐渐紧张。五是经济波动风险增大。旅游业的发展对社会经济发展状况较为敏感,旅游业很容易受到经济大环境、政府政策等因素的影响,这也就使当地居民受到经济波动的影响增大。六是利益分配不均,贫富差距增大。汤峪镇旅游业的发展整体上还处在政府主导的发展阶段。当地居民对旅游业的发展没有主动权,旅游发展带来的收益主要为旅游企业和部分居民所享,从而使汤峪镇当地居民贫富差距逐渐增大。

2. 游客:

游客是旅游活动的主体,是旅游经济产业链存在和延伸的逻辑起点②。旅游从本质上说是一种基于愉悦需要的满足而暂时到异地进行现场审美体验的特殊生活方式。因此,旅游者的核心利益诉求是获得愉悦的旅游体验,而绝非是最表象的经济利益。

因此,对来汤峪镇旅游的游客而言,他们关心的是景区的旅游资源质量,如景区的基础设施、服务设施建设和景区所能提供的服务。他们一方面为汤峪镇带来了源源不断的经济效益、新思想和新观念。另一方面他们也对汤峪镇产生了负面影响:一是由于部分游客的不文明行为,只顾满足自身需求而对汤峪镇生态环境产生破坏;二是旅游者对汤峪镇社会文化可能造成不良影响;三是游客的涌入抬高了当地物价水平。这些因素都在一定程度上侵害了其他利益主体的利益。

3. 旅游企业:

旅游企业是旅游开发的主体,主要包括旅游开发商、旅游饭店、旅游娱乐经营者等。就汤峪镇而言,最早入驻的旅游企业如:太白酒业宾馆、水利宾馆等,2011 年以来如河北某公司开发太白山漂流项目、万城集团 200 亿元注资汤峪镇太白山国际旅游度假区建设等。追求经济利益的最大化是这些旅游企业的核心诉求,这也不可避免地导致部分利益主体,特别是当地居民和游客这两个弱势主体的利益受损。

4. 政府机构:

就政府机构而言,发展旅游业主要是看中其作为第三产业对当地就业的促进

---

① 数据由太白山管委会提供。

② 索生安:《旅游开发中的人文关怀缺失与重构——基于利益主体理论视角》,《湖北社会科学》,2012 年第 2 期。

和经济结构的改善、调整,可以有效促进地区、城乡协调发展。这也是政府机构发展旅游业的主要利益诉求。汤峪镇处于政府主导型旅游业发展阶段,由于旅游资源建设的系统性和产品的综合性,决定其必须由政府作为旅游开发中的利益协调者。而在很多时候政府不得不为了其中一方利益而损害另一方利益。

5.环保组织:

环保组织作为公益组织,关心的是旅游区内生态环境的保护。就汤峪镇而言,太白山作为秦岭主峰其生态意义及其重大,在官方层面有太白山自然保护区管理局①专门负责包括汤峪镇景区在内的生态环境保护;在学术团体方面,太白山是我国各类林学科学团体关注的重点之一。另外各级围绕秦岭和太白山还有许多非政府环保组织,他们也时时为保护太白山发出声音。旅游开发景区内的道路建设、温泉开采、索道建设会对太白山的生态环境造成影响。

6.宗教团体:

汤峪镇的宗教团体浅山以佛教为主,深山以道教为主。他们将太白山作为宗教活动场所已有千百年的历史。宗教团体作为一种宗教组织,在旅游开发过程中关心的是宗教场所的保存、宗教活动的正常进行和宗教文化的传承。随着旅游业的发展,一方面,源源不断的游客为宗教团体开展宗教活动带来经济收入,使其宗教信仰通过游客得到传播;另一方面,游客的增多又会破坏清幽的环境,影响宗教人士的修行。

(二)利益主体之间的博弈

1.政府机构与当地居民:

从"有女不嫁汤峪口"到如今闻名全省的旅游小城镇,在外人眼里汤峪镇从旅游业的发展中着实获益不小,汤峪人最应该感谢的就是政府。然而作为两个利益主体,他们的博弈从未停止过。

在杨文洲逝世后的2000年到2011年十余年间,汤峪镇旅游设施日渐陈旧,不能适应旅游市场的发展。已经从旅游业中获益的汤峪人都希望政府能够出资改善当地基础设施,帮助他们发展旅游业。然而县政府虽然每年都有拨款、汤峪镇旅游管理机构的行政级别也不断被提高,但是由于体制机制管理问

---

① 为县(处)级林业事业单位,隶属于陕西省林业厅领导,位于眉县县城。

题,十年间景区的基础设施不断恶化、景区人气日渐衰微,对此汤峪居民颇多怨言。正如笔者的访谈中冯某①所言:

前两年(2011 年以前),路都烂了都没人管。一年光(只)到六七月有人来耍,来了也光能到山上去看嘠。山底哈(下)没啥耍的,看嘠就走了。摆摊的也只能摆几天。我屋在人多的时候(旅游业发展好的时候)还开过旅馆,到前两年就开不成咧。现在把啥都修好了,说不来还能开呢。

2011 年以来,县政府举全县之力发展汤峪镇旅游业。政府决定先从改变沿路环境开始,先对汤(峪)槐(芽)公路沿线的景观加以整体设计规划。沿途居民房屋外围的一切建筑都被当作违建拆除,墙上绘上以关中民俗为主题的宣传画。居民意见最大的还是对沿途果园的改造。为了改观视觉效果、追求整齐划一,公路沿线所有的猕猴桃地之前的"庵房"(果棚)被全部拆除,对此居民很有抵制情绪。

庵房放到窝(那),影响撒呢吗。人到地里揍(做)活,揍乏咧(了),连个歇的地方都没有了,很不方便。还有桃(猕猴桃)熟咧,地里没人看,咋得行?②

发展旅游与我屁不相干,拆我庵房做啥呀,闲得没事儿干咧是。③

要发展旅游必须先得从改观沿途面貌开始,要让游人一进入眉县就感觉不一样,必须给人以整体感,所有影响景观的都得改!④

但是此类矛盾的解决由于居民处于弱势地位,大多由政府强行执行,居民只能是口头上表达不满,最终只得默认。

2. 旅游企业与当地居民:

旅游企业与当地居民的矛盾主要集中在两个方面,一方面是参与旅游的当地居民与大型旅游企业经营上的竞争。

等那些大宾馆一修起,我这儿怕就更没生意了。实在揍(做)不成了就不揍

---

① 田野访谈资料,访谈人:冯某,男,约50岁。时间:2014年2月13日。
② 田野访谈资料,访谈人:陈某,男,约40岁,家里种植猕猴桃。时间:2014年2月13日。
③ 田野访谈资料,访谈人:李某,男,约60岁,家里种植猕猴桃。时间:2014年2月13日。
④ 田野访谈资料,访谈人:王某,约40岁,太白山管委会工作人员。时间:2014年2月13日。

(做)了,反正屋里还有几亩桃(猕猴桃)呢。①

另一方面,部分当地居民认为旅游资源是他们自己的,现在大多数钱都被旅游企业挣走了。

咱多少辈人都在这儿呢。现在这些大企业进来发展旅游,咱光能跟人家背后吃人家剩下的巴巴(尾巴)……那你没办法么,人家一投就是多少亿。再看吧,说不来将来发展好了,咱也能跟上享利呢。②

面对外部企业巨资的注入,汤峪本地居民是既高兴,又有忧虑。

(三)当地居民内部的矛盾:

据笔者调查,汤峪镇居民内部矛盾表现在三个方面:

第一,旅游从业者之间的竞争。据笔者调查,汤峪镇当地居民从事旅游业的主要是餐饮行业(农家乐和以售卖当地小吃的小摊)、零售业(手工艺品、水果、户外登山用品等)、旅店业(主要是农家乐和家庭旅馆)。俗话说"同行是冤家",笔者认为在正常的市场经济条件下这种矛盾是正常的,这种竞争有利于促进行业的发展。

第二,新搬迁居民与老居民的矛盾。新搬迁到汤峪口的居民主要是之前住在山上的居民。政府为了发展旅游,将他们从原来的居住地搬迁到现在的汤峪口。汤峪口的老居民一直以"街道人"自居,而这些山民现在也成了"街道人"。很多老居民无法接受,认为这些人的到来会抢夺他们的生存空间。而之前的山民并非自愿搬迁,心中也有怨气。访谈材料说:

在原来那地方住的呆呆地(舒服),说要发展旅游呢,硬把人搬下来。原来房子啥都好好的,现在下来还要买房。住到那鸟笼笼里面有啥好的,种地都不方便,铁锨(泛指农具)都没处放。③

第三,旅游从业者与其他行业者之间的矛盾。汤峪镇居民从事的工作大体上可以分为:旅游业、果业＋工业、果业＋养殖业、养殖业等几种类型。其中旅游业主要围绕汤峪镇的游客展开;果业主要以猕猴桃为主,浅山地区少量种植

---

① 田野访谈资料,访谈人:黄某,女,约50岁。时间:2014年2月13日。

② 田野访谈资料,访谈人:陈某,男,约45岁,儿子在农夫山泉上班。时间:2014年2月13日。

③ 田野访谈资料,访谈人:张某,男,约65岁,原来住在大湾村。时间:2014年2月13日。

杂果;工业以2011年以来在汤峪口兴建的农夫山泉矿泉水公司为主;养殖业以禽类、生猪和奶牛为主。由于养殖业日常工作繁忙,从事养殖业的很少有能再从事旅游业和工业。

没有参与到旅游业的居民认为,现在县上一切以发展旅游业为主,其他行业都得为旅游业让道,会损坏他们的利益。

现在县上光管把路修宽,把人引来,然后发展旅游呢,对我这(养奶牛)根本就不管。现在这奶价也蛮(经常)变,不稳定,看牛把人还累得不行,不想养了哈(还)不好往出卖。①

三、汤峪镇发展的思考与展望

(一)发展主体的缺失

就汤峪镇旅游业发展二十多年的历史来看,无论是杨文洲时期的敢为人之先,在全省率先发展旅游业,还是十年低谷震荡发展期,再到如今的大刀阔斧改革发展的新时期。政府始终是作为旅游业发展的主导,而作为旅游业最直接参与者的当地居民和游客却被排除在旅游业的策划发展之外。面对政府的公权力和企业巨大的资金实力,他们对于汤峪镇旅游发生的各种改变能做的只是被动地接受。

当地居民和游客作为旅游业发展最主要的两个主体,对旅游业的发展起着至关重要的作用。因为一个活动计划执行情况的好坏,很大程度上取决于旅游业各利益主体。现实中之所以有很多旅游规划失败,究其原因,大多是因为没能解决好旅游相关利益主体间的利益冲突。

对此笔者认为,赋予利益主体相应的权利使其能够全程参与旅游业的发展,是对此问题的解决之道。发展人类学认为参与(participation)和自我决定(self-determination)既是理论也是方法。只有社区和社区成员参与到发展项目的计划和决策过程,并授权其管理和控制他自己的资源时,平等的发展最有可能实现。在笔者的访谈中发现,作为眉县旅游业开发最早的汤峪地区本地居民主体意识已经萌发。笔者采访本地小学教师李某的访谈,记录如下:

笔者:你好! 我是陕师大的研究生,在做关于汤峪旅游的研究,想跟你了解

① 田野访谈资料,访谈人:黄某,男,约50岁,家里养奶牛。时间:2014年2月13日。

一些问题。

李某:哦,前几年来做科学调查的大学生比较多,都好几年没见了。

笔者:前几年你碰见过? 都是调查哪一方面的?

李某:碰见过,西农大来得多,啥都有。有的是采访旅游呢,有的是考察山上的植物呢,你是考察啥呢?

笔者:我做的是小城镇旅游业研究。你觉得咱汤峪旅游发展的咋样,发展旅游好不好?

李某:这事情反正得了利的都说好,没享上利的光能把人家眼红噇。

笔者:你屋里有做游客生意的不?

李某:我窝(屋)里没有。我教书呢,娃他妈成天在猕猴桃地里钻着呢。

笔者:那你觉得咱这儿发展旅游,老百姓是个啥角色?

李某:老百姓,老百姓都看政府呢。政府搞建设需要民工了,老百姓就去了,哈哈。

笔者:咱们这儿规划啥的开村民会议不?

李某:村上有啥具体的事情开会呢。开会也就是说县上有个啥决定,村上要执行,把村民叫在一起给大家说一下。至于景区规划啥的,都是上面直接就弄好了,镇上都没权说啥,还别说你村民说啥了。

笔者:那你觉得村民应该参与到旅游规划的决策当中去吗?

李某:那肯定应该么。旅游你毕竟是在汤峪口搞呢,搞瞎搞好汤峪口的人都是直接参与呢。现在人也不比那二年,上面说啥就是啥。现在的人尤其是年轻人,人家都有自己的想法。我作为一个教师来说,还是比较赞成让村上的人发表点意见。如果村民自己干自己参与决策的事情,那干起来就更知道该咋干,也就更有心劲了。

但就目前汤峪镇具体情况而言,在当前这种政府主导、大企业注资的发展模式下,当地居民很难真正参与到旅游业的发展和决策之中去。待到当地大规模基础建设结束,当地居民不能再从旅游业发展中获得相应的利益,必然导致其对旅游业发展的消极态度,最终影响的将是汤峪镇旅游业和汤峪镇总体的发展。

(二)谁将是发展的受害者

约翰·傅德利在其著作《发展的受害者》(Victims of Progress)一书中提到"每

个人都是发展的受害者"①。那么汤峪镇这个以旅游业为主的小城镇,谁将是发展的受害者呢? 答案是汤峪镇,不仅包括当地居民,还有慕名而来的游客。

汤峪镇将淹没在现代化的大潮中。在小城镇的旅游资源向外界敞开的时候,外来游客和淘金者也带来了外来的文化与生活方式②。就汤峪镇来说,这不仅破坏传统城镇硬件,如自然环境、建筑形式等,而这些都是通过早期与政府合理的规划进行的;还对传统和软件上形成隐形冲击,如生活方式、淳朴民风等。这些都是不可再生资源。随着旅游开发的进一步成熟,现代化进程将完全同化汤峪镇的地方特点。

一个商业化的汤峪将取代那个原真的汤峪。伴随着旅游业的发展,为了维持这种旅游的热度,汤峪镇必然要不断改进基础设施、开发新的景点来吸引游客。最终为了吸引游客,当前这个原真的、淳朴的汤峪镇,也许最终会被一个商业化的、唯利是图的汤峪镇所取代。

(三)发展的风险

正如约翰·傅德利所言,"每个人都是发展的受害者"。为了取得经济的发展,我们必须为其付出发展的代价。

1. 旅游真的是"无污染产业"吗?

一般认为,旅游业是无烟产业,即无污染、无破坏的产业,不构成对自然资源和文化资源的消耗。业内人士和地方政府在强调旅游业的经济目标和效益时,也往往采用此种论调,从而虚高效益,低估资源消耗水平③。但事实往往并非如此简单,旅游业是一种文化本质的经济产业,自然资源和文化资源对其主要表现为间接实用价值和非实用价值。就汤峪镇而言,虽然旅游业的发展不会直接破坏太白山的生态环境,但是为了发展旅游业,大规模的山区道路建设、索道建设、电力设施建设、通信基站建设,以及大规模游客的进入,必然对太白山的动植物资源的保护和繁衍产生影响。

---

① 彭荣斌:《对中国旅游小城镇规划与更新的反思》,《山西建筑》,2007 年 29 期。

② [美]约翰·傅德利:《发展的受害者》,伍小菜等译,第 54 页北京大学出版社,2010年。

③ 李明伟、梁国华:《我国西北旅游资源的自然、文化生态状况与保护》,《甘肃社会科学》,2001 年第 2 期。

2. 对关键人物的依赖。

梳理汤峪镇旅游业发展二十多年的历史发现,关键人物是汤峪镇旅游业发展的关键因素。从现在汤峪镇街头对李书记(眉县县委书记李智远)的议论,就能想想二十年前人们是怎样议论杨文洲的。我承认关键人物在历史发展中的作用,但我认为一个行业、一个地区的发展过分地依赖某个关键人物是危险的。正如,2000年杨文洲逝世后汤峪镇的旅游业发展进入为期十年怪圈,直到2011年李智远的出现,汤峪镇旅游业又重新振兴。可以想象,一旦突然失去一个英雄式人物强有力的领导,汤峪镇旅游业的发展将走向何方? 2000年后汤峪旅游业的衰落和2011年后凤县旅游业衰落就是例子。

3. 旅游业的可持续发展问题。

关于发展旅游业的诸多好处不必多说,但是从笔者收集到的资料和汤峪镇旅游业发展历史的实际来看,没有实体产业的支撑,旅游业的发展就会不稳定,是很难持续的。旅游业要保持持续繁荣,需要旅游地不断开发新的景观和维护足以承载大量游客的旅游服务设施,而这需要大量的资金支持。靠上级政府拨款和引进外资往往是靠不住的,像十年前的汤峪一旦给予旅游的投资减少、宣传力度降低很快会被同质景区取代,紧接着没落景区的各种问题就会接踵而至。

结　论

反观汤峪镇现代旅游业最近三十多年的发展历史,既不是一帆风顺,也不是一无是处,这也恰好是大多数旅游小城镇发展的一个样本。经笔者对汤峪镇旅游业发展阶段和政府未来发展规划的分析,认为汤峪镇及同类小城镇在发展过程中应注意以下四个方面。

第一,正视旅游业的发展成效。毋庸置疑,像汤峪镇这样的小城镇,如果没有旅游业的发展,可以想象它可能依然是全县最穷的城镇,但是因为旅游业的发展大大改变了汤峪镇的发展状况。这不仅是旅游业相关产业给汤峪镇带来的经济效益,更重要的是对领导干部和当地居民思想观念的改变。由于外部信息的不断传入,在主导旅游发展的政府层面必须不断求新才能适应旅游业的发展,汤峪镇旅游业管理体制的历次改革就是适应市场发展的结果;在居民层面,因为旅游业的发展,他们比之前获得更多、更新的咨讯,市场意识不断增强,这无疑对当地经济发展是有益的。

第二,正视旅游业潜在的风险。前文已经说过旅游业并不是完美的"无烟工业",它同样需要大规模的投资,并且为了保持对游客的吸引力,必须不断地更新景点。这就要求这种投资和改造必须是持续的。投资停滞,旅游业的发展就可能停滞。汤峪镇的发展历史恰好说明了这一点,这时候规划者能做的就是尽可能加快更新步伐和长远规划。但是在汤峪镇这样一个以自然景观为主的景区,任何的施工改造都可能对生态环境造成巨大影响。

第三,注重发展主体的参与。归根结底,发展旅游业是为了促进当地居民生活幸福。但是在当前像汤峪镇这类的旅游小城镇,依然是以政府为主导、企业注资的发展模式,当地居民能参与的无非是建设工程中的建筑工作和旅游业获利中的剩余利益,主要利益还是被外来企业所占。久而久之,作为发展主体的当地居民,必然会因为不能充分享受发展利益而成为旅游业发展的阻力。这就要求规划者在规划过程中充分考虑其他利益主体的需求,在保证其充分参与的情况下,适当为发展主体增权。

第四,注重旅游业以外的其他产业发展。旅游业由于其特性很容易受外部经济环境的影响。此外像汤峪镇这种依托自然资源发展的旅游业,很容易受自然灾害的影响;一旦经济环境恶化、自然灾害发生,对旅游业依存度过高无疑是危险的。这就提醒汤峪镇在发展旅游业的同时,其他产业的发展也不能放松和滞后。

第四章　霍城县社会经济考察

——以农牧业为中心

区域社会经济与文化研究是经济学、中国地方区域经济学研究的重要内容与学科使命。本章以霍城县为参照系进行研究。霍城县为我国西北地区县域的一个典型，其地理区位特殊，群体文化多元，农牧结合的区域经济有其独特之处，具有一定的学术研究价值。同时，作为我国与中亚经济文化交流的"桥头堡"，在"一带一路"倡议构想的背景环境下，霍城县正面临着前所未有的机遇与挑战。因此，关注霍城县社会经济的发展具有重要的现实意义。

本文从区域经济学的视角，在文献资料的基础上，结合田野调查，着重对霍城县的农业与牧业进行考察。霍城县农牧业经济发展的现状，具体章节分为以下部分：

第一，霍城县基本状况。简要介绍霍城县的地理环境、乡镇、人口与群体情况。

第二，霍城县农业经济考察。首先分析当地农业耕地所面临的城镇化、环境问题、人地均衡等压力；其次论述当地农作物的种植情况，以及影响农民种植选择的诸多因素；再次论述当地农村劳动力转移的趋向、原因以及土地流转的现状；最后阐述劳动力转移与土地流转背景下种植型、种植—育肥型、种植—务工型等农民家庭生产方式的三种类型。

第三，霍城县牧业经济考察。论述当地牧业经济草场资源的划分与利用、牲畜结构及变化，以及游牧迁徙过程；阐述游牧民定居背景下三种不同的牧业生产方式，即四季游牧型、半季游牧型、非游牧型。

第四，霍城县农牧发展的思考。分析当地农牧业经济分布的格局，阐述农牧经济类型与自然环境、人口分布的相互关系；并结合当地的实际情况，指出其所面临的生态问题与资源优势的转化问题，并提出几点针对性的建议。

第一节　绪　论

一、研究意图

研究区域社会经济与文化学是中国地方区域经济学研究的重要内容与学科使命。众所周知，早在 19 世纪末、20 世纪初，国内外研究者就开始涉足我国边疆边远地区开展考察。我国学界在 1958 年兴起了一波群体社会调查的高峰。即使受人类学、社会学等学科一度中断的影响，学者们仍发表了一系列内容丰富、质量上乘的研究成果。由于历史原因，此类文集论述的重点集中在群体历史、群体政治、群体文化，区域经济的内容，多涵盖区域经济史和人类文化部分。它只是人类学子类研究中的一个方面，且对现实问题的关怀有所欠缺。诚然，边远地区的经济发展现状也一直是经济学人的聚焦领域，但区域经济学缺乏群体研究的视角。直到区域经济学、中国地方区域经济学的建立，研究者运用二者交叉理论与方法对区域经济的研究才逐渐形成系统，研究趋势也开始向现实问题转向。然而考虑到学科成立仅短短三十余年，边远地区经济的个案类研究仍有待丰富。因此，本研究运用文献资料与田野资料，以农、牧业为中心对霍城县社会经济的考察，是对此在学理上的补充。

研究区域经济更应有一定的现实考虑。边远地区经济的发展牵系边远地区的民生，关系到群体关系的妥善发展与文化延续。西部地区处于我国边疆地区，经济发展较为落后，无论是和平时期抑或是动荡年代，历来是国家的战略要地，中央政府重点关注的省区。近年来，它又因"一带一路"倡议构想而赢得前所未有的机遇。西部地区的稳定与发展问题再次受到世人瞩目。边疆工作者经常挂在嘴边的一句话："不了解民族，就不了解中华民族；不了解边疆，就不了解中国。"因此，对西部地区边远地区经济的研究，是世人深入了解当地发展的重要一环，亦可以减轻外界的误读，也期望对西部地区开发的下一步工作提供思路与借鉴。

之所以选择霍城作为研究点，缘于该县是我国西北边疆边远地区县城的一个典型，也是北疆牧区社会的一个缩影。霍城地理区位特殊、文化多元、区域经济的发展有其独特之处：

从地理位置来看，霍城县地处我国西部地区伊犁河谷的西北部开阔地带，西与中亚哈萨克斯坦共和国接壤。它不仅处在边疆省份,更恰好处在边境线的位置上,堪称边疆中的边疆。我国的西部边疆地区往往又是各民族集中的地区,边远地区的特点显著,因此霍城县的经济富有区域经济的特定内涵。

从人口方面来看也正是如此。霍城县是边疆边远地区人口较多的县城,群体构成多元。汉族、回族、维吾尔族、哈萨克族、锡伯族、东乡族、撒拉族等各个民族长期以来在此汇聚交融。

从经济类型来看,霍城县是一个农牧结合区域,第一产业在当地国民经济生产总值中占很大比重,农牧业又在第一产业中占据绝对优势。传统的绿洲农业文化与游牧文化,对霍城县仍然有着深远的影响。回族、汉族、维吾尔族为主经营的农业经济,与哈萨克族为主经营的牧业经济相互依存。当地的农、牧业具有河谷地带的一般性特点,半农半牧的经济生活方式显然非常适于这里的自然环境与文化生态。同时,在工业化与城市化浪潮席卷的背景下,当地农牧业逐渐完成由传统向现代化农业与草原畜牧业的过渡。农村土地流转、劳动力转移与游牧民定居,又使得农牧民的生产经营方式发生极大改变。也因如此,本研究选取农牧业作为论述的中心。

总之,霍城县的区域经济研究不仅是一个颇有意思的课题,兼具一定的学术意义与现实意义。

二、研究学术史

以往选择霍城县作为调查点的研究者并不多,涉及霍城县并与本研究有关的文献可分为地方志、调查报告、群体文化研究、经济研究四类。

(一)霍城县地方志

地方志是进行区域研究不可回避的基础性资料,《霍城县志》①因此作为本研究的主干参考资料。《霍城县志》共二十三编,对霍城县的行政区域、自然环境、人口、城乡建设与环境保护、农业、水利、工业、商业、财税与金融、交通与邮电、综合经济管理、政党群团、政权与政协、民政劳动与人事、公安与司法、边防外事与侨务、军事、教育与科技、卫生与体育、文化、群体与文化、屯垦、人物分别做了极其详尽的介绍,具有强烈的地方特色。

---

① 贺斌主编:《霍城县志》,新疆人民出版社,1998 年。

（二）霍城县调查报告

"中国国情丛书"《百县市经济社会调查·霍城卷》①出版于1994年,是有关霍城县最早的专题调查报告。其篇目涵盖霍城县概况、经济、社会、政治、专题调查,经济方面的内容涉及农业、种植业、畜牧业、林业和渔业、乡镇企业、工业、交通与邮电、商业、边境贸易、财政金融等。其中对328户农民家庭基本情况、经济生活、家庭生活、思想观念的问卷调查,是本书最具亮点之处。此外,杨富强的《西境村事》②,对霍城县清水河镇二宫村的乡村概况、土地与灌溉、生产状况、村庄社会发展、村民生活、文化知识、群体关系、基层组织建设做了细致描述,还摘录了局部访谈材料。同题材的《回族乡的多民族村落》③出自马秀萍,作者详细记录了霍城县三宫回族乡下三宫村的基层组织、社会经济、村民生活、社会保障、群体与文化、学校教育、计划生育、社会治安等状况。以上两本报告是对边远地区汉族聚居区与民族聚居区进行比较研究的宝贵材料。

（三）霍城县人类文化研究

此类研究将研究对象聚焦于霍城县的回族与哈萨克族。马丽娜研究了霍城县回族多文化派别的形成与衍变、教派关系的社会影响、教派问题的产生及对策④。冯瑞、艾买提基于田野考察,研究了21世纪后霍城县萨尔布拉克乡哈萨克族物质生活和民俗文化变迁及原因⑤。陈文祥、马秀萍等人研究了作为外来移民的霍城县老城村东乡族的宗教文化⑥和婚姻文化变迁⑦。

---

① 丁伟志、崔佩亭主编:《百县市经济社会调查·霍城卷》,中国大百科全书出版社,1994年。

② 杨富强:《西境村事——新疆霍城县清水河镇二宫村调查报告》,社会科学文献出版社,2012年。

③ 马秀萍:《回族乡的多民族村落——新疆霍城县三宫回族乡下三宫村调查报告》,社会科学文献出版社,2012年。

④ 马丽娜:《霍城县回族教派的由来、存在的问题及其对策研究》,新疆大学,2008年。

⑤ 冯瑞、艾买提:《新疆哈萨克族人物质生活及民俗文化变迁的探讨——以伊犁霍城县萨尔布拉克乡的调查为例》,《西北民族大学学报》(哲学社会科学版),2008年第3期。

⑥ 陈文祥:《多民族杂居区少数民族(哲学社会科学版)文化变迁研究——以新疆伊犁地区霍城县老城村东乡族为例》,《青海师范大学学报》,2011年第5期。

⑦ 陈文祥、马秀萍:《新疆东乡族婚姻文化变迁探析——关于霍城县老城村的田野考察》,《青海民族大学学报》(社会科学版),2014年第4期。

（四）霍城县经济类研究

此类研究以探讨霍城县某种特定经济类型为主。高金晶描述了霍城县移民"种植玉米＋养殖育肥羊""种植苹果＋养殖鸡""沼气池＋育肥羊＋温室大棚"三种主要农牧模式，并比较了其间的经济效益、社会效益和生态效益[①]。祝宏辉、高金晶、郭川研究了霍城县游牧民定居的概况，并对集中定居与插花定居进行了效应分析[②]，探讨了游牧民定居存在的问题和对策。吴桂华、张凤艳、李芳等人阐述了边贸优势对该地旅游业市场开发体系、旅游环境与旅游发展的促进作用[③]，并从外向型农牧业、外向型工业及第三产业的角度分析了边境贸易对霍城县对外开放水平的提升作用[④]。吴桂华还在其学位论文中描述了霍城地区边贸的发展状况与环境背景，从不同角度对边境贸易之于霍城县域经济及社会民生发展的拉动效应做了实证分析，并探讨了边境贸易发展过程中存在的问题及对策建议[⑤]。此外，有关于历史方面的研究也多聚焦于边境贸易：王红涛梳理了自汉代张骞通西域以后至 20 世纪 50 年代以前，该地发生的商贸活动和边境贸易的史实[⑥]；洪涛介绍了元代、清代及民国时期霍城县果子沟的交通情况[⑦]；任冰心对霍尔果斯口岸百年贸易发展史进行回顾[⑧]，重点述评了杨增新、金树仁、盛世才统治西部地区的三个不同时期该口岸贸易发展的历

---

① 高金晶：《异地搬迁情景下农牧结合模式效益分析——以霍城县移民为例》，石河子大学硕士学位论文，2014 年。

② 祝宏辉、高金晶、郭川：《新疆霍城县牧民集中定居与插花定居效应对比分析》，《石河子大学学报》（哲学社会科学版），2014 年第 3 期。

③ 吴桂华、张凤艳：《发挥边贸优势　促进民族地区旅游经济发展——以新疆伊犁哈萨克自治州霍城县为例》，《经济视角》（下），2008 年第 10 期。

④ 李芳、吴桂华：《论边境贸易在提高边疆民族地区开放型经济水平中的引领作用——以新疆霍城县为例》，《黑龙江民族丛刊》，2009 年第 6 期。

⑤ 吴桂华：《边贸视角下霍城县民族经济发展研究》，石河子大学硕士学位论文，2009年。

⑥ 王红涛：《对霍城县边境贸易的历史考察》，《开发研究》，1992 第 2 期。

⑦ 洪涛：《历史上新疆伊犁的果子沟路》，《西域研究》，1997 第 1 期。

⑧ 任冰心：《新疆霍尔果斯口岸贸易史百年回顾》，《新疆大学学报》（哲学社会科学版），2003 第 2 期。

史状况①。

以上文献对本研究具有较大的参考价值,但又有其瑕疵之处。第一,《霍城县志》出版于1998年,距今已逾26年。随着近十几年来西部地区社会经济的发展变化,该志选录资料的时效性明显有所缺憾。第二,各类的调查报告中,虽然不乏涉及霍城县经济的内容,但是缺乏专题性的研究;也就是说,文献在对村庄社会生活各个层面进行描述时,只局部涉及经济领域,而非针对性的研究,内容上不够充分。第三,关于霍城县经济的研究仅限于同种经济类型的探讨,比如或农业,或畜牧业,或边境贸易的探讨,并未将二者较好地结合起来进行对比分析,也缺少从文化的角度对其的阐释。因而,本研究运用区域经济学的视角与理论对当地农牧业进行全景式的比较分析是一次较新的尝试和资料的补充。

三、研究方法与核心概念

(一)研究方法

本研究采用文献分析与田野素材相结合的方法,以定性研究为主,定量研究为辅。一方面,本章依托《霍城县志》《伊犁哈萨克自治州统计年鉴》《霍城年鉴》等统计资料,截取可供利用的数据,对其进行二次分析并以图标的形式呈现,作为探讨霍城农牧业发展现状与问题的基础支撑。另一方面,本章通过田野调查实地观察,访谈、记录了农业与牧业的生产活动以及农牧民的生活情况,以弥补文献记载与研究的不足。尽管笔者尽了很大努力,但本章仍有以下不足,期寄学者斧正。

其一,笔者并非土生土长霍城人,对当地区域经济的研究终究只能是"局外人"的外部视角,与"局内人"的内部理解可能稍有偏差。由于学术能力所限,特别是对牧区生活的描写不够深入,微观方面的收入分配和消费环节十分欠缺。

其二,霍城县境内驻有生产建设兵团农四师的第六十一、六十二、六十三、六十四、六十五和六十六团等六个团场,其经济有别于地方(比如GDP等经济

---

① 任冰心:《中国新疆霍尔果斯口岸贸易发展史研究》,新疆大学硕士学位论文,2003年。

指标不计入地方数据）。

其三，在数据的整理录入阶段，笔者发现自治区、伊犁州、霍城县等各部门所提供的资料有些许出入，虽然花了不少时间核实，以求降低误差、提高信度与效度，但误差在所难免。

（二）核心概念的内涵

1. 区域经济：

区域经济既可以指边远地区的经济，又可以指民族的经济，某种程度上是"边远地区经济""地方区域经济""中国地方区域经济"等概念的集合。我国区域经济学研究的开创者施正一先生曾指出，"区域经济"可以是一个民族的经济，或一个边远地区的经济，或所有民族的经济[①]。可见，区域经济本身包含群体经济与区域经济两层含义。第一层意义，即某一特定单一群体的经济，或多个不同的群体经济的总和，二者都是民族人口的经济，只具有量上的差别。第二层意义，即以某一或多个不同的群体为主体的地区的经济。在我国，这类地区就是民族自治地方或民族聚居地区，统称为边远地区。

由此派生的还有"中国地方区域经济"的概念。刘永佶教授指出，中国地方区域经济的研究对象包括（中国）各民族人口的经济活动与关系、民族地区的经济、民族之间的经济关系等内容，并区分了各个民族的经济与民族地区经济两个方面。中国的区域经济、外向型经济[②]。而在概念的使用上，目前除严格规范类文件继续使用"中国地方区域经济"，一般的学术讨论中"中国地方区域经济"逐渐被作为"区域经济学"的狭义理解。可见，这一定义外延广泛、富有弹性，与上述"区域经济"的概念类同，可以说是前者的不同提法[③]。但同时，包玉山教授指出"少数民族经济是由多民族国家中处于非主流地位的各少数民族独立经营和发展的经济活动，或其参与者以少数民族成员为多数的经济活动，或是由外来成员控制和支配的经济活动"[④]。这一定义覆盖面较窄，上

① 施正一：《少数民族经济学教程（修订本）》，第6—7页，中央民族大学出版社，2001年。
② 刘永佶：《中国少数民族经济学》，第138—149页，中国经济出版社，2013年。
③ 龙远蔚主编：《中国少数民族经济研究导论》，第7页，民族出版社，2004年。
④ 包玉山：《中国少数民族经济：核心概念、概念体系及理论意义》，《民族研究》，2010第5期。

述的"区域经济"有所区别,仅是民族群体的经济,可以说是涵盖于前者之中。

笔者认为,狭义上"区域经济学"与"中国地方区域经济学"的指涉其实具有一致性,只是掌握该学科学术话语权的学者们因自身学科背景不同,学术研究的侧重面不同,或从经济学的视角对区域经济问题进行研究,或从人类学的视角对区域经济问题进行研究,才有了区域经济学的不同阐释。

本文所指的"区域经济",更倾向于采纳施正一先生的定义,即特定边远地区的经济。边远地区的经济具有经济的群体性,但又超越群体性,因而在讨论边远地区经济时,笔者认为不应该将某个民族单独抽离开来讨论。因为无论哪一个群体,他们的经济交往与互动都具有区域的不可分割性,即具有地区经济的整体意义。虽然霍城县并非民族自治地方,却是名副其实的民族聚居地区。因此,只要是生活在这里的群体,他们的经济都应该包括在霍城县社会经济的内涵之中。

2. 农业与牧业:

农业是人类通过农产品生产来满足自身需要的社会生产和经营活动。根据 2003 年颁布的《农业法》,农业包括种植业、林业、畜牧业、渔业等产业。然而,"农业"一词最早只为种田种地之意①,而今人们谈及农业时多数情况下仅仅指的是种植业,可见农业的内涵具有广义和狭义之分。前者从整体产业的角度来阐述,是广义上的农业;后者从具体门类的角度来阐述,是狭义上的农业。为了与牧业更好区分和方便论述,除特别注明外,本文采用的农业概念即种植业,即劳动者利用土地进行农作物生产为主的生业,其对应的是农民。

牧业顾名思义指畜牧业,广义上涵盖牲畜的饲养与放牧,一般可分为草原畜牧业、农区畜牧业与城郊畜牧业,既包括农民以种植为主兼营的家禽家畜养殖(如猪、鸡、鸭、鹅的饲养),也包括牧民依靠天然草场放养牲畜的游牧畜牧。本文侧重于讨论后者,即草原畜牧、游牧畜牧,其是将山羊、绵羊、牛、马、骆驼等群居有蹄类的家畜成群地进行放牧管理,并依赖其乳、肉的生计方式②;其对应

---

① 刘巽浩主编:《农业概论》,第 8 页,知识出版社,2007 年。

② [日]秋道智弥、[日]市川光雄大、[日]冢柳太郎:《生态人类学》,范广融、尹绍亭译,第 24 页,云南大学出版社,2006 年。

的是牧民、牧区,不包括前者。但是当地甚至是整个北疆农牧区的情况又比较特殊:一方面,随着牧民定居,一些原有的草原畜牧业要素正在消失(如不再转场、完全圈养);另一方面,农区养畜(如牛羊育肥)又是普遍的,这些农区牲畜不可避免地具有草原畜牧的局部要素(如游牧者代牧)。因而,以上两方面也包括在本研究牧业的讨论范围内。

四、霍城县基本状况

(一)地理环境

霍城县位于天山西段伊犁河谷的开阔地带,南北长约 120 千米,东西宽约 85 千米,总面积约 5 430 平方千米。该县北以基耶山与博尔塔拉蒙古自治州为邻,距首府乌鲁木齐市约 655 千米;南濒伊犁河,同察布查尔锡伯自治县隔河相望;东以界梁子与伊宁县接壤,距州府伊宁市约 45 千米;西以霍尔果斯河与哈萨克斯坦共和国为界,边境线全长 183 千米。

霍城县地势北高南低,整体地形由东北向西南倾斜,并分为山地、丘陵、平原、沙漠、河谷等若干地貌单元。县境北部山地为别珍套山、科尔古琴山,同属北天山支脉,海拔高度 1 100—4 284 米,山地面积约 314.6 万亩,占县域面积 41.7%,是最主要的地貌单元;东北部为丘陵地带,海拔 650—1 100 米,约 206.7 万亩,占全县面积 25.2%;西北部受风蚀与流水冲刷形成山前平原,约 197.9 万亩,占全面积 24.1%;西南部为图开、霍尔果斯、塔克尔穆库、巴基泰等年轻沙漠区,海拔 540—650 米,约 88 万亩,占县域面积 8.9%;南部和东南部为伊犁河低阶地河漫滩,约 2.5 万亩[1]。

霍城县地处欧亚大陆腹地,终年受大陆气团控制,距离海洋遥远,气候总体呈现温带大陆性气候的典型特点:气温年较差与日较差大,春季温和、湿润,夏季炎热、干燥,秋季降温迅速,冬季寒冷、漫长。当地全年光照充裕,日照时数 2 550—3 000 小时,日均日照 8—10 小时,作物生长期(4—9 月)日照率 69% 左右;农区年均气温 8.2℃—9.4℃;年降水量 140—160 毫米,蒸发量 1 446 毫米,无霜期 165 天;受北部山脉的阻挡,冬季由西伯利亚进入的冷空气下沉堆积,将谷地暖空气抬升,使该片山区气温高于平原,形成逆温层,主要灾害性气候为干

----

① 贺斌主编:《霍城县志》,第 48、74—75 页,新疆人民出版社,1998 年。

旱、冻害、大风、干热风、冰雹等①。

（二）乡镇简况

霍城县现辖5个镇、5个乡和1个良种繁育中心，各乡镇简况如下：

水定镇。位于县中南部，行政面积205.25平方千米，辖4个村、9个社区（居委会），常住户数12 499户。水定1965年以前称"绥定"，1966年并入霍城县，为县政府及各主要机关单位的驻地，全县的政治和文化中心，杂居着维吾尔族、汉族、回族等。

清水河镇。位于县城以北约20千米，原伊犁九城瞻德城所在地。1984年建镇，1992年成立清水河经济技术开发区，2005年区镇合并。区域面积366平方千米，辖5个行政村、8个自然村、2个牧场，常住户数15 462户。霍城县的经济中心，杂居着汉族、回族、维吾尔族等。

芦草沟镇。位于县城东北方向约30千米，东接萨尔布拉克，南隔妖魔山与三宫乡而临，以312国道与果子沟、清水河相连，原广仁城所在地。面积385.16平方千米，辖8个行政村、3个自然村，常住户数11 042户。当地主要的粮食产区，杂居着回族、汉族、东乡族、维吾尔族、哈萨克族、撒拉族等。

萨尔布拉克镇。位于县城东北方向约25千米，面积641.7平方千米，有10个农业村和1个牧业村，常住户数7 391户。萨镇原称红旗公社，后与县种羊场合并。全县少数民族人口数量最多的镇，主要有回族、维吾尔族、哈萨克族、东乡族、撒拉族等。地理位置偏远，经济发展落后。

惠远镇。位于县城东南9千米，南以伊犁河与察布查尔县为界，为清代伊犁将军府所在地。面积138.62平方千米，辖4个行政村，常住户数7 536户。全县东乡族的主要聚居区，东乡族与回族、维吾尔族、汉族各占约三分之一。

兰干乡。毗邻水定镇，面积42.16平方千米，下辖9个行政村，1个牧业村。常住户数5 769户，维吾尔族人口比例占98%以上。

三道河乡。位于县城以西6千米，北接良种繁育中心，南连图开沙漠，总面积45平方千米。常住户数2 922户，主要是回族、汉族、维吾尔族、东乡族等。

---

① 霍城县气象站：《霍城县农业气候手册》，第2—3、7页，1981年。

三宫回族乡。位于县城西北约 9 千米，土地面积 72 平方千米，辖 4 个行政村和 1 个牧业村。常住户数 5 135 户，回族人口占六成以上。

大西沟乡。位于县城北部约 40 千米，面积 152 平方千米，下辖 7 个行政村。常驻户数 4 027 户，主要是回族、汉族、维吾尔族、哈萨克族、东乡族等。

果子沟牧场。位于县城东北方向约 43 千米，面积 220 平方千米。牧场下辖农业村和牧业村 2 个，共有 5 个生产队。农牧人口约 3 500 人，主要居住着回族、汉族、哈萨克族、东乡族、维吾尔族等。

良种繁育中心。位于县城西北方向约 8 千米，面积 16.7 平方千米，辖 5 个农业队和 1 个牧业队，是以农作物良种繁育为主的全民所有制事业单位。以汉族为主，其中第五小队为维吾尔族小队。

此外，近年霍城县行政区划有两处重要调整。第一，2014 年 6 月 26 日霍尔果斯市成立，包括伊车嘎善锡伯族乡、莫乎尔牧场在内的局部区域不再归属霍城县管辖。第二，2015 年 4 月 12 日可克达拉市成立，可克达拉牧场划归兵团四师管辖。

（三）人口与群体

据清光绪年间《绥定县乡土志》记载，绥定县 20 世纪初期共有 2 804 户，人口共计 9 340 人[1]。1949 年以来，除初期有所波动外，霍城县全县人口逐年递增。人口下降主要受 20 世纪 50 年代末、60 年代初大量苏侨回国与"伊塔"边民越境事件的影响[2]。1966 年，绥定县并入霍城，新的霍城县共有 88 748 人，人口变动趋势逐渐呈回归增长的态势。1978 年以前，全县人口增长主要以机械增长为主，此后机械增长的因素下降[3]。到了 20 世纪末，全县人口已逾 20 万人（不含兵团，下同）。及至 2014 年，全县总人口 317 495 人，是中华人民共和国成立时人口总数的 4.3 倍（见图 4-1）。

---

① 萧然奎：《绥定县乡土志》，第 28—31 页，成文出版社，1968 年。
② 1962 年的边民越境事件中，当地有 14 032 人逃亡苏联，致使全县人口减少三成以上。
③ 丁伟志、崔佩亭主编：《百县市经济社会调查·霍城卷》，第 27—29 页，中国大百科全书出版社，1994 年。

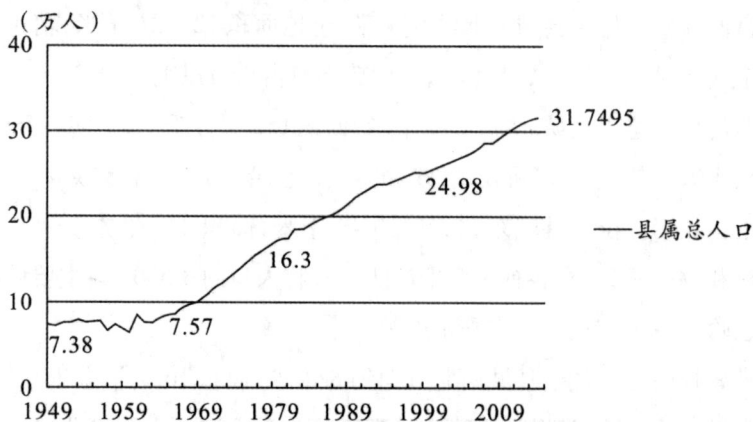

图4-1 霍城县总人口变化情况①

表4-1 霍城县人口的区域分布①

乡镇	人口数(人)	比重(%)	乡镇	人口数(人)	比重(%)
水定镇	39 908	13.91	兰干乡	28 022	9.77
清水河镇	47 593	16.59	三道河乡	16 426	5.73
芦草沟镇	44 326	15.45	三宫乡	17 321	6.04
萨尔布拉克镇	40 143	14	大西沟乡	14 392	5.02
惠远镇	26 545	9.26	果子沟牧场	8 550	2.98
良种繁育中心	3 596	1.25			

注:表中内容根据《霍城县领导干部手册2014》整理。

从人口的地域分布来看(见表4-1):全县城镇人口198 515人,约占69.2%;农村人口88 307人,约占30.8%。各乡镇人口数以清水河镇为最,共47 593人,所占比重16.59%;其次为芦草沟镇,共44 326人,占15.45%;果子沟乡与良种繁育中心人口数量最少,规模均在万人以下,所占比重不到总人口的3%。整体而言,全县人口空间集聚状态受自然环境、历史、经济等多方面因素影响。山地以南的平原和丘陵地带人口密度较高,人口集中的乡镇汇聚于连霍高速与清伊高速公路沿线。特别是清水河镇,集交通优势与资源优势于一体,并享有土地、税收等方面的优惠,吸引众多在此投资、经商的外地流动人口。

① 本图据霍城县历年统计数据绘制。

表 4 - 2　霍城县人口的群体构成

民族成分	人口数(人)	比重(%)	民族成分	人口数(人)	比重(%)
汉族	93 133	29.65	俄罗斯族	210	0.07
维吾尔族	83 114	26.46	塔吉克族	1	0
哈萨克族	32 371	10.3	乌孜别克族	178	0.06
回族	81 165	25.84	塔塔尔族	99	0.03
柯尔克孜族	212	0.07	满族	299	0.1
蒙古族	659	0.21	达斡尔族	310	0.1
锡伯族	3 212	1.02	其他	19 195	6.11

注:表中数据《霍城县领导干部手册 2014》整理。

从人口的群体结构来看(见表 4 - 2):全县常住 29 个民族。汉族人数最多,共 93 133 人。尽管如此,各民族的人口总和 221 025 人,多于汉族,二者人口比例约为 7:3。少数民族中,维吾尔族人口数最多,共 83 114 人,占总人口 26.46%;其次为回族,与维吾尔族大致相当,共 81 165 人,占总人口 25.84%;再次为哈萨克族,共 32 371 人,占总人口 10.3%;余下各民族人数基本处于万人以下,总计 24 387 人,占总人口比重 7.75%。全县各族人口基本呈现大杂居、小聚居的分布特点,在各个乡镇中均有不同群体混合居住,在个别乡镇又集中分布了特定群体,如兰干乡与三宫回族乡。

第二节　霍城县农业经济考察

早在西周时期,就有先民在现霍城境内使用铜、石器种植粟、稷、麦、高粱、青稞。汉武帝派兵眩雷屯田期间,为周围地区引入当时中原的先进农业生产工具与技术。清乾隆年间当地再次大兴屯垦[①]。1949 年,西部地区和平解放后,霍城的农业生产关系逐步完成由封建剥削制度到社会主义公有制的过渡。1983 年,农区普遍完成家庭联产承包生产责任制的经济体制改革,按家庭人口将土地承包给农民,集体资料折价归户,极大调动了农民的积极性。2014 年,霍

---

① 王进健、王黎主编:《霍城史》,新疆美术摄影出版社,2014 年。

城县农业产值 178 509.5 万元,占农林牧渔业总产值比重的 54.63%,县域生产总值的 16.91%[①]。

一、农业耕地

霍城县现有耕地 61.33 万亩[②],约占土地总面积 7.53%,是伊犁州中拥有耕地较多的县,高于州直属县市的平均水平,但人均耕地又属于伊犁州中较少的县。现实情况中,当地的农业耕地整体上仍然面临城镇化、环境污染、人地均衡等三方面压力。

首先是城镇化对当地耕地总量的影响。作为土地资源总体构成的一部分,耕地并不像前者是恒定的,而是富有弹性。耕地的变化水平基本是受到外力作用的影响,即土地利用结构发生改变。农村经济学认为,城市化是耕地减少的主要诱因,我国的耕地损失率随城市化进程呈现"倒 U 形"的态势[③]。当地也基本符合这一情况。1978 年以前,全国绝大部分地区的城镇化水平都相当滞后,当地情况亦然,反映在耕地面积逐渐增加并保持平稳[④]。1978 年以后,随着城乡藩篱的逐渐消解,当地的城镇化迅速扩张,耕地的损失逐年增加。而当城镇化达到一定水平后,耕地的流失开始减少,表现在近几年的耕地面积有所回升(见图 4-2)。城镇化对耕地的波及主要体现在城镇建设用地对基本农田的占用。由于城镇发展的需要,县境内高速公路、乡村公路、铁路等道路建设项目开始增多,城镇面积逐步扩容,整体规划占用了一部分的耕地。然而,多数情况下原有农田的统一征用是以资金补偿款的形式发放的,非另辟新耕作为置换,由此造成耕地面积锐减。除此之外,一些当地农民出于经济利益的考虑,将既有耕地用于搭建房屋、建养殖棚的情况偶有所见,导致农用地的非农化。这两者都是城市化带来的影响,区别只在于后者违规。

① 霍城县统计局编:《霍城县领导干部手册》,第 2 页,2014 年。
② 伊犁州统计局编:《伊犁哈萨克自治州统计年鉴》,第 194 页,2014 年。
③ 经济增长中的耕地资源可持续利用研究课题组:《经济增长中的耕地资源可持续利用研究》,第 257 页,社会科学文献出版社,2013 年。
④ 1962 年陡然下降是由于县城将 35.08 万亩的耕地划予兵团农场。

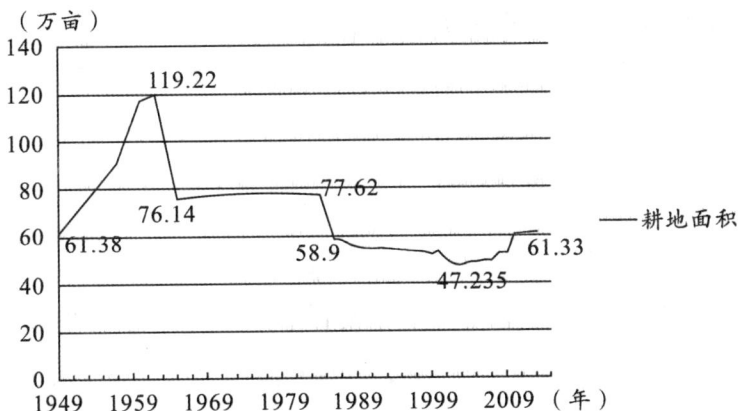

图 4 - 2　霍城县耕地面积变化情况①

其次，因当地矿产、砂石资源比较丰富，建设有许多采砂场。其中一部分厂房仍存在无节制采砂行为，超采的河道砂石常伴随洪水冲刷造成水土流失，侵蚀河岸边的耕地。加之早期不合理开垦引发的生态破坏开始凸显，致使许多农田基本荒废。如今，东北部山前冲积扇与西南部沙漠边缘的耕地就较为贫瘠，土壤肥力下降严重，可见环境污染对耕地质量的影响不容小觑，其可持续利用面临危机。

再次，人均耕地不足。人均耕地受总耕地面积与总人口数量的影响。当地的人口规模（包括农业人口）总体呈上升趋势（见图 4 -1），耕地水平整体呈下降趋势（见图 4 -2）。在两种因素的共同作用下，人均耕地水平显然是下降的。1949 年全县人均耕地有 8.3 亩，现在已下降到不足 2 亩。退一步来说，如果把1983 年农民承包所得的土地视为人地配比的既有均衡，那么，随着这一代农民子嗣长大成家、结婚生子，即家庭成员的增多、规模的扩大，在所分土地不变的情况下，农村人口的人均耕地势必逐渐减少，人地均衡将逐渐被打破。就当地的情况来看，婚姻通常成为家庭耕地增减的主要因素。"家里男孩子多的家庭，随着娶妻生子，家庭人口逐渐增多，人均土地会越来越少。"②

土地是农民的生存之本，是农业最为重要的生产资料。事实上农业生产又是以家庭为单位的，这就面临着逐渐减少的人均耕地能否继续养活新增农民的问题。当农民无法从稀缺的耕地中获得满足生存和发展之所需时，可能

---

①　本图据伊犁州统计年鉴历年数据绘制。

②　马秀萍：《回族乡的多民族村落——新疆霍城县三宫回族乡下三宫村调查报告》，第44 页，社会科学文献出版社，2012 年。

的解决之道或者是设法获取更多的耕地,或者是另谋生业。因此,耕地状况的改变在某种程度可被视为农村劳动力转移与土地流转的重要诱因之一(本章第三节)。

二、农作物种植与农民的选择

(一)农作物种植

"稳粮、保糖、扩果、增菜"是霍城县农业经济的发展思路。当地以种粮为主,兼种甜菜、棉花、油料等经济作物,并正在努力拓展特色园艺作物的种植。近年来,粮食作物的播种面积、产量均上升较为明显,传统经济作物的播种面积有下降的趋势。受此影响,经济作物的产量也有所波动(见图4-3、表4-3)。

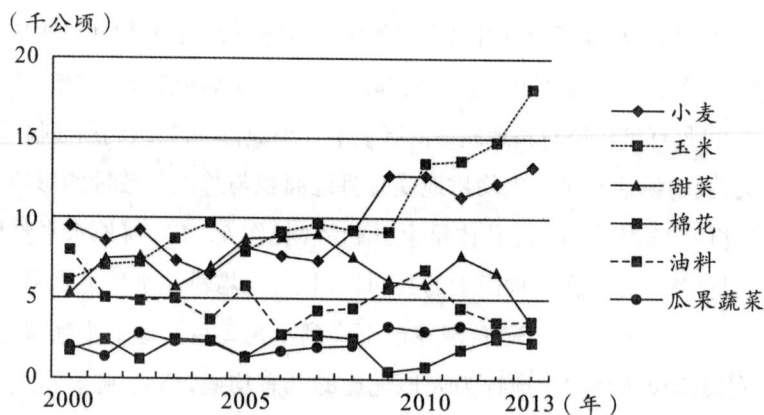

(千公顷)

图4-3　霍城县主要农作物播种面积变化情况(2000—2013)①

在耕作制度方面,仅惠远一镇具备一年两熟的光热条件,其余乡镇的农作物皆为一年一熟,基本是一年一作的冬作耕作方式。为了集约利用农时并保证土壤的肥力,当地主要采取粮食作物和经济作物轮作倒茬,比如:小麦—玉米—胡麻—豆类,小麦—蔬菜—玉米—小麦,瓜类—小麦—玉米—胡麻,蔬菜—玉米—小麦—豆类,棉麻—豆类—小麦—玉米,苜蓿—玉米—小麦—胡麻等②。

---

① 本据伊犁州统计年鉴历年数据绘制。
② 贺文武主编:《霍城县志》,第137页,新疆人民出版社,1998年。

表4-3 霍城县主要农产品总产量(2009—2013年)

农作物	2009年	2010年	2011年	2012年	2013年	年均(吨)
小麦	81 128	69 832	70 765	81 872	84 170	77 553
玉米	103 564	152 645	155 860	168 836	238 092	163 799
薯类	15 490	1 076	1 196	1 358	1 652	4 154
豆类	4 202	3 962	3 485	3 550	3 750	3 790
水稻	160	160	/	270	/	118
棉花	550	810	2 106	3 132	2 864	1 892
油料	14 025	16 282	10 921	8 884	11 264	12 275
麻类	/	/	/	1 678	/	336
甜菜	402 270	394 170	509 375	444 210	230 920	396 189
蔬菜	120 306	120 016	13	13	155 238	133 510
瓜类	16 970	4 871	8 500	3 488	3 835	6 438
打瓜籽	1 600	1 136	3 153	3 360	1 156	1 412

注:表中数据自《伊犁哈萨克自治州统计年鉴2010—2014》整理。

第一,当地粮食播种面积占总播种面积的60%以上,小麦和玉米是最主要的粮食作物(见图4-4)。甚至是在整个伊犁河谷的农田里,没有什么能比随处可见的小麦和玉米更让人印象深刻了。在小麦的生态区划上,伊犁河谷本属于冬春麦兼种混合区,但从20世纪50年代冬小麦迅速推广后,逐渐替代春小麦的种植。每年的9月中旬—10月上旬,农民就开始冬小麦的播种工作,其中沿山地区的播种时间要早于平原地区,通常每亩要撒种16—18千克,采取小畦灌溉的方式节水灌溉。到了冬季,降雪对小麦种植至关重要,拜地面覆盖的积雪所赐,秋播的作物才能安全越冬。翌年4—6月,小麦拔节穗花。此时高山的冰雪融水尚未融化,河流正值枯水期,因而自然降水是否充裕直接影响到当年7月小麦收获产量的高低。

表4-4 霍城县主要农产品单位面积产量(2009年—2013年)

农作物	2009	2010	2011	2012	2013	年均(千克/亩)
小麦	409	381	414	430	443	415
玉米	755	758	765	765	879	784
薯类	2 200	349	363	1 940	2 174	1 405
豆类	235	345	230	250	214	255
水稻	571	571	/	550	/	564
棉花	78	76	76	80	83	79
油料	165	160	165	170	209	174
麻类	/	/	/	310	/	310
甜菜	4 400	4 400	4 420	4 420	4 600	4 448
蔬菜	2 754	2 825	2 915	3 240	3 310	3 009
瓜类	3 231	2 378	2 450	2 800	2 557	2 683
打瓜籽	97	97	98	100	289	136

注:表中数据自《伊犁哈萨克自治州统计年鉴2010—2014》整理。

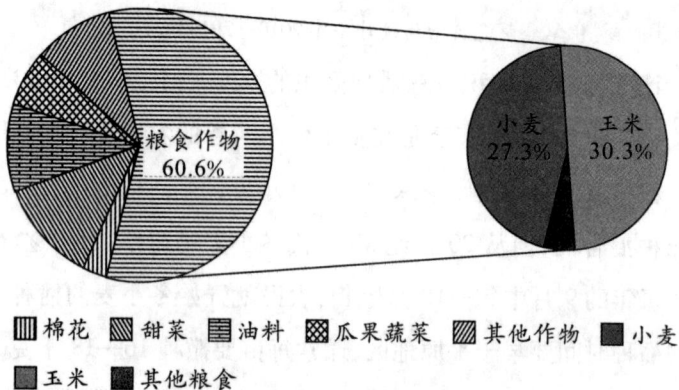

棉花   甜菜   油料   瓜果蔬菜   其他作物   小麦

玉米   其他粮食

图4-4 霍城县农作物播种结构①

玉米的播种期则在每年4月中下旬。为了预防当年发生春旱,农民在前一年的秋冬就必须整地和灌水,播种以后至6月中下旬追肥,接着浇头水,8月中旬陆续开始收割。如今,玉米的膜下滴灌技术在当地得到普及。此外,当地还种植少量的薯类和豆类,间歇年份偶在农田的边角有水地带零星地种植水稻。

---

① 数据为2009—2013年五年播种面积的均值。

第二,经济作物以甜菜为主,其次是棉花,还包括胡麻、油菜、油葵、疆红花等油料作物。甜菜的种植约占总播种面积的 13%,它对土壤条件的要求并不高(中等肥力),通常在 4 月上中旬开始播种,9 月末收获,基本都销往县境内的中粮屯河伊犁糖厂。

西部地区是我国最古老的棉产区,公元六世纪以前非洲棉就借道西亚、中亚传入此地①,时至今日亦为我国长绒棉的主要输出地。由于棉花喜温的生理特性,当地一般于每年 4 月末开始播种,10 月中旬即进入采摘期。因为国家鼓励种棉,当地棉户每年能按种植面积与实际交易量的固定比例(6:4),从政府拿到一定数额的专利资金补贴。全县棉花大部分都在 65 团轧花厂销售。

胡麻喜凉,具有耐干旱、耐严寒、耐贫瘠、抗碱性强的特点,在北疆种植非常普遍。当地农户习惯上把胡麻种于土壤肥力较差的低洼潮湿及盐碱地上②。在正常年景下,当地于 4 月初开始播种,因为农民田间管理比较粗放,单产不高,胡麻种植面积逐渐压缩,为另一种油料油葵取代。

特色作物包括园果蔬菜、药材和薰衣草等。当地人通常称苹果为果子,果子沟就因为多产野生苹果而得名。此外北部山区还盛产野生樱桃李、红葡萄等野果。这一地区存在逆温层,能保障苹果、杏子、梨、桃等果树安全越冬。因此,在得天独厚的自然条件下,催生霍城县果园产业的发展。

药材则以贝母和疆红花为最。贝母分为伊犁贝母与滩贝母两个品种,集中种植在芦草沟镇。它于每年 4—6 月生长。这种多年生的名贵中草药因具有止咳化痰、清热散结等功效而收购价格很高,干货每千克在 500 元左右。疆红花在果子沟、三宫乡一带均有种植。农民种植红花的投入要高于其他作物,其虽然不如藏红花名贵,但也能为农民带来不错的收入。根据种植土壤质量的差异,该品种每亩地的纯收入在 500—1000 元不等。

近年来,农民还兴起薰衣草种植热。其实,霍城县早在 20 世纪 50 年代就开始尝试薰衣草种植并试种成功,但起初只是为了提炼薰衣草精油。2011 年后,县政府开始着力打造薰衣草农业观光旅游产业,推广了 8 000 亩规模的种植

---

① 新疆农业地理编写组:《新疆农业地理》,第 71 页,新疆人民出版社,1980 年。
② 新疆农业地理编写组:《新疆农业地理》,第 86 页,新疆人民出版社,1980 年。

基地,并在三宫乡、芦草沟、惠远镇等地兴建起"解忧公主""汉家公主""科古尔琴""阿伊朵"等一系列薰衣草文化产业园。

(二)农民的选择

当地农民心中都有一笔经济账。无论是种粮食作物的农民,还是种经济作物的农民,包括种特色作物的农民,无论是哪一个群体,他们共同关心的话题莫过于当年收成的好坏与市场的行情(见以下访谈1—4)。以2015年的访谈为例:

访谈1[①]:惠远镇小麦种植户。

(粮站门口)这些排着长队的拖拉机,都是本地种粮的农民。今年的收成还可以,每亩地500千克小麦没问题。这里的土地和气候,允许种一茬小麦,一茬黄豆。如果种苞米(玉米),一年就只能种一茬了。今年粮站的收粮价分五个等级,最好(每千克)2块7毛4,每下一个等级少4分钱,最差的2块5毛8。每年夏收时,我们都会把粮食卖到这个粮站。这里的人多、耕地少,一个人也就是两亩地的样子。一家人,有个十亩地就很不错了。附近都是种地,放牧的没有。养羊之类的,都是弄草、弄料来圈养。

访谈2:三宫乡疆红花种植户。

(晾晒在自家门前空地上的)红花是今年才收的,你别看它现在那么多,4千克湿红花才能晒出1千克的干红花。我们准备等晒好了就拿到市场上去卖。他们(收购方)是四川药厂的。今年(2015)的价(每千克)80块钱,比前几年的降了不少,可能是种的人多了。划去种植人工费和水费,每亩地能挣个800块钱。这红花每年5月中旬开放半个月左右,要是你能来早一些,能看到山上大片大片的鲜花。

访谈3:芦草沟镇薰衣草种植户。

咱们这儿的薰衣草每年开两次花、收割两次,第一次在5月末到6月中,第二次在7月末至8月。种薰衣草没有玉米、甜菜那么麻烦,不用管,粗放,收入也高一些。(干花)头两年产量低一些,每亩80千克左右,到了第三年盛产期后能达到120千克吧。现在交通方便了,旁边就是公路,外边来看薰衣草的游客

---

① 本章中访谈材料序号从此都是连续编号。

也多。人们爱美嘛,都喜欢买些精油啥的。像这些干花还可以做香包、香枕、香皂,乡里头也有自己的精油加工厂。我们有时候还卖薰衣草蜂蜜。不过我才种了8亩,算很小户了。旁边那位大哥才是大户,种它可挣钱了。

访谈4:良种繁育中心西瓜种植户。

我们家既种西瓜,也种辣椒。都是统一从中心那要的种子,那的种子好,产的瓜好,可甜了。收的瓜能自己吃,卖的也好,今年能卖到200块钱(一千克)。他们(农业技术推广站技术员)教我们怎么给瓜授粉,会有上面的人来地里检查,有时也开(农技)培训班。不过没什么人去听,都忙着干活。队里鼓励我们种瓜,风险小。其他乡有些胆大的人也去种些薰衣草之类的,有赚了不少的,也有赔本的。我们耗不起,家里六口人就靠这块地。你说种其他的要是卖不出去咋办?我们这大家都种瓜,应该没什么问题。

这是因为农作物的种植决定着农产品的产出,农产品又是耕种者创收的最主要渠道。农民是理性的,没有人愿意做赔本的买卖。除自然条件等客观因素的制约外,农产品带来的经济收益可以说成为他们在作物种植品种偏好上的主要考量。限于资料的稀缺,以下选取霍城县几种最具代表性的农产品进行分析,一定程度上反映当地农业产出的经济效益。

表4-5 霍城县农产品成本收益(2012)统计表

每亩	单位	小麦	玉米	甜菜
主产品产量	公斤	443.56	907.22	4 661.56
产值合计	元	1 200.67	1 503.57	2 234.76
总成本	元	774.23	1 105.7	1 541.99
净利润	元	426.44	397.87	692.77
现金成本	元	399.04	574.35	870.89
现金收益	元	801.63	929.22	1 363.87
成本利润率	%	55.08	35.98	44.93
用工数量	日	2.04	3.6	7.25
补贴收入	元	113.33	10	/

注:表中数据自《西部地区农牧产品成本收益资料记编——2013》整理,其中人工成本以地区工价计算。

由表4-5可以看出,小麦、玉米、甜菜三种农作物的亩产值均大于亩成本,即产出大于投入,说明都可以为当地农民带来一定收益。其中,甜菜的亩产量最高,收益也最高,其次为玉米、小麦。从表面上看,在当地种植甜菜是最能赚钱的,理应会有大多数的农民选种这种作物。但现实情况并非如此。如果掺入成本因素的考虑,种植甜菜回报率其实是最低的。在播种一亩地的情况下,它的总投入花费基本是小麦的 2 倍,是玉米的 1.5 倍。根据笔者了解,这种投入的差异主要在于甜菜的用工数量多,人工费用支出大,往往只有种植达到一定规模,其收益高于玉米、小麦的优势才能很好地体现出来,不然容易造成用工的浪费。此外,甜菜的种植相比较起来耗时、费劲、管理复杂、生长周期长、销售麻烦。根据田野关键信息提供者的描述,农民将收好的甜菜运到糖厂后,往往需要待上 3—4 天才能全部售出。

事实上,衡量农民家庭生产的经济效益具有多样化与专业化两个不同的尺度。就生产效率来看,专业化的家庭经营类型一般能比多样化的家庭经营类型更高,但其风险成本也更大。而农民又是具有脆弱性的群体。对于那些无力承担风险的当地农民来说,他们或许更倾向于选择能满足最低生产所得但经济利润较低,而不是经济利润较高但伴有较大销售风险的作物。他们"对安全感和生存意识的重视远超过对最大化利益的追求"[1],即"风险回避"与"安全第一"的考虑[2]。种植小麦能得到一定数额的补贴,往往能够规避风险。也因此在经济效益最大化与风险最小化的双重权衡下,种植玉米成为当地农民的折中选择,这也就解释了玉米户最为普遍的原因。同时,多种作物的搭配种植,例如粮食作物与经济作物的搭配,也是出于风险的考虑,一旦某种农产品出现市场波动,还有另外一种农产品作为收入的保障。

(三)劳动力转移与土地流转

1. 农村中的社会流动——劳动力转移。

笔者在调查过程中观察到,当地农村中只留中老年从事耕作,青壮年外出从事非农村工作是格外普遍的现象。根据在县农办了解到的情况,2015 年全县就有 71 500 人次以上的农村劳动力转移到其他行业。

---

① 陈庆德:《农业社会和农民经济的人类学分析》,《社会学研究》,2001 年第 1 期。

② [美]詹姆斯·C.斯科特:《农民的道义经济学:东南亚的反叛与生存》,程立显、刘建等译,译林出版社,2001 年。

农村劳动力的转移是农民在地域与职业上的双重社会流动。从地域倾向性说,当地外出务工农民的落脚点基本在疆内,去内地的非常少。2010 年,农业富余劳动力转移9.12 万人,其中8.47 万人选择疆内①。疆内地点的选择上又分两种趋向:一种偏好较为发达的城市,如乌鲁木齐市和伊宁市,其首要考虑的是自身发展机会等;另一种偏好就近的城镇就业,如清水河镇,其首要考虑的是靠近家乡,即距离成本。在二者的折中后去往伊宁市的非常之多,这其实体现出文化的区域性特点。内地与西部地区的空间距离遥远,文化有比较大的差异,特别对于外来群体而言,尤其体现在饮食习惯与语言差异,容易使当地到内地的外出务工人员成为弱势群体。一旦在务工地点舍近求远,无疑将承担着更大风险与不可预知的因素。为了规避风险,那些去往内地的霍城县农民工往往"抱团"而行,且首先选择离疆内较近的甘肃、陕西等西北省份。

同时,在职业选择上还鲜明呈现出经济的群体性。这些农民普遍更乐意于涉足自己熟悉的领域,而这些熟悉的领域又每每是与本群体相关的领域。以回族为例,回族是擅长经商的群体。西部地区很早就流传着"回民三大行,蒸馍、凉面、芝麻糖;跑街巷、贩牛羊、卖皮毛、当牙行、串货郎、跑小商、揽脚夫、开食堂"这样的顺口溜②,而伊犁地区的回族则有"不是开车的,就是开饭馆"之说法。就笔者在水定镇观察到的情况来看也确实如此,这部分离开乡土的回族农民在就近城镇多从事线路出租司机、流动小贩(卖水果、奶制品)以及特色餐饮的生计。运输行业的选择可能与历史上西部地区回族驮运业的兴盛有很大关系。清真饮食行业就更是如此,在内地其他省份也很常见。与运输行业的单枪匹马有所不同,特色餐饮从业者往往是家庭经营。可见,群体文化对于区域经济具有十分重要的影响,这种影响又是非正式性的,其具有传统性。通过世代相传,潜移默化地嵌入到群体成员的经济行为选择当中。

访谈5:良种繁育中心驻村干部。

地里头没什年轻人,都是些老头、老汉在种田,都跑出去打工了。这个小队就有四个专门联系外面招工的劳务经纪人,一旦有啥活干就召集他们出去。年

---

① 李淑钦、孟梅、马金山:《霍城县产业集聚与农村劳动力转移的调查分析》,《中国农资》,2013 年第 16 期。

② 马苏坤:《新疆回族社会经济初探》,《新疆社会经济》,1994 第 3 期。

轻嘛，嫌弃这些又脏又苦的活，觉得外面的世界精彩，有吃有喝的。看着别人挣钱了，也想赚大钱，哪儿那么容易。小伙子结婚要花一大笔钱，二十多岁就能赚大钱的男娃毕竟不多，成家立业还不都得靠父母铺着、垫着。要是在城里买房子，那花的就更多了。如果女方家庭条件好些的，人也讲道理的，倒也好说。现在农村的女娃少，男娃找对象都是个事儿。

访谈6：惠远镇文化遗产保护研究所管理员。

我老家是河南周口的，来这里好几十年了。现在也不回去了，早把西部地区当成自己的家，这以前就算是全疆的乌鲁木齐了，（所以从内地）来的人多。住在一起的有山东、河南、河北、四川，全国各省的人基本上都有，都在同一块住。我们干农活的时间，需要帮忙。大家就招呼着去，有什么事情都一起。不像老家，你姓张的事情就姓张的去，姓陈的就不管了，它以家族为主。这个地方呢，都没什么家族，你不靠别人去？单独的一个人没办法（办成事），所以说在这个地方相处的是比较好。我那三个孩子都上完大学了，就靠这分得的十亩地，种点甜菜、玉米、麦子。麦子收完以后这个地方可以种点冬菜，像是大葱、白菜、黄萝卜。落户了以后，就这地方土地最少了，一人一亩多两亩地、两亩多一点。出了霍城县以后往其他地方去，像果子沟有四亩多地，其他地方有五六亩多地的。像昭苏、新源他们的地，一家子种几十亩地、上百亩地。这个地方一家就十几亩地，甚至几亩地。大锅饭砸烂了，有户口的都给你分地了，一分地的话人平均的地就少了。我们这地方2.6万人，4万亩土地，（人均）还不到两亩地。那时间整个把他们供养出来，每个月的生活费简直是要命的。大女儿现在嫁到了外地，两个儿子一个在县里上班，一个在伊宁做生意，都挺好的，对我也都很孝顺。年轻人出去打工，他还要靠父母给他看孩子。他手里面有钱了、有能力了，他才知道要孝敬。儿女们在大城市里，这里的条件自然不能比，大城市对娃儿们的教育都有好处。现在不像以前，没文化可不行了。

访谈7：大西沟农民。

我们这里的年轻人，都在外面打工赚钱。农村里也没剩下些啥人，窝在家里赚不到钱会很难受。你看这些年轻人，在外面疯惯了，回到农村来玩，感觉没城里自在，没几天又回去了。城里卖房子的广告横幅也打到了我们这儿，说的是便宜，可再便宜也是几十万的价。别说没钱，就是有钱我也不买。城里的日子压力有些大,人也多,空气不好。还是农村的关系好处。我就住农村里,舒服,鸡、鹅、羊都是自己喂的,自己养就不用花钱买。现在外边吃的东西也不干净,自己家养的放心,至少不会胡来吧。虽然我们这离城里远,坐公交车转车很麻烦,线路车又很少来我们这;但只要你有钱,买东西也方便,像那馕,要的话一个电话人家就给你做好好的送过来,不用你自己跑。

访谈8:水定镇水果商贩。

我家就是旁边兰干乡的,回家方便。虽然这个店面是小了点,可我们这的人少,开大了也没用,顾客就这么多,基本上都认识。这个西瓜是从外面拉过来的,一公斤也就赚两毛钱的样子。十公斤的瓜,我就赚你两块钱。我这靠着车站还好一些,来来往往的旅客还多一些,还有一些生意;就是卖贵一点点,买东西的一般也不在乎。可是不能再贵了,再贵一些,买瓜的人多走两步路,就到别处买别人的了。(维吾尔族)从田里出来的还是打馕的比较多,也有做水泥生意的。像我这五十多岁的人,能干啥呢,不能去得太远。

访谈9:清水河镇线路车司机。

我老爹四十多岁就没干活了,啥也不干。二十多年了,吃饱喝饱(清真)寺里面跑一下就行了,得靠儿女来供着。家里的六亩地,不好种,还不如自己做个小生意。车是我自己买的,一共二十多万。你算一下嘛,一车拉上4个人,每个人8块,都是这个价。一趟32块,一天跑个几趟勤一点就能挣上个300多块。生意差一点的时候也能挣个150块—200块吧,三年就挣回来了。但你别看干我们这行好挣钱,全年也不能休息几天,开车又风险大得很,眼睛就不敢眨一下,一不留神嘛就咣当了……中午我也不回家里,就在外面吃碗拌面。晚上回到家有时候倒头就能睡着,累得连饭也没胃口。明年打算和几个朋友去一趟内地,开个饭馆。你们是西安来的,那儿的生意应该不错吧,都是老回民。

访谈10:水定镇早餐店主。

生意还行吧,起码比种地要强,家里的地都让给别人种去了。这都是咱一家子人帮忙,也不用给人开工钱,付(门店)租金就行。我这样大的店(目测约有20平方米),一年下来一万五左右。面积大一些就贵一些,一万七八的都有。我们主要卖早点,油条、油香、包子、奶茶、豆腐脑都有。中午也卖过油肉拌面,那阵子工人刚从工地上下来,有得忙,下午才关门。这几天镇上食品局的搞卫生突击检查,周围很多店都没开门,因为要是卫生不达标,罚的也狠。像我们倒是不担心了,你看这卫生条件还行吧。

就访谈的情况来看,促使当地农村劳动力转移至少有三方面的主观原因。

首先,对收入的预期。由于历史上农村与城市资源占有不均的缘故,迄今我国的城乡收入仍存在普遍性的差距。当地一部分农民认为,去往城市从事非农业劳动能比留守本土务农获得更多的就业机会与更高的工资报酬。对于这部分已经外出或计划外出的农民,年龄层上绝大部分是青壮年和中年,老年的很少。对农村青年群体而言,主要受原有收入水平与消费欲望落差感的驱策。一般而言,青年群体刚刚步入社会,工作时间普遍不长,故而资金积累有限,但他们的业余生活却极为丰富,消费开支较大,在消费能力与创收能力的矛盾作用下,促使其寻求更多收入的机会。对中年群体来说,面临的关键问题还是上有老、下有小的糊口压力。以访谈9为例,中年司机既需要维持日常生活开支,还需要供养年迈的父母以及年幼的孩童。特别对于少数民族来说,其家庭子女的数量普遍多于汉族,如此一来抚养下一代的经济压力无疑更大。至于老年群体,虽然其收入来源最窄,收入水平也不高,但他们的日常开支却不大,收支矛盾表现得没有那么突出;即使有心拓宽收入的广度与深度,也无奈年老体迈不再适宜背井离乡。

其次,亲属、地缘关系发挥着不同程度的影响。根据霍曼斯的行动交换理论,"人们通常在交换评价自己的酬报、利润所得时,总不免与自己类似的人进行比较,这种比较依据对象和情景的不同而转移。而在现实生活中,人们又总是倾向于更多地与自己交往频繁的人进行比较"[1]。特别对于当地农村中的青年农民来说,在离开乡土以前,与其交往频繁的人就是本乡的乡里乡亲等距离亲密的初级群体,以及同伴友人等年龄相仿的朋辈群体,因而作为行动者的他们在做出决策时很大程度受到以上参照群体的影响。值得注意的是,就笔者调查了解到的情况,朋辈群体的影响力因子似乎又高于亲属群体。比如,倘若青年农民的朋友外出取得一定的成绩,往往会劝说其"入伙",这就更加坚定其外出务工的决心,即使家中的长者抱有怀疑的态度,几

---

① 佟丽君:《论霍曼斯的人际交往理论》,《求是学刊》,1997年第1期。

乎已经变得不再重要。

再次,城镇文化的吸引力。前两方面原因都属于经济因素的刺激,除此之外,文化因素也在农村社会流动的众多因素里显得尤为重要。毋庸讳言,城市的基础设施建设比农村更为完善,聚集了更好的教育、医疗等资源,休闲生活丰富,思想观念开放。以医疗卫生机构临床数为例,仅清水河一镇就占据全县的47%,中学也只有在清水河与水定镇才有所配备。在西部地区,人们的受教育水平历史上处于落后状态,但随着对子女的教育重视程度的加深,越来越多的农村人口设法流动到城镇,成为城里人。

笔者认为,农民自发性地转移到城里除以上因素外,似乎还有更深层次的原因。本章已经简单谈到当地耕地情况的微妙变化,农民的人均耕地是逐渐减少的。同时,随着农业科技的进步以及农业机械化的普及,当地农作物的单位面积均开始增加,土地的利用效益得以提高。如此一来,农业生产开始不再需要或不能容纳下增加的农民人口,这样就渐渐出现了劳动力剩余的情况。农民的身份是天赋的,种地是他们的本职工作。重言之,这部分富余出来的劳动力面临着无以地为生的窘境;轻言之,既有的土地规模不能给他们带来令人满意的经济收益。在不能获得更多土地且又无城乡二元户籍制度限制的情况下,最简便的做法就是转移去从事其他的生业,通过其他渠道寻求非农就业以获取新的收入来源。因此从某种角度上看,劳动力转移是一部分农民应对自然与社会环境同时发生变化时的反应。

2. 土地流转。

农村劳动力转移至城镇意味着农业耕地资源出现一部分"新的富余",这部分资源是外出务工农民所剩下来的。也就是说,仍依赖于耕地来满足自身生存和发展需要的农民获取一次重新掌握更多资源的机会。而资源的再分配与变现往往是通过土地流转来完成的。所谓的土地流转,指农民以转包、出租、互换、转让、股份合作等形式流转土地承包经营权[1]。也就是说,其实质是农民对耕地家庭承包经营权的流转,即土地的所有权仍属集体,实际经营权和实际使用者产生改变。

---

[1]　李岩:《中国工业化进程中的农业土地流转研究》,第15—16页,兰州大学硕士学位论文,2010年。

表4-6　霍城县土地流转情况(2014)

乡镇	耕地面积（公顷）	流转面积（公顷）	乡镇	耕地面积（公顷）	流转面积（公顷）
清水河镇	5 757	1 102.05	三道河乡	1 955	104
芦草沟镇	7 257	1 267.3	三宫乡	1 894	323
惠远镇	2 915	71	大西沟乡	1 755	300
兰干乡	3 171	333	全县	40 886	3 500.35

注:表中数据自《伊犁哈萨克自治州统计率鉴2014》整理。

就目前的情况来看,当地共流转土地3 500.35公顷,占所有耕地的9.6%(见表4-6)。虽然这个数字是比较低的,但近几年土地流转的速度非常迅速,并呈现出两个大的方面:

第一是散户的土地向大户、种植能手集中,其属于农户间的流转。1983年实行包产到户以后,土地按家户人口数量分给农民,当地农村的耕地除机动地外鲜有剩余。此后,除了三宫乡有过二次承包的例子,全县基本保持"增人不增地、减人不减地"的状态①。由此,分地时人口数量较多的家庭就占了很大优势,而这种土地承包面积上的优势一直延续至今,即农村中户均占有的耕地是极为不均。有的小户家庭只有几亩土地,而有的大户家庭多达30亩以上。如此一来,大户农户掌握着更多的生产资料,其经营的种植面积具有一定的规模。出于降低经营成本、赚取更可观利润的目的,就需要发展更大规模化的种植。而种植小户原本经营的土地就比较少,从土地所获得的经济收入也比较低,部分农户遂开始寻求其他的非农经营收入,或家庭里的一部分劳动力已经转移到城市,故产生土地的供求双方。起初农户之间的土地发包与接包只发生在各乡村内部,即乡里熟人之间的转包,但近两年开始愈发有外乡人承包本乡人土地的情况。

个案1:惠远镇农民②。

富某原来是惠远镇央布拉克村的蔬菜种植大户。2014年他获标兰干乡的

___

① 杨富强:《西境村事——新疆霍城县清水河镇二宫村调查报告》,第41页,社会科学文献出版社,2012年。
② 根据当地报道整理。

2 600亩耕地,签3年合同,一年租金共156万元。在接包的耕地里,富某通过接受订单来选种作物品种,投入700万元种植200亩甜菜、800亩玉米、1 600亩萝卜,获得可观的收入。

第二是由种植企业、农村专业合作社向村集体租赁农民的土地。这种情况属于组织之间的流转,往往是由乡政府推动和协商,承包时间比较长,承包数量比较多。流转出来的土地更多的时候被用于种植经济作物,如薰衣草、葡萄、甜叶菊等。由于原有土地呈条带状,以水渠、田间小路和地埂为界,分属不同农户,出于连片种植的需要,这些划界会被抹平。也就是说,其实际得到的土地面积会稍高于每户农民发包的面积,而这部分多余出来的土地租金基本归村集体所有。对发包土地的农民来说,除了索取租赁费,常常又受雇于接包方,继续留在自己原来的耕地里从事种植劳作。当然,也有部分农民转移到城镇务工。

访谈11:兰干乡农民。

我们家里有6口人,总共有25亩地,在前年全部给了种子公司,让他们种。租了5年,每年能给我们15 000块钱。乡里有些人只租了一些土地,我们把所有地都租了。我嘛,现在在厂里上班。妹妹在家帮他们(种子公司)种苞米,每天150块,工资不算高,但这个小地方也能过下去。

此外还存在一种特殊的土地流转情况,即农牧民之间的转包。在大西沟一带,当地一些牧民分散到农区定居后,分得一定数量的耕地,用于种植牲畜越冬所需的饲料。但是受到四季游牧习惯的影响,且缺乏必要的耕种知识,他们索性将土地承包给农民。可以说,霍城县汉族的土地流转程度要高于其他民族。这仍然体现出经济的群体性特点,不同群体的人口习惯并擅长于在自己熟悉的领域劳作,期望在最大限度地节约劳动消耗的同时,创造出更多的价值所得。

(四)农民的家庭经营方式

在劳动力转移与土地流转二者的共同作用下,农民原有的家庭经营方式发生很大分化。根据实际所从事的生产活动以及其依靠的收入来源,当地农民的家庭经营方式可粗略分为三种形态:

第一为种植型。这部分农民基本完全依靠种植为生,主体上还是那些种植经济作物的大户或家庭农场主。他们一方面继续自己管理土地,但由于其种植面积大,料理农作物通常会出现人手不足。因而在农忙时(尤其在棉花、红花等大量需要人力劳作投入作物的抢收期)还需要当地农民的协作。种植小户所打点的土地较少,所耗费的劳动、投入精力均不多,往往具有更充沛的剩余时间,但耕种所得完全不能和种植大户等量齐观。特别对于农业种植小户来说,纯种植的家庭经营方式已经比较少见,一般都会演变为以下两种兼业经营。

第二为种植—育肥型。当地绝大多数的农民还不具备大规模承包其他农民土地的能力,但会留在农村内兼营其他一些辅助性生业,以增加收入。这些辅助性生业往往能和种植业很好地耦合,比如家庭内的牛羊育肥或家禽饲养。他们每年除种植主要作物外,还依靠作物输出的副产品(如秸秆)结合精饲料作为对牲畜的物资投入,并用牲畜的排泄物肥田,达到二者的循环。由于两种营生都在乡内部完成,农民一年内的绝大部分时间不会外出,把主要精力投入到对作物与牲畜的料理当中。农村中的一些非传统游牧群体的少数民族人口(如回族、东干族、撒拉族等)同时掌握作物种植与牲畜畜养的有效经验。作为农民的他们更擅长发展种植—育肥型的家庭经营方式。

访谈12:果子沟农民。

我们家里有7口人。当年分地按家里的人口数量来分,每人3亩半,家里的地总共就24亩半,还有1亩的自留地。清水那边的人分得的土地要多得多,1口人就给10亩。后来,我们自己又开垦出2亩旱田。家里10亩半的地都用来种麦子,那是口粮,从来不会卖,一年能收个40麻袋。其他的10亩地用来种苞米,3亩地油葵,2亩地胡麻。种苞米是想赚点钱来花。另外,我家里还养了40多头牛,就在山后边放,也用苞米、秆子来喂。一年下来产个12头牛犊子,每头牛犊能值3 000元。我每年卖12头大牛,大牛(每头)12 000元,总共14万多吧。加上家里的地,毛收入有22万。但基本不赚,不亏就算好的了,一年能整个1万的纯收入,我就很满足了。(因为)种地太花钱,农药50块,水费80块,机耕100块,播种100块,收割还要100块。还要买种子吧,一亩地撒个30到50公斤,现在种子卖4块(一公斤)。那些钱还要买衣服、吃的、用的,家里还有个娃要养,每年光办台(宴席)就得花四五万。人情嘛,少不了的。

第三为种植—务工型。与长期在城镇工作的农民不同,这部分农民生产劳动仍没有完全与土地脱离关系,只是在农闲时节(冬季)在乡内外从事其他生业;或者在农忙时完成自家劳作任务后,到种植大户的耕地上充当帮工,即务工工种又回归于农业生产。他们的兼业行为具有暂时性和不确定性,基本是离乡不离土或离土不离乡。与第二种类型一样,这也是一种混合类的经营方式,可形象地用"种植＋"来表示。农民的收入来源主要还是依靠种地,部分依靠其他生业,是一种多样化的经营。

当然,以上类型的划分并不是绝对的,犁田、播种、灌溉、施肥、用药都是他们最基本的生产活动,区别只在于经营农副业与否以及侧重程度不同。关于西部地区农民兼业产生的原因主要有:其一,农民的土地经营面积较小且土地平整而易于开展机械化作业;其二,农事活动的季节性强,农民在冬季有将近四个月的空闲时间。以上两个因素是从不同侧面放映出农业生产出现剩余的劳动供给,为兼业提供了可能。同时,又因为农民相对保守,其完全脱离土地是相对较难的[1],故而或多或少仍与土地、农业生产存在联系。当然,农事活动是非单一性的,与每个人的心理习惯、行为习惯或者说是偏好有很大关系,其又受到区域社会环境的影响。但无论是哪一种生产经营方式,其都是当地农民在当前环境下做出的至少是"形式上"最有利于自己的合理性选择。

第三节　霍城县牧业经济考察

霍城县的牧业发展史比农业更为悠远,也占有更重要的地位,其源于"霍尔果斯"一词的县名本身就具有"粪蛋"之意[2],即因多牲畜而得名。公元前3世纪以前,该地即为塞种人居地。西汉时,又为大月氏、乌孙盘踞。其后又分别作为西突厥、察合台蒙古、瓦剌、准噶尔蒙古的游牧场所。直到清代,牧业的主导地位才为农业超越。20世纪50年代后,当地于1956年完成牧业集体经营的生产关系调整。1984年,牧区实行草场责任承包,牲畜联产计酬或折价归户[3]。80年代后,伴随着牧民定居、定居兴牧等工程的加速实施,以哈萨克族为主的当地牧民正经历并逐渐完成由游牧到定居的过渡。这种计划性的社会变迁使得牧区的游牧方式发生极大改变。2014年,霍城县畜牧业产值共137 077万元,

① 肖静、李霞:《新疆地区农牧民兼业增收模式探讨》,《新疆财经》,2011年第5期。
② 牛汝辰:《新疆地名概说》,第146页,中央民族大学出版社,1994年。
③ 王进健、王黎:《霍城史》,新疆美术摄影出版社,2014年。

占总产值比重约13%①。

一、牧场的划分与利用

草场资源作为草原畜牧业的基本生产资料,对游牧民的生产生活起着决定性作用②。欧亚大陆的放牧方式基本是依靠对广阔而有季节性的草原和山脉中草地的开发利用③。根据气候冷暖与使用季节的不同,游牧的草场可分为夏牧场、冬牧场和春秋牧场,各季牧场在使用时间上有着严格的规定。霍城县现有的天然草场约398万亩,人工饲料草料地0.4万亩,草场资源除水定镇以外在各个乡镇都有分布(见表4-7)。西部地区属于山地牧区,因而这里的牧场不仅在水平距离上远近各不相同,更于垂直高度上存在显著的差异。

当地的夏牧场约有180万亩,理论上能承载87万只牲畜④;主要分布于天山支脉科尔古琴山海拔1 800—3 300米的高山带和中山带,草场类型属山地草甸草场。由于处在高山谷地,海拔高,因而每年9月中旬到来年5月都会为积雪所覆盖,全年的利用时间最短。牧民自每年6月末、7月转入夏牧场,至8月末转出,约在夏牧场放牧60天。其牧草质量是四季牧场中最为优越的,覆盖率达95%,草高20—50厘米。这里林木繁盛,为广袤的雪岭云杉所覆盖,气候凉爽温润且蒸发量小,所受到干旱影响不大,非地带性植被丰富,生长着羽毛草、牛篷等牧草,没有蚊蝇的侵扰。唯一的不稳定因素只有夏季冰雹的降临,但比起其他气象灾害来说危害要小得多,因此牛羊在此能够安心地吃草,迅速长膘。牧民在夏牧场的时光里没有过多的劳务,放牧育肥以后马奶、羊奶、奶牛极为充裕,还会进行一些赛马、叼羊、姑娘追、摔跤、掷羊骨等游戏⑤。因而对牧民来说,这里才是"放牧的天堂"。通常在离开夏牧场前,牧民最后要完成给粗毛羊剪羊毛的工作。另外,还有一些牧民的夏牧场处在海拔很高的地方,8月末时山里的温度降得很低。绵羊须要羊毛保暖,否则容易受冻、掉膘乃至死亡。因而这部

① 霍城县统计局:《霍城县领导干部手册》,第2页,2014年。
② 包玉山、特格西毕力格:《关于游牧畜牧业的几个理论问题》,《中央民族大学学报》哲学社会科学版,2008年第5期。
③ [美]巴菲尔德:《危险的边疆:游牧帝国与中国》,第26页,江苏人民出版社,2011年。
④ 数据自霍城县畜牧兽医局整理,以绵羊计,下同。一般认为,1绵羊单位=1山羊=2羊羔;5绵羊单位=1牛=2牛犊;6绵羊单位=1马=2马驹。
⑤ 如今,举行叼羊在牧区还是普遍的,但姑娘追、赛马等传统游戏有逐渐减少的趋势。

分牧民只能选择在出夏场途中或抵达秋牧场以后,待温度适宜时再剪羊毛。

表4-7 霍城县草场面积(2015)

乡镇	草畜平衡面积	禁牧面积	人工饲草料地
清水河镇	25.66	4.24	/
伊车乡	6.83	/	/
大西沟乡	21.64	5	0.1
莫乎尔牧场	68.11	5	/
芦草沟镇	40.25	/	/
果子沟乡	49.95	10.37	0.05
三宫乡	13.55	2.58	/
三道河乡	1.35	3.44	0.05
良繁中心	1.26	/	/
兰干乡	15.24	15.19	0.05
萨尔布拉克镇	148.39	6.32	0.15
惠远镇	5.77	7.86	/
合计(万亩)	398	60	0.4

注:表中数据自霍城县畜兽医局整理。

春秋牧场约120万亩,载畜量33万只;主要位于700—1 500米间的浅山丘陵地带,包括妖魔山、格干沟、大小西沟、奇里斯沟、开别列克沟等;多属于低山温润草甸或荒漠草原草场类型。这里地势较为地平,离村镇相对近,但降水偏少,且没有灌溉的条件,全年普遍干旱。牧草质量不能和夏牧场相提而论,草被覆盖率仅为30%—50%。实际上,牧场虽分为四季,但"三处草原、四季轮收是北疆游牧的基本形式"[①]。也就是说春秋牧场是处于同一块区域的,一年内共使用两次,即"四季三地""春秋一地"。春天利用约100天,秋天利用约80天,比夏牧场要长。

秋牧场作为夏、冬牧场的过渡,牧民们会在此为牲畜进行15天左右的自然交配或人工交配。通常的做法是将7—8只种公羊引入母羊群。由于牲畜对天气变化的反应极为敏感,寒潮和低温容易导致母羊空怀,因此牧民都表现得格

---

① 新疆畜牧业经济研究会:《新疆畜牧业经济调查与论述(1983—1984)》(上辑),1985年。

外小心。一旦其中某项环节处理得不好,常常引起一系列的连锁反应。此外,筛选羊群是在秋牧场的头等大事,当地土话称之为"淘汰羊"。牧民甚至一眼就能对羊群里各个羊的体质情况做出区分,然后将那些质量较差、熬不过寒冬的羊分群而出,将其宰杀作为冬季的肉制食品,或者用于市场出售,筹办过冬的物资。

及至翌年春天牧草返青,牧民再一次回到此处着手最忙碌的放牧生活。首先,那些熬过漫漫长冬的牲畜亟须新生牧草的及时补充,才能避免"夏肥—秋壮—冬瘦—春死"的恶性循环。其次,到 4 月中下旬,牧民开始为母羊接羔,其间时常会遇到母羊难产的情况,此时则需要牧民助产。对于那些初次孕育的母羊,缺乏照料羔羊的经验,因此牧民还需为其训练哺乳技能。再次,待及羔羊长至两个月大时,也就是 6 月末,则要给小公羊阉割去势,并在晴朗的天气为所有羊群剪春毛。此时因为阴雨、大风和低温天气,容易使牲畜感冒下痢,使药浴失效。此外,由于牧场牲畜众多,为了区分不同户主之间的畜群而替每一只牛、羊、马标记编码也是必不可少的。其中,俗称"割羊耳"的工作,即是在羊耳割出一字形、半圆形、扇形、三角形、上切形、下切形等不同形状的标志,并用呈小哑铃形的铝环套入羊耳,且每支铝环都有编码。如此一来,每家每户牧民的羊耳都各不一样,其与羊皮就如同人的身份证一样共同构成羊群的独一无二的标识。牛的编码则是在牛脊背处用烙铁烙上数字符号,在过去"1、2、3、4、5"等不同的数字代表着不同的生产队;同时,在牛的大腿处烙上诸如"#、?、△"等特殊图形用以区分。马的编码也与之类似。

冬牧场分布在海拔 2 000 米左右山麓的向阳、半阳地带,以及伊犁河北岸的河滩,具体有三宫乡的阿克图拜草场,三台①、四台附近的可克将巴斯草场等,约有 98 万亩,载畜量约 20 万只,属于低山温润草甸或草甸草原类草场。当地那些仍然四季游牧的牧民每年在冬牧场停留 100—110 天。他们抵达冬牧场后首先要做的事情,就是翻修临时的住所以及垒羊圈。此外,冬季是一年四季中最为难熬的季节,严酷的低温天气对人和牲畜都是一项巨大的考验。因此在冬牧

---

① 即赛里木湖以西。赛里木湖又称"三台海子",古称"净海""天池",蒙古语称"赛里木淖尔";湖面海拔 2071.9 米,东西长 30 千米,南北宽 25 千米,面积 453 平方千米,湖周长约 150 千米,平均水深 46.4 米;四面环山,为咸水湖。

场的放牧活动是颇为讲究的。一位有经验的牧民告诉笔者:冬季里早晨出牧的时间不宜太早,基本要等到太阳升起将霜融化。原因在于羊群一旦啃食霜雪覆盖的寒草,容易导致掉膘、染疾。如果积雪将牧草覆盖,则需要牧民人工为牲畜铲雪觅食。由此,羊的饮水时间一般只能每周一次。为了充分利用冬季一天中适宜的温度而延长放牧时间,牧民中午往往不会回营,只在晚上八九点太阳落山后才折返,即冬季放牧有着晚出晚归的原则。此外,由于当地冬牧场的牧草质量相比夏、春秋牧场最低,而母畜秋配后孕育羔羊尤为需要保证营养。因而,牧民往往还利用夏秋收割储备的麦草、苞米、麸皮等为牲畜补饲。

表4-8 霍城县四季牧场的利用

牧场类型	利用时间	主要牧事活动
春牧场	3月中下—6月下	产羔、剪春毛、药浴
夏牧场	7月初—8月末	育肥
秋牧场	9月初—11月中下	剪秋毛、配种、药浴
冬牧场	11月下—3月上	—

注:表中数据根据上文整理。

此外颇有意思的是,并非所有牧场都在县域境内。譬如与伊宁县交界的托乎拉苏大草原就为清水河牧业村所有,作为其夏季游牧地。再如,可克将巴斯草场名义上虽然属于博尔塔拉蒙古自治州温泉县的地界,但霍城县每年都有约300户牧民赶着牛羊来此过冬,甚至这里还是伊宁市、伊宁县牧民的冬窝子,当地人习惯称之为"远冬牧场"。这其实就是由游牧的游走和流动性特点决定的。在早期游牧经济当中,牧民根据气候环境与牧草质量选择理想的栖息场所,并形成习惯性的放牧地。这些放牧地往往距离很远、范围很广,且归部落所有,共同使用。但同时,现代意义的行政区划与户籍管理并非完全基于草场使用的既有传统,时常处在变动与微调之中。20世纪60年代前后,西部地区牧区的草场逐渐被各级行政单位所分割[1]。此后的划分基本仍延续以前的定制[2],即没有

---

① 李晓霞:《从游牧到定居——北疆牧区社会生产生活方式的变革》,《新疆社会科学》,2002年,第2期。

② 李晓霞:《西部地区游牧民定居政策的演变》,《新疆师范大学学报》(哲学社会科学版),2002年,第4期。

受到行政单位变动的影响,因而造成行政管辖范围与草场的实际产生偏差,出现牧民在不同行政区域交叉放牧的"越界"现象。放牧的"越界"往往导致不同单位区域牧民因占用草场而产生纠纷与矛盾。因此,这些处在行政范围以外的牧场,即使在非利用季节也往往需要派专门的草场看守员来看守,以防止区外牧民在其他季节里偷食牧草。

蝗灾和鼠害是霍城县草场面临的主要生物性灾害。蝗灾的高发期在5月末至6月初。全县约有37万亩草场经常遭遇到意大利蝗、红胫戟纹蝗、西伯利亚蝗的啃食,在高温、少雨、干旱的年份灾情就更为严重。当地通常采取牧养草原鸡鸭、招引粉红椋鸟等蝗虫天敌等生物手段来应对蝗灾,并结合农药喷雾的化学手段进行防治。事实上蝗灾的发生,侧面反映当地草场植被的破坏情况。土地一旦缺少植被的覆盖或覆盖率过低,就为蝗虫的产卵和繁殖提供了有利条件。

二、迁徙过程——转场

(一)转场时间

所有牧民单季全部完成转移放牧场地——转场通常要耗费15—20天时间(见表4-9),且每年转场的具体安排会有些许不同。各乡镇、牧业村的转场时间也有差异,基本是按照县政府自上而下的统一部署而进行。

表4-9 2013—2015年霍城县牲畜春冬转场时间

年份	春转场时间	头数(万头)	冬转场时间	头数(万头)
2013	3.15—3.30	15	11.12—12.1	14.45
2014	3.12—3.31	14.17	11.18—12.3	13.73
2015	3.1—3.20	13.74	11.18—12.3	13.1

注:表中数据自霍城县畜牧兽医局整理。

就转场行为本身而言,关键还是受到自然环境的影响。在西部地区的广大牧区,一年四季的气温是非恒定的,甚至冷暖季节的温度差有着很大的弹性。从牲畜的角度来说,如上节所述其对于温度的变化是非常敏感的,区域气候下适宜的温度对于物种的延续尤为重要。概而言之,由冬牧场转入春牧场是为了牲畜产羔所需暖和的温度。因为羊群的孕期既定,如果预产期将至仍停留在冬牧场,过于寒冷的低温势必导致刚出生羔羊受冻死亡。由春牧场转入夏牧场是为牲畜寻求凉爽的气温,牲畜自身的生理特性决定气温过高则膘情不佳。此时海拔更高的夏牧场无疑比春牧场气温更低,无疑是更为适合牲畜抓膘的理想场所。及至秋季,高海拔的夏牧场降温迅速,使之温度不再适合牲畜膘情的保控。牧民们清楚地知道瘦羊容易患疾必然熬不过寒冬,因此需要再次为牲畜寻找温度适宜的牧场。此时他们再次回到春天待过的同一处草场。同样的缘由,冬季的气温更低,迫使牧民和牲畜转移到海拔更低的草场。如此可见,转场就是牧民生产周期中的不同时间节点,牧民一年内的游牧生活就是由每一次的转场过程串联而成。这种调整如同农业中播种、田间管理、收割的生产周期,也如同影响农时的气候因素一样,主要受整体自然环境的影响。

　　从草场的角度来说,天然牧草有其自身的自然生长规律,当年当季的转场时间还受到草场质量与具体气象条件的影响,可见游牧经济的任何一环都与整体的生态环境密切相关。在大旱的年份,远冬牧场的产草量降低,牧草资源不再具备承载牲畜觅食的能力,因此转入伊犁河谷春秋牧场的时间则会提前。干旱天气同时也会影响到山上夏牧场牧草的生长,此时牛羊转场下山的时间也会比正常年份要早一些。若是春季回暖迅速,则入夏场时间会提前。又如,转入远冬季牧场的时间往往会因为一场突如其来的大雪而被迫推迟。但是在通常的情况下,每年11月当地开始飘起一两场雪花后,就标志着冬转场即将开始。

　　由于各季牧场之间的距离100—300千米不等,就单户牧民的转场耗时而言,根据其所采用的交通工具以及牧场的远近情况也不尽相同,少辄1—3天,多辄6—7天。以一位果子沟牧民为例,其冬草场在赛里木湖附近。如果采取传统方式转场,入冬场通常需要一周左右的时间:

　　访谈13:果子沟牧民。

　　冬天转场是最辛苦的。天寒地冻的,零下十几摄氏度的气温赶着羊群慢慢前进对人和牲畜都是一个挑战。过去的牧场是分配、轮换的,分得的牧场决定权在生产队领导手里。今年冬天你可能在A处放牧,明年冬天说不定就在B处了,所以说跟生产队领导的关系好、领导的亲戚就能分到好的牧场。那时候放牧每个牧民都有工资,户主每个月给发80—120元不等,配偶(家庭主妇)40元,羊倌能有个60元。每个牧户每月给一麻袋面(约100千克),小麦60千克,玉米面40千克,马料两麻袋(每年4个月,共8麻袋),再给一两匹放牧的马,三四头土牛,一两头奶牛,每个月嘛可以宰一头羊吃。意外死亡的羊也可以宰,羊皮给公家,但死的太多就要赔了。现在嘛咱们都是自家给自家干活,每年的放牧场也都固定下来了。我们家的牧场在索活儿赛木(即温泉县境内),要走好一周才到。第一天到二台扎营,第二天到"阿克奇"(意为白草滩,笔者注),第三天到"阿尔恰"(意为爬松),第四天到"去不尔头",第五天到"崖豁"(意为崖口),第六天才到。去(入冬场)的时候短,羊肥嘛,雪少,走得快;回来(出冬场)的时间长,要多花一两天时间。因为一个冬天下来,羊都踏膘得厉害,瘦的很。对那些膘情不好的羊,都要添一些苞米、麸皮等饲料。还有母羊怀了羊羔,也不能走得太快啊,不然容易流产,划不来。转场过程中最重要的就是水源和草料。羊群一边走一边吃,你就得看好它们,不能让它们走得太远迷失了方向,所以清点羊群数量也很重要。

当地是率先推行机械化转场的县之一。机械化转场就是在交通条件允许的情况下利用汽车、火车将牲畜统一批量运往目的草场,其最大的优势在于节约单户转场的耗时,只花费一天完成,减少转场途中的不确定因素。笔者了解到,县政府对机械化转场的牧民提供最高50%运输费的补贴款,视距离范围每只小畜5—7元,大畜25—30元。而对于牧民而言,选择机械化转场意味着需要花费3000元左右租一台能总承载150只牲畜的车辆。酌于自行转场的支出只有牲畜的饲料费,还能让牲畜充分运用到沿线的草地,节约目的草场的牧草资源,因此在成本和传统观念等因素的影响下,很多牧民仍选用传统方式转场。

(二)转场空间

县里的哈萨克牧民主要分布在果子沟乡,他们的夏、冬牧场远在赛里木湖畔。而果子沟(即塔勒奇达坂)是沟通霍城与赛里木湖的唯一牧道,因而它是牧民出入牧场的历来迁徙路线——转场的空间。如今牧民驱赶牛羊所走的是被称为"果子沟牧道"的专用通道。牧道起于果子沟收费站入口,全长33.9千米,主线27千米,有7条支线,最宽处约12米、最窄处约3.5米。此道与赛果高速并行,以护栏和防护网与公路隔离。

这条牧道于2013年投入使用,以砂石铺设,也就是说是一条较新的牧道。

其实，原始的牧道并非人为开凿，因方便牲畜饮水，牧民转场多会选择沿途有河流、小溪的路线，长此以往就形成固定的线路。而那些牲畜常年踩踏过的地方草木不再生长，也就自然而然地形成一条条小道。正因为牧道良好的水源条件，很容易改造成为简易公路，因而西部地区广大牧区中最早的公路往往就基于原有牧道就近选址①。于是一段时期内，牧民们迫不得已处在人、车、畜混行的公路上转场，牲畜受到惊吓或遭遇车祸的事情层见叠出。在赛果高速公路建成通车以后，来往的车辆变得更多也更快，牛羊与车辆的矛盾显得更为明显。牧民们转场当天必须天未亮就起程出发，除了路途遥远，一个很重要的原因即是避开车辆的高峰。

虽然果子沟牧道一定程度上缓解了牲畜与交通的互为压力，但并不意味着转场途中就会一帆风顺。由于地处西天山支脉，牧道的路况仍很复杂，高低落差大，气候多变，"风吹雪"②、雪崩落石、泥石流都可能造成牧道受阻或导致牲畜非自然死亡。寒潮天气又是出冬场途中对孕羊的一大威胁。因此牧民们并不希望在牧道上停留过久，在沿途设有临时补给点和兽医点的情况下，其随身的行李从轻就简，只携带路上必需的食物、草料、被褥等。

牧民们转场路上包括在牧场生活所需的食物可以分为若干品种。一种为干粮，有干馕、干馍、馓子、麻花、包尔沙克等，既可以就着奶吃，也可以煮食；另一种为肉制食品，有羊肉、牛肉、马肉和驼肉，通常以煮、熏、烤等形式加热，也被用来风干存储食用；再一种为奶制品，除了牲畜的鲜奶，还有以此制成的酸奶、奶疙瘩、奶皮子、奶豆腐、酥油和马奶酒等，有助于肉类食物的消化。一般来说，肉制食品被称为红食，奶制品被称为白食，二者在游牧群体饮食结构中所占比重最大。各类牲畜以及牲畜身体各部分都会被充分利用，通常都是由牧民就地取材、手工自制获得。还有一种食物可以且多从市场购买获得，包括精加工的糖果、饼干，以及水果、蜂蜜、果酒和茯砖茶等。随着生活水平的提高，牧民们携带的食物更为多样化，犒劳味蕾的牧副食品种类逐渐增多。但无论如何，选择

---

① 崔延虎：《牧道的窘境》，《华夏人文地理》，2003 年第 6 期。
② 指近地表层风速大于每秒 5 米时，由气流挟带起分散的雪粒与地面积雪多相流的天气现象。

这些食物都基于充饥和便于携带的原则。它们都富含丰富的糖类和蛋白质,具有很高的热量,以补充路途上的体力消耗,抵御严寒。

三、牲畜结构

虽然牲畜对于草原畜牧业经济的决定性作用不及草场,但现实情况中牧民对于牲畜的料理难度和重视程度似乎高于草场,包括草场资源的四季分配、转场的利用时间、转场线路的选择方面也都是牢牢围绕牲畜而进行。牧民通过牧养牲畜,将人类无法直接消化的草场植被转化为动物肉食,无不充分反映出这种经济活动极为讲求生产对象的合理性。相比于农作物之于农民,牧业经济对于环境的依赖程度更为苛刻,由于牧民所面对的是大批拥有生命、灵活机动的牲畜,管理起来势必更为不易。"各种类、品种之动物皆因其动物性而有其所宜的生活环境"①,因而培育那些适宜当地气候条件、地势地形以及草原类型的牲畜品种并掌控好一定的数量,能够避免放牧过程中的很多麻烦。严格来说,牲畜结构包括了牲畜的种类结构、品种结构、性别结构、齿龄结构等。笔者主要谈的是种类与品种结构。

依据表4–10分析,霍城县的牲畜主要包括牛、马、驴、绵羊、山羊等,骆驼的饲养量较低。其中,小畜多于大畜,以绵羊为最,共计50.81万只;其次是牛类,共计12.47万只。这就涉及草畜平衡的生态问题:上文已述,霍城县夏、冬、春秋草场的载畜量分别为87万只、33万只、23万只,而草原牲畜总计66.88万只,极值时甚至达到69.55万只。显而易见,只有夏牧场能够满足所有牲畜的需草量,春秋牧场与冬牧场至多只能承载全部牲畜的49.3%、34.4%。也就是说,全县牲畜都在四季游牧是不现实的,其中一半以上的牲畜都需要人工饲草料或其他方式作为对天然草场的替代。关于这一问题,牵涉到当地游牧民定居的必要性以及定居后游牧方式发生的变化问题,下文还会详细论述。

---

① 王明珂:《游牧者的抉择:面对汉帝国的北亚游牧部族》,第15页,广西师范大学出版社,2008年。

表4-10 霍城县主要牲畜存栏头数统计表

	牛	马	驴	山羊	绵羊	总计（万）
1991	8.03	2.48	0.69	1.42	47.17	59.79
1995	7.49	2.34	0.54	1.05	46.66	58.08
2000	9.16	2.26	0.16	2.33	55.74	69.65
2005	9.18	2	0.57	2.02	52.23	66
2010	11.71	1.64	0.67	1.97	49.63	65.62
2014	13.51	1.72	0.54	2.02	49.09	66.88

注：表中数据自《伊犁哈萨克自治州统计年鉴，1992—2015》整理，不包括猪、家禽等其他牲畜。

牛，主要为哈萨克牛、西部地区褐牛、西门塔尔牛和少量黑白花牛。哈萨克牛又被称为土种牛，皮毛呈黄、黑、灰色，体形偏小，能够适应夏季的酷暑与冬季的严寒，夏季放牧时脂肪堆积会迅速长膘，且性情温和、耐役用。西部地区褐牛是以哈萨克母黄牛杂交瑞士褐公牛、阿拉塔乌公牛选育的品种①，继承了母牛的生理特性，能在高海拔陡坡牧养，奶牛产乳量高，基本为哈萨克牛的一倍。西门塔尔牛与黑白花牛都是20世纪60年代从周郊县份引入的品种。随着牲畜冷冻精液配种技术在当地的发展，这两种牛种后都被用于杂交，其都具有很好的肉用与泌乳性能。

马，包括哈萨克马、伊犁马等。伊犁是"天马"的故乡，是西部地区养马业最为发达的地区。哈萨克族被称为马背上的民族，其所驯养的哈萨克马是西部地区最古老的品种，也是当地最主要的马种。该马皮毛呈骝②、黑色，健壮耐寒。伊犁马则是在哈萨克马基础上的改良马，体型更大，乳肉产量更高，经济价值和销售价格也因此更高。

羊在游牧生活中具有极为重要的意义。当地习惯上将羊区分为绵羊与山羊，又将绵羊区分为粗毛羊与细毛羊。这些羊主要有苏联羊、哈萨克羊、伊犁山羊③等羊种。其中，哈萨克羊属于粗毛羊，该羊体毛粗厚，一年内需要在春、秋两季剪毛

① 李玉祥主编：《新疆畜牧经济概论》，第84页，新疆人民出版社，1986年。
② 黑鬣鬃黑尾巴的红马。
③ 伊犁山羊属于新疆山羊的一个分支。

两次,但羊毛品质较差,常被用来制毛毡;还因其臀部肥大的外观,被人们冠以"大尾巴羊",主要是作为肉用。苏联羊其实就是西部地区美丽诺细毛羊。它于20世纪50年代开始培育,具有体毛细致、净毛量高的特点,可毛肉兼用。与粗毛羊不同,苏联羊每年只在春季剪一次羊毛。该种羊的羊毛的收购价格也高于粗毛羊。20世纪80年代后,苏联羊的数量逐渐超过本土的哈萨克羊。绵羊作为游牧经济的支柱,它的繁育周期短,是牧民最主要的食物来源,数量上也占据畜群的绝大多数。按牧民的放牧习惯,不同种类的羊群忌讳混合放养,更不能相互交配。特别是在集体共用草场的时代,粗毛羊与粗毛羊、细毛羊与细毛羊必须各自在一起放养、交配,以避免粗、细毛种的羊群毛质混杂。同一种类的羊群下往往又分为母羊群、羔羊群、羯羊群与种羊群,彼此之间也是分群放牧。在放牧过程中狼是羊的天敌。需要指出的是,狼并不食羊肉而只是将其咬伤噬血。因而只要有一只狼进入羊群,常常导致数量众多的羊因受伤失血而亡,这也是狼害往往是造成牧民重大损失的最主要原因。

总的来说,当地牲畜品种构成上兼具西部地区牧区的一般性特征与伊犁地区的地方性特征。一方面,土种牲畜都是哈萨克等游牧群体常年在恶劣条件下培育驯化而来,其能较好地适应当地半湿润、半干旱的气候环境,依靠天然草场轮转放牧结合饲料补饲畜养,即使是粗放、粗管,也能最大限度地顽强生存。另一方面,有较长放牧历史的草地因为草地群落物种的稳定性而对放牧有着较高的适应能力①,即在土种牲畜的长期活动与反馈下,这里的牧草反过来适应着此种牲畜。由此可见,当地土种牲畜的繁衍与传承是在草畜的相互适应中逐渐稳定下来的。

但我们也看到一些畜群结构的变化,即马和绵羊的数量有明显下降,牛的数量有明显增加。马是游牧经济中用来骑乘和驮运的人力、物力的重要生产资料。马是哈萨克人的翅膀,即使在20世纪50年代以后汽车运输事业有了很大的发展,但马、牛、骆驼等民间畜力仍是西部地区牧区中重要的交通工具②。但如今,霍城县的年轻牧民更多的是采用骑摩托车的方式来赶羊,马的使役功能极大弱化。用家畜作为基

---

① 达林太、郑易生:《牧区与市场:牧民经济学》,第301—302页,社会科学文献出版社,2010年。

② 贾合甫·米尔扎汗:《哈萨克族》,纳比坚·穆哈穆德罕、伍星亮译,第69页—70页,民族出版社,1989年。

本通勤工具的牧民家庭越来越少,逐渐为更现代的交通工具所取代。

同时,当地于2000年提出"小畜换大畜、劣畜换良畜"的方针①,禁止农区牲畜上山放牧——政策上的改变也许是绵羊减少、牛增加的直接原因。不过,这种改变似乎是合理的:因为"绵羊食草时比其他的牲畜咬得更深,它们可以在牛马吃过之处放牧,牛马却不能再吃羊刚吃过的地方"②,"以至于大牲畜只能在它们之后啃食,因此必须为大牲畜开辟专门的游牧地,或者大牲畜必须在绵羊与山羊之前放牧"③。由此观之,牧养绵羊对于草原质量的要求更为严苛,绵羊数量的规模过大并不利于其他牲畜的放牧。当地的哈萨克牧民一向重视草原的保护以及牲畜的组成结构比例。在草场日益退化的现实环境下,牧民不得不调低畜群中绵羊的比重,增加牛的数量。事实上,这也反映出畜群与草场生态之间的相互适应。

另一个变化发生得更早一些,土种牲畜开始更多地用于同引入品种杂交,使之在保证生态适应性的基础上,发掘出泌乳、产肉的优势,因此衍生了许多培育品种。这与其说是牧业生产抵御自然风险的能力得到提高,不如说更是受到经济因素的催化,牧区的致富思想和市场经济意识在增强。随着人们对畜产品的需求增加,不仅仅导致牲畜出栏量的增加,牲畜的附加价值也逐渐渗透到牲畜品种的选择当中。但是,牲畜在为牧民带来收益的同时,其收益也会受到市场的影响。一位大西沟乡的牧民告诉笔者,2014年一只普通体重的羊价1 100元左右,而现如今仅为700—800元。有些牧民为了减少损失设法尽快将羊群出栏,但有些牧民则不忍心贱卖自己辛苦育出的羊,这也让牧民们在为售与不售而踟蹰前蹇后。由此,如何根据市场的动向来选择牲畜品种和调整牲畜数量是牧民在市场经济环境下所面临的新问题。

总而言之,当地牧业的牲畜结构主要受到自然因素与经济因素双方面的影响。维持与牧场支持力相平衡的合理家畜数量,以及把剩余家畜纳入市场的流通网络,保持适当的畜群,即从牧场经营的角度考虑,一直是促进游牧市场经济

---

① 霍城县委史志办:《霍城年鉴2000—2007》,第113页,2007年。

② [美]拉铁摩尔:《中国的亚洲内陆边疆》,唐晓峰译,第52页—53页,江苏人民出版社,2014年。

③ [美]巴菲尔德:《危险的边疆:游牧帝国与中国》,袁剑译,第28页,江苏人民出版社,2011年。

化的政策依据的思路①。正如学者阿拉坦宝力格所指出的:"学术界不要单一地关注牧草或家畜问题,也不要关心天空是蓝的还是黄的,应当考虑草原荒漠地带还有很多牧民正在为生存而忙碌,应当首先关注他们的温饱问题,应该关注如何使牧民成为牧区市场化的第一个受益者。"②

四、牧民定居背景下的游牧方式

(一)牧民定居

所谓的牧民定居,并不意味着游牧群体定居前完全就处于游走而不固定的生活状态。即使是在早期的游牧生活中,哈萨克族除居住毡房外,也居住土房或木房③。由于冬牧场是私有的,其冬季一般就固定居住在由石坯和土块砌成的"托夏拉"内。笔者认为,如今在牧区中常谈的牧民定居在很大程度上只是在政策意义上的定居。其蕴含的只是迁移牧民的居住点,将以往分散而居的散户游牧民集中起来,并延长牧民一年间在固定住房所居住的时间,鼓励牧民在定居后改变既有的放牧方式等。这反映出政治的发展是促使游牧经济发生转变的重要因素之一,也可以说,游牧经济的变迁是与政策进程同步而行的。

表4-11 霍城县牧民定居情况(单位:户)

	2009 年	2010 年	2011 年	2012 年	2013 年	总计
新定居户数	400	350	150	160	540	1 600

注:表中数据为笔者自伊犁州发展改革委员会提供数据整理。

牧民从游牧变成定居,是政府力求改变牧区生产落后与牧民贫困的举措,当然也是牧民的现实选择④。牧民定居最早是在 20 世纪 50 年代就提出的。1986 年以后,西部地区牧区开始着力实施以建设饲草料地为中心牧民定居工程的建设⑤。但霍城县这一时段内的定居牧民非常少。直到 2008 年西部地区牧民定居工程正式被纳入国家的发展规划,并于次年开始实施,当地牧民定居的

① [日]秋道智弥、[日]市川光雄、[日]大冢柳太郎:《生态人类学》,第 77 页—78 页,云南大学出版社,2006 年。

② 阿拉坦宝力格:《游牧生态与市场经济》,第 75 页,内蒙古大学出版社,2013 年。

③ 苏北海:《哈萨克族文化史》,第 63 页,新疆大学出版社,1989 年。

④ 娜拉:《新疆游牧民族社会分析》,第 191 页,民族出版社,2004 年。

⑤ 李晓霞:《新疆游牧民定居政策的演变》,《新疆师范大学学报》(哲学社会科学版),2002 年第 4 期。

过程才进入快速发展时期。这一时期的牧民定居提法上变为"定居兴牧"。仅工程开展的头两年,全县就开展配套工程 750 户,建设定居住房 750 套(4.5 万平方米),暖圈 750 座(6 万平方米),草料棚 750 座(4.1 万平方米),人工饲草料建设 1 366.66 公顷①。2009—2013 五年内,共有 1 600 户游牧民完成定居(见表 4 - 11)。至 2013 年底②,霍城县全县有游牧民 4 124 户,其中 2 470 户游牧民已定居,占全县游牧户比例约 60%。

根据定居点的选择不同,当地牧民定居方式可以分为集中定居和插花定居两种形式③。简言之,集中定居是由政府在牧场附近拨划一部分的荒地,给予补贴,帮助牧民修建新的房屋,并做到"三通、四有、五配套"④等基础设施的完善。当地具有规模的四个集中定居点分别在果子沟麻干沟水库、萨尔布拉克镇牧业村、三宫乡阿克图拜牧业村、莫乎尔牧场加浪嘎西牧业新村。插花定居即分散定居,是由政府统一将分散的游牧民安排到乡镇的牧业村,由农民出让或新拨出一部分土地接纳远道而来的牧民的一种形式。插花定居由于就在牧业村,已经具有一定的基础设施,因而投资低、建设周期短,实施起来比较方便。当地多数采取这种形式,在各个乡镇都有分布。牧民定居后能够分到 80 平方米的住房,基本是以统一补贴与自筹资金的方式购入。此外,每户牧民还配有 50 平方米的草料棚和 80 平方米的暖圈作为生产资料的补充。

(二)牧民的游牧方式

从游牧走向定居是游牧群体传统生产生活方式的重大变革⑤。作为一种有计划性的社会变革,其时间过程虽然是短暂的,但所带来的影响却是剧烈的。最直接的体现是牧民的居住环境发生改变,进而使得牧民在生产上对天然草场

---

① 霍城县地方志编纂委员会编:《霍城年鉴 2009—2010》,第 80 页—81 页,新疆人民出版社,2012 年。
② 就笔者所得到的数据看,2014 年霍城县并未再新建牧民定居房,于 2015 年才恢复,但该年定居情况笔者未获得。
③ 祝宏辉、高金晶、郭川:《新疆霍城县牧民集中定居与插花定居效应对比分析》,《石河子大学学报》(哲学社会科学版),2014 年第 3 期。
④ "三通"即通水、通电、通路;"四有"即有住房、草料地、暖圈、园林;"五配套"即配套卫生院、商店、学校、文化室、技术服务体系。
⑤ 阿德力汗·叶斯汗:《从游牧到定居是游牧民族传统生产生活方式的重大变革》,《西北民族研究》,2004 年第 4 期。

资源的使用方式发生转变,以及生产重心发生转移。在物质文化变迁后,紧接而来的是生活方式、精神文化等各个层面的变迁。游牧方式是游牧家族每年与其牲畜从一处迁徙至另一处的放牧生产和生活方式。就此来谈,在牧民定居的背景下当地的游牧方式主要有三种类型。

第一是四季游牧型。这种类型的牧民家庭仍有一部分游牧、生活于靠近哈萨克斯坦的边境地带,或者是山区。因为自然条件、资金条件的限制,在霍城县新建定居点有一定的困难,因而他们还没有受到牧民定居工程的完全覆盖[①],仍然保留着四季转场的游牧方式。可以预见,随着时间的推进,这部分牧民数量会越来越少。还有一部分牧民业已定居,或者说是半定居[②]。这里所说的半定居,是针对牧民家庭在定居点居住的成员数量与时长而言的。多数是牧民家里的老人和幼儿,出于医疗卫生与上学的需要,一年的大部分时间在定居点居住;而青壮年劳动力则终年在天然草场放牧。这类牧民家庭大批定居在芦草沟与果子沟。上述两种情况的四季游牧型家庭是如今牧区当中最接近传统游牧方式的。他们以牲畜为最主要生产和生活资料,牲畜倚赖的是天然草场资源,终年放牧,即使是需冬季补饲,也在冬牧场完成。

第二是半季游牧型。这种类型的牧民家庭绝大部分属于半定居的情况。他们被称之为"半游牧群体"[③]。在部分季节,一部分的家庭成员将执持的牲畜游牧于天然草场,剩下的家庭成员留守在定居点照看老病的牲畜,或者种植一些农作物;剩下的季节全家都不再外出,主要将牲畜豢养在棚舍内,靠秸秆、麦草、苜蓿或人工精饲草料喂食。一般情况是夏、秋两季外出,冬、春两季圈养,即所谓"冷季放牧、暖季舍饲"。当地也有牧民选择在转出夏牧场后直接转入冬牧场,将冬牧场作为秋牧场来使用,等到真正进入冬天,再将牲畜引回定居点舍饲;同时也存在春、夏、秋三季在外放牧,仅冬季圈养的情况。对于半季游牧型的牧民来说,其家庭成员内部有着明确的分工,以保证成员间同一季节负责不同的劳动工作。他们的收入来源仍很大一部分依靠牲畜,过着定居—游牧相结合的生活。因此,牲畜的生

<hr>

① 在当地有20%左右的游牧民未定居。
② 崔延虎:《游牧民定居的再社会化问题》,《新疆师范大学学报》(哲学社会科学版),2002年第4期。
③ 王明珂:《游牧者的抉择:面对汉帝国的北亚游牧部族》,第24页,广西师范大学出版社,2008年。

产是以天然草场与人工饲草料(或精饲料)相结合的方式,即草原畜牧与棚圈养畜相结合的方式。这种类型在当地最为普遍,见之于在各个乡镇插花式定居的哈萨克牧民。他们的定居点离春秋草场较近,离冬草场较远。

访谈14:果子沟乡民。

这一条街的屋子都是哈萨克牧民的,现在都空着没人住。夏天嘛都上山了,到冬天又迁回。偶尔有几户开着门的,就剩下些老人和娃儿。哈萨克族很敬老,这里的人都很敬老,比起内地来说要好多了。以前因为穷或者是认识上的原因,有不敬老的现象;现在基本上没有了,不敬老就会让人瞧不起,那是很丢人的。现在牧民有车都方便得很,没车的都雇车,把米、面粉都拉上山去,在下边买点蔬菜、水果,山上摘点野菜,主要还是以牛羊肉为主。山上天气比较冷,吃完羊后还把它风干。牧民的毡房也有电用,靠太阳能电池板发电。有些家子里的娃儿放暑假那会儿也跟着上山帮忙。

访谈15:萨尔布拉克镇牧民。

我去年开始冬天就不再往牧场去了,羊在棚子里养着,买苞米喂。今年的饲料费又涨了,但也没办法,等到春天我弟弟再把它们带到牧场上去。房子是政府给安排的,补贴了7万,剩下的我们自己来出。春牧场离这里不远,冬牧场就远了。今年还算好,羊没有死掉,有些产了双羔。

第三是非游牧型。这种类型的牧民家庭是完全定居的。本文之所以将这类牧民放置于游牧方式来谈,是因为他们的家庭内仍保留有一定数量的牲畜,只是牲畜的饲养更深地嵌入到周围的农业与定居文化当中。但无可否认,游牧群体的社会文化并没有因此而消失,仍然为这些牧民生活中的主导影响力。其中,一部分牧民仍依靠牲畜为主要收入来源,他们所拥有的牲畜不再靠天然牧场而食,而是一年四季都留在定居点集约化的棚圈里圈养,些许类似于农区养畜的形式;但其生产活动的重心仍是牲畜,这点与农民以作物为生产重心又截然不同。另一部分牧民以种植农作物或从事其他生计为主(在赛里木湖等景区,一些牧民已经以发展牧家乐作为主要收入来源),家里剩下的牲畜或圈养,更普遍的情况是交由亲戚或专业代牧户代为放养。这些代牧人,有的属于四季游牧,有的也只是半季游牧。如果是专业性质的代牧,一般会收取每只绵羊每月15—20元的代牧金。同样的情况也发生在农区——牲畜育肥,散户将自家的牲畜在夏季交由代牧人上山通过天然草场代放,春秋在农区附近的河滩、零星草场放养,冬季收回。至少从形式上看,牲畜收入只是这部分牧民或育肥户家庭里次要的经济来源,养畜成为他们的兼业行为,而其收入渠道也是最为多元化的。

访谈16:大西沟乡牧羊人。

这群羊不是我自己的,好几家子呢。他们出钱买羊,然后交给我一起放。他们平时不管,有的种田去了,有的还干点别的行当。等着羊养大了他们就过来逮羊,我收点辛苦费,一只羊一个月下来就收个15块。以前只有城里人这么干,现在我们这里有钱的农村人也这么干(买羊让牧民代牧育肥),像我这样的人也开始多起来。

访谈17:赛里木湖小牧民。

我在镇上上小学,家里还有妈妈、妹妹和舅舅。(问:你们家里的牛羊呢?)我们自己不放,都让别人帮忙(代)放。舅舅每天都会骑着摩托车,领那些来这里玩的人到山上边。现在我们家里正在建家庭旅馆,到时候他们(游客)再来这,晚上就有住的地方,住到我们家里去。今天早上一个大姐姐来喝我们家的牛奶,五块钱一碗。她说没喝过这么好喝的奶,喝完又要了一碗(笑)。

笔者注意到,霍城县的牧业生产活动近年来有一个先分化再组合的趋势。在定居后初期,牧民的生产方式发生分化。四季游牧型的家庭数量逐渐减少,半季游牧型与非游牧型的家庭逐渐增加。这些家庭里一开始都是混合经营,兼有农牧生产,生产分工并不明确,即分化的过程。但近年来,牧民家庭的分工愈发细化,趋向于将家庭兼有的牲畜或土地交由他人合群代牧、流转代耕;而自己则将优势资源集中,集约化经营其中的某一种生产活动,即组合的过程。

这其实也是农牧业内部社会分工不断再细化的一方面体现。面对整体生态环境的改变,农业和牧业各自都处在不断变化调整之中,并加强联系,以适应这种变化。农牧业之间以前所未有的程度频繁互动交流,彼此的界限也变得越来越模糊,都成了一种基本的谋生手段。依附于各自生产方式的文化生态和政治传统影响力在逐渐减小,在更大的经济环境和文化环境之下,无论农业还是牧业,都成了大环境中的一个方面。这种变化是以一种难以让人感受到的微妙形式在进行,就像农牧业之间进行的交流是为了各自获得更大的经济利益。相当数量的农牧民在当代都选择新的生产生活方式,以适应不断变化的大环境。对于牧民而言,他们一方面通过加强与外界的交流与联系,从而维持传统的游牧经济生产;另一方面也在尝试减少对游牧的依赖程度,转向其他的生产经营。

在更高纬度的经济生活之下（如全球化、工业化与城镇化的力量），他们一边适应，一边坚守。这看似非常矛盾，但其实又非常自然。

第四节　霍城县农牧业经济的思考

一、农牧业经济的空间格局

由于地处伊犁河谷，霍城县经济既是一个具有特殊性的、边远地区经济的区域性个案，还是具有普遍性意义的、典型的河谷经济。伊犁河谷开阔地带的地理环境意味着此处山地地貌与流水切割平原地貌同时并存，如此条件下决定了河谷地区能够同时发展农业种植与山地游牧。笔者不止一次地强调，霍城县是一个半农半牧的农牧结合县。为了方便论述，以上两节分别将农、牧业各自从作为区域性整体的农牧经济中单独抽出作专门的考察（见图4-5），因此本节还有必要将二者统一起来，并总结二者的联系。

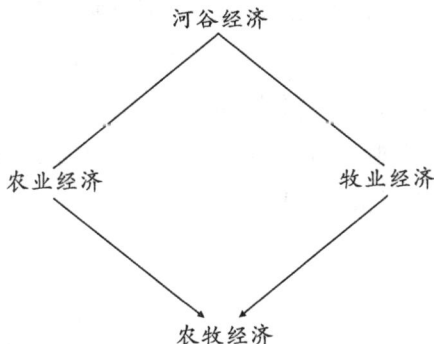

图4-5　霍城县农牧空间格局几何图①。

如前文所述，霍城县地势北高南低、县域地形由东北向西南倾斜，整体呈扇形：以县城中部所在地为扇圆心，北部、东北部的大部分地区为山地地貌，作为扇形的最外沿。此处为全县海拔最高的第一阶梯，以牧业生产为主，姑且称之为北山林牧区，其中包括果子沟、大西沟、萨尔布拉克等乡镇。而朝西南方向收缩为海拔次高的丘陵地貌，包括芦草沟、三宫乡等乡镇。此处亦为山地与平原的缓冲过渡地带，兼有农牧经营，故可视为农牧交错地带。再往扇心延伸，则为海拔最低的平原地区，也是城镇集中分布的地区，包括清水河镇、水定镇、三道

____

① 图由笔者绘制。

河、惠远镇等乡镇,皆为全县粮食和经济作物生产的重镇,可视为农耕核心区。县城西南角为沙漠,占经济生产的比重较低,在此暂不作探讨。从中不难发现,霍城县自身农牧经济类型的差异性与各区域内部自然条件的差异性特别是地形的差异是十分吻合的,即扇形的最外延主事游牧、扇形中区的农牧结合和扇心区的主事农耕。以海拔1 100米为界,则是霍城县农区与畜牧区的分界线①。需要指出的是,在霍城县农业经济系统的内部还可以热量和水分条件为指标,将农区划分为南部复播区与平原亚复播区。南部复播区分布在县城南部海拔600米以下的河谷平原与沙漠地区。平原亚复播区为海拔600—700米的水定、兰干、三道河、良繁场一线的长条地带。而海拔700—1000米的地带即为农区与牧区混合的过渡地带。

任一群体的生息繁衍都离不开具体的生存空间,都必须立足于特定的地域,并随着其生存环境的改变而改变②。以往在考察某一地区群体分布格局的时候,我们往往只看到群体分布既成的结果与现实的状态,从而忽视形成此种格局的深层次原因。其实,群体分布格局的形成与各个群体所从事和擅长的经济类型有很大关联。尤其是在一些存在着各个少数民族群体的社会以及农牧交错地带,这种群体分布的差异性就体现得更为明显。笔者认为,霍城县哈萨克族、回族、维吾尔族、汉族等四个主要的不同民族在特定区域内相对聚集、彼此之间存在着隐性的分界线与过渡地带,这正是由其主要经营的经济类型不同所决定的。而这种经济类型的不同,又取决于所处自然环境的显著差异(见图4-6)。

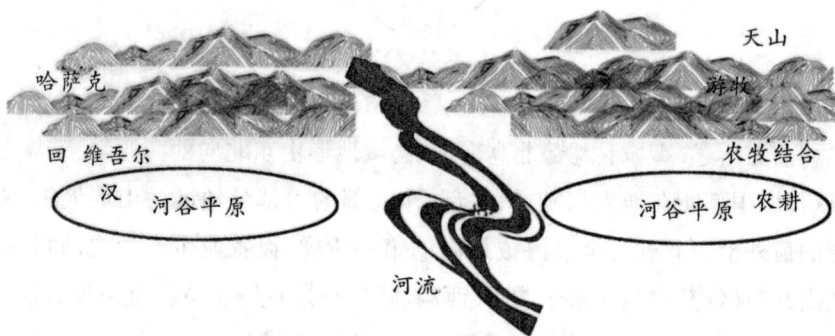

图4-6 霍城县农牧空间格局地形图

① 霍城县气象站:《霍城县农业气候手册》,第63页,1981年。
② 李克建:《中国民族分布格局的形成及历史演变》,《西南民族大学学报》(人文社科版),2007年第9期。

　　游牧所倚赖的特定自然环境即是山地、草原等地带,繁茂的草被资源与合适的气候条件为游牧的季节性移动提供了良好的栖息场所。就当地的情况来说,这一地区就是海拔较高的西天山支脉深处——别珍套山、科尔古琴山。可以断言,当地只要是以游牧经济为生的人口和群体,主要的生产区域和生活中心都离不开县城北部的北山林牧地带。换言之,生活在北山林牧地带的人口与群体,因为此种地理环境的资源赋予与制约因素,发展游牧成了其适应自然生态、从自然索取生存资料的适宜性生计方式。

　　哈萨克族是传统的游牧民族,长期以来从事着游牧生产的经济活动,故而当地的哈萨克族也主要集中在北山林牧区域。一旦他们开始走下天山高海拔地区,走向河谷平原,其生计方式则逐渐由传统的纯游牧向牲畜圈养的农牧结合,或农耕过渡。他们距离游牧中心地带的北山林牧区越遥远,则脱离纯游牧生计方式的程度越高,生产的重心越向农耕倾斜。现实情况下,哈萨克族此种对于游牧经济的偏离性,通过其定居程度和游牧方式反映出来。简而言之,仍旧抱守四季游牧方式的哈萨克牧民生产生活所处的地域最高,最接近于天山深处而最远离扇形中心的平原地区;改变既有传统转而半季游牧的哈萨克族牧民活动的中心更接近于农区;非游牧型的哈萨克牧民,在三者中则最靠近县城中心的农耕地带。

　　而回族则摇摆于农牧之间,其集中聚居区三宫回族乡位于扇形中区的农牧交错地带就是很好的例证。他们既处于农区以种植作物为主要生计,同时还兼养着牛羊。由于地处农牧交错地带以及语言、文化等习惯,回族在整个县城中更像是扮演各个群体间中间人的角色,在各群体相互的经济交往、文化交流中发挥着传播、沟通等重要功能。虽然维吾尔族历史上也曾存在游牧生活史,但该群体似乎早已忘却这段历史,亦早已经转变为农耕群体。以绿洲农业为所长是当下维吾尔族人经济活动的突出特点。除此之外,维吾尔族人还善于经商,喜欢从事小摊小贩的生意。在以上两种因素的影响下,当地的维吾尔族人多生活在城市周边的平原地带,与回族相类似地嵌于农业核心区与游牧核心区之间。

　　至于当地的汉族,其生活在高海拔山地的情况是极为罕见的。因为汉族并不擅长游牧生产,反而一直以来就以农耕为基础,因此当地汉族大量在城市、平原农区汇聚。

综上所述,自然环境的差异性决定经济类型的差异,并反映在民族人口分布的差异之中。如若群体人口改变原有生活的自然环境,基于最大报酬的理性原则,其所从事的生计活动也将或多或少地发生改变;如若民族人口改变原有的生计活动,则驱使他们迁移原有的居住和生活场所[①],即其所处的自然环境随之改变。总而言之,自然环境、经济类型与民族人口共同构成三位一体的农牧分布格局。这三个因子在整个格局中相互影响、相互渗透。

二、农牧业经济发展的问题

(一)生态环境问题

生态是历史的本相,毋庸置疑,无论农业还是牧业都具有生态性的特点。从根本上来说,二者都是人类利用和改变自然资源获取生存资料的生计方式,都是人与生态的互动。作为资源的馈予者,生态环境一方面为人类的生产活动提供前提,使劳动者得以通过顺应自然,并以其中的可利用资源作为生产资料或劳动对象,完成人与自然之间的物质交换。另一方面,生态环境的脆弱性与自然资源的贫瘠性,同时制约着人类主观能动性的发挥。农牧业生产无意识或有意识带来的人为生态破坏,反过来又会加剧其对生产的不利影响。

土地是最基本的生产资料,对于农业与牧业具有同等重要的经济意义,并通过不同的形式表现出来(耕地、草场)。在土地资源相对有限的情况下,农牧业经济生产互动关系的矛盾点,突出于相互间对土地的竞争。或者说,农牧矛盾的根源就在于土地资源的争夺。而制约草原畜牧业发展的根本原因又在于农牧矛盾的尖锐化[②]。由此推知,农牧争地是导致牧业发展滞后的决定性因素。

上文已经谈到,耕地有其脆弱性的一面,其面临着来自城镇化的压力,以及

---

① 例如,游牧民定居政策的实施鼓励游牧民下山居住,继而影响到其游牧方式的转变。在此意义下,先是生产、生活、自然环境的改变,再是经济类型的改变。另一方面,一些因为主观因素而主动定居、从事农耕生产的游牧民,更多地趋向于生活在平原、农区、城市之中。此一情况则先是经济类型的改变,继而是生活的自然环境也发生改变。

② 孟慧君、郭长春:《农牧矛盾尖锐化是草原畜牧业可持续发展的根本掣肘因素》,《生态经济》,1997 年第 2 期。

因不合理利用而遭到的破坏。然而,耕地的这种脆弱性只是相对的,在半农半牧的霍城县,草场资源表现得比其更为脆弱。游牧就最基本的层面来说,是人类利用农业资源匮乏之边缘的一种经济生产方式①。因而,其对生态的依附性也更为明显。如果把城市化、耕地、草场比喻成一个食物链,那么草场资源无疑处在最底端的尴尬境地。也就是说,农业耕地一方面受到城市化建设与干旱缺水带来的压力,一方面又将此压力转嫁到草场资源。

当地早期以开垦旱田的方式向草场索取耕地以寻求自身矛盾的解决,其首先直接压缩游牧的生产空间。牛羊也因为草量的匮乏对草根啃食得更深,进一步加重草场的退化。即使是后来人们开始认识到其中的利害关系,逐渐将霍城22万亩草场退耕还牧②,并通过飞播牧草、围栏等措施挽救改良草场,但是草场的破坏几乎是不可逆性的。哈萨克族老牧民就认为,对于牛羊而言,人工草场的草质与天然牧草相比有霄壤之别。同时,如笔者在前文所谈及的那样,耕地仍旧没有摆脱干旱、人口增长和城市化所带来的压力。因此,农牧区都各自因生态环境的恶化受到不同程度的影响,农牧民生活环境的进一步恶化,也必然动摇该地区农业与草原畜牧业的稳定发展。

(二)资源优势转化问题

生态环境的恶化基本是客观存在的事实,不同区域所面临的环境污染轻重各异,同时各地区兼具自身资源的比较优势。这里所说的比较优势,侧重于非整体系统性生态资源方面,主要针对的是地方性的其他特色资源。特色资源意味着一定的垄断,在区域内具有不可替代性,其赋予农牧业经济增长必要的空间,是形成产业优势与经济优势的前提。

霍城县农业输出品疆红花、薰衣草花卉、野生樱桃李、红葡萄等都是其他地方所不具有或少有的特色品种。在农牧业之外,当地还具备草原、沙漠、古城、高山、湖泊等丰富的观光旅游资源。但是,优势资源也只有通过合理有效的开发并投入生产,即资源的产品化和市场化,才能为当地财富增长、农牧民生活水平提高发挥作用。然而,当地优势资源的价值未能充分地映现出来,农牧业的

　　① 王明珂:《游牧者的抉择:面对汉帝国的北亚游牧部族》,第3页,广西师范大学出版社,2008年。

　　② 贺斌主编:《霍城县志》,新疆人民出版社,1998年。

发展也未能和其他产业很好地结合,使之难以从潜在的资源优势转变为真正的产业优势与经济优势。简要概括起来有以下几方面原因。

第一,市场因素的制约,使霍城县农牧经济发展处于不利的地位。市场环境是决定边远地区经济增长的重要因素。而市场是有层级的,一方面霍城县的地理位置处在偏远的边境地区,还没有完全形成完备的交通运输网络,与内地联系还不够紧密。市场的半径距离与广度不足,农牧产品向外输出的比重低。另一方面,由于历史的原因,当地经济基础仍非常单薄,居民的收入水平不算高,农产品产业化所导向的市场发育深度因此较低。

访谈18:惠远镇农民。

这地方主要是人太少,消费就少。有人的地方,收入高的地方(才好做生意)。我们这个地方收入不太高,这地方主要是农民。(这里)比较偏远,比较落后,交通不便。霍城县高速公路也就通了七八年,所以说它就比较闭塞,而且是国家的最西边,再有50千米就出国了。惠远嘛,总共有2.6万人,回族、汉族、维吾尔族各占三分之一,都是混合居住的。但是相对来说有一些地方他们维吾尔族人多。打工去,这地方没工厂,就这几年以后这地方才有工厂进来。像年轻人有力气,一天都能挣上个一百多块钱,我们那个年代一天的话五块钱、十块钱。

此外,除了市场的空间规模小,还存在标准不规范等问题。以薰衣草产业为例,霍城县与法国普罗旺斯薰衣草产地纬度基本一致,虽然掌握相当适宜的气候与土壤条件,但该作物种植过于分散,农户之间各自为战,没有协调,因而没有形成连片种植的规模化效应。薰衣草产品的销售方面,全县共计有逾约三十家的薰衣草加工企业,注册三十多个不同品牌商标[①]。这些加工企业不仅数量过多,尤其家庭式的小作坊过多,造成经常性相互压价的恶性竞争。各企业之间为了缩减生产成本,基本忽视产品的研发工作。粗放式的加工模式导致精油等制成品提炼程度不高。科技含量低,大大降低了农产品的经济附加值,不仅没有打造应有的品牌效应,反而影响到产品的识别度,不利于整体的市场推广。

访谈19:霍城县农业农村办公室主任。

---

① 数据由笔者实地调查获得。

霍城县的薰衣草加工企业可谓五花八门，质量上不去、档次上不去、品味上不去，根本就登不了大雅之堂。国际上那些知名化妆品加工企业都比我们要强，这样一来，我们就宣传不出去。旅游来的，也是官游多一点，疆内来旅游的多一点，外地的根本来不了多少，（于是）薰衣草产业在霍城还是宣传不出去。还有就是野樱桃、野酸梅，世界罕见、亚洲独有嘛，就在我们大西沟乡。国家对这些重点的领域、一些特殊的作物、濒临绝迹的东西应该出台一些政策，予以保护、研发、开发，从上层、顶层给设计一下、推一下，或不叫推，应该是拉一把。霍城县是"红地球（葡萄）之乡"，它和美国红提是一个纬度，光照、土壤几乎是一致的。但现在全疆都在种，农四师也种、农六师也种，实际上你化验一下，它们这些个的品质、含糖量等和我们这的不是一回事。也就是说市场不规范。按道理来说，种红提要什么标准？你不能说把西部地区红提都拿到内地去，那就砸了我们这个原产地的牌子。（当前的困境）用我们的话来说叫"特色做不特、亮点做不亮"。"不特不亮"的原因是上面的扶持政策（不到位）、专门的资金项目（不足够）。国家可以立个项目，给自治区某个院校也行，农业院所也行，给它一定资金去研发，然后再由我们来做规范市场的工作。

第二，劳动力要素的制约。现代产业的发展以劳动力为核心，边远地区的经济增长离不开群体的因素，群体劳动力在其中扮演重要的角色。但是，我国边远地区的教育发展和技术培训普遍处在落后的位置。霍城县亦是如此。霍城县并不缺乏农牧劳动力的数量供给，但因为学校数量少、专业技术培训机构不足且教育成本高，当地从事农牧业生产的人口受教育水平明显不高，其直接造成了劳动力文化素质低下，制约了现代化农牧业发展对人口素质的需求。需要特别指出的是，哈萨克族等逐水草而居的游牧群体，因其分散性、流动性的游牧经济生活，使其教育状况无论在过去还是现在都远远后进于汉族与其他农业群体的发展水平[1]。同时，在传统农牧业向现代化农牧业变迁的过程当中，农牧民的角色发生极大转变，其既有的生产知识技能容易与新职业的要求发生脱节，即农牧民面临再社会化的问题[2]。一旦再社会化过程中新旧角色的衔接产

① 娜拉：《新疆游牧民族社会分析》，第137页，民族出版社，2004年。
② 崔延虎：《游牧民定居的再社会化问题》，《新疆师范大学学报》（哲学社会科学版），2002年第4期。

生偏差,则容易出现新进劳动力资源的浪费现象。此外,群体文化对于劳动力整体素质的提高除了有促进的一面,也带来不利的一面。以当地哈萨克族为例,在逐渐定居以后,一些本群体的年轻劳动力似乎缺少物质财富与知识财富积累的思想观念。当需要用钱时他们就找活干,一旦挣足了钱,往往是直接用于消费,而非用于自身知识技能的再提升。这就限制他们发挥自身优势谋得更好发展的可能,也造成高素质劳动力供给的断裂。总之,在以上诸多因素的叠加之下,劳动力要素便难以达到霍城县农牧产业化发展对人才整体素质的要求,其自身的资源优势也难以转化为经济优势。

第三,技术与资金要素的制约。因为地处祖国的西部边疆,霍城县经济发展比较滞后,基础设施建设仍在不断完善之中。现如今其发展资金主要还是依靠上级政府的统一划拨,以及江苏省无锡、江阴两市对口援疆的财政支持,缺少自身的造血能力。一般认为,投资者往往更倾向于选择基础配套齐全、政策优惠、回报率高的区域进行投资①。如此一来,本地吸引外部资金流入投资的能力势必削弱,且本地资金也容易大量地流出。而资金的不足往往制约着企业生产技术的研发与升级,如果缺乏对农牧副产品的深加工,资源优势便只是作为一种潜在优势而存在,并没有得以转化为产品质量优势。

三、农牧业经济发展的探索

整体的生态环境是一个地区包括农牧业在内的经济发展的前提条件,保护生态环境并不意味着就丧失发展的机会,而是需要改变资源的利用方式,获取更多的经济增长空间。因此,针对霍城县资源优势难以转化为产业优势与经济优势的问题,笔者不揣浅陋,认为在基于保护生态、避免过度开发的原则下,可以尝试从以下几方面进行努力探索。

(一)生产领域

首先,发展农牧循环经济,并建立起有效的生态补偿机制作为保障。一方面,鼓励农民发展设施农业、庭院经济,施用绿肥、有机肥种植,减少对土壤的危害,并将秸秆还田和用于牲畜的饲料,达到农业哺育牧业的效果。另一方面,鼓

---

① 刘庸:《民族地区经济发展的九大制约因素》,《西北第二民族学院学报》(哲学社会科学版),2003年第2期。

励牧民逐步舍弃粗放式的游牧方式,通过生态移民、整体定居,完成由传统游牧业向现代化畜牧业的过渡。当然,这与完善牧民定居生活配套设施的建设有很大关联,只有配备了水电、道路、草料地、暖圈、医院、商店、学校等基础设施,才能保证牧民定居后"定得住、过得稳"。总的来说,应发挥政府的主导作用,比如可设立农牧业生态补偿基金,为生态农牧业生产提供资金支持,以弥补农牧民群体因大型生态工程(如退耕还林、还牧)而受损的利益。

其次,优化本地农牧劳动力资源的素质结构,关注农村劳动力转移以及游牧民定居后的再社会化问题。农村富余劳动力向城镇流动、游牧民集中定居而减少对草场的依赖程度是当地农牧业发展的两大趋势。从社会学的角度来说,农牧民因此在一定程度上自愿或被迫舍弃原有的生产生活模式,而处在一个较新的社会文化环境当中。于是,他们的角色定位、价值观念和行为模式将发生很大改变。这就要求农牧民学习新的知识技能以适应这种变化,更好地承担新的角色期待。为此,除了农牧民自身的努力外,还应该建立起合理的人才培养体系,有组织性地加强对农牧民的知识与技能培训,通过专业培训和技术培训,增强其对新岗位的劳动适应性。

再次,培育农畜产品知名品牌。第一,整合农牧业发展的资本,将分散的资金集中起来,逐渐减少家庭式小作坊的数量,重点打造几个知名的农牧品牌,注入文化内涵,发挥品牌优势效应。第二,健全优质牛羊肉、乳制品与优质农产品生产基地的建设,以龙头企业带动,提高对农畜产出加工的科学技术水平,丰富产品的种类与创新,增进产品储存和运输的保鲜能力,以增强农畜产品的市场竞争力。为此,当地的工商部门应引导和帮助特色农牧产品申请注册商标,指导商标的管理与使用,保护商标专用的合法权益;还应该完善农畜产品安全生产监测体系,以维护农牧品牌的优良信誉。

(二)流通领域

第一,规范市场体系的建设。围绕霍城县的薰衣草、疆红花、红葡萄、乳肉畜产品等特色农牧产品,将其作为农牧产业化的重点开发项目,配套搭建具有信息支持保障的销售平台,利用互联网、移动互联网等现代信息技术加大宣传力度;还可以到内地开办农产品产销会,以拓展这些农牧产品的商品流通渠道,并确保农产品有效进入市场,结成从生产者到消费者密切联系的流通网络。

第二,发展外向型农牧业。丝绸之路经济带建设倡议的提出以及中哈国际贸易合作中心的落成,标志着霍城县正式成为我国向西开放的桥头堡。因此,农牧业的发展应该充分利用这一有利契机,将农产品的市场由疆内向内地延伸,由国内向国外延伸。着重发挥边境贸易对于提高开放型经济水平的引领作用[1],重点依托霍尔果斯口岸,并以清水河镇作为经济区的辅功能区,积极推动与中亚五国的对外贸易。针对中亚五国的市场需求,强化农牧生产企业的技术交流与合作,加大农牧产品的出口力度。

(三)消费领域

因地制宜、合理布局,将农牧产业与第三产业有机结合,重点打造集农牧产品销售与文化观光旅游为一体的特色农牧业名片。旅游业被视为边远地区经济发展的支柱性产业之一,其中文化旅游以其丰富的内涵、独特的魅力、适合不同层次的旅游者而备受青睐[2]。群体文化资源的异质性可作为西部地区旅游开发的核心竞争力。霍城县是一个多群体聚居区,维吾尔族、回族、哈萨克族人数较多,各个群体很大程度上仍旧保留了厚重的传统民俗文化以及浓郁的地方民间地方文化[3]。霍城县又是一个历史文明地区,县境内坐落着察合台汗国都城故址阿里麻里古城、吐虎鲁克·铁木尔汗麻扎、清代伊犁将军府等众多历史文化遗迹。霍城县还是一个生态风貌园,拥有以赛里木湖—果子沟为代表的山地草原风貌、以图开沙漠为代表的绿洲沙漠风貌、伊犁河沙枣次生林为代表的河谷草甸风貌等丰富的自然景观。可见,当地不仅仅是自然资源的丰厚地区,还是人文资源的聚集地。因此,在旅游资源的开发当中,霍城县应突出地方特色,将历史文博、民族文化与生态农牧业结合起来,充分发掘其间的交集与契合点,发展绿洲生态与草原生态旅游。

---

① 李芳、吴桂华:《论边境贸易在提高边疆民族地区开放型经济水平中的引领作用——以新疆霍城县为例》,《黑龙江民族丛刊》,2009 年第 6 期。

② 李晓霞:《民族传统文化与西部地区文化产业的发展》,《新疆社会科学》,2003 年第 3 期。

③ 除地方民间地方文化之外,大西沟的福寿山庙还是清代新疆最大的民间地方文化活动场所。

结　论

本章透过区域经济学的视角,结合文献资料与田野调查,以农、牧业为中心,对霍城县社会经济发展状况进行考察和反思。

前半部分着重论述当地的农业耕地、农作物种植、农村劳动力转移以及农民的家庭经营方式,试图阐明其相互之间的关系。可以看出,农业人口的不断增加与农业耕地的不断减少,使农村相对的人地均衡逐渐被打破,加之农业生产效率的提高,导致当地农村富余劳动力的出现。这部分富余劳动力为了谋得更好的发展机会与经济资源,越来越多地流动到城镇当中。同时,继续依靠种植为生的农民有了通过土地流转获取更多生产资料的机会。在劳动力转移与土地流转的共同作用下,当地农民家庭的经营方式趋于多样化发展。

后半部分着重论述牧场的四季划分与利用,游牧迁徙的时间与空间过程,牲畜结构以及牧民定居背景下的游牧方式。试图理清生态环境与牧民相互适应的过程:因为草场资源的不断退化,已无法全然满足牧民的四季游牧,一部分牧民开始定居下来,其游牧生产生活方式也发生改变,不再完全依赖于天然草场资源,而是替以半季游牧。从生态人类学的角度来说,定居及半季游牧也是牧民对生态环境变迁的应对与调试。

最后一部分是对于当地农牧业经济发展的相关思考。首先总结归纳了霍城县农牧空间分布的格局,尝试阐释自然环境、群体人口与经济类型之间密不可分的相互关系,并试图通过霍城县为特殊性的个案,概括伊犁州河谷经济的普遍性特点。此外,该部分还分析了当地农牧业发展所共同面临的生态问题和资源优势难以转化为产业优势与经济优势等问题。笔者结合调查了解到的情况,提出一些粗浅的想法:认为当地应继续着力于发展农牧业生态循环经济,优化对农牧民的知识与技能培训,整合农牧产品加工的品牌与企业,规范市场体系的建设,依托霍尔果斯口岸发展外向型农牧业;并充分将旅游等其他产业以及民族文化的元素嵌入到农牧业发展当中,发展绿洲生态旅游与草原生态旅游。

第五章　唐汪社会生活变迁考察

　　唐汪位于甘肃省临夏回族自治州东乡族自治县,东西长约 10 千米,南北宽约 5 千米,总面积为 46 平方千米。因其在洮河下游谷地,境内群山环抱,地势平坦,故也称作"唐汪川"。由于唐汪地处青藏高原和黄土高原的交接地带,受到汉、回、东乡、藏等民族地域特色文化以及佛教、道教等的影响,从而孕育了其独特的历史文化和人文景观。唐汪的姓氏源流、群体关系、文化知识、社会生活等内容都值得深入研究。本章试图以社会史的视角去审视、探讨相关内容之间的深层结构与内部联系。

　　作为专题研究,本章围绕"唐汪唐姓家世及其相关问题"与"唐汪土城与乡村社会生活"两大部分展开。

　　唐汪有唐、汪、张、马、赵、杨、董、何、李、黎、妥等姓氏。在大部分姓氏中,都存在同姓异族的现象,即在源流上来自同一个祖先,后来却分化为不同的群体。其中,唐姓最具有典型性。"唐汪唐姓家世及其相关问题"一节从唐姓的源流入手,分析了唐姓汉族、回族、东乡族形成的原因。正是因为唐姓三族具有同宗渊源关系,所以其群体关系才表现为融洽和睦的特征。由于群体的多元特色化形成了文化知识上的多元化,这种多元特色深刻影响了唐姓族人的文化心理。由于同时受到多种群体、多种文化的交互影响,使唐姓具有一种包容、开放又不失其独特性的文化心理,使其内部心性获得一种精神张力。这种张力对唐姓的进一步发展,具有深远而重大的影响。

　　大约在清末民初,在唐汪的中心区域,由当地居民自发组织修筑了一座面积大约为 0.3 平方千米的土城。第三节即围绕土城及其相关问题展开。在笔者对唐汪旧城遗址进行实地考察的基础上,结合考查资料和文献资料,对唐汪旧城修筑的原因、作用以及它的衰落做了初步的探讨。

　　我们以唐汪为主线,从纵横两个方面立体地考察了其社会生活的变迁和内部的关系,比照前人的研究有一定的收获。

第一节 绪 论

一、研究背景

唐汪是甘肃省临夏回族自治州东乡族自治县的一座小镇，东经 103°31′，北纬 34°47′，东西长约 10 千米，南北宽约 5 千米，总面积为 46 平方千米。因其在洮河下游谷地，境内群山环抱，地势平坦，故称"唐汪川"。唐汪东起葡萄山拱北豁岘，与东乡大坂接壤；西至峡口八咪山，与刘家峡水库毗连；北隔洮河与临洮县红旗乡相望；南傍牛形山，与东乡县大树、北岭、董岭各乡接境。唐汪镇辖唐家、胡浪、汪家、上城门、下城门、白咀、塔石沟、照壁山、河沿、舀水（含打柴）、张家、马巷等 12 个行政村、69 个社①。全镇共有 14 107 人，其中汉族 6 227 人，回族 2 387 人，东乡族 5 489 人，藏族 4 人。总耕地面积 8 148 亩②。

唐汪的姓氏文化、社会生活、文化知识以及群体关系值得深入研究。但相关的研究成果不多，因此本文将其作为关注点予以研究。

唐姓是唐汪第一大姓，据说于元末明初迁居于唐汪。从《汉卿家谱》到当地的口碑材料来看，此说并非只是传闻。而汪姓迁来唐汪的时间相比唐姓要晚。但到底何时迁来，还需深入研究。唐汪除了唐、汪两大姓氏之外，还有张、赵、杨、马等姓氏。值得注意的是，唐汪的姓氏和不同民族之间存在着一种内在的有机联系。其实在唐汪的大部分姓氏中，都存在同姓不同族（回、汉、东乡）的现象。由于唐姓最具有代表性，所以本文以唐姓为例探讨姓氏、民族与信仰之间的关系。

清末民初，现唐汪镇址所在地坐落有一座土城。田野调查得知，在 20 世纪 50 年代，唐汪旧城的城墙还存在。众所周知，历史上中国的城市或是乡村，城墙都是较为常见的。但唐汪的城墙存在有其特殊性，本章将对此予以较为深入的分析。作为连接河州、兰州的通道，唐汪在历史上发挥了重要作用，这种作用表现在交通、经济、文化交流等多个方面。唐汪土城的出现与其所处的交通区位是有密切关系的。由于处在交通连接点，来往人员复杂，使得唐汪人不断加强自我防御意

---

① 汪鸿明主编：《唐汪回民小学校史》，第 1 页，甘肃人民出版社，1997 年。
② 数据由唐汪镇政府办公室提供，时间：2011 年 4 月。

识来保护自身,可能在此种情状下,唐汪土城出现了。而唐汪土城的出现也深刻影响着唐汪社会生活的各个方面。通过对唐汪社会史的考察,笔者企望解释潜藏在此社会图景之下的某种文化图式,及其之所以能够在唐汪形成的原因。

二、研究学术史

到目前为止,研究唐汪的成果甚少,目前只有 6 篇(部)相关论著,具体评述如下:

马兆熙的《东乡唐汪人的民族心态探析——兼谈东乡唐汪地区的民族融合现象》①一文认为,唐汪人的群体心态错综复杂,极具有特殊性。文章从唐汪历史上的群体融合、同化现象中探析唐汪人特殊的群体心态及其产生、发展的原因,认为唐汪人特殊群体心态的产生是在唐汪特殊的地理环境、文化背景前提下,与唐汪地区历史上频频发生的群体融合现象以及婚姻、个人功利的考虑等诸多因素的影响和作用有关,也是唐汪地区人文地理环境以及唐汪历代政治、经济、文化等诸多方面的表现之一。文中所称唐汪人"重家族、轻民族"的民族心态可谓一语中的。

马兆熙与马世明合著的《东乡唐汪川唐氏家族》②通过对唐汪唐姓家族形成、发展及现状的论述,主要分析了唐姓回民家族形成的原因。最后得出结论,唐氏宗族二房头部分后裔皈依地方文化后,逐渐淡化与唐氏宗族的关系,受唐汪川特殊的地理环境、文化背景的影响而形成一个兼有汉族文化和地方民族文化特色的家族。他们指出,这个家族的形成和发展是东乡唐汪历史上(元代以后)频繁发生的群体融合现象的一个缩影。该文是探讨唐汪唐姓源流问题的首篇成果。

陈德安的《试论川西石棺葬文化与辛店文化及"唐汪式"陶器的关系》③一文,其主旨在于讨论川西石棺葬文化与唐汪式文化("唐汪式"文化属于辛店文化的亚型)之间的关系。文章认为,从类型学的角度讲,唐汪式陶器和辛店文化陶器,都和川西石棺葬文化的陶器有较为密切的亲缘关系;在器形和纹饰上,唐汪式陶器和川西石棺葬文化的陶器有许多相同的特征。但该文论述的重点主

①　马兆熙:《东乡唐汪人的民族心态探析——兼谈东乡唐汪地区的民族融合现象》,《甘肃民族研究》,1999 年第 2 期。
②　马兆熙、马世明:《东乡唐汪唐氏家族》,《甘肃民族研究》,2000 年第 3 期。
③　陈德安:《试论川西石棺葬文化与辛店文化及"唐汪式"陶器的关系》,《四川文物》,1989 年第 1 期。

要放在川西石棺葬文化的研究,而与唐汪关系不大。

唐汪人所说的方言唐汪话因其独特性而引起语言学界的关注。目前已有两篇与之相关的学术成果。一是阿·伊布拉黑麦的《甘肃省境内唐汪话记略》[①],一是徐丹的《唐汪话的格标记》[②]。阿·伊布拉黑麦认为,唐汪话是一种既不同于汉语也不同于东乡语的语言。唐汪话比较特殊,一方面其词汇中绝大部分词是汉语的,另一方面它又讲究数、格、态、体等语法范式。这些范式与相邻的东乡话极为接近。徐丹认为,唐汪话的基本词汇是汉语的,语序以宾—动为主;语法接近阿尔泰语系的蒙古语族。唐汪话的宾格标记"哈"和河州(临夏)话有相通之处。唐汪话里代词第一人称和第二人称单数的标记格,来自人称代词和宾格标记"哈"的合音。唐汪话中"后置词 + 格标记"的句型显然是由于语言接触而形成的混合句法形式。这两篇论文独辟蹊径,从语言学的角度对唐汪话做了详尽的描述,为西北土语甚至西北方言的进一步研究提供了很好的案例和材料。但这两篇论文探讨的对象,仅限于语言学或音韵学的范畴,并没有因此展开讨论唐汪话之所以表现出特殊性的深刻历史原因和地缘因素。

汪鸿明先生主编的《唐汪回民小学校史》是第一部也是目前为止唯一一部有关唐汪教育史的专著。该书以历史时间为线索,以唐汪回民小学的史实为中心,详细论述自清代光绪年至20世纪末唐汪地区一百多年的教育史。该著作基本厘清唐汪办学历史的脉络,史料较为充实,内容详尽,是做唐汪历史文化专题研究,尤其是教育史研究不可多得的参考资料。

此外,对本文有启发指导作用的论著有:周伟洲的《西部外来多元文化与西部大开发》(人民出版社,2009 年)、杨建新的《中国西北外来史》(民族出版社,2009 年)、韩中义的《西域苏非主义研究》(中国社会科学出版社,2008 年)、马自祥、马兆熙的《东乡族文化形态与古籍文存》(甘肃人民出版社,2000 年)、陈其斌的《东乡社会研究》(民族出版社,2006 年)、马志勇的《河州民族论集》(甘肃人民出版社,1995 年)、丁宏的《回族、东乡族、撒拉族、保安族民族关系研究》(中央民族大学出版社,2006 年)、严梦春的《河州回族脚户文化》(宁夏人民出版社,2007 年)、马进虎的《两河之聚:文明激荡的河湟回民社会交往》(甘肃民

---

① 阿·伊布拉黑麦:《甘肃省境内唐汪话记略》,《民族语文》,1985 年第 6 期。

② 徐丹:《唐汪话的格标记》,《中国语文》,2011 年第 2 期。

族出版社,2006 年)、赵杰的《论回汉群体关系亲密的四大共因》(《回族研究》,2007 年第 1 期)、马宗保的《论回汉群体关系的历史特点》(《西北民族研究》,2001 年第 4 期)、马燕的《历史上回汉民族的社会交往》(《青海民族学院学报》,2008 年第 2 期)、马建春的《浅析族群关系中的文化认同——以河湟地区族群为例》(《西北民族大学学报》,2005 年第 4 期)等。这些著作中,有些涉及本研究的部分,可作为借鉴或参考。

第二节　唐汪唐姓家世及其相关问题

一、唐姓源流考察

唐汪,顾名思义,就是唐、汪两姓氏结合形成的地名。除了唐姓、汪姓外,唐汪还有张、马、赵、杨、董、何、李、黎、妥等姓氏。在唐汪所有姓氏中,唐姓比例最高。唐汪总人口为 14 107 人,五个唐姓村总人口为 6 710 人,约占全镇人口的 48%[①]。就唐姓源流问题,马兆熙、马世明在《东乡唐汪川唐氏源流》一文中做了梳理,并提出三种观点:退役落户说、移民屯边说、犯法充发说。这三种观点虽不尽相同,但在唐姓定居唐汪川的初始时间上基本一致,即元末明初[②]。在本文中,笔者结合田野访谈资料以及考古资料,试图对这一问题作一补充性的探讨。

(一)唐姓与白马将军的传说

唐姓是唐汪最大姓氏,但该姓何时到达唐汪,史籍阙如,无从可考。民间口碑材料和传说或许能提供一定的线索。在照壁山村有一座唐氏宗祠,当地人称为"唐氏老庄",但一般口头上称"老祖庙"或"老先先庙"。根据庙内碑志[③]的说法,该宗祠是甘肃省境内唐氏家族共同信仰和祭祀的公共神庙。相传此宗祠始建于元代,并在历史上曾多次维修翻建。1929 年被烧毁,1946 年重建大殿,1966 年再次被毁。现在的大殿是 1986 年重建的。庙院一进五院:照壁、三花门、山门、过厅、大殿、后沐。庙内大殿里供奉着佛祖孔雀明王宝贝佛、唐氏宗神白马显德将军、唐氏门中先祖牌位和唐氏祖辈排录。其中白马显德将军据说就是唐汪唐氏的

---

① 数据由唐汪镇镇政府办公室提供,时间:2011 年 3 月 11 日。
② 马兆熙,马世明:《东乡唐汪川唐氏家族》,《甘肃民族研究》,2000 年第 3 期。
③ 此碑志在后文做详细分析,此处从略。

第一位先祖,被当地的汉族人供奉为祖神。相传白马将军祖籍四川,名字也不可考,是元代驻守兰州华林坪的一位参将。白马将军告老还乡时路经唐汪,发现此地水草丰茂,松杉满山,榆杏遍川,于是就定居于此。

笔者在唐汪做田野调查时,塔石沟村的一位老者如此说:

我们唐汪,一个是唐家,一个是汪家。唐家人来着已经将近700年了。我们唐家是元朝社会时来哈的。来的时候,这里全部是林稞(意为树林,笔者注)。我们来了种地,保护唐家的是老祖爷,叫白马将军。就是那个老祖庙……现在的话来说,老祖爷是团级干部,保我们唐家人。后来我们信仰了(老祖爷)。①

此段话是唐姓汉族对白马将军传说的历史记忆,具有一定的代表性。

现今,唐姓回族、东乡族尽管不参加老祖庙的任何祭奠活动,但对共同祖先的历史记忆中,却与唐姓汉族是一致的。胡浪村的TGX说:

以前我们这地方不叫唐汪川,叫唐家川。照壁山那个老祖庙里供的就是唐家人的先人,据说叫白马将军。汪家人是以后迁来的。在1949年之前,我们小的时候和下面的人还走动着。下面老祖庙里有事,我们这边的人还去。后来,就慢慢淡了,不走动了。②

这与塔石沟村说法是一致的。关于白马将军的故事,除了村民口耳相传之外,还有文字保留在唐姓回族唐汉卿所撰家谱中。此人被当地人称为老秀才,曾任唐汪回民小学的校长以及教务主任,现已过世多年。《汉卿家谱》称:

我们唐姓家族的祖先,原属四川省人。早在元末明初,唐姓这个人当时是一员元朝末年的兵卒小头领,职衔"白马将军",驻守华林城(指兰州市华林坪,笔者注)。他到了晚年退伍后,因多年当兵,可能和家乡失去了联系,所以退伍时,主动要求就地落户。结果他选择洮河汇入黄河尽头的地方——八眉山麓(指吧咪山,笔者注),洮河之滨,河谷峡地"地滩寺"落户。③

尽管该家谱撰修时间晚,亦缺乏可信度,但如果将此本家谱中的"元末明初"从朱元璋1364年建立西吴政权算起,距今有650多年的历史。这和前文中塔石沟汉族老人所说"700年"基本一致。所以,根据现有的材料来看,唐姓迁

---

① 田野访谈资料,访谈人:TZC,76岁。时间:2009年2月8日。
② 田野访谈资料,访谈人:TGX,69岁。时间:2008年10月12日。
③ 引自《东乡唐汪人的民族心态探析——兼谈东乡唐汪地区的民族融合现象》一文。(这个家谱虽多次寻觅,终无音讯。只好转引,特此说明)

居到唐汪的时间大致在元末明初,或明中叶。

马鹤天①在护送班禅入藏时路经唐汪川,并有如下描述:

据谈:唐汪川原名唐家集,当时仅有唐姓一族,原籍四川柳树庄人,在元忽必烈时为参将。其时此地为藏民所居,元军逐之,唐参将遂流落此间,子孙繁衍,日益众多,现传至十四代。②

显然,马鹤天的笔记中所称元忽必烈时的参将就是唐姓传说中所指的"白马将军"。

(二)排行字辈与唐姓

字辈,是表示家族辈分的字,也称派号。字辈命名是中国姓名文化中常见的取名方式。唐汪唐姓也是以字辈命名的。在唐氏祖庙内的碑志上有如下表述:

当闻古人有言,子之有父,父又有父,父父无始。父之有子,子又有子,子子无终。人之有论,木之有本,水之有源也。欲族之旺,必正其论;欲木之茂,必固其根;欲流之远,必根其源也。我唐氏族中排行自从千、斗、岂、洪、得、寿、敬、尊、汗、正、自、成、有、万、增(文)、玉(国)、士(占),以下已告结。前有族中秀才唐晓霞、唐明如、唐晓泉等人不忍乱论,经取定排行文字二十八辈排列晓伦,计开:致、仲、和、学、勤、尚、廉、广、进、修、祖、德、施、延、刚、宗、礼、少、述、民、泽、开、富、源、承、启、昌、繁,存于唐氏老庄祖神庙。③

与中国其他姓氏字辈命名的寓意一样,唐姓所使用的字辈也是取子孙后代昌盛、繁荣、发达之意。现在的唐姓已延续至学字辈,从千字辈算起,现在只有21代。如果每代以20年计算,也只有400多年,这与《汉卿家谱》所记和田野资料有出入。显然,在千字辈与白马将军之间还有约200年的唐姓延续情况,但在千字辈与唐祖白马将军之间的字辈阙遗。不过,在清初中叶,唐姓就已经在

---

① 马鹤天:国民政府的高级官员,曾就职边疆。他一直密切关注祖国边疆,倡导国人重视边疆,并亲自走上考察的道路。西北、内外蒙古、东北、康藏皆留下他的足迹。他在考察途中,详细记录所见所闻,陆续整理出版多部考察行记和论著,在当时引起很大的社会反响,也为后人留下许多边疆社会珍贵的历史记载。参见赵夏:《马鹤天先生对边疆考察和研究的贡献》,《中国边疆史地研究》,2003年第4期。
② 马鹤天:《甘青藏边区考察记》,第4页,中国国际广播出版社,2016年。
③ 照壁山唐氏老庄碑志。

唐汪居住,且有明确的文献记载,主要存于石窟题记、碑记。

2009 年 8 月 11 日,笔者对红塔寺石窟进行实地勘察,发现大量石窟内的壁画①。在洞窟内的壁画上有一处落款,内容如下:

西方圣境:愿主唐守宰募化亲眷,唐氏子赵伏成,消今生之罪,□种来世之因果,思地狱□发,发菩提心,心成就诸佛,菩萨金像,保佑土大时中,吉祥如意,万事亨通。大清康熙癸丑年八月十三日开光。

这段题记与洪塔寺(红塔寺)碑记印证。《洪塔寺募化施舍常住记碑》有如下记载:

洮河古为枹罕地。境内不少名刹,而洪塔寺为最者。创自前代而建修者则在康熙十三年。里人唐守之功德。为□□□□问弥勒世尊暨阿难迦叶乃天成也。古洞幽邃,高塔峥嵘,郭公其诚一方之胜概云。康熙丁酉间功德杨朝隆、唐进臣、汪加琮、唐志祥诸人于瞻拜之际,度其规模宏敞,增建大殿于□□。雍正二年,功德唐玉祥、唐宗乾、唐宗训又建献层楼。乾隆元年,功德唐进举、赵伏侯重建中殿。□之旧制,令人改观焉。乾隆二十三年,功德唐宗真、唐宗卜、唐宗林、董邦选、范文宝又见悬崖幽致,遂修观音阁于其上焉。山势□□,林木蓊□,贻仿佛落伽之地。是寺也,傍山而禽鸟参禅,近水而鱼龙听法,游人随喜而不忍去。高僧至止而愿高楼,此所以甲于洮河之诸刹也。但富于烟火而疏于供养。寺终将湮焉。兹于康熙四十四年而施田地为香烟资者。则功德唐有教,唐守宜等一户四汉之力也。雍正九年,施以山门外地一垧有半,而为众僧常住者,则唐宗汉之力也。厥从施以粮供而为殿内香□者,则唐汉龙、唐汉法、唐汉宁等之力焉。乾隆三十一年,施大头水而秉为常住者,则唐宗奎、唐奉祥、唐宗瓒、唐汉法、唐正喜一户四汉之力。为会值四月初,乃□□玉宫太子悉莲□□降生之日也。正收心弟子唐汉智募化□信,施舍粮资,共登善果,亦足以媲美前人焉。故勒之于石,以垂□云。②

上川一庙唐宗政、唐宗孝、唐汉忙、唐汗左、唐汗□、唐汗达、杨启明、唐汗

---

① 此次考古发现引起省州县各级文物保护部门的注意。州县文物保护部门于 2010 年 1 月对红塔寺石窟进行调查,并在《民族日报》做了题为《甘肃省东乡唐汪镇首次发现大面积的石窟壁画》的报道。

② 此段碑文收录在张思温主编的《积石录》(甘肃民族出版社,1989 年,第 376—378 页),碑记中有关募捐的明细记录被省略。

朝、唐汉玉、杨伏才、唐汗善、唐汗功共施□一十四千四百文;唐汗宁、白氏子□□□□□□□唐自玉、唐自海、唐自伦、唐自林、赵□□、□□□、唐自□、赵世宗、唐自音共施常住十千八百文;唐汗为、唐汗臣、唐自言施□一千八百四十文;众人施□□□□□□□□□□□□ 唐洪祥、唐近□、唐近户、唐近□、□□□、□□□、唐伏善、唐伏臣、唐伏保、唐伏林、唐汗照、唐汗树、唐汗礼、唐汉洛、唐汗成、唐汗卜、唐正洪、唐正材、□□□、□□□、□□□舍施常住□二十四千文;一 二 □□□、□□□□二千三百四十文;唐自成施□一千二百文;

　　□□□□□□□□□□冯氏子□□□□□□常住□四千二百文;唐斗仰子、唐岂浩施□一千六百八十文;唐伏云、张氏□一千八百文;唐伏江、唐伏明、唐伏□、唐千印、唐汗伸、唐汗才、唐汗□、唐汗□、唐汗政、唐汉贵、唐汉岁、唐汉玉、唐岂岁、唐岂才、唐岂文共施常住□一十四千文;□□□、□□□、唐□□□二千四百文;唐岂虎、朱氏施□一串八百文;□□□□□氏共施□二千四百文;丙庄善男信女共宗施常住□九千六百八十文;唐岂庄□一千二百文;□□□、□□□□善男信女董氏喜施常住□□□□;□□子唐岂明、唐福寿、王氏共施常住□六千文。

　　释迦文佛降生四月初八,统领□□□□□□□□□唐汉知、张氏共施常住□一十二千文;□□子唐岂龙、唐岂对、王氏田氏共□一十二千文;孙唐□□、□□□常住□一千二百文……①

　　结合上述材料,现分析如下:

　　第一,三份文献中出现的唐氏宗亲有唐守宰、唐守在、唐进臣、唐志祥、唐玉祥、唐宗乾、唐宗训、唐进举、唐宗真、唐宗卜、唐宗林、唐有敖、唐守宜、唐汉

---

　　① 《洪塔寺募化施舍常住记碑》碑文。"常住"地域文化用语,意谓恒常永住,不会变异坏灭。亦特指寺院所有之财物,即不动庄园,是暗示僧众每年迁徙时仍留在原地不动的财产,具有不可分割的特点。(参见任继愈主编:《地域文化大辞典》,第1099页,江苏古籍出版社,2002年)

　　另,清代地方文化学者马注在其《清真指南》(余振贵标点,第432页,宁夏人民出版社,1988年)一书中也使用"常住"这一概念:"前人买置常住,或因绝嗣无依,无可寄托,欲求永久功德;或因有余之财,心存善念,希施济之回赏;或见善事当行,减食减穿,辛苦所积,欲净己身之恶孽;或慕想天堂,欲避火狱,计家产之宽容,以一半存度终身,以一半存想后世。常住之积,其用有三:一、为清廉主持做岁月养廉,二为遵守学者作经堂之使费,三为远来孤客及在地穷人周贫乏艰难"。

龙、唐汉宁、唐宗奎、唐奉祥、唐宗瓒、唐汉法、唐正喜、唐汉智、唐宗政、唐宗孝、唐汉忙、唐汗左、唐汗达、唐汗朝、唐汉玉、唐汗善、唐汗功、唐汗宁、唐自玉、唐自海、唐自伦、唐自林、唐自音、唐汗为、唐汗臣、唐自言、唐洪祥、唐近户、唐伏善、唐伏臣、唐伏保、唐伏林、唐汗照、唐汗树、唐汗礼、唐汉洛、唐汗成、唐汗卜、唐正洪、唐正材、唐自成、唐斗仰子、唐岂浩、唐伏云、唐伏江、唐伏明、唐千印、唐汗伸、唐汗才、唐汗政、唐汉贵、唐汉岁、唐汉玉、唐岂岁、唐岂才、唐岂文、唐岂虎、唐岂庄、唐岂明、唐福寿、唐汉知、唐岂龙、唐岂对等。活动时间是从1673（康熙十二年）年到1766（乾隆三十一年），相隔93年，大致出不了一个人最大享受年岁的范围。

第二，出现守、进、志、玉、宗、有、汉、奉、正、岂、自、伏、斗等字，有些是很有规律。其中如守、宗、汉、岂、自等字，应是字辈。查唐氏老庄内的碑志也有寿、敬、尊、汗、正、斗、岂等。碑志里的寿、敬、尊、汗应是题记、碑刻里的守、进、宗、汉。这些汉字比较整齐的对接，应不是偶然的巧合，而是字辈在文献延续。[①]

另外，在《续修导河县志》中，也可见到很多与唐汪唐姓字辈相同的唐姓名字：

唐隶华，字萼生，唐汪川岁贡生。性沈谨，博学多能，旁通岐黄堪舆之术。有贫不能延医者，不邀辄往，不惮烦，亦不索酬，为人卜葬地，则曰：阴地不如心地，只求风水无伤而已，识者以为至言。[②]

《续志》对唐隶华的情况有详细记载，能够确定他就是唐汪唐姓人。另外，从文中也能找到一些唐姓的名字：唐堂、唐海昌、唐万兴、唐增旺、唐仲彦、唐仲英、唐福禄、唐英保、唐大泽、唐哈才、唐学年、唐有录、唐五十三、唐仲科、唐永喜、唐永银、唐合得、唐随哇、唐尕三、唐客哇、唐六十五、唐春哇、唐顺成。[③]

这些名字中，有些和唐汪唐姓的字辈重合，比如唐万兴、唐增旺、唐学年都可与唐氏老庄的碑志和《洪塔寺募化施舍常住记碑》相印证。应该说，这不纯粹是巧合。至于这里的唐仲彦、唐仲英是不是唐姓中的仲字辈，不太好下定论。

---

① ［清］阿桂等撰：《钦定兰州纪略》卷十，杨怀中点校，第158页，宁夏人民出版社，1988年。

② 黄陶庵编纂：《续修导河县志》卷四《职官门》贤达条，民国本。

③ 黄陶庵编纂：《续修导河县志》卷五《人物门》忠节条，民国本。

因为唐汪唐姓的仲字辈出现大致是在 20 世纪中期,这里所列的人是在嘉庆初年,前后相差将近 200 年。

这里需要注意的问题有两个:一是民间记忆是通过口耳相传的,其准确性大打折扣。于是,出现与文献看到的字辈不一致的现象,甚至中间缺了一些字辈,但大致还是可信的。此外,因西北土语中前后鼻音、声调不分,因此出现采字不同的现象,如进与敬、宗与尊、汗与汉等。二是排行字辈是确定辈分长幼的伦理性依据,由此确定长幼关系,但并不是确定年龄大小的依据。所以碑记中宗字辈活动的时间比较久,从雍正二年(1722 年)到乾隆三十一年(1766 年)。因此可以推测,同一字辈的人可能延续百年左右。

第三,《洪塔寺募化施舍常住记碑》中的唐守在和洞窟壁画落款中的唐守宰应该是同一个人,在和宰应属笔误,或同音异字。这个推论有两个理由:一是这个人的字辈为守;二是两段材料所记述的时间大致一致,"康熙癸丑年"为康熙十二年,即 1673 年,与《洪塔寺募化施舍常住记碑》记载的"康熙十三年"相差一年,这当属记载出入,应以壁画落款"康熙癸丑年"也即 1673 年为准。

第四,从"唐守宰募化亲眷"等文字推断,唐守宰当为一家之主,年龄约 50 岁。按 50 岁计,他的出生年份应为 1623 年左右,为明朝天启年间人。如果按照一百年五代人计算,从唐守宰往上再推五代,即得、洪、岂、斗、千,到千字辈,即 1523 年,为明世宗嘉靖二年。按照《汉卿家谱》和口述史等材料来看,白马将军是元末明初的人,与唐姓千字辈之间至少相差 150 年。这中断的 150 年间,唐姓的情况如何,有待以后进一步研究。

二、唐姓各族的形成

(一)唐姓回族的形成

唐汪唐姓分布于唐汪镇西,从东向西依次是唐家村、胡浪村、照壁山村、塔石沟村和白咀村①。其中,唐家村和胡浪村毗连,习惯上称上川;照壁山、塔石沟、白咀三村合称三合,习惯上称作下川②。唐家村是一个纯地域特色文化的唐

---

① 在胡浪村和照壁山村之间,还有以杨姓、赵姓为主的杨赵村和以部分唐姓为主的河沿村。河沿村的唐姓分为东乡族和回族,无汉族。

② 相对于东乡广大的山区来说,唐汪因处于洮河冲积带,地势平缓,也作唐汪川,故有上川和下川之说。

姓村,只有东乡族和回族,没有汉族;胡浪村是个过渡带,汉族、回族、东乡族混居;而照壁山、塔石沟和白咀三个村为纯汉族聚居村。胡浪村与照壁山村之间相距 3 千米,并不毗连。就这种居住格局形成的原因,《汉卿家谱》这样解释:

他(指唐祖,即白马将军,笔者注)生有三子,就是以后所设的大房头、二房头、三房头。其中二房头,也就是他的第二个儿子,成家后为了日常生活道路上的追求,逐渐脱离了原有家庭范围来到上川,大房头和三房头住在下川。①

从《汉卿家谱》到当地的口碑材料中都可知,唐汪川唐姓起初是汉族。有意思的是,唐姓中的回族是如何形成的,值得一探。据有关史料记载,至少从乾隆年间,这里的唐姓已经出现同姓不同族的情况。②

在中国传统文化中,改教就是改宗,也改变群体。那么,是什么因素使这一部分唐姓人改宗呢?《汉卿家谱》认为,唐姓回族聚居的胡浪村和唐家村(即上川)在唐姓二房头迁居之前就已有文化信仰的基础③。马兆熙认为,唐姓回族的形成主要有两个方面的原因:一是受唐汪川附近三位传教士穆罕印吉尼、胡康士、四太爷的影响而皈依地方文化;二是因为唐汪特殊的文化背景④,即为了避免在战乱中被杀,保全自己而不得不为之的一种求生方式。

对于战乱一说,上川的唐姓回族却并不苟同。一位在县城工作的唐姓干部说:

可能也有这样的一些因素,但我想更重要的是相互影响的结果吧。现在据说有些地方有些村子也有整体加入地方文化的。我个人认为是各个方面的影响才导致现在的这种情况。⑤

有些人更愿意自己"自古以来"就是回族(准确地说,他们希望他们信仰的历史,要比他们真实的历史长久);或者说,更倾向于中国回族形成的那个一般性表述,即在唐宋时来自阿拉伯、波斯(今伊朗)等中亚地区的移民与汉女结合所生的后代不断繁衍生息,最终形成了回族。这是一种矛盾的心理:一方面,无法否认自己来源于汉族这一事实,因为唐姓回族的形成与中国回族形成的这一

---

① 《汉卿家谱》。
② [清]陈桂等撰:《钦定兰州纪略》卷七,杨怀中点校,第 124 页。
③ 马兆熙,马世明:《东乡唐汪川唐氏家族》,《甘肃民族研究》,2000 年第 3 期。
④ 马兆熙,马世明:《东乡唐汪川唐氏家族》,《甘肃民族研究》,2000 年第 3 期。
⑤ 田野访谈资料,访谈人:TZQ,38 岁。地点:锁南坝,时间:2010 年 8 月 20 日。

说法相差很远,基本上是两回事。即使否认自己源于汉族的事实,也与那个遥远的"番男汉女"的说法无法对接;另一方面,又不愿意承认这段历史,因为如果承认了这段历史,就等于承认了自己的非土著性。这个土著性不是就唐汪而言,而是指整个东乡地区而言。在东乡地区,汉族反而属于少数族群,东乡族和回族尤其东乡族的土著性是显而易见的。改教的这一部分唐姓积极向回族(或东乡族)靠拢,在深层的心理上,或许是为了获得这种土著性身份。因为只有获得土著性身份,他才能更好地占有和支配当地的各种资源。这也可以解释为什么唐汪的东乡族比例一直在持续上升。

历史的真相已经无从考寻。所有的讲述或者记载也只是为我们提供了从某个角度或者某种立场观察问题的一种参考。不过,这些口述材料至少为我们揭示一定的真相:与回族形成的一般表述相比,唐汪唐姓回族的形成,确有其特殊历史原因和历史过程。

由于文化之因,成了另外一个群体,实际上仍是同一祖先。这样同姓但不同教,于是出现了回族唐姓。直到今天唐汪唐姓无论回族还是汉族都互相承认字辈,而且长幼有序,无论回汉晚辈见了同姓长辈都是极其尊敬的,没有因文化的差别而有所差异。

从田野调查可知,目前唐姓回族已经不参加任何祭拜祖庙的活动。不过,也有人间接地为祖庙捐钱捐物,以示对祖先的纪念①。但是在历史上并非如此,而是参加祭拜活动的。这可以从田野访谈中得到印证。胡浪村的TGX说:

我们小的时候,照壁山有我们的唐氏宗祠"老太太庙"。我们这边的人还到庙里去。我们不能拜,但是过去的时候要拉羊、蒸素盘。去的人是我们回民中的头面人物。(这个现象)在清朝末年到民国时期一直都有。到后来大家觉得和文化有冲突,所以慢慢地就不去了。在下三庄和我们交界的地方,我们老回民置办了一块地,叫"香烟地"。在红塔寺附近,大约三四亩地,贡献给宗祠。我们小时候还在那里劳动过。在生产队的时候我们还叫"香烟地"。②

这段口碑材料至少反映两个方面的情形:一是以前唐姓回民是参加祖庙祭

---

① 参见马自祥、马兆熙编著:《东乡族文化形态与古籍文存》,第86页,甘肃人民出版社,2000年。

② 田野访谈资料,访谈人:TGX,69岁。地点:胡浪村。时间:2008年10月12日。

拜的,虽没有行祭拜之礼,但会携带供品;二是后来由于文化方面的原因,停止这种祭拜活动。口碑材料中所说的"和文化有冲突"值得细究。

从田野调查来看,唐姓中皈依地方文化的这部分人,在其群体身份上,更准确地说,在深层的群体心理认同界限上,始终是模糊不清的。他们的文化传统中还保留相当多的汉族文化因素。起初参加祭拜祖庙的活动就是其中之一,而改变这种传统不是一件容易的事。从心理上他们认同唐氏先祖。在历史的长河中,有些改变似乎只是瞬间的事,最后凝缩为一段记载的文字,但是文字并不能展示改变背后的阵痛、挣扎和两难。唐姓人的改宗同样也是如此。从一开始的全体共同祭拜,到派"回民中的头面人物"为代表去参加祭拜,再到置办"香烟地"。尽管形式有所改变,但参加祭拜的活动依然在持续,到后来就慢慢停止了。

(二)唐姓东乡族的形成

对于东乡族的族源问题,学术界有不同的看法。大致可以分为两种,即蒙古人说和撒尔塔人说。

今日西北还有来自蒙古的同胞信奉回教,如临夏东乡一带的回教徒,谁都知道自蒙古迁来,据说同时迁来的另一支蒙古同胞因某种原因不在东乡,也就放弃了回教。[1]

居住大夏河一带的土人,信仰了地方文化,但语言同蒙古语相近,加之来自西域,故与北部蒙古断绝关系。[2]

河州面积约七千四百六十万,人口约二十万,平均每方里约二十人,居民以回胞占十分之七八。蒙胞自成一个集团,于河州、安定、洮沙等县交接处。元时改奉地方文化,现有人口十万左右。[3]

看信仰回教的人,在中国境内似乎只有缠回和汉回两种,可是河州大东乡

---

[1] 李安宅:《新西北月刊》,1939年第1期。转引自马志勇:《东乡族源》,第152页,兰州大学出版社,2004年。

[2] 黄文弼:《西北史地》第2卷。转引自马志勇:《东乡族源》,第153页,兰州大学出版社,2004年。

[3] 幼轩:《甘肃民国日报》1947年8月28日。转引自《东乡族源》,第153页,兰州大学出版社,2004年。

的蒙民区仍旧说蒙话，却信了回教。①

东乡住民，东干最多，次为汉户，复次为蒙人。蒙人盖土司何锁南之后裔，其先世乃蒙古部落，驻屯于东乡者，以杂居久，其语言文化均已习于东干化。汉人亦多习于"随教"，故三者原已合流而成为一体。②

以上说法尽管在表述上存在一定的差异，但大体都持"蒙古人说"。这种说法形成于民国时期，立论根据多半是从语言学角度出发的，而对更深层次的原因未做进一步的探讨。

马国忠、马自祥、马志勇、马虎成等主张"撒尔塔说"，其理由如下：

我们认为，东乡族是成吉思汗或其后人西征时俘获或征集的中亚细亚一带的信仰地方文化的色目人工匠，随蒙古军居住在临夏地区，后娶妻室，移住东乡地区，繁衍生息，并在后来逐渐融合了当地汉族、回族、藏族而形成的。③

撒尔塔人是东乡群体形成的主要因素，在这个基础上融合了蒙古、柯尔克孜（也称为吉利吉思）、汉族、藏族、撒拉及古代乃蛮、克烈、钦察、哈剌鲁等部族形成的一个民族。④

撒尔塔是11世纪以后形成于中亚的民族。由于成吉思汗西征中亚、用兵西夏、安西王阿难答屯兵唐兀之地和传教等原因，中亚撒尔塔民族的一部分来到今甘肃东乡地区，以后逐步形成以他们为主的东乡族。⑤

撒尔塔人说通过更为细致的考证和分析，将东乡族族源问题的研究大大推进了一步。在撒尔塔人说中，都提到今天东乡族之形成融合了回、汉族的成分。而唐汪唐姓的东乡族化，则可以为这一观点提供活的材料。

东乡族在生活习惯与文化知识方面基本与回族相同，又因居住在河州以东，所以在识别以前，被称为"东乡回民"。在识别工作中，根据本群体意愿，确

---

① 顾颉刚：《西北通讯》1947年第1期。转引自《东乡族源》，第153页，兰州大学出版社，2004年。
② 吴景敖：《新中华》复刊第1卷第5期。转引自《东乡族源》，第153页，兰州大学出版社，2004年。
③ 马国忠、马自祥：《关于东乡族族源问题》，《西北民族学院学报》（哲学社会科学版），1982年第3期。
④ 马志勇：《"撒尔塔"与东乡族族源》，《西北民族学院学报》，1983年第1期。
⑤ 马虎成：《撒尔塔：一个曾经被忽略的民族名称——也谈撒尔塔与东乡族族源（上）》，《西北民族研究》，1992年第2期。

定为东乡族。1950 年 10 月,根据区域自治政策,在东乡族生活的区域成立相当于县一级的东乡自治区。1955 年,根据《中华人民共和国宪法》规定,正式定名为东乡族自治县。唐汪为东乡族自治县的 24 个乡镇之一。

唐姓中的东乡族来源大概分为以下几种:

1. 通婚:

改信地方文化的唐姓人不再与唐汪川其他汉族姓氏如汪、杨、赵、张通婚,也不与洮河对岸的临洮汉族人通婚,而是转向东乡的山区——那是东乡族的腹地。那里居住着原生态意义上的东乡族,而他们和这些唐姓人有着共同的信仰——地方文化。于是,东乡山区成了这些唐姓人婚嫁对象的首选地区。由于唐汪在东乡具有优越的地理、交通、经济等各方面的条件,所以山区的东乡族女子都愿意嫁到唐汪川来。这样婚娶而有的子女,就成了唐姓东乡族的主要来源。山区的东乡族女子嫁到唐汪后,所生的子女有一部分就成了东乡族,但这些东乡族和山区的东乡族有很大差别。除了身份证和户口本上的一个简单符号外,其余和回族并无二致。所以,唐汪的东乡族和回族只是一个概念上的区分,并无实质上的区分。山川通婚所致的东乡族是唐姓东乡族的主要来源。

2. 升学就业与招生招干:

由于地区经济、社会发展的整体落后性,国家出台一系列针对少数民族的扶持政策。与汉族群体相比,东乡族所享受的照顾政策更多,在升学就业和招生招干时尤为明显。这一部分人也成为唐姓东乡族的来源之一。对此,马兆熙先生在分析唐汪人回族、东乡族群体心态的成因时认为:

我认为除上述群体融合、通婚(所谓山上人和山下人通婚)等原因外,近年来还有一个因素,那便是处于个人功利的考虑,诸如升学、就业、招生、招干等等。因为在东乡族自治县境内东乡族在升学、就业、招生、招干等方面,优惠条件较多,而唐汪人的整体文化素质较山上的东乡族要好,因此在相同的竞争条件下,他们的优势是显而易见的。[①]

可以说马兆熙的分析是中肯的,不过随着各项制度的完善,这种现象较之以前有所减少。

---

① 马兆熙:《东乡唐汪人的民族心态探析——兼谈东乡唐汪地区的民族融合现象》,《甘肃民族研究》,1999 年第 2 期。

3. 随意性登记：

随意性登记主要有新生儿上户口、身份证更新换代、小学报名以及人口普查四种情况。这种情况的发生，有时候纯属随意，也有功利目的。其中，计划生育政策有关规定可能是其中最大的影响因素之一。为了争取计划生育指标，有些人将个人成分改为东乡族。所以，在唐姓家庭中，同时存在回族、东乡族的情况。

以上是唐姓东乡族的三种主要来源。

三、唐姓各族之间的关系

唐汪镇总人口为 14 107 人，五个唐姓村总人口为 6 732 人，约占全镇人口的 48%。唐姓各村各群体人口情况如下表①：

表 5 - 1 唐姓各村各群体人口统计（单位：人）

民族 \\ 唐姓村	汉族	回族	东乡族	其他
唐家	1	690	665	无
胡浪	352	223	620	1（藏）
照壁山	1 340	无	无	无
塔石沟	1 452	无	无	1（藏）
白咀	1 369	无	18②	无

唐姓通过汉人回族化、回族东乡化两次分化过程，于是逐渐形成汉、回、东乡三族并存的局面。通过上表可知，当下唐姓汉族总人口为 4 514 人，约占唐姓总人口的 67%；回族总人口为 913 人，约占唐姓总人口的 13.6%；东乡族总人口为 1 303 人，约占唐姓总人口的 19.3%；其他民族所占比例极小。唐汪唐姓各群体之间相处和谐、融洽，唐汪镇政府也因此经常成为各级政府部门在群体团结方面的表彰对象。笔者认为，这种和谐、融洽有以下几个方面的原因。

（一）共同祖先的认同

在田野访谈中，笔者发现无论哪个群体的唐姓，几乎都会提到一个共同的

---

① 表中数据由唐汪镇政府办公室提供，2011 年 4 月。

② 白咀村为纯汉族村，此处的 18 名东乡族系白咀村的峡口拱北和西岔洞静室寺的教职人员。

情结,即白马将军,都承认白马将军是自己的祖先。这种跨越族际的祖先认同说明,在唐姓各族之间,族际关系并不是自我与他者首要区分的标志;或者说,群体认同并不是自我与他者认同最首要的区分标志。事实上,对于唐汪人而言,氏际关系要远远超越于族际关系;或者说,与群体认同相比,唐汪人更注重姓氏和宗族的认同。马兆熙先生如此说:

> 在现在的唐汪川,同姓汉、回、东乡等族和睦相处,关系十分融洽。并且同姓间无论汉、回、东乡,皆互称"本家",相互将对方视作家族或宗族的成员。同姓间汉、回、东乡族见面时,汉、回观念虽有,但族际界限模糊,"本家"观念根深蒂固,其群体心态是重家族、轻群体。[①]

互称本家的原因就在于同宗同祖,田野调查也反映这种观念,据 TCX 讲:

> 我们这里过去就没有回族。一开始这里扎庄子的是汉族,是从别的地方迁移来的,有两个姓,唐姓迁来的比汪姓早。迁来之后,这里周边都是东乡族,都是信地方文化的,所以后来逐渐形成回族。我们这里下川有三个汉族的行政村,照壁山、塔石沟和白咀,都是唐姓。我们这个村是胡浪村,其中有一大半是汉族,一小部分是回族。[②]

田野材料反映一定程度氏族认同,血缘起了相当重要的作用。

(二)唐姓的源流对本姓群体关系的影响

在关于白马将军的传说中,有一个重要的环节,即白马将军的婚姻。这是解读唐汪唐姓血统来源和群体关系的关键问题之一。

相传,白马将军到此地后,娶了三房夫人,其中第二房是蒙古族。这是值得关注的一个问题。

《汉卿家谱》说,白马将军落户唐家川(唐汪的古称)后,娶的是附近赵家山的一位赵姓女子。唐汪的杨姓、赵姓据说是从宋代传下来的老户,白马将军娶赵姓女子是可能的。大房夫人很可能就是这位赵姓女子。而在笔者做实地调查的过程中,却不断地听到关于白马将军婚姻的另一个说法,即白马将军的夫

---

① 马兆熙:《东乡唐汪人的民族心态探析——兼谈唐汪地区的民族融合现象》,《甘肃民族研究》,1999 年第 2 期。

② 田野访谈资料,访谈人:TGX,回族,69 岁。时间:2008 年 10 月 12 日。

人是蒙古人。尤其在下三庄①,几乎所有被调查者都向笔者讲述这个传说:

我们的老祖爷照说(据说,笔者注)是娶了三房夫人,有一个是蒙古人。②

以前这里是蒙古人的地方,周围都是蒙古人。白马将军二房夫人是蒙古人,胡浪就是二房头。③

我们这里关系好的一个原因是,根子上就有少数的血统哩。照说是我们的一个女先人是个蒙古人。④

在东乡族族源的形成中,蒙古人的确是一个重要的来源。

1225 年成吉思汗从中亚回师蒙古。次年,即 1226 年,他又率兵第五次出兵征伐西夏。当时的河州成为蒙古军队的重要屯戍点。此后,到蒙哥汗时,为了东压金国,西控吐蕃,河州一带更成为蒙古军的屯驻重镇。蒙古大军的这些活动,有的在东乡的临近地区,有的就在河州。而且当时的河州正是蒙古军来往的交通要道,在这里留下相当数量的蒙古军队,是完全有可能的。⑤

唐汪北部毗邻今定西市,属汉族活动的区域;南部紧接东乡山区,而东乡山区正是连接河、兰二州的必经之地。《导河县志》记有"马巷渡口",即在唐汪;"红柳滩渡"⑥,在东乡达板;又说:"红牛滩(即红柳滩,引者),至于唐汪川人毛笼峡至合口入于黄河"⑦,是今天去往兰州、临洮的必经之地。蒙古人若要从河州进入兰州,就必须取道东乡到唐汪再到兰州。这一切都可以说明,传说中的白马将军时代,唐家川与蒙古人有着千丝万缕的联系。由此,其二房夫人为蒙古人也在情理之中。

唐氏宗祖白马将军与蒙古族的联姻对唐姓人的形成有着重要的意义。从生物学的角度讲,族际婚比族内婚更优越。混血人种能够更多地继承亲代的优秀基因,使子代的基因组合更完善。纯粹从地理区域而言,传说中的白马将军

---

① 指照壁山、塔石沟、白咀三村,也叫三合。
② 田野访谈资料,访谈人:TGL,汉族,76 岁。地点:塔石沟村;时间:2009 年 2 月 13 日。
③ 田野访谈资料,访谈人:TWB,汉族,80 岁。地点:白咀村;时间:2009 年 2 月 13 日。
④ 田野访谈资料,访谈人:TZH,汉族,76 岁。地点:照壁山村;时间:2009 年 2 月 13 日。
⑤ 《东乡族简史》编写组:《东乡族简史》,甘肃人民出版社,1984 年。
⑥ 黄陶庵编纂:《续修导河县志》卷二,关梁条,民国本。
⑦ 黄陶庵编纂:《续修导河县志》卷一,山水条,民国本。

祖籍四川,属南方人,而其夫人是北方蒙古人,这符合已经被遗传学证明的一个事实:婚配的两个个体空间距离越远,所产生的下一代越具有竞争力。汉蒙结合所产生的唐姓人,占有生物学意义上的优势。

汉蒙的结合使唐姓在形成之初就具有兼容并蓄的性质。两族的通婚能够促进两个族群在各个层面的融合,尤其在文化上这种融合的痕迹更为明显。到现在唐汪的有些地名仍然是蒙古语,唐汪话中有些词汇也有蒙古语的痕迹①;甚至,有些生活习惯都曾受到蒙古族的影响。这种融合更大的意义在于对唐汪群体关系的影响。唐汪的各个群体之间保持长期友好的群体关系。这一方面固然是因为唐汪各个姓氏之中都存在同祖不同族的现象,但与唐汪唐姓形成初始白马将军和蒙古族的通婚是有一定关系的。

唐汪唐姓的历史,是一个各群体不断融合的历史。在这个历史中,这片土地上的各群体互相接纳、学习、借鉴,反观自身,理解他者,最终形成唐姓人独特的群体心理。蒙古人作为唐姓的女性祖先之一,在客观上为唐姓群体关系融洽发挥了重要作用。

四、唐姓的多元文化知识

唐姓经过两次群体分化,形成汉、回、东乡三个群体;在文化知识上,相应地呈现佛、道等地域特色文化多元信仰并存的局面。总的来说,汉族主要信仰地域文化和民间地方文化,还有少量的基督教②,回族、东乡族主要信仰地方文化。此处我们重点考察具有地方特色的民间地方文化。

(一)地方文化信仰

1.唐姓回族、东乡族的三大派别:

可以说,如果没有地方文化,就不可能有唐姓回族和东乡族的产生。所以,

---

① 比如:Durala 愿意、提出个人意愿;Dunya 人间,今世,世界,(阿拉伯语音译,原意为"最近的");Wazhuada 用手或爪子刨、挖取;为生活或某种利益而操劳、奔波、争取;Wesifu 行为,品行(阿拉伯语音译);Xiabasun 坏蛋(汉);Xishuigie 喜欢,喜爱。参见马国忠、陈元龙:《东乡语汉语词典》。在语言方面,唐汪话受蒙古语的影响这一事实已经受到语言学界的关注。可参考陈元龙的《甘肃境内唐汪话纪略》和徐丹的《唐汪话的标记格》两篇成果。
② 信基督教的大约只有几户,故本文不对此展开分析和讨论。

在唐姓回族和东乡族中,地方文化理所当然地成为其信仰的核心。即使在同样的信仰背景之下,唐姓回族和东乡族的这种共同信仰也呈现多元的特点。按照当地的说法,唐姓回族和东乡族中的地方文化派别大体上可以分为三大派:"新教""三抬""老教"①。"新教"指伊赫瓦尼,"三抬"指赛莱菲耶,"老教"则是苏非派各门宦②和教派的泛指。唐姓回族和东乡族中的"老教"有胡门、张门、北庄、香源堂③、海门、大拱北、穆夫提、哲合忍耶等八个门宦或派别。对于这些门宦和教派的基本情况,马通先生在他的著作中有详尽介绍,在此不再赘述。

唐姓中的伊赫瓦尼派形成时间大约在民国中期,主要来源于北庄门宦的信徒。该派建有清真寺一座,即唐汪中心寺,位于唐家村与汪家村的交界。唐汪人习惯把伊赫瓦尼派称为"新教",该派也自称"新教"。

"老教"是唐汪人对各门宦的统称。在田野调查的过程中,也有人用有无"老人家"(教派掌门人)来区别"新教"与"老教"。但即使没有"老人家"的一些门宦,比如华寺门宦和老格底目在人们的概念中依然是"老教"。唐汪的"老教"主要有八个门宦或派别。唐家大寺是唐姓回族和东乡族中最大的一座清真寺,习惯上,唐汪人称之为"老教寺"。唐家、胡浪、河沿等三村的"老教"成员一律以唐家大寺为总哲玛提,即周五、大小节日在这一寺院礼拜。北庄门宦虽然属于"老教",但一般都是单独建寺。唐汪的北庄寺共有三座:唐汪北庄寺、河沿北庄寺、马巷北庄寺。位于胡浪村的唐汪北庄寺为北庄门宦的总哲玛提。

赛莱菲耶派在唐汪被称作"三抬"。赛莱菲耶派成员却不自称"三抬",而是称赛莱菲耶。该派建有清真寺一座,位于唐、汪两姓居处的交界处。该寺起初取名圣训寺,重建后改名唐汪清真寺。

---

① 一般意义上的"新教"是指伊赫瓦尼,是相对于老教"格地目"来说的。这与清代文献中的"新教"与"老教"所指有所不同。《钦定兰州纪略》(卷一,第27页)中的"老教"是指华寺门宦,"新教"是指哲赫忍耶。而在唐汪,哲赫忍耶和其他苏非派的门宦一样,属于"老教"的范畴。"三抬"是别的教派或门宦对赛莱菲耶的称呼。

② 门宦:地方文化中国化的产物。可参见马通:《中国伊犁兰教派与门宦制度史略》,第73—78页,宁夏人民出版社,2000年。

③ 香源堂:因其"老人家"姓沙,故也称作"沙家"或"沙门"。

2.唐姓回族、东乡族中地方文化各派的关系：

在唐姓的回族和东乡族中,地方文化三个派别的信徒人数比例大约是7：2：1[①]。教派作为一种强有力的标签附着在人们身上,对每一个成员产生重大影响。这些影响体现于方方面面,小到礼仪礼节,大到婚丧嫁娶,甚至利益分配。

"老教"在唐姓的地方文化中占到70%以上。"老教"和"新教"除了对教义的理解存在分歧之外,还有一个突出区别在于,大多数的"老教"注重道乘,而"新教"则更强调教乘[②]。"老教"认为"新教"只做"舍勒提"(即教乘)的功课,而不做"托勒格提"(即道乘)的功修,是不"全美"的教门。用一位"老教"派信徒的原话说就是：

尽管唐姓回族、东乡族地方文化三派中存在种种的分歧。但总体而言,各派在日常的交往,且相处融洽。可以说,唐姓回族、东乡族地方文化各派之间,是求同存异、不同而和的。

(二)佛学文化

1.地域文化：

地域文化是唐姓汉族的主要信仰,大约占到其总人数的70%。唐姓的地域文化寺庙有红塔寺、菩萨庙、菩萨殿等。其中,红塔寺是唐汪川最大、历史最为悠久的一座地域文化寺院。它位于杨赵村,始建于1118年,重建于2003年。

---

① 这个比例来源于笔者的田野访谈资料。

② 韩中义在《西域苏非主义研究》(中国社会科学出版社,2008年,第9—10页)一书中对"乘"解释如下："修道等次也称为'乘''程'或阶段(maqāmāt)。'乘'可分为'三乘''四乘''七乘',但最平常分类为'四乘'——教乘(sharī'ah)、道乘(tarīqah)、真乘(haqīqah)、超乘(ma'rifah)。教乘就是遵守地方文化教法所规定的一切仪轨,其基本的内容就是念、礼、斋、课、朝,合称'五功'。其中又以礼为要,而遵行'五番拜'(或称'五时拜')是最基本的功课(除了不遵守教法的苏非派信徒之外)。道乘就是苏非派信徒的修行之道,包括经常封斋、诵经、赞主、禁欲、冥思、少饮、少食等。真乘就是寻求与真主合一的真谛,即达到哈拉智所说'我就是真主,真主即我'的境界。此阶段自我就会泯灭(不完全是指肉体),达到无我而有我的境界。超乘就是获得真主的知识,或与真理相关的知识。这是达到与主合一的最后阶段,要达到这一阶段需要一个信徒苦修几十年。"

该寺西靠红塔①,东南靠农田,占地面积 1 300 平方米。寺院在清朝同治年以前,建筑规模宏大,依悬崖修建,分上、中、下三层三殿。上中两殿建在悬崖,朱门红漆。中殿为大雄宝殿。下殿有护法殿、观音殿、三霄殿、百子殿、过亭、戏楼、山门等组成。当时僧人众多,还有一位活佛,香火旺盛。殿内供奉着释迦牟尼、弥勒、燃灯三大古佛,塑像、壁画甚多②。红塔寺的香客不仅局限于唐姓,唐汪的其他汉族如张、杨、赵、田以及洮河以北的临洮县汉族人也经常到红塔寺上香、还愿和祭拜。

从碑文材料来看,晚至康熙年间,唐姓的地域文化信仰还相当兴盛。这一点从《洪(红)塔寺③募化施舍常住记碑》中可见一斑。枹罕是临夏的古称,境内有炳灵寺、潮音寺、弘化寺、显庆寺等众多古刹。碑文中说,“境内不少名刹,而洪(红)塔寺为最者”,足见红塔寺在当时的盛况。这个碑文对该寺的始建年代没有记载,但是却详细记载了唐姓对该寺的五次修建记录④。修建寺院需要耗费大量的人力、物力、财力,从唐姓人对红塔寺的五次修建记录中不难看出,当时地域文化在唐姓中的兴盛状况。此外,从红塔寺石窟壁画以及碑文中的募化记录来看,当时唐姓人对地域文化信仰的热忱程度也是相当高的。

唐姓汉族中有相当一部分人既信地域文化,又信民间地方文化。唐姓的道庙有二郎庙、龙王庙、五良殿、胡浪庙等。笔者的主要田野访谈对象之一唐国宗就是一位民间地方文化信徒。他告诉我们,民间地方文化是“国教”。很多人在后来信佛之后,民间地方文化也没有偏废。二郎庙中有活动,信地域文化的人

---

① 红塔:丹霞石柱,酷似男子生殖器,为唐汪一大奇观。因红塔由红色沙砾岩构成,故红塔寺因此而得名。《洪塔寺重建碑记》载:“雄居川心的红塔山,犹如一条腾舞的苍龙,由西向东,将这片神奇的土地,分为上下两川。东首巅峰为层层赫岩叠摞而成的两根擎天巨柱,高约百丈,青岩盖帽,形似宝塔、屹立苍穹、山由此得名。地域文化圣地红塔寺,遂依塔下峭壁凿窟而建,可谓巧夺天工,观则轩邈。”

② 东乡族自治县地方史志编纂委员会编:《东乡族自治县志》,第 147 页,甘肃文化出版社,1996 年。

③ 洪塔寺,即红塔寺。

④ 这五次修建的年代与唐姓中的修建主持者或参与者是:1674 年(康熙十三年),唐守在;1717 年(康熙五十六年),唐进臣、唐志祥;1724 年(雍正二年),唐玉祥、唐宗乾、唐宗训;1736 年(乾隆元年),唐进举;1758 年(乾隆二十三年),唐宗真、唐宗卜、唐宗林。

也来参加;同样,信民间地方文化的人也到红塔寺烧香。在诵经的过程中,前来参加仪式的人们通过点油灯、点香、烧香、烧纸、钱物捐献等各种方式进行祭拜和祈愿。在比较重要的祭祀中,比如春秋上表①,还要宰羊②献祭。值得注意的是,民间地方文化的庙中不仅供奉民间地方文化的神祇,同时供奉地域文化的神祇,甚至佛、道、祖神一起供奉。在胡浪庙中,就同时供奉着金花娘娘和唐氏祖神白马显德护道将军。在二郎庙,供奉的神祇更多。除了供奉二郎庙的主神杨戬之外,殿内右侧还供奉着道德天尊太上老君、南海观音大士、三圣帝君、金花菩萨(金花娘娘)、胡老夫子、张老真人以及诸仙诸佛。只要是关涉佛与道的神祇,几乎无所不供。有关民间地方文化,在后文做重点考察和讨论。

2.民间文化:

唐汪的民间文化是以不同方式表现出来的,且十分注重仪式性信仰、自然敬畏,尤其重视敬奉祖先。如果你对庙堂做细部观察就会发现,祖先牌位旁还供奉着武将、民间地方文化神祇、地域文化菩萨等。这些供奉物已远远超出祖先敬奉的范围,具有多元化与复杂化的表征。这一方面反映了祖先崇拜的信仰旨归,另一方面也说明各种信仰之间划定界限是十分模糊的。也正是有了这种模糊,此地的民间地方文化信仰面临着挑战。

作者企图从田野的角度探寻乡土民间地方文化信仰的仪轨,进而展示原始性的精神信仰皈依,以及其遭遇的地方性解释,并从活态的角度认识乡村民间地方文化面临的困境。由此我们选取多种文化杂存、具有一定典型性的唐汪作为田野考察点。

---

① 唐国宗告诉笔者,表是用黄标纸叠的卷,上面写上文字,和祭文差不多,将一年来该地的情况写明白,下面还要注明哪个县哪个镇哪个庙。阴阳念完经后将表烧掉,就等于上奏给玉皇大帝。

② 唐姓汉族在各种祭祀中选择羊,而不选择猪。因为与回族、东乡族杂居的原因,养猪的汉族非常少,在胡浪村没有一户汉族养猪。其原因是受到回族、东乡族在生活方面的影响,同时也是唐姓汉族尊重唐姓回族和东乡族的表现。唐姓汉族不养猪从一个侧面也可以反映出唐姓三族之间和谐、融洽的群体关系。

表 5-2　唐汪镇民间地方文化①基本情况一览表

名称	地址	占地面积（平方米）	建筑面积（平方米）	户数	人数（人）	派别
杨赵庙	杨赵家村	400	96	90	450	正一派
二郎庙	塔石沟村	368	84	200	1 353	全真教
唐氏老庄	照壁山村	1 995	980	265	1 260	全真教
关帝庙	张家村	1 199	192	200	1 000	汉地（当地的说法）

　　民间地方文化何时传入唐汪,文献没有明确记载,但这里所传的民间地方文化派别主要是全真派和正一派。这说明唐汪的民间地方文化和周边的民间地方文化有密切关系,尤其和全真教关系密切。目前,唐汪共有民间地方文化活动场所 4 座,信仰的人数约 4 063 人。每个村子还有类似活动点的文化场所,具体数目不详。从统计数字来看,唐汪信仰民间地方文化(包括先祖崇拜)、真正参加文化活动的人数平时在 10% 左右,重要节日人数要多一些。唐汪的民间地方文化信仰主要是从先辈继承而来。正如唐国宗老先生说:"我信仰民间地方文化,我母亲就信仰民间地方文化。娃娃(儿女)们什么都不信。我念的经有《道德经》,早上晚上都要烧香念《清静经》。早、晚、天地水、北斗、雷就是小五部经。早课,晚课,《三官经》《雷祖经》《北斗经》。"②

　　这里的民间地方文化信仰和我国其他地方有相似之处,杂糅有民间信仰的成分,如建有关帝庙、龙王庙等。这些具有民间信仰特色的庙宇中供奉着各种神祇,如三清(元始天尊、灵宝天尊、道德天尊)、四御、诸星辰之神、三官大帝(即天、地、水"三官")、玉皇大帝、文昌帝君等。由此反映民间地方文化的多神信仰特质,并沿袭中国古代对日月星辰、河海山岳、祖先亡灵敬仰的习尚,构成一个包括天神、地祇和人鬼等在内的复杂的神灵信仰系统。唐汪的民间地方文化信仰民间化特色十分明显,其更加注重仪式性信仰、自然敬畏、祖先敬奉,尤其是对祖先的崇敬放置于特殊位置。这些祖先可能是血缘层面设定的直系先祖,也可能是文化层面上认同的祖先。前者先祖敬奉的典型代表就是唐氏老庄,也称为唐氏宗祠,或老太太庙,后者为关帝庙。唐氏宗祠成为维系唐氏庞大姓氏

① 信仰人数在不断变化之中,而且统计方法也有很大的差异。
② 2008 年 10 月 13 日田野调查所得。

不同群体、不同文化的精神庙堂,这一敬奉更多是通过庙堂的形式来连接记忆同宗同族血脉延续和表达情感的纽带。当地每次的祭奠活动将散落的记忆重新凝结起来,化作香案上的烟缕,送达到祖先圣像面前;告诉他们尽管岁月流年,但子嗣的香火从未间断。磬声铮铮,余音绕梁;诵经声声,供品满案。这种精神场景自始至终地表达着血缘情怀透露的记忆信号,以及农耕群体子孙相延不断的美好期盼。

如果来访者对庙堂做细部的观察,就会发现祖先牌位旁边还供奉着武将、民间地方文化神祇、地域文化菩萨等。这些供奉物已经远远超出祖先敬奉的范畴,表现出多元化与复杂化的表征,也说明民间地方文化、民间信仰不是简单的单一文化成分,而是复合多元文化和多重信仰的集合体。这一方面反映了祖先崇拜的信仰旨归,另一方面也说明了各种信仰之间划定界限是十分模糊的。于是在当地就出现多种信仰并存而不相互排斥的现象,由此进一步反映民间信仰的不明确性。正如我们在唐汪做田野考察时,为我们做向导兼任讲解员、信仰民间地方文化的 78 岁唐国宗老先生说:"俄们(我们)见庙就拜哩,见佛爷磕哩,见老祖宗(唐氏宗祠)要上香拜哩。"①他到唐氏宗祠后,点就了香,口中说:"老祖宗,看你来了。"同时他口中念念有词,然后依次到民间地方文化神祇、地域文化菩萨前磕头。这些行为仪式在信仰一神教教徒中是很难见到的,而多重信仰的现象使得祖先敬奉更加具有多文化叠加的形态。因此从外在形式上看,特定的文化场所呈现出具体信仰象征的载体。而唐氏宗祠在外层结构上看是所有唐姓氏族的宗祠,无论信仰什么文化、属于什么群体,只要是同宗者皆可敬奉,但其内部结构却发生较大的变化。这种变化不仅表现在唐氏宗祠成为认可共同的祖先敬奉之地,而且也成为一种文化活动场所。其功能发生深层次的嬗变,如前所说对共同先祖仍然是认可的。

这就是说,当地人通过礼节交往的形式和物质补偿的方式来表达对共同祖先的纪念。但作为少数民族的唐氏是不能朝拜先祖宗祠的,显然文化符号将同姓氏划分出不同的畛域,但不是说所有的文化符号将同姓氏划分成不同的文化

---

① 被访谈人:唐国宗,汉族,78 岁,小学文化,农民,民间地方文化信仰者。地点:胡浪村;时间:2008 年 10 月 13 日。

群。从唐氏宗祠反映了民间信仰、民间地方文化信仰和地域文化信仰融合为一体的现象。这一现象在中国农村文化知识中是较为普遍的,这说明在农村文化知识中用最低的成本获取最实惠的文化回报,其结果就是如前所说的各种信仰之间界限不十分明显,唐汪尤其如此。特别值得注意的是,如唐氏那样分成不同的群体,其中一部分人信仰地方文化,这在其他地区不太常见。

唐汪将祖先敬奉划入到民间地方文化(实际不准确)范畴,而关帝信仰也在这一范畴。关帝庙已成为中华传统文化的一个重要组成部分,主要供奉着三国时期蜀国大将关羽,被人们称之为武圣关公,与"文圣人"孔夫子齐名。唐汪的关公庙是村级的庙宇,修建在唐汪张家村,占地面积约 1 200 平方米,建筑面积 192 平方米。庙门是中国传统的琉璃装饰,门为双扇。进门是庙中通道,直达正殿,其坐北朝南,三开间。里面供奉着关羽圣像、民间地方文化三清、地域文化菩萨等,设有香案,上有供品。庙周边是用砖砌成的围墙,庙的西边围墙建有看护庙院的庙管住所。该庙有庙管一人,全家就居住在庙内。院内种植有松柏、梨树、西红柿、辣椒、各种鲜花等。虽说是关公庙,但功能上具有家庙的性质。在田野调查中得知每年的春节等传统节日,唐汪张家村的男女老少都要到此上香祭拜。这里成了张家村信仰的会所,也是敬奉关帝的圣殿。当然也有不同姓氏的人前来朝谒,这在一定程度上反映认可共同文化先祖的倾向。

唐汪的民间地方文化尽管夹杂多种文化形态,尤其先祖崇拜,但也有自身的基本准则,较典型的就是二郎庙。二郎庙属于民间地方文化中的全真教(道),其文化功课规定卯时早课,酉时晚课,还有午时诵、子时诵。日诵早晚课,全为声乐咏唱,有钟、鼓、木鱼、铃、铛、钹、磬等法器伴奏。每年腊月二十三日祭灶;二十五日举办道场迎接玉皇驾临;正月初九为玉皇诞辰,宫观举办道场,道众要举行送驾仪式。唐汪全真道众根据自身的实际,所诵经典有较大的差别。他们主要念诵《道德经》《救苦经》《三官经》《五斗经》《五斗全章经》《玉皇忏》《三官忏》《甲子忏》《朝天忏》《玄帝忏》《星真忏》等经典经文。

二郎庙位于塔石沟村,占地面积 368 平方米。大殿坐西朝东,为土木结构建筑,面积为 84 平方米。现有管委会成员 4 人,唐占文任庙管会主任,唐致礼为庙管,信教群体 1 353 人。平时参加文化活动者有 40—50 人,年龄多在 50 岁以上,性别比例上女性多于男性。

2008年10月13日我们在唐汪做田野调查时,正好是当月阴历十五。所以我们赶上了二郎庙民间地方文化活动,实际上是念经祈福活动。由于是秋收农忙时节,赶来参加活动的人数并不是很多,主要为老人。起初,他们对我们的造访表示疑惑。当我们说明来意,并送上礼钱,才打消了他们的疑虑,也变得热情起来。他们的主要仪式有:敲磬念经、常跪、跪拜、烧纸、烧香等。其中,敲磬念经主要是由男性信徒承担,其余的多由女性信徒来完成。仪式持续了一个多小时。结束后,他们开了一个简短的例会,主题大概和庙务有关。如下是我们当日的访谈记录:

我们到二郎庙时,文化活动已经开始。参加活动的香客人员构成很有意思,多为老婆婆;男性很少,且是老年男性。所有的女性全部跪在垫子上,手拿黄纸和香,不断磕头或者念经,而男性则不用跪。三位老人(唐国宗、唐文平、唐国寿)坐在大殿左侧的方桌旁念经,念经还有调子。女信徒们过一段时间就会集体在一起和声。参加活动的女性穿着浅灰的道服;男性为平时的常服,和平常没有什么区别。参加文化活动的其他男性则不跪坐,不烧香,可以抽烟,也可以说话。唐家以前都是一家人,念经的三位老人中,文字辈排行比国字辈大一辈。

二郎庙的大体布局为:中间有三间正殿,飞檐斗拱有凤凰、龙等装饰,但不同于清真寺或者拱北(穆斯林的圣墓),房顶也装饰有龙、兽等物。正殿中供奉的是二郎神杨戬。大殿的两旁有"光前""裕后"两间房,右"光前"为厨房,左"裕后"为仓库。另外在大殿两侧的院墙上各有一个神龛,参加活动的人说这是山神和土地,左山神,右土地。文化活动所用的供品和(法)器物主要有油灯、黄纸、香火、木鱼、磬等。有位老婆婆说:二郎庙是新建的庙,原来的庙在今年(2008)三月十五(发生火灾)烧毁了。(在)我们教民的共同努力下,今年六月初六新庙就建成了,经费全部是我们自己集资的。平时烧香的人也多,但现在是农忙时节,人都忙着摘苞谷。

二郎庙最隆重的时刻是每年的大年初一和每个月的阴历十五。

从田野调查可知,举行文化活动时,不是特别庄严。有的男性在抽烟、喝水、小声交流。这在有些文化仪式中简直是不可想象的。这种自由、简单、宽和、融洽、男女共祭的文化仪式充满了乡土的祥和气息。这些仪式与其说是庄严的焚香敬畏神灵的行为,还不如说是通过随意的祈祷来表达内心的情感。这里仪式的正规和合礼与否显得并不十分重要,重要的在于是否亲自参加仪式活动。在此活动中参加者完全打破烦琐、老套、陈规的仪式,而用一种简洁的方式完成心愿的祈求。在参加者满是时间印记的脸上显示出轻松和自在。他们敬畏神灵,但不担心惩罚,并通过简单的行为似乎祈求神灵的宽赦。简洁的仪式结束后,大家坐在一起拉了一会儿家常。从他们的言谈中似乎察觉不到他们是来诵经上香的,而是例行来聚会的。许久不见的人们从不同的村子、山沟来到他们的精神家园会合。这里既是世俗的,又是神圣的;既是今世的,又是来世的,似是站在阴阳两界。他们很少去审视自己的处境是苦的还是甜的,是艰难的还是自在的;只要有一个精神聚会的场所,让精神和肉体有足够歇脚的空间就足矣。在这里也许不需要弄清楚自我个体的位置,无论是自由的还是被控制的。这就是民间信仰的话语方式,更多的是体验,而不是陈规。

杨赵庙属于民间地方文化正一派(道),信仰人数约 450 人。参加文化活动的主要是老年人,尤其是老年妇女。它占地面积 400 平方米,建筑面积 96 平方米。杨赵庙所属的正一派主要从事符箓建醮、祈福禳灾等法事活动。由于条件所限,庙中诸多仪轨都被省简,表现出乡土气息和地方特色。这和我们田野调查(2010 年 8 月 24 日)的材料相一致。访谈如下:

地点:唐占合家,赵壁山

访谈对象:唐占合

问:唐汪的山神庙修建前看不看风水?

合(唐占合):都要看的。

问:我们这里有没有会看风水的人?

合:我以前就看风水。

问:怎么看风水?

合:就是按天干地支算,看地形是否相生相克,山也分五行。

问:汉人下葬时也看风水吗?

合:也看风水,有水时称贵人,无后的水叫绝台水,财就是水。

问:我们这里的回族有没有信风水的?

合:这里少数"老教"的人也有信风水的,悄悄地请人看。东乡的"老教"请我上去看过,没让别人知道,怕阿訇或其他人知道说哩。

问:回民中请你看风水的人是什么人?

合:主要是外面出(打工)的,和汉人打交道多的人信这个。东乡的人主要请我们看一下家(家属),坟地不好看。有个别人,坟地里没位置了,重新埋时,要请人看一下。俗话叫剥盘子,实际是罗经。地质学家也用罗经。

问:你对回民请你看风水怎么看?

合:信仰大致是通的。回民去世后,头要向西。我们的人说,人死后要去西方极乐世界,都是一样的。这里的有些人不敢声张,怕被别人说。人不念书的话,没文化。出去(打工)的人就可不一样。我们说灵魂,他们说如海(Ruh,阿拉伯语,灵魂)。

问:唐汪的回汉葬礼中都有拉纤的礼节?

合:有哩,回民的胡门人死后戴孝、拉纤。

问:这里的汉族人死后,家里请阴阳念经时散钱不?

合:我们汉民简单,人死后请阴阳念经抬布施,每人五六十元最多。一般法事做两天,每人就是最多120元。对父母孝顺的,儿女挣了钱的,也会撒抬埋钱。主要是给望丧的人散钱。

问:你们祭不祭亡人的日子?

合:祭哩,七七(七个星期)、百天、头周年、二周年、三周年。三周年过后再不祭了。

问:你们这里人祭日上请人念经吗?请人吃饭不?

合:一般在祭日这天,儿女们烧纸、泼酒饭什么的,不请人念经,也不请人吃饭。但前一阵听说,有个人很有钱的,在父母的祭日上宰的羊没数目(没有定数)。请阴阳请了二三十个,喇嘛请了二三十个。

问:送葬后,会不会给庙里钱?

合:有些人给些香钱。

问:庙里的钱是由庙管掌握吗?

合:不是,是庄子上掌管着。(唐)国强拿事者哩,他说让谁去收钱就去收钱。每年献三次羊,羊皮是给庙管的。一年下去,给庙管几百元钱。庙管是按房头轮流做的。

很有意思的是文化具有相互的影响力,但这种影响采用一种间接、隐蔽、非公开的方式发生作用。地方性文化的魅力在于往往跨越群体、文化、身份的界限发生联系,这种联系使得单纯性的文化变得复杂起来。从唐汪的民间地方文化表现方式来看,它和所谓的单纯性民间地方文化有一定距离,但并没有改变民间地方文化所秉持的基本信仰。同样,有些东乡族或回族看风水,也并没有影响到他们的基本信仰选择。尽管这些属个人行为,但文化之间的往来是具有开放性的、接纳性的价值选择,由此说明民间文化的交往具有自身的基本原则。这也是文化往来的信息渠道,也暗示不同群体之间存在着共同性文化或者血缘上的某种联系。

如前所说,民间地方文化信仰夹杂着自然崇拜、祖先崇拜、民间地方文化信仰、地域文化信仰等内容,具有典型混合文化的特点,展现了民间地方文化信仰的功能性特征,也就是说通过交换的方式完成目的性回报的意愿。现时的后辈或者信仰者向祖先或者神灵,敬奉特定的供品如水果、馒头等,或牺牲如牛、羊、猪等,并以上香的方式取悦先祖或者神灵,以求得其对后人或信徒的关爱或保护。在这些仪式中,上表活动具有典型的交换功能。现将唐汪镇胡浪村龙眼堡土主庙上表活动的田野调查录如下:

2010年8月25日早上八点半,我们听到敲锣的声音,听我爸爸说,这是汉民村里有活动时召集村民的(一种)方式。我和弟弟骑车去了。说实话,以前从来没有仔细观察过离我们家并不远的这个土主庙。龙眼堡土主庙修建在胡浪村附近的山下面,庙门门顶上绘有彩色牡丹,中间是山水图。进门后看到正前方有一座主殿,主殿坐北朝南,明五暗三格局分布着房间。主殿脊顶雕刻有相向的两条龙,两龙间是一只宝瓶。经询问才知道,此宝瓶实指珠,意为二龙戏珠。主殿的两侧为影壁,上面绘有山水图,左右两侧都题字"富水宝地"。主殿前侧罩着防护网,上面挂有各色各式、十分艳丽的香包。香包里装有小石头,旨在用其重力使防护网更有效。主殿两侧种有两棵柏树,东侧有两棵松树。院内还种有一棵香枣树和一棵榆树。院内种有蜀葵、翠菊、野菊花、西红柿、龙豆、包菜、凤仙、番瓜、迎春、榆苗等,还有些杂草。庙的西面有两间房,一间为灶房,供有灶王娘娘的牌位,一间为供品的库房。主殿内设有金花娘娘和唐氏老祖先白马将军的牌位。牌位前供奉有很多水果和馍馍(馒头),还有些果冻之类的零食。我们进去后，也进了20元香钱。很快，有人过来问我们是哪里的人，一听说我们是胡浪村的回民，反而对我们很热情，说祖辈上都认识。这就更加方便了我们的沟通。在仪式开始前，院里聚集30人，其中妇女16人，男性10人，小孩4人。院子中间设有香坛，香坛前放有四个垫子，供信众磕头。一开始最引人注意的是有几个头戴白帽的回民。听人说，这次奉献给神祇的羊就是这几位回民的。他们一早就将羊送过来了，并负责宰羊。有趣的是，他们将那只羊放在香坛周围，附近有很多围观的人。有人对着羊说话，意在通过羊给自己的祖先捎话或祝福。过了一会儿，有人向羊身上泼了一点水，羊抖动了几下。有人就说"好了，好了"，意思是祖先对献给他的羊是满意的，示意可以宰羊了。随后，在汉民协助下，回民开始宰羊。宰羊过程中，一人用装有纸钱的碗盛了羊血，拿到两位神祇的牌位前供着。接着开始放鞭炮，妇女们忙着在阶梯下摆置香坛，形似塔，最上面放上纸钱和饼干之类的供品，制两次，烧两次，先是替大家在两位神前许愿烧钱。然后是每个人各自为故去的亡灵超度，称"往生"。在主殿的门前，有几个妇女在一个四层方形铁制油塔上忙着摆放油灯。我从下往上数了数，最低层为58盏灯，第二层为36盏灯，第三层为13盏灯，顶层为1盏灯，共计108盏灯。我询问阴阳先生才知道，108盏灯代表36天宫72帝，共108将。我没想到随处可见的都是各种文化符号，只是之前并不知晓。

上面的这些工作只是祭祀活动前的准备工作。在近9点时，主殿西侧来了5位阴阳先生（道士）坐了下来。他们穿着道袍，戴着阴阳帽（帽上印有八卦图）。其中一人击鼓，一人敲木鱼、摇铃，两人吹唢呐，一人击铰子。阴阳先生开始诵经，仪式活动才算正式开始。中间休息时，我们和阴阳先生交谈，才知道他们诵念的经典中有《道德经》《三官经》等六种经文。经他们同意，我们拍了经书的封面。阴阳先生说，他们诵念的经，包括儒、释、道等很多经典。阴阳先生诵经之时，有些妇女们在香坛前祭拜，小孩子也在模仿大人叩头。西房里有几个人忙着煮羊肉。来参加活动的人个个面带喜色，一幅安详的气氛，很是融洽！时间快近中午了，阴阳先生还在诵经，上表仪式还没开始。听庙管说，要等到下午才会上表，让我们先回家，下午再来。于是我们回了。

弟弟有事，下午一点半，我独自一人去了，有点怯，但还是去了。到庙里时，人们刚吃完饭，妇女们正在院子里聊天。我和她们聊了一会儿。一个小时后，上表仪式开始了。五位阴阳先生站在主殿前,在乐声中,法师缓缓穿上大红色、上面印有龙的袍子。他手持一块长约 50 厘米、印有八卦图样的竹板子,凝视着前方,有节奏地向二位神祇回告地方一年的生计情况。法师身边的几位阴阳先生抑扬顿挫地诵经祈福。妇女们每人手拿一炷香跪在主殿东侧的台子上,男性在台阶下凳子上坐着。诵经持续了 40 分钟左右,他们开始上表。有一信徒用一只盘子端着六个黄色纸叠成的棱柱样纸筒,上面写有像祭文一样的文字,称"表"。随后,有一阴阳先生跪念一张写好的表。在诵经过程中,另一阴阳先生逐一将表在神位前焚化,意为向地方神金花娘娘报恩,回告地方的情况。上表结束后,阴阳法师依次在院内作法,向各个祖先牌位祈祷,最后到门口"送亡"。信众在街两边的地上撒了食品、酒水等,在阴阳先生的诵经声中完成"送亡"的最后程序。结束时已到了下午四点半。①

这些仪式活动显示出地方性文化情结,尤其是献牲具有自己的特点。这种牺牲是由他人替代完成的,但没有放弃信教者自身的参与,来完成文化性义务的交换和责任。

从田野调查来看,参加民间地方文化活动的主要是老年人,尤其是老年妇女。这一现象使得我们有了不少的担忧。从根本上说,这并不能简单地归结为信仰民间地方文化人数的流失,而更主要的是传统文化所表达的蕴含在退却。如果想了解中国传统文化,尤其是农村,民间地方文化信仰是一个重要的渠道。通过民间地方文化,我们可以了解老子、庄子以及深厚的中国传统音乐、服饰、道德价值观、做人原则等。正如张继禹所说:"民间地方文化作为一种富于理想而又积极投入生活的文化,根植于中华传统,深入于华夏民族的思想意识、群体情感、群体精神和生活习惯中,只是人们日用而不知。"②但是现代化思潮,尤其是西方文化的不断涌来,使民间地方文化的领地在不断萎缩,甚至变成区域性的孤岛。这些孤岛逐渐被现代性的东西所淹没,本土文化的命运也就走向绝境,由此也渐渐堵塞了中国传统文化深入民间的管道。

---

① 此为 2010 年 8 月 25 日唐淑娴、唐智的田野调查记录,基本保留原始记录,个别文字上略做调整。

② 张继禹:《践行生活道教 德臻人间仙境——关于道教与现实社会生活的探讨》,《中国道教》,2000 年第 6 期。

　　因此保护本土文化知识在一定程度上说就是保护中国的传统文化。但是零落的道观、寥落无几的参与者,预示着乡村民间地方文化正在衰落。若干年后可能不会有人再去诵读民间地方文化经典,不会再去敲击磬、鼓。文明的多样性变得单一,文化传承性就此终结,乡村的道德观更加远离传统,中国传统文化的价值体系逐渐被异化。因此,民间地方文化信仰在表层上考察只是一种文化价值载体的反映,但从唐汪调查的实际来看,这里包含着中华民族崇尚先祖不忘本的家族伦理观,和合为上的不同姓氏、文化、群体和睦相处的亲和观,崇尚自然、敬畏自然的生态价值观,远恶近善、劝人为善的道德观。这些价值具有长久的普世性效能,通过简洁而朴实的仪式传达到每一个信仰者的内心,并依照他们身体的行为方式为其他人树立着行为道德典范。这些典范是数千年来中国文化沉淀的具体而深厚的反映。民间地方文化作为一种文化,可能存在其消极的一面,但这并不能抹杀它所含有的道德教化功能。民间地方文化在唐汪这样的乡村的盛衰,也反映了乡村居民文化现在的趋势。

　　民间地方文化在唐汪以自己特有的方式生存着,并以自己的方式加以解释,给精神贫困的乡村带去精神上的慰藉。从仪式和教义层面而言简单而直接,但信教者享受着朴素的心灵体验。如今现代信息席卷世界各地,唐汪这个偏僻的乡村也无法躲过信息化浪潮的侵袭。那种简单、传统的文化解释已无法吸引年轻人去聆听那单调的诵经声,于是远离庙堂、远离传统,去选择上网、过圣诞节等。而零落的道堂里只剩下一些风烛残年的老者在守望着祖先的神器。他们百年之后,还有谁去敲击磬缶? 民间地方文化信徒唐国宗老先生无奈地说:"没有什么(文化)活动。往年组织活动时,年轻人把金花娘娘抬上(唐汪照壁山)去。今年年轻人都外出(打工)了,没人抬,所以决定出香钱给庙管。"[①]于是,集体性的文化知识成了特定文化职业者来承担的义务,文化知识物化为象征性的东西,其结果就是庙宇空壳化、信仰简单化、信者老年化。这样乡村精神净土演变为物欲追求的场域。因此在一定层面上说,精神信仰的传统教化功能在弱化,甚至在丧失。

———————————

① 2010 年 8 月 24 日田野调查所得。

3.佛道信仰的特点:

唐姓汉族的多元则真正是无所不包、兼容并蓄。同一个唐姓汉族人,可能既信地域文化也信民间地方文化。如果儒家也可以被称作儒教的话,他可能同时也信儒教。和中国其他人一样,大多数的汉族人无论寺、庙、观,见神就拜;对文化知识的态度,基本上是宁信其有,不信其无。所以,除了地域文化和民间地方文化之外,唐姓汉族的信仰中还保留有大量民间信仰①。从田野调查的情况来看,这类信仰在唐汪汉族的文化生活中所占比重远远超出传统的地域文化和民间地方文化信仰,表现十分活跃和频繁。大体上有以下三类:

(1)祖先崇拜:忠与孝是中国传统文化中最重要的两种美德。所以即使对于已经过世的祖先,也要像其在生时一样尊敬。起初,对已逝祖先的供奉只是一种日常的礼仪,后来就逐渐演变为具有文化意味的祖先崇拜。唐姓汉族也保留这一传统,开创唐汪唐氏宗族的第一位唐氏祖先白马将军,理所当然地成为唐姓汉族祖先崇拜的对象。在照壁山村的唐氏老庄里就供奉着唐祖白马将军的牌位。白马将军成为唐姓汉族人供奉的祖神。做生意求财的人,入仕途求官的人,甚至参加高考的学生都会到祖庙中烧香许愿,因而唐氏老庄香火旺盛。

(2)鬼神崇拜:唐汪汉族所建的各庙中几乎都会供奉一位方神:金花娘娘。据《重修皋兰县志》载,金花娘娘确有其人:"神女姓金,世居兰州教场关,生于明洪武年间,垂髫端洁,不茹荤腥,年十七父母强字之,逃至吧咪山顶坐化于石洞中。"②

该县志还详细记载了供奉金花娘娘的四座庙宇:"一在吧咪山(建置年份无考);一在皋兰门外井儿街口道光十九年建;一在厉坛道光末建,今毁;一在五泉山(旧为五佛殿地),光绪十三年建(续志兼采访)。"③

唐姓汉族常去的是吧咪山金花娘娘行宫。在田野访谈中,几乎所有的访谈对象对金花娘娘的神异都是深信不疑的。无论求福求财还是求子求孙,抑或求雨,金花娘娘仿佛无所不能。

---

① 根据田野调查的情况来看,近年来唐姓汉族中也有少数人开始信仰基督教。
② [清]张国常撰修:《重修皋兰县志》卷十八,祠宇条,陇右乐善书局甘肃政报局,1917年。
③ [清]张国常撰修:《重修皋兰县志》卷十八,祠宇条,陇右乐善书局甘肃政报局,1917年。

（3）自然崇拜：在中国民间自然物崇拜形式中，对山或山神以及对土地或土地爷的崇拜占有重要的位置。在唐姓汉族中，同样如此。杨赵村、胡浪村、照壁山村、白咀村各建有山神庙一座，对土地神的供奉则更是深入到每家每户。唐姓汉族的山神庙修在村边的山梁或者山顶上，一般都比较简陋。而土地神的神位一般都位于门道一侧，在墙上设一壁龛，上书"本宅土地之神位"。无论供奉山神还是土地神，目的大抵都是祈求平安、吉祥之意。

总之在唐姓汉族中，"见庙就烧香，见像就磕头"是一种普遍的心理状态。不管是什么神祇，只要能保佑自己的现实利益即可。而且，对所信仰的各文化之间的界限比较模糊，不像地方文化或者基督教那样具有强烈的排他性。诚如罗斯所言："普通的中国人在文化方面同其他方面一样，追求实用，认为'菩萨'是世界上获取利益的源泉。他们从菩萨那里，寻求恢复健康、好收成、科举考试成功、经商获利和仕途顺利。如果一种文化未向他们提供要求的这些方面，而只是以诸如忍耐、鼓励和战胜引诱等方面的精神祝福来回答他们，他们是非常惊异的。他们首先进行嘲笑，然后认为此种文化是奇谈。"[①]

（三）唐姓文化知识多元化的原因探析

唐姓文化知识多元化表现在两个方面：一是就整个唐姓来讲，呈现佛、道、地方文化三大文化多元并存的局面；二是即便在汉族、回族、东乡族各自的信仰体系之内，无论在教别、教派还是所信奉的神，也呈现出多元并存的局面。这种多元信仰的存在，在一定程度上也体现了唐姓各族在文化心态上的包容性与开放性。笔者认为，造成这种多元化的原因主要有以下两个方面。

第一，从渊源上来讲，无论汉族还是回族和东乡族，唐姓中都保留有大量汉族文化传统。汉族文化的一大特性就是海纳百川、兼容并包，这一点无论中国社会史还是中国文化史都可以提供大量的佐证。这种极具包容性的传统在生活习惯、思维方式、精神信仰等方面对唐姓三族影响甚巨。尤其对于唐姓东乡族和回族来说，这种影响更具深层意义。反映在文化知识层面上，可以看出这些传统在唐姓回族和

---

① E·A·罗斯：《变化中的中国人》，公茂虹、张皓译，第 142 页，中华书局，2006 年。

东乡族中消减其激进因素,进而表现出更多的温和与理性①。这与唐姓汉族的信仰心性是很相似的,这种信仰心性形成了唐姓文化知识多元的心理基础。

第二,从区域位置来讲,唐汪南靠东乡族聚居区东乡族自治县,北接定西临洮县,与洮河隔河相望。所以唐汪同时受到民间地方文化与儒、释、道合流而生的汉文化的多重影响。在不同文化交互影响下,造成唐汪人特有的多元文化心态。"在这种特殊的地理环境下,回汉两种文化相互接触、相互融合、相互吸收、相互影响、相互作用。在这种文化背景下,出生或产生一种有别于汉族儒、佛、道文化和回族、东乡族的民间地方文化的新文化是有可能的。尽管这种新文化处在汉族文化、地域特色文化两大文化的夹缝之中,但仍然有其生命力,因为这种新文化兼有两大文化的精华或特征。"②马兆熙所说的这种"新文化"其实就是指这种多元性文化。此外,由于唐汪所在的河州毗邻青藏高原,唐汪自古以来又是连接河、兰二州的重要通道,所以唐姓在一定程度上也受到藏文化的影响,尤其是藏传地域文化的影响。红塔寺石窟壁画汉藏结合的绘画风格就是一个典型的例证。诚如周伟洲先生所言,"地域文化逐渐渗透于西北外来原有的文化之后,使之从内容、结构、模式、风格均发生不同程度的变化,而逐渐形成为具有地域文化内涵的多元文化。"③地域文化的影响并不仅仅局限于汉族唐姓,其中因果报应、大慈大悲、利他济世等思想已经完全被改信地方文化的回族、东乡族唐姓吸收和改造,作用于他们的日常生活和精神信仰。在与各个群体的交流和各种文化影响下,唐姓最终形成了这种多元信仰体系。

文化知识上的这种多元性,也深刻地影响了唐姓的文化心理。基于多种文化的影响,唐姓具有一种包容、开放但又不失其独特性的文化心理,从而使其内部心性获得一种精神张力。这种张力对唐姓家族的进一步发展,具有深远而重大的影响。

---

① 唐姓回族和东乡族的地方文化信仰具有强烈的地方文化中国化倾向。这一点无论是在表层的丧葬、祭祀等与文化有关的仪式中,还是深层的心灵认知上,都有很多的反映。笔者认为,这种融入中国儒、释、道三种文化的温和的地方文化很好地避免了当今地域特色文化世界中的激进倾向,恰恰是中国地方文化信仰群体的一大贡献。

② 马兆熙:《东乡唐汪人的民族心态探析——兼谈唐汪地区的民族融合现象》,《甘肃民族研究》,1999 年第 2 期。

③ 周伟洲主编:《西北地方民族多元文化与西部大开发》,第 7—8 页,人民出版社,2009 年。

第二节　唐汪土城的历史变迁与乡村社会生活

一、唐汪土城考察

(一)寻访唐汪土城墙

唐汪土城何时修建,文献没有明确的记载,大致应在清代。现在唐汪土城已经不复存在,但笔者儿时还可隐约见到这座土城的断壁残垣。后来由于各种原因,再没有与土城相关的故事了。直到攻读硕士学位以后,逐步将自己的研究旨趣放置于乡村史的研究,笔者才重新关注自己的家乡,重新关注这座曾经承载唐汪先辈历史记忆的唐汪城。怀着探寻祖先足迹、探寻历史遗迹的愿望,笔者回到唐汪,回到熟悉而陌生的地方,寻找历史遗留的答案。每次的寻找总是充满着扑朔迷离的情节,充满着向往与失望两种情绪。但我的感觉告诉我,距离这座消失许久且被人们遗忘的乡村土城距离越来越近,似乎快要触摸到。于是,多次田野寻访以后,我终于找到唐汪土城的答案。

1.寻找唐汪土城墙的插曲:

坦率地说,笔者刚返回校园重新读书,再去田野调查,心里没底还犯怵。于是笔者鼓动业师韩中义先生和师兄马翔先生一起来到唐汪。我们三人于2008年10月8日从西安出发,11日下午到达唐汪镇。晚上和家父攀谈中,我勾起儿时的记忆——唐汪土城。但这次我们很匆忙,没有对土城做深入调查。此后唐汪土城就成了我牵挂的心结。2009年寒假,笔者独自一人到唐汪随处转悠,脑海中只有一个愿望,就是找到残留的土城墙。因为只有找到土城墙,才能证实土城的存在。

1949年以来,唐汪不断扩建,土城墙逐渐被拆。唐汪人还有个习惯就是用土来垫羊圈或厕所,城墙的土就成了首选。此外,随着治安的好转,土城的防御功能消失,甚至有些碍手碍脚。机会总是会不期而遇。2009年4月30日笔者回家经过唐汪镇的街巷,有些奇特的墙引起了我特别的注意。这堵墙和普通的墙有较大的差异。普通的墙比较薄、比较矮,而这堵墙又高又厚。于是,笔者到近处仔细观察,发现这是一种西北常见的夯打墙,也称作干打垒,即挡板、挡土、夯锤等将当地的黄土垒打而成。这种墙的特点在于所取材料直接,即当地略带水分的土。一种是春天垒打,此时建起的墙一旦变干十分坚硬,一般的攻城武器不起作用;一种是秋天垒打,秋天的干打垒由于水分、盐碱等原因比起春天的干打垒要容易残蚀、变"馊"而倒塌。但这两个季节是建干打垒比较好的时节。干打垒还有一个特点就是在西北干旱地区可以保持相当长的时间,比如我国早期的有些干打垒长城至今还保存良好①。笔者发现的这段残留的土城墙恰好就是典型的春季干打垒,底部残厚1.5米,上端1.2米,高约2.8米。实际上最初修建的时候可能比现在要高、要厚,随着岁月的剥蚀,土城墙发生了一些变化。从发现的土城墙来看,主要是用于防御性的工事。这在冷兵器时代足以保护唐汪免受暂时进攻,诸如防御土匪、窃贼等。找到土城墙,笔者半年来的寻找终于有了收获。笔者站在土城墙下沉思良久,回到家中,很兴奋地写下了当时的田野笔记:

这次的发现极大地鼓舞了我,让我有信心坚持韩先生让我做关于旧城的选题。曾经一度我不断萌生放弃的念头,因为觉得无从下手。这次偷偷回来的目的就是做一个了断,如果还得不到任何有用的信息的话,我就放弃。当我抚摸着老城墙破败的皮肤,想起历史上有关唐汪的记载。那些文字一遍遍地敲击着我的心,让我更深刻地了解生我养我的这片土地曾经经历了多少悲壮,多少荡气回肠。我也理解了为什么唐汪人在河州甚至整个甘肃,有许多独特的心性。我想,随着我对这座消失的旧城的探寻,我会找到答案的。

2. 第二次探访土城墙:

2009年8月4日笔者和业师韩先生一起再访唐汪,简单安排了一下生活住宿,就开始寻访整个城墙的所在。我们先拜会了笔者的大伯。他是土生土长的唐汪人,见多识广,算是唐汪的"活字典"。他告诉我们,唐汪的确是有土城墙的,1958年以后被拆,只有一小部分还可以找到。这和笔者以前找到的那段土城墙应该是有联系的。我们在大伯那里得知,唐汪有位姓汪的小学老师善画。他手头上有一幅自己绘制的唐汪鸟瞰图。于是我们继续寻找汪老师②。由于唐汪人居住相

① 东周列国时期的齐长城、河西长城、秦长城、燕长城,始皇长城以及西汉时期的几处长城遗址都显示有干打垒的痕迹,其中有些保存得较为完整。参见瓯燕:《我国早期的长城》,《北方文物》,1987年第2期。

② 汪文虎:唐汪镇上城门村人,50岁,在红柳小学教书。汪老师的业余爱好是美术。在闲暇时,画画就成了他最大的乐事。他画有若干张有关唐汪旧城的作品。

对集中,互相都比较熟悉,所以我们一打听就找到了汪老师家。事有凑巧,汪老师在家。我们说明来意,他很热情地拿出几幅自己的画让我们看,其中两幅是与唐汪有关的。有一幅画录在本文中,题为"唐汪川上城门",画的是唐汪旧城的最东边,即最上方的城门。城门为双扇门,足可以通马车。城门背后就是唐汪著名的牛形山,还有城墙、树木、亭、行人。这张画的风格很像小时候看的连环画书。他的笔法很细腻,城门上的瓦片、树上的叶子,甚至行路的小脚老太太都画得惟妙惟肖。这幅图画可以直观地了解唐汪土城的一个侧面,如图5-1。

图5-1　唐汪川上城门

汪老师还给我们讲述了他记忆中此地的村庄,以及村庄里的人和事,当然还有我们一直苦苦寻访的旧城墙。汪老师饶有兴致地带我们去看了牛形山的牛鼻子洞①。笔者小时候就一直听说山上有个洞,还有那个关于金鹁鸽(鸽子,笔者注)的传说。汪老师写有一篇文章,题为《大桃杏的故乡》,笔者有幸读到汪老师的手稿,其中就讲述了这个传说:

相传,青枝绿叶的唐汪川,早先是一块风水宝地,是出帝王将相的地方。谁知,唐汪川的先民们为了开辟一条金城兰州至河州的交通甬道,在牛形山的牛鼻梁上打了一眼长约十丈(实际长度为16米左右,笔者注)、高丈二、宽八尺形似牛鼻眼的山洞。当时,在开挖山洞时,出现过这样的情景。先民们

———————————
① 牛鼻子洞:当地人的叫法,位于唐汪牛形山上。

每天挖进几尺后歇工回家,到第二天再上工的时候,却惊奇地发现,前天刚挖过的地方又"长严"(方言,愈合、闭合之意)了。就这样一连挖了几天,山洞仍是原样子。于是,他们就商量了一个办法,开始从两头同时昼夜不停地轮番挖。当两伙人同时挖到最中间相透的时刻,从山洞顶部跌落下来一块磨盘大的黑石板。忽然,一对金鹁鸪从黑石板掉落的原处洞顶飞出来,在唐汪川的上空盘旋了两大圈,哀鸣几声朝着遥远的东北方向飞走了……从此,金鹁鸪带走了唐汪川的"脉气"。

在汪老师的带领下,我们亲眼见到传说中的牛鼻子洞。此山洞距离汪老师家不远的山腰。我们顺着弯弯曲曲的山路上行,大约 20 分钟就到了洞口。洞高约 4 米,宽约 3 米,长约 16 米。据说这个山洞就是当年脚户①从河州到兰州的必经之地,因为地势险要,常有牲畜掉入山崖摔死的现象。我们走到洞口另一端,发现的确十分凶险。明朝初年,明代大将邓愈入河州,有途经唐汪的记录②;马鹤天护送班禅大师入藏也从唐汪经过③;在美国传教士毕士敬的旅行日记中,也有行至唐汪并逗留两天的记录④。他们是否都行走过此洞呢?不得而知。可喜的是,这个山洞仍完好无损地保留着。这可以给文字材料记载唐汪甚少提供一些补充性的佐证。

从牛鼻子洞下来,汪老师又陪我们去寻访城墙。但城墙差不多都被拆毁了,上次笔者找到的那段也不知所踪。如果不仔细搜寻,很难找到城墙。走了一段路,汪老师指着一处旧院落说,这就是汪家庙旧址。我们走到汪老师说的那块地方查看了一下,城墙已荡然无存了。我们继续往前行,到胡浪村时,听村口人说前面不远就有段城墙根。我们在一户人家的菜园里发现了传说中的那半截城墙。准确地说,那不叫城墙,而只是城墙根儿。由于在树荫下,上面长满苔藓,更显得破旧和古老。我们很兴奋,总算又找到一点实物,并留下影像资

---

① 脚户的性质类似于马帮,主要通过畜力(一般情况下,使用的牲畜为驴和骡,也有少量的马)来进行贩运。在旧时,交通路线以及交通工具远远不像现在这样发达,在西北地区,脚户就成了各地互通贸易的重要途径。

② 《明史》卷一百二十六,第 3750 页,中华书局,1974 年。

③ 马鹤天:《甘青藏边区考察记》,第 3—7 页,中国国际广播出版社,2016 年。

④ 王建平编著:《中国陕甘宁青伊斯兰文化老照片——20 世纪 30 年代美国传教士考察纪实》,第 54—56 页,上海辞书出版社,2010 年。

料,如图5-2。

图5-2 胡浪村的城墙遗址

(二)对旧城的勘察

唐汪镇从西往东分布着白咀、塔石沟、照壁山、河沿、杨赵家、胡浪、唐家、下城门、汪家、上城门、舀水、打柴、张家、马巷、庙坪寺等十五个村社。从对旧城遗址的勘察情况来看,旧城位于唐汪镇的中心区域,城内有胡浪、唐家、汪家、下城门、上城门等五个村社;城西依次为杨赵家、河沿、照壁山、塔石沟、白咀等五个村社;城东依次为舀水、打柴、张家、马巷、庙坪寺等五个村社。城内的居民主要是信仰地方文化的唐姓回族和东乡族,以及大部分的汪姓。

2009年8月22日,笔者对旧城墙遗址进行初步测量。城长基本上以东西中轴线为基准做了测量,但城的宽度仅测了沙沟①的长度,不足以准确计算旧城的面积。所以,取得的数据仅为参考之用,非准确数据。旧城东西长约820米,南北宽约375米,面积约为0.3平方千米,形状不规则,如图5-3所示。

在旧城中,北庄寺与唐家大寺仅一墙之隔;汪家大寺的原址位于现今的唐汪镇卫生院。胡浪庙和汪家庙在城外。其中汪家庙现已不存在,遗址位于城外北面的山地上。城内居民的生活用水主要是井水,胡浪、唐家、汪家各有一口井。三口古井至今犹在。唐汪第一高级小学是现今唐汪回民小学的前身,1919年开始创办,1923年正式成立,距今已有101年的历史。当时的唐

――――――――――

① 沙沟:唐汪集市所在地,其南北两端分别是旧城的上城门和下城门。

汪回民小学占地仅一亩左右,现在位于皇渠以北的部分是 20 世纪 80 年代扩建的。

田野访谈资料显示,当时的城墙厚约 4 米,高 6 米—7 米,有女墙①。城门有四座,分别是上城门、下城门、横(音 huai)口巷道城门、胡浪城门。上城门位于唐汪集市丁字交叉点往北大约 100 米的位置,下城门位于集市北端,横口巷道城门位于下城门村横口巷道东口,胡浪城门位于胡浪村西端。

在 1958 年之前,城墙还存在,但后来逐渐被拆除。现今仅存四处城墙遗址,保存较为完好的是位于上城门村当铺巷南口的南城墙残体,东西走向,长约 14 米。由于风化和人为的原因,最厚处仅约 2 米,最薄处约 50 厘米。胡浪村残存有 10 米左右的城墙根(见图 5-3),另外两处位于下城门附近(见图 5-4、图 5-5)。这些残存的墙体如果不详细勘察,几乎难以发现。

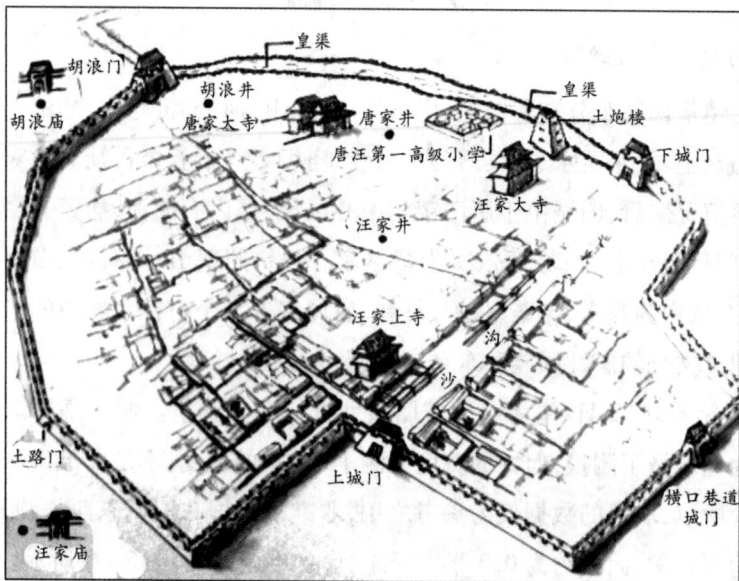

图 5-3 下城门城墙遗址一

---

① 女墙,又叫"睥睨",指城墙顶上的小墙,建于城墙顶的内侧,一般比垛口低,起拦护作用,是在城墙壁上再设的另一道墙。

图 5-4 唐汪旧城示意图

图 5-5 下城门城墙遗址二

1. 城墙：

就一座城而言,城墙无疑是极其重要的元素。唐汪土城也不例外,只是如今城墙几乎被毁。但已消失的城墙却以另一种形式被保存下来,即唐汪人的一些老回忆：

我们小的时候,这周围有一个土城墙,城墙有一丈宽,还有城门楼子。①

————————

① 田野访谈资料,访谈人:TGX,69 岁,时间:2008 年 10 月 12 日。

我们小时候这里有城墙,是为了自卫。当时听八九十岁的老人们说,他们小时候城墙就有,经常漏土(城墙因风化、雨蚀等原因往下掉土,笔者注)。①

城墙是有的,城门不大,很小。你看现在还有上城门和下城门呢。那就是证明。②

这些记忆零碎而简单,但大致清楚,这里曾经确实存在土城墙,也有城门,其功能主要是防卫。此外从唐汪镇保留的一些地名也可以反映出旧城墙、旧城的存在,诸如城墙背后、上城门、下城门,而且这些名称至今仍在使用。城墙背后位于唐家村和汪家村南边,紧靠城墙外,现在是一条从兰州到临夏的公路,路南便是牛形山③的山根。在上城门和下城门遗址附近,分别演变成了两个同名村:上城门村和下城门村。

旧城是依照山势地理而建,很不规则,南靠牛形山,因此南城墙依山而建,并呈半弧状;北临皇渠④,按理说城墙自然就依皇渠逶迤而建。但在田野访谈中,也有人说北面没有城墙:

因为按五行的说法,北面属水,所以北城墙是拿皇渠替代的。所以唐汪的城墙只有三面,北面以水代之。⑤

哎呀,渠边里有没有城墙还真的没印象,好像没有吧。记着上大路上有哩,渠的那边可能没有。反正没有印象。⑥

笔者以为北面无城墙的说法比较可信。因为除了访谈中多数人没有印象之外,笔者在实地勘察过程中,皇渠附近也没有发现任何有关城墙的痕迹。但在旧城的东、南、西三面或多或少残留有城墙的痕迹。当地的村民们也对这三面的城墙有清晰的记忆。田野材料显示,城墙是依据风水五行之说所建,但实

① 田野访谈资料,访谈人:TGZ,78 岁,时间:2008 年 10 月 12 日。
② 田野访谈资料,访谈人:TZK,60 岁,时间:2008 年 10 月 13 日。
③ 牛形山,也作"牛心山",位于唐汪镇南部。越过牛行山,紧靠着北岭乡大湾头村。《续志》记:"牛心山,县东九十里,东向高十五里"。(《续修导河县志》,卷一,山水条)
④ 在田野调查中,唐汪人习惯把皇渠的历史延伸至明代。这个名称的由来。据说是明代的时候由皇上下令敕造的,所以称为皇渠。但在《续志》所记开凿时间却在清乾隆年:"东乡唐汪川皇渠,清乾隆年开,长度二十五里,灌马巷口及红塔寺、杨赵家等村田六十余顷。"(《续修导河县志》,卷一,水利条)
⑤ 田野访谈资料,访谈人:TGZ,78 岁,地点:胡浪村,时间:2008 年 10 月 12 日。
⑥ 田野访谈资料,访谈人:TZB,69 岁,地点:胡浪村。时间:2009 年 1 月 25 日。

际上并不是那么简单。事实上,洮河本身和皇渠就起到城墙的作用,具有一定的防御性。

2. 城门:

城门对于城来说同样也是要件之一。根据田野调查,唐汪有四大城门,还有一个位于当铺巷道南端的拱形小门洞。这四座城门分别是:上城门,即为南门,位于现在的汪家上城门村,城门外就是牛形山脚下。从此城门沿着蜿蜒小路向山上走,就可以到牛鼻子洞。穿过此洞顺着山坡继续,再向东南方向就可以到达东乡县的大湾头村;再南行到县城所在地锁南坝;继续向南,便至河州城。口碑史料说,现今公路①修造以前,这条山道是经锁南坝去往河州的主要道路,也是去往西藏、青海的要道。现在由于修通了三条唐汪到临夏的公路,这条道路就被废弃了,变成牧羊人的羊肠小道,也失去往日的显要。由此之故,上城门的作用也大为降低,直至城门被拆除。

下城门也即北门,位于汪家的下城门村,走出下城门就是大片的农田。在这农田之中,有一条小道直通洮河渡口。明清时期,这里一般都设有用船架设起来的浮桥通向河对岸。据《续修导河县志》载,在唐汪洮河沿岸,还有22只船磨②。从浮桥过洮河,经白崖、漫坪至兰州。现在这条路已经废弃。

胡浪门是西门,唐汪人叫"城门楼子",位于唐家胡浪村。在距胡浪门500米处,还有一口古井,至今犹在。当时,这口井是胡浪村村民生活用水的主要来源。也因此井之故,胡浪村又叫"龙眼堡"。

横(音huai)口巷道东口的城门,即为东门,当地人一般也叫"城门楼子"。东门外同样是农田。随着人口的增加,西门和东门外相继住有许多住户。至于前文提到的小门洞,唐汪人称作"土路门",位于南城墙的中段,当铺巷的南端口。根据笔者的实际调查,相对于唐汪的城墙来说,城门完全被拆除时间相对较晚。最后一座被拆除的城门是东门,在2001年。靠近东门的居民因要重修宅院而被拆除。

---

①　目前,从唐汪到河州主要有三条公路,分别是:一,唐汪—达板—汪集—锁南—临夏;二,唐汪—董岭—锁南—临夏市;三,唐汪—大湾头—锁南—临夏。

②　《续修导河县志》(卷二,水利条)称:"洮河船磨,唐汪川上游十四只,下游八只。"船磨也叫水磨,是以水能作为动力将小麦、玉米、大豆等粮食加工成粉、浆的一种机器。

田野调查发现,当地人对于城门有着更为清晰的记忆:

过年过节的时候玩秧歌,还要在城门楼子上表话。现在水管所那块有一个城门,是唐家的城门,叫胡浪门,应该是西门。横(huai)口巷道有个城门楼子,是东门。上城门是南门,下城门是北门(沙沟坝渠边)。①

我家对面以前有个城门。城门上有楼楼,楼楼上有两个圆形的窗子。两个圆圈代表的是两面井,一面井是我们的,一面井是那边外来人吃的。以前我们这一块叫龙眼堡。民国17年(1928)的时候,河州战乱,这里的城门和房子被毁。②

显然,城门除了发挥本身具有的功能外,还充当类似广场或主席台的角色。每遇要事,或是逢年过节,城门所在地就成了热闹非凡之地。

3. 土炮楼:

土炮楼是旧城中有居民为了自卫而建,共三层,土木结构。它于2004年被拆除,遗址在下城门村TXY家中。根据城墙的遗迹来看,它没有建在城墙上,而是一座与城墙分立的单独防御工事。笔者于2009年10月4日前往TXY家中做了专题访谈。从TXY的讲述中,可以对土炮楼的形制、功能有一个大致了解:

那时候时局不好,就修的那个炮楼。确实是个炮楼,是打土匪的。从白豁岘那里经常下来土匪,经常来抢唐汪。修炮楼的土都是从石拉泉驮过来的,是用土打的山墙。最底层的墙有一米宽,上面用这么粗(TXY比画给笔者,直径约25厘米宽)的木头像筷子一样齐齐担上。第二层往上就用土块。(炮楼)方方正正的,门是单扇门,用一个大杠子压着,这是一层。上了二层,四面有窗哩。一共有三层哩,最上面就是真正的炮楼。上了三层,高得很,枪眼也做了。上去之后整个唐汪都看见哩。那时候都是土枪、土矛子,钻到这里他们就没办法。土匪来时,这面打一枪,那面打一枪,全庄子人就都知道了。土匪总归胆小,枪一响,全庄子的人都起来。他们就跑了,不敢来了。③

东乡县档案资料称:

民国十五年(1926)夏,国民党大肆掠夺。除征收契税、档税、牙税、磨税、印

---

① 田野访谈资料,访谈人:TGX,东乡族,69岁,地点:胡浪村。时间:2008年10月12日。

② 田野访谈资料,访谈人:TGZ,汉族,78岁,地点:胡浪村。时间:2008年10月12日。

③ 田野访谈资料,访谈人:TXY,东乡族,56岁,地点:下城门村。时间:2009年10月4日。

花税外,加征百货税,甚至连山货、玩具也征税,税率3%—5%。同时加重罂粟地亩税,每亩加收四十余元。税款奇重,许多地方改种粮食作物。是年连征学兵三次,民间多雇人支差。①

在这种残酷的压榨下,民不聊生、匪盗四起也是情理之中的事。土炮楼正是唐汪人为了防御匪盗而自发修筑的。

二、修筑唐汪旧城的原因、作用及旧城的衰落

(一)修筑唐汪旧城的原因

费孝通先生曾在《乡土中国》中说:"城墙的工程浩大,费用繁重,不是被包围在内的人民所能负担的。它须是一个较大区域中人民共同的事业。除了凭借政治力量,为了达到政治的目的,这种城墙是建筑不起来的。"②但是从田野访谈资料来看,唐汪城墙似乎没有凭借政治力量修筑的痕迹,是通过村民自发集体修筑的。这在田野材料中有比较多的反映:

我们小时候这里有城墙,是为了自卫。③

就是个人们(自己,笔者注)修哈的,啊里的公家支持哩。一挂是(全部,笔者注)个人们做着。不做是不成啦,土匪们隔三岔五地搔(骚扰,笔者注)来了,逼哈的。④

唐汪旧城到底何时修建,无从可考,但非官方行为却是事实。另外,如果是官方行为的话,在方志等文献中应该留有相关的记载,但笔者暂时并未查找到有关唐汪旧城的文字记载。这从另一个方面也可以进一步证实,修筑旧城是民间行为,而非官方行为。

从田野调查分析,唐汪旧城的修筑大致在清末民初。修筑城池的首要原因是为了自卫防御。

清末民初之时,军阀混战,匪乱四起,社会治安混乱不堪。东乡地区也不例外。加之,清末、民国时期苛捐杂税多如牛毛,使本来就贫穷的东乡地区更加贫困,导致民不聊生。这里就成了匪盗丛生的地区之一。问题在于,为何匪盗要

① 东乡县档案资料《东乡族百年大事记(草稿)》(油印本),东乡县档案局提供。
② 费孝通:《乡土中国》,第263页,上海人民出版社、世纪出版集团,2007年。
③ 田野访谈资料,访谈人:TGZ,汉族,78岁,地点:胡浪村。时间:2008年10月12日。
④ 田野访谈资料,访谈人:TGH,回族,80岁。地点:唐家村。时间:2010年2月6日。

以唐汪为目标？经分析，原因大致有四：第一，唐汪地处洮河沿岸，相对于贫瘠的山区来说，这里土地肥沃，农业发达，物产丰富；第二，唐汪自古是连接兰州、河州的交通要冲通津，是往来于兰、河二州商贾的必经之地；第三，唐汪集市在清代就初具规模，是董岭、北岭、龙泉、达板、临洮县红旗五个乡的物资集散地①；第四，唐汪人善经商，不乏在兰州、甘州（张掖）、凉州等地开饭馆、旅店、商号者。这些人由于勤劳经营，积累一定财富，成为当地的"有钱汉"。

这些因素使唐汪成为匪盗觊觎的对象，频繁遭劫于土匪、兵匪。为了防御外来的侵害，迫使唐汪人修筑城墙，加强防范。

（二）唐汪旧城在历史上发挥的作用

1. 唐汪是连接河州、兰州的要道：

这里首先纠偏一个问题，通常认为唐汪的位置在洮河西，临洮位于洮河东。这种说法并不准确，据笔者推测，可能因为人们习惯上将临洮汉族所在区域称之为"河东"所致。

《水经注》卷二称："（黄河）又东过陇西河关县北，洮水从东南来流注之。"②

洮河经达板—唐汪—刘家峡段总体上为西北流向，这与《水经注》所记相吻合；流经唐汪张家村—汪家村段时几乎为正西流向，从汪家村—刘家峡段又恢复西北流向。因此，确切地说，唐汪位于洮河下游的西南岸。

临洮与唐汪一河之隔，于是唐汪自然成了连接河、兰二州最捷径的通道。这一点，史料多有记载：

宏济桥③在州西北百三十里洞子口洮河上，为兰、河二州通道，万利中用船十二为梁，冬撤春建，后废。④

洮河渡口在梨子山下通兰州路。⑤

---

① 东乡族自治县地方史志编纂委员会编：《东乡族自治县志》，第 287 页，甘肃文化出版社，1996 年。

② [北魏]郦道元：《水经注疏》，杨守敬、熊会贞疏，段熙仲点校，陈桥驿复校，第 131 页，中华书局，1989 年。

③ 也作洪济桥、弘济桥。

④ 转引自马志勇：《河州民族论集》，第 150 页，甘肃人民出版社，1995 年。

⑤ [明]吴祯编纂：《河州志》卷一《地理志》桥梁条，嘉靖本。

囵子沟,州东百二十里,其沟甚隘,深数十丈,长二十里,兰州路经此。①

康熙四十四年,知州王全臣重修弘济桥在囵子沟口下,通兰州路。桥废。明嘉靖壬午,御史刘泖设船一只,水夫四名,属州。嘉靖癸未,御史卢问之设立公馆一所,迎送方便。自明末船废,设木筏以济。康熙四十三年,监督同知郭朝佐、知州王全臣各捐资设船一只。②

唐汪共有三处渡口,分别是三合渡口、闸子头渡口③和马巷渡口。这三个渡口的旧址至今犹存。三合渡口和马巷渡口至今保留着渡船,继续发挥交通两岸的作用。沙沟的南端被围在城墙里,成为唐汪的集市,所以,狭义的沙沟等同于唐汪的集市。集市以北的一段也就是出了下城门以后的一段沙沟,习惯上被称作沙沟坝。往来行人从大湾头山路下来后,从上城门进入,再从下城门出城,再到沙沟坝渡口。《东乡族自治县志》称:

民国时期河州东大路繁盛,其走向为:从河州出发过漒湖桥,渡过大夏河,上柳树湾、锁南坝、称沟湾(成沟湾)、仓房、大湾头至唐汪,过洮河、白崖、漫坪至兰州。这条(道)是河州至兰州的捷径,沿崖有供行人脚夫、客商打店饮水的茶铺、客栈。锁南坝、唐汪川为主要站口,每天食宿的行人、牲畜不下百十人(头)。④

1933 年 7 月 15 日,美国传教士毕敬士与其岳父宇威默从河州到兰州途经唐汪,也是从唐汪的洮河渡口经过的,并以"甘肃唐汪川"为题,写了四百多字的笔记⑤。

乾隆四十六年爆发兵乱中,军队也是从唐汪渡河而过的⑥。

元至清代,唐汪曾设立塘汛⑦。

---

① [明]吴祯编纂:《河州志》卷一《地理志》山川条,嘉靖本。

② [清]王全臣撰:《河州志》卷一《桥梁》渡口条,康熙四十六年本。

③ 当时也叫"黄家浪"渡口。

④ 东乡族自治县地方史志编纂委员会编:《东乡族自治县志》,第267页,甘肃文化出版社,1996年。

⑤ 《中国陕甘宁青地方民间地方文化老照片——20世纪30年代美国传教士考察纪实》第54—55页说:"虽然摆渡洮河的缆船已被大水冲走,但省长的一位代表在这里等我们,并派人到河的上游调遣另一艘船。曼恩先生到外面见那位省长代表,因为他是曼恩的老朋友。"

⑥ 参见《钦定兰州纪略》卷六、卷七、卷十,第98页—171页。

⑦ 明清时驻军警备的两种大小不同的关卡。

西南路,五塘。固家山、尖山子、何家山、漫坪、洮河沿每塘设兵二名。①

唐汪川汛,经制一员,兵四名。②

《重修皋兰县志》中提到的"洮河沿"塘,就是《续修导河县志》中所记之"唐汪川汛",足见其在交通史上的重要地位。

2.东乡地区的物资交易中心:

唐汪因其在交通上的优势,也带来经济上的繁荣。河州与兰州之间的商贸往来促使唐汪成为货物集散地和中转站。从田野调查资料中,笔者了解到,当时唐汪集上主要经营的货物有:粮食③、土豆、布匹、茶叶、食盐等。集上还有鞋匠、毡匠、铁匠、钉碗匠等小手工业者的摊子。粮食主要由天盛和经营。

据胡浪村的唐国典④先生说:

当时天盛和已经很具规模,整个一边街道都是天盛和的铺面。铺面中间有一个门,里面是个大院子,院子里有库房和住房。从集上籴来的粮食就放在这个库房中。等过一段时间,天盛和就雇脚户哥⑤把收购的粮食用骡马驮到省城兰州去出售。

粮食交易中还有一个中间人,叫作斗行。斗行手持斗、升等量器在卖者与买者之间做中间人,类似现代商贸中的中介。

茶叶是唐汪集上经营的主要副食之一⑥。唐汪集的茶叶主要来自陕西汉中,是唐汪集的商户们用骡子从汉中贩运的。那时候还没有纸箱,所以茶叶全都装在圆形的麻包里。

---

① [清]张国常撰修:《重修皋兰县志》卷十七,塘汛条,陇右乐善书局甘肃政报局,1917年。
② 黄陶庵编纂:《续修导河县志》卷四,军制条,民国本。
③ 唐汪集的粮食主要是产自当地的小麦和玉米,也有少量从外地运进的大米。
④ 唐国典,胡浪村人,70岁,曾任唐汪回民小学校长。这段内容是根据2009年8月5日笔者所做的田野访谈整理的。
⑤ 旧时赶着牲口供人雇佣的人称作脚户。西北地区习惯把脚户称作脚户哥。
⑥ 茶叶在东乡族社会中除了饮用之外,还可将其作为探亲访友、礼尚往来的礼物,而且是必不可少的。儿女定亲时将聘礼称作"茶钱",定亲称作"定茶",足见东乡族对茶的重视程度。东乡族饮茶习俗的产生与其生活的环境是息息相关的。明代河州地区茶马交易繁荣促成东乡族饮茶习惯的产生,加之东乡族主要饮品单调、蔬菜缺乏,茶因助消化、补充营养等特点成为蔬菜的替代品。久而久之,茶成为东乡族人民不可缺少的饮品。由此不难得知,唐汪集上的茶叶成为主要商品的原因。参见马自祥、马兆熙编著:《东乡族文化形态与古籍文存》,第74页,甘肃人民出版社,2009年。

唐汪集的食盐主要产自红柳村①,取自当地的一种土,用水不断过滤、晾晒而成。《后汉书·西南夷传》载:"汶山(今四川省茂汶一带,笔者注)地有咸土,煮以为盐,麋羊牛马食之皆肥。"②由此可见,这种盐可以通过煮制获得。唐汪人称作"土盐"。实际上,红柳村用以制盐的那种土就是盐碱地,这种盐味苦质劣,只能作为食盐的替代品。

此外,土豆也是唐汪集交易中的大宗货物,主要来自东乡山区。布匹主要有毛蓝布、白扣布、粗糙花布以及少量丝绸。此外,唐汪集的货物还有牛羊肉、鞋袜、煤油、糖、铜器、铁锅等。

在汪家村还有一处当铺,马鹤天在《赴藏日记》中对该当铺也有过记述:"又有一较广砖地,仅余石阶。据云,原系当铺,亦系变乱时被焚毁者。"③

在田野调查中笔者遇到当铺主人的后人。他告诉笔者说,他的祖父在兄弟中排行老三。开当铺的主人是他祖父的弟弟,行四,叫唐有清。当铺字号叫"清愿当"④。从这家当铺的名称可以看出,当铺主人取字号时颇费一番功夫,既将自己姓名的"清"字加入当铺名号之中,又与"情愿"二字相谐音,十分巧妙。当铺位于汪家村,至今这个巷子仍被称作"当铺巷道"。

《东乡族自治县志》称,唐汪在清代建成从上城门、当铺巷道至沙沟巷道的十字形街道⑤。而从田野访谈了解到,在清代唐汪的主要集市分布于下城门、沙沟巷道、当铺门一带,呈丁字形分布。田野访谈显示:

城内有集市,那时候叫集场。那时候阴历一、四、七逢集,逢集时周边庄子的人都来赶集。西门附近也有集。(因此)那个时候唐汪城内也叫唐汪集,我们那个学校也叫唐汪集小学。那时候因为集市地点的问题,唐家和汪家也经常竞争。在城中心的位置,有当铺,至今还有当铺门的地名。⑥

当时,唐汪集市上有饭馆、杂货店、当铺、铁匠铺、羊市、旅店、客站等,经营

① 位于达板镇辖区,距唐汪镇8千米左右。
② (宋)范晔:《后汉书》卷八十六《西南夷传》,第2858页,中华书局,1965年。
③ 马鹤天:《赴藏日记》,《新亚细亚》,第12卷第12期。
④ 田野访谈资料,访谈人:TWB,地点:塔石沟村。时间:2009年9月6日。
⑤ 东乡族自治县地方史志编纂委员会编:《东乡族自治县志》,第287页,甘肃文化出版社,1996年。
⑥ 田野访谈资料,访谈人:TGZ,78岁,汉族。地点:胡浪村。时间:2008年10月12日。

的货物种类繁多。集上还有远近闻名的几个字号,像天盛和、振兴昌①、义和陈、顺天兴②等。对此,《东乡族自治县志》记述说:"商铺与居民交错,出现前铺后家、以家代店的铺面、客店,三天一集。(它)是董岭、北岭、龙泉、达板、临洮县红旗五个乡的物资交易中心。"③今天唐汪镇依然繁华,但样貌发生了翻天覆地的变化,文献中提到的景致和商铺已经不复存在。

（三）唐汪旧城的衰落

如上所说,唐汪在历史上主要发挥两方面的作用,一是交通,二是贸易。但是随着整个东乡社会的变迁与发展,唐汪在这两方面的优势地位逐渐发生改变。1953年,东乡族自治县仅有公路10.5千米,到20世纪70年代开通了国道213线、刘唐路、锁达路、锁嵩路、白三路、唐达路、老牟路等公路;到80年代,又通过以工代赈、民工建勤和社会各界捐资修路等多种形式,先后开挖了伊南路、柳河路、汪五路、赵广路、锁那路、龙泉至天桥路、大红路、牙牛路、三祁路等多条农村道路。截至2004年底,自治县境内公路达117条1 051.733千米。其中,国道213线70.5千米,县道6条160.603千米,乡道7条72.73千米,村道103条747.9千米。全县25个乡镇229个行政村中,有16个乡镇56个行政村通等级公路,16个乡镇71个行政村通油路,25个乡镇214个行政村通汽车,形成以县城锁南镇为中心、以国道213线、锁达、白三、锁嵩路为主干的公路网络。在这种情况下,唐汪作为交通节点的优势显然已经不复存在。随着交通优势的消失,唐汪在贸易方面的中心地位不断遭到挑战。从20世纪80年代以来,这种中心地位就不断地削弱,现在的唐汪集繁盛程度已不及往昔。

主要原因有二:一是整个东乡地区的交通状况较之以前有了很大的改善,上文提到的董岭、北岭、龙泉、达板全部都在新修的公路沿线,可供这些乡镇居民选择的集市不再局限于唐汪集。比如龙泉乡,除了本地设集以外,还可选择仅15千米之遥的锁南集或临夏市;而董岭乡距离龙泉也同样只有15千米,完

① 天盛和与振兴昌店主的后代现在还在唐汪留居。从田野访谈中得知,天盛和除了经营杂货,还搞粮食贩运、经营染坊。此外,这两个字号在兰州都有分号,颇具规模。
② 张思温主编:《积石录》,第186页,甘肃民族出版社,1989年。
③ 东乡族自治县地方史志编纂委员会编:《东乡族自治县志》,第287页,甘肃文化出版社,1996年。

全可以选择龙泉集、锁南集甚至临夏市。临洮县同样如此,红旗乡的居民也不用舍近求远到唐汪来赶集了。二是临近唐汪的其他乡村集市较之以前也有了很大的发展。拿达板镇举例来说,由于其处于兰州、河州、定西的交通交叉点上。尤其自1978年达板桥建成以后,达板更是成为东乡县继锁南镇之下的一个次级交通枢纽。因其交通位置优越,达板镇集市的规模得以迅速扩展,以至现在唐汪的贸易中心地位几乎完全被达板所取代。

三、汪姓源流考察

唐汪的汪姓总人口为4 327人,约占唐汪总人口的31%。其中回族1 140人,东乡族3 057人,汉族130人。[①] 它是唐汪继唐姓之外的第二大姓氏[②]。唐汪旧城总共包括胡浪、唐家、汪家、上城门、下城门五个村,汪姓就据有其中之三。后来随着户口的增多,汪姓中的一部分迁出旧城居住,遂形成现在的舀水村。汪姓各村各群体的人口情况如下表[③]:

表 5-3　汪姓各村各群体人口统计(单位:人)

民族 汪姓村	回族	东乡族	汉族
汪家	302	936	2
上城门	312	645	111
下城门	423	817	16
舀水	103	659	1

(一)汪姓源流及其群体分化

关于汪姓的源流,说法不一。《唐汪回民小学校史》上说,汪姓是在明洪武年间迁自甘肃陇西巩昌[④];在口述史中,有人说是从陇西巩昌府迁来;有人说是在清朝因犯法充工,从陕西迁来;也有人说迁来的时间是在明朝,从安徽迁来。

我们汪姓是从陕西来的,因为犯了法,充工到这里。汪姓老两口大概是从

---

① 数据由唐汪镇镇政府办公室提供,时间:2011年4月。

② 和唐姓一样,汪姓也保留以字辈命名的习惯。在田野调查中得知的汪姓字辈有:天、福、启、万、玉、益、佐、生、光、瑞等。

③ 表中数据由唐汪镇政府办公室提供,2011年4月。

④ 汉鸿明主编:《唐汪回民小学校史》,第2页,甘肃人民出版社,1997年。

清朝时候来的。老两口生了三个儿子,全部是汉民。一个随了回民,两个还是汉民,回民的一股子就是现在汪姓的回民。汉民是三十家,就是三十户。①

唐姓早一些,汪姓来得迟一些。最早这里只有唐姓,没有汪姓,汪姓来得迟。汪姓到这个地方是明末清初,一般就是这个说法。但是我也曾经做过考察,我在一个文史资料上见到,我们这个汪姓最多的省会是安徽,很有可能我们是从那个地方来的。明朝把元朝推翻以后,为了巩固这些地方,把南方人口稠密地方的人大量往这个地方迁。我们祖先属于那次迁移的。这可以说明,我们汪姓的祖先最早是明代来这里的,但不知道具体是哪个年代。②

在口述史中也反映出,汪姓的源流与群体分化问题和唐姓极其相似,即汪姓在起初也是汉族,地方文化的影响是汪姓回族和东乡族形成的核心因素。

现此镇汪姓约三百余家,反较唐姓为多。大街以上各巷均为唐姓,以下各巷均为汪姓,共千余家。汪姓亦半回半汉,其行辈一如唐姓。③

在汪姓回族的形成过程中,唐姓的改宗在一定程度上对汪姓也起到推动作用:"唐汪川唐姓汉民皈依地方文化,这给唐汪川汪、张、马等姓氏汉族起了示范作用,也为他们以后皈依地方文化奠定基础。"④

另外,从《先祖汪巴巴碑记》中也可以看出,其对汪姓回族的形成也起到不容忽视的影响:

先祖汪巴巴乃是西来上人也,出世中亚西域。赋性真诚,幼时有志,颖悟异常,心藏伊斯俩目教理,通达三国之语。身在西域,心牵东土,泽及吾民。为寻求远播教理,越葱岭,踏沙海,来至喀什。寄于道堂锤炼半生,经学高,道行深,达到了麦知祖布洒力克外里⑤品级。他具有经天纬地之才、济世救人之术。年近七旬时,身着粗布衣,肩背古兰天经,讲经典之真理,救万众归信仰之真途,足迹踏遍丝绸古道各地,(清朝乾隆中期,约 1766 年)涉步唐汪川,寄居汪家清真

---

① 田野访谈资料,访谈人:WZL,回族,76 岁。地点:上城门村,时间:2009 年 8 月 7 日。
② 田野访谈资料,访谈人:WZF,回族,63 岁。地点:汪家村,时间:2009 年 8 月 6 日。
③ 马鹤天:《赴藏日记》,《新亚旧亚》,第 12 卷第 12 期。
④ 马兆熙,马世明:《东乡唐汪川唐氏家族》,《甘肃民族研究》,2000 年第 3 期。
⑤ "外里"有三种含义,分别是:(1)亲近真主的人;(2)阿拉伯地域特色文化地区的总督;(3)圣徒。(韩中义:《西域苏非主义研究》,第 415—416 页)

寺内。五时礼拜不离,虔诚劝化乡民,时有许多动人的克拉默提①显示,博得人们爱戴敬仰。数十载后,他同大伊麻目汪天福相会在墓区中央,曰我去也,此处求一穴地。随姓汪氏,称呼巴巴,保庄平安,往后的日子有难者,喊我一声我的搭救为他必定里。乾隆四十三年(约1779年)农历五月二十日先祖汪巴巴归真,葬于墓区中央。近两百多年来,屡现奇迹,感召穆民,风调雨顺,五谷丰登,百业兴隆,无冰雹风虫疾病害。在重大事件紧急关头,化险为夷,挽救庄民。凡遇难事,疾病缠身时,呼叫汪巴巴应声搭救。为感恩不忘,立石铭志,不朽回忆。②

　　汪巴巴的具体姓名已无从考证,这个"汪"姓可能是因为其寄居于汪家清真寺,而被后人所加。"巴巴"是一种尊称。碑文中的"麦知祖布洒力克外里"为Majzub salik wali 的音译,majzub 是 jazab 或 yazab 而来的,原意为"吸引,陶醉",苏非派用来指一个人达到入迷的境界,即爱主境界之极高程度;salik 本义是"巡游、道路"等意,苏非派指为了修道巡游天下求道;wali 本义指"朋友",尤指接近真主的朋友,后来苏非派指修道德昭者,即经堂语所说"上人"。"麦知祖布洒力克外里"就是一个修道者的称号,也是修道者达到的品级,即"达及正道的上人"。从此不难看出,这位先贤汪巴巴是来自西域的苏非派传教士。从碑文所记的情况来看,汪巴巴于清乾隆中期到达唐汪,传播苏非派教理。碑文也反映了在汪巴巴开始传教之前,汪姓已建有清真寺。汪巴巴的传教则进一步加深了汪姓汉族的地域特色文化,促使汪姓回族的进一步形成。而汪姓东乡族的形成,则与唐姓东乡族的形成同步,形成的原因也基本相同,在此不再赘述。

　　与唐姓不同的是,汪姓中的汉族所占比例很小,当下也只有二十几户。据说自汪姓回汉分化之后,汪姓汉族的人数在很长时间里一直未能突破三十户,所以汪姓汉族在当地又有一个别称:"三十家"。至于汪姓汉族户口没有增加的原因,从田野访谈的情况来看,主要是向外迁移所致。

―――――――――

　　① 克拉默提(Karāmāt):意为"奇迹"。地方文化产生之初,奇迹观念就已存在,只是当时没有直接称"奇迹"(Karāmāt),而称迹象(Ayat)。随着地方文化的不断发展,奇迹观念亦不断完善。尤其是苏非派产生以后,这种奇迹观念广泛传播。在中世纪的穆斯林著作、圣徒传记中,奇迹观念随处可见。(《西域苏非主义研究》,第261页)

　　② 《先祖汪巴巴碑记》,该碑存于唐汪镇下城门村的汪巴巴拱北中。

(四)汪姓与唐汪旧城的更名

唐汪至少在清乾隆年间还被称作唐家川。这一点,清代文献多有记载。显然,这与唐姓在唐汪的定居、繁衍、生息密切相关。正是因为唐姓自白马将军定居于唐汪后逐渐发展成人丁兴旺、枝繁叶茂的大族,所以才有了唐家川这个名字。但在民国文献中,唐家川的名字就已经消失,唐家川变成了唐汪川[①]。一个地名的变更往往与该地的历史发展与演变有着密切的关系,而汪姓的迁入是其中最主要的原因之一:"汪姓始于何时不可考,但在唐姓之后。因户口渐多,遂改名唐汪川。现此镇汪姓约三百余家,反较唐姓为多。"[②]

结合文献材料与口述史所反映的情况来看,唐姓迁来唐汪的时间为元末明初,汪姓迁来唐汪的时间为明末清初甚至更晚。那么唐姓在汪姓迁来之前,已经在唐汪繁衍生息了至少 300 年。乾隆中期时,唐汪依然被称作唐家川。按照民国文献所反映的情况来看,即使唐家川更名唐汪川的时间迟至民国时期,也不过 100 年左右的时间。

结 论

有关唐汪的课题涉及人类学、社会学、历史学的研究,我们做了一些原创性的工作,也从中获得很多。尤其 2009 年 8 月 11 日我们首次发现红塔寺石窟。那些精彩纷呈的壁画,扑面而来,既新鲜又久违,有一种似乎千年一遇的奇妙感觉,至今记忆犹新。基于各方面的原因,我们对唐汪城市、社会、群体、历史展开了专题性研究,在此基础上,得出如下结论:

第一,尽管唐汪川存在"同姓不同族"、文化差异,但相互尊重,关系融洽。

随着本研究的不断深入,我们渐渐发觉,唐汪具有作为历史人类学研究的潜在价值。如果说群体文化关系融洽是唐汪社会所表现出来的一种显著特征的话,挖掘其深层原因或者探寻这种融洽之所以形成的历史过程,则是唐汪专题研究为历史人类学做学术补充的最好切入点。本文就是在这样一种思路指引下,展开对唐汪群体、文化、社会生活等方面历史与现状的研究。

---

① 《续修导河县志》(卷一,山水条)称:"唐汪川,东百里,纵十里,横三里。"集市条称:唐汪川集,县东百里,居民五百余户。

② 马鹤天:《赴藏日记》,《新亚旧亚》,第 12 卷第 12 期。

唐汪唐姓是最为典型的"同姓不同族"。由于同祖同源,唐姓三族(汉、回、东乡)之间有了一种天然的血缘纽带,这条隐形的纽带维系着唐姓三族在长达几百年的岁月里和睦、融洽的关系。由于诸多因素,唐姓中有一部分人改信地方文化而成为今天的回族和东乡族。尽管如此,他们彼此之间依然保留着深层的认同与接纳。正是基于这种认同与接纳,淡化了唐姓不同民族之间的文化区别,强化了三族之间的共性,从而使整个唐汪的群体关系呈现出高度融洽的特征。

第二,唐汪旧城历史演变是中国乡村小城镇的一种缩影,也是文化变迁的一种浓缩。

仔细研究唐汪旧城的历史,你就会发现其背后的隐秘。汪玉良先生说过:"唐汪是个小地方,但它的文化是大文化,它具备产生这种大文化的土壤。"土城虽逝,但它承载了一段厚重的历史,其意义与价值是不应该被遗忘的。由于地处青藏高原和黄土高原的交接地带,受到汉、回、藏等族,及地域特色文化、佛、道等多种文化的影响,唐汪旧城孕育了独特的历史文化和人文景观,在西北交通史、西北民族史、民族教育史等诸多方面都有重大的学术价值与现实意义。1949年后,随着唐汪的不断扩建和改造,残存的唐汪旧城被不断拆除,如今只剩下几处残垣断壁的遗址,依稀可辨。从唐汪的地理位置不难看出,唐汪更像是处于强势包围之下的一座孤岛。唐汪人筑城本为防御,但城墙高筑并没有使唐汪沦为一个与世隔绝的死角,而是在向她周围的世界展示其包容、开放、博纳的胸襟与气度。

我们解读唐汪就是发现被遗忘的过去,如庖丁解牛般窥探历史的壮阔与宁静。

第六章　西安市外来流动人口问题考察

第一节　学术史与西安市外来流动人口状况

一、研究现状

21世纪初,学者开始关注外来流动人口在城市的生活问题,在调查研究的基础上发表了一系列有关外来流动人口的论著,主要涉及外来流动人口在城市中的生活现状、权益保护、对城市人员关系的影响、管理策略等方面。这部分研究成果的学者有:林均昌 [1]、杨健吾[2]、汤夺先[3]、郑信哲[4]、张继焦[5]、杨军昌[6]、马忠才与郝苏民[7]、蓝宇蕴[8]、周竞红[9]、马宗保[10]、凌锐[11]、靳微[12]。这些论文的研究

[1]　林均昌:《城市少数民族流动人口的"平等保护"》,《西北第二民族学院学报》(哲学社会科学版),2007年第3期。

[2]　杨健吾:《城市少数民族流动人口问题研究——以成都市为例》,《西南民族学院学报》(哲学社会科学版),2002年第7期。

[3]　汤夺先:《西北大城市少数民族流动人口若干特点论析——以甘肃省兰州市为例》,《民族研究》,2006年第1期。

[4]　郑信哲:《影响城市民族关系的一个不可忽视的因素——关于如何处理城市少数民族流动人口的问题》,《民族工作研究》,2007年第2期。

[5]　张继焦:《城市中的人口迁移与跨民族交往》,《云南社会科学》,2005年第1期。

[6]　杨军昌:《论西北少数民族人口流动问题》,《黑龙江民族丛刊》,2007年第2期。

[7]　马忠才、郝苏民:《兰州市流动人口调查报告》,《西北民族研究》,2006年第3期。

[8]　蓝宇蕴:《关于城市流动人口管理的反思——以广州市为例的研究》,《思想战线》,2007年第4期。

[9]　周竞红:《少数民族流动人口与城市民族工作》,《民族研究》,2001年第4期。

[10]　马宗保:《社会资源共享与城市社会和谐——宁夏银川市流动人口调查报告》,《宁夏社会科学》,2007年第2期。

[11]　凌锐:《试论少数民族流动人口对城市民族关系的影响》,《西南民族大学学报》(人文社会科学版),2005年第1期。

[12]　靳微:《少数民族移民与城市其他民族居民的互动及调适——以深圳为例》,《西南民族大学学报》(人文社科版),2006年第7期。

内容与外来流动人口有关,对本研究的田野调查和撰写有一定的借鉴和启发。

关于外来流动人口城市适应研究的学者主要有:张海洋与良警宇①、张继焦②、马旭③、李伟梁与陈云④⑤等。尤其张继焦的专著调查资料丰富,理论准备充足,主要对蒙古族、藏族、壮族等民族的城市适应情况做了系统的、深入的研究。而马旭博士的论文以武汉市的调查为基础,主要采用参与式观察和深度访谈的方法对武汉市的土家族、蒙古族、藏族的适应情况做了细致的考察,并在此基础上采用双向适应理论加以分析。另外,李吉和⑥的论文对近年来的外来流动人口研究做了较为系统的概括,并在此基础上提出我国外来流动人口研究存在的问题,为今后的研究提出意见和建议。

西安市外来流动人口问题研究这一课题,得到西安市哲学社会科学规划办公室的资助,其目的是对西安市外来流动人口在城市生活过程中的状况进行考察,进而加强对外来流动人口的管理和权益保护,以及为相关部门管理外来流动人口提出决策建议。这一课题的完成主要依赖于对西安市外来流动人口的社会调查。本次西安市外来流动人口调查从 2009 年 3 月开始,到 2009 年 7 月初结束。由于时间所限,本次调查主要采取调查问卷法和深度访谈法两种方式进行。调查问卷主要考察西安市外来流动人口的整体情况,深度访谈法主要是考察西安市外来流动人口在城市生活过程中面临的深层问题。

本次调查所用调查问卷共设计问题 39 个,其中包括对流动人口的来源地、性别比例、年龄状况的基本情况等问题;外来流动人口的就业方式、行业类型、经济收入等物质方面的问题;外来流动人口的人际关系与交际网络、文化适应、文化差异等精神层面的问题;外来流动人口遇到的问题、政府管理等制度层面

---

① 张海洋、良警宇主编:《散杂居民族调查:现状与需求》,中央民族大学出版社,2006 年。

② 张继焦:《城市的适应——迁移者的就业与创业》,商务印书馆,2004 年版。

③ 马旭:《少数民族流动人口城市适应研究——以武汉市为例》,中央民族大学博士学位论文,2007 年。

④ 李伟梁、陈云:《城市少数民族流动人口的社会支持——以武汉市的调研为例》,《中南民族大学学报》(人文社会科学版),2006 年第 3 期。

⑤ 李伟梁、陈云:《少数民族流动人口的城市生存与适应——以武汉市的调研为例》,《内蒙古社会科学》(汉文版),2006 年第 5 期。

⑥ 李吉和:《近年来城市少数民族流动人口研究综述》,《西北第二民族学院学报》(哲学社会科学版),2008 年第 3 期。

的问题。

调查问卷的发放,按照不同群体、不同调查地点、不同年龄段、不同行业等抽样选择。本次调查共发放调查问卷 110 份,共回收有效问卷 101 份,有效率为 91.8%。笔者在回收后剔除了信息缺失、重复的问卷,有效问卷通过 SPSS 软件和传统统计方法得出数据。在调查问卷的发放过程中,为了反映西安市外来流动人口的整体情况,课题组先后在城东桃园、西高新区、城南吴家坟、城北以及城区(回民街、东门、西门)等地分别发放问卷。从课题组了解的情况来看,虽然以回族为主体的外来流动人口主要集中在城区的饮食、服务等行业;但为了不使调查偏颇,课题组在调查选点上也注意到东南西北各城区,并做了相应的调查。在个案访谈中,课题组主要的访谈对象的所属群体主要是回族、撒拉族、东乡族、藏族等外来人口。因为这些群体相对于蒙古族、满族、壮族等族而言,更具明显的职业特征,因此减少了确定调查对象的难度。在访谈对象的选择上,除了上述群体的因素以外,课题组还注意到外来流动人口从事的就业特点。这些访谈对象来自各行各业,照顾了外来流动人口的整体情况,也注意到了其在不同行业中的城市生活问题。因此,对调查问卷的发放、回收、分析和对访谈资料的整理和分析,是本次调查的重点所在。

二、西安市外来人口基本概况

西安市虽然地处西北,但由于其东连西进的特殊地理位置,以及较之西北其他城市较快的经济发展等因素,成为外来人口组成较为复杂的城市之一。西安市外来人口不仅包括西北的民族,如回族、蒙古族、东乡族、撒拉族、藏族等,还包括其他地区的民族如土家族、满族、壮族、朝鲜族、苗族等。因此从一定意义上而言,西安市是一个多族群散杂而居的城市。目前西安市共有"少数民族有 49 个,共 8.53 万人,占全市人口总数的 1.15%,共有 50 个民族成分;少数民族中万人以上的有回族,共 64 216 人,占全市少数民族总人口 75.28%;万人以下千人以上的有满族、蒙古族、朝鲜族、壮族、土家族共五个民族成分;千人以下五百人以上的有藏族、维吾尔族、苗族三个民族成分;有 33 个民族人口不足百人。"[1]基于上述情况,课题组在调查时选择了群体特征比较明显,且数量较大的如回族、保安族、东乡族、撒拉族、藏族、维吾尔族等作为调查的重点。

表6-1 西安市第五次人口普查与第四次人口普查部分群体人口比较(单位:人)[2]

民族	第四次人口普查(1990年)	第五次人口普查(2000年)	增长人数	增长比例
汉族	6 113 367	7 326 139	1 212 772	19.8%
回族	53 755	64 216	10 461	19.5%
满族	7 077	9 928	2 851	40.3%
蒙古族	1 351	3 086	1 735	128.4%
朝鲜族	771	1 133	362	47%
壮族	570	1 201	631	110.7%
藏族	545	848	303	55.6%
维吾尔族	422	690	268	63.5%
土家族	412	1 060	648	157.3%
苗族	196	655	499	234.2%
少数民族合计	66 800	85 300	18 500	27.7%
全市合计	6 179 552	7 411 411	1 231 899	19.9%

从两次人口调查的对比分析来看,与1990年相比,西安市外来人口增长比例较快,其中蒙古族、藏族、壮族、维吾尔族、土家族、苗族的增长比例均在50%以上,有些比例甚至超过100%。另据西安市历年年鉴统计,从1990年到2006年,西安的外来人口数量呈现出明显的增长趋势,民族成分也逐步向多元化发展。根据第五次人口普查的结果,除了很少几个民族在西安的人口尚不确定之外,大部分少数民族人口在西安都或多或少的存在。

这些原有的外来居民是吸引相应群体流动人口外出务工的重要文化环境因素。相同的群体属性为外来流动人口的现实生活提供了一定的便利条件,而当地相同或者相似的文化认同则成为外来流动人口城市生活的流入地。所以

---

[1] 西安市民事文化委员会资料。此数据根据2000年第五次人口普查结果所得,目前的现实的数量与比例可能会有所变化。

[2] 西安市2000年人口普查资料第一册,2002年版,西安市统计局、西安市第五次人口普查办公室

西安市外来流动人口在民族成分组成上,与西安市原有的少数民族居民之间的群体成分大体相似,主要是回族。西安市不仅是大西北的经济文化中心,在西部地区的综合排名中也独占鳌头,从而成为流动人口的聚集地,连接东西部的天然纽带,吸引大量的外来人口在西安市务工。西安市以相近文化的外来人口为主,而其中以回族最多。这也形成了西安市外来流动人口与其他流动人口同样的特征:"西安市流动人口主要是农民工"①。据相关部门2001年调查统计,西安市有外来务工人员近2.1万人,其中约有1.7万人就业于特色食品行业②。这些特色餐饮和食品行业中,从管理层到服务层,几乎都有外来流动人口。他们是西安市外来流动人口中数量最为庞大、特征也最明显的一个群体,也是本次调查所涉及的重点群体。

三、西安市外来流动人口的基本情况

前文对西安市外来人口作了简要的统计与描述,但只是停留在群体成分和人口数量的叙述。现以调查为基准,对西安市外来流动人口基本情况从性别比例、来源地分布和年龄构成上做一简要考察。

(一)性别比例

在流动人口性别比例上,男性一直占据着主导地位。西安市外来流动人口性别比例也不例外。调查显示西安市外来流动人口中,男性占有绝对优势。在调查的101个样本中,女性样本只占到20个,占总样本的20%还弱。但在实际的外来流动人口中,女性的比例可能还要小。因为在课题组调查过程中,为了了解女性的整体情况,课题组有意增加了女性样本的数量。女性在外来流动人口中数量甚微有诸多原因。

一方面,西安市大部分外来流动人口都来自偏远、贫穷的地区。通过调查可以看出,81.2%的外来流动人口来源于农村,农村有较强的男女性别限制,其原因是"男主外,女主内"的思想起着重要作用。又如从调查来看,张家川流动人口大多以男性为主,样本中男性流动者有78人,女性为12人,男、女比例为

---

① 贾小玫、王平平、陆勇:《西安市流动人口产生的原因及效应分析》,《财经界》,2007年第9期。

② 西安市民族文化事务委员会:《关于地方民族流动人口在我市务工情况的调查》,见张海洋、良警宇主编:《散杂居民族调查:现状与需求》,第143页,中央民族大学出版社,2006年。

13:2,分别占样本总数的86.7％和13.3％;其中,18岁以下为5人,18—45岁为65人,46—60岁为13人,60岁以上为7人,分别占样本数的5.6％、72.2％、14.4％、7.8％,由此回坊的张家川流动者主要以中青年为主,但老年人和未成年人也占一定比例。

另一方面,由于未婚农村女性外出涉足社会,常不被农村的传统道德习惯所接受;而已婚的女性则要负责在家中照顾老人和小孩,忙于家务和农活。另外,外来流动人口所从事的行业也是造成女性流动人口数量较小的原因之一。根据调查了解,西安市外来流动人口从事的职业,大多以体力劳动为主,这给外来女性流动人口来西安务工造成较大障碍。

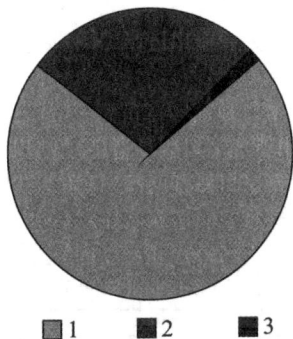

(其中1为农村户口,2为城市户口,3为流动人员)

图6-1　西安市外来流动人口的户口类别

这一整体情况因群体成分的不同有所差异。在20个女性样本中,回族女性样本占了15个,其中有11个样本未婚。这一定程度上既反映了回族较高的城市化水平,也反映了婚后传统观念中的重要。维吾尔族流动人口中女性比例也比较小,不同的是维吾尔族女性流动人口以已婚出来务工的案例较多。课题组的调查数据表明,全市样本为93人,其中维吾尔族男性73人,占78.5％;女性20人,占21.5％。维吾尔族男性比例远远高于女性。课程组认为,西安市维吾尔族流动人口的性别构成,主要由维吾尔族文化中的性别规范决定,大多数来自南疆的农村,男主外,女主内。

一般外来流动人口数量有限,女性流动人口较少,主要是随丈夫一起外出打工,而单独打工的人员鲜见。总体而言,西安女性外来流动人口数量较少,比整体流动人口的男女比例更为悬殊。这是外来流动人口区别于其他流动人口的重要特征之一。

　　(二)来源地构成

　　前文已述,西安市外来流动人口大多来自偏远地区。具体而言,外来流动
人口来源地更集中于特定的省区或县市。首先从省份上来说,西安市外来流动
人口大多来自新疆、甘肃、宁夏、青海、内蒙古、西藏等省区,而其他省区流入西
安市的外来务工人员人数相对较少。如个别的湖南籍土家族在西安市从事特
色餐饮,销售茶叶等行业。其次,具体到每个省份而言,其流出地点也呈现出一
定的集中性。课题组调查发现,从甘肃流出的主要集中在镇宁、平凉、张家川回
族自治县(以下简称张家川);宁夏主要集中于泾原。这些地方来西安务工的主
要是回族。新疆主要来自喀什、伊犁、阿克苏、和田、哈密等地,主要是维吾尔
族。课题组成员调查发现,西安市维吾尔族流动人口的来源地有明显的地域特
色,如表6-2所示:

表6-2　西安市维吾尔族流动人口来源地构成表(单位:人)

地区	喀什	和田	伊犁	哈密	阿克苏	吐鲁番	库尔勒
人数	39	22	25	2	3	1	1
百分比	41.9%	23.7%	26.9%	2.2%	3.2%	1.1%	1.1%

　　我们发现和田地区的维吾尔族大多数来自墨玉县乡镇;喀什地区的维吾尔
族大多数来自疏勒县和其周边乡镇;伊犁地区的维吾尔族大多数来自伊宁县潘
津乡。

　　青海的循化、玉树等地也是外来流动人口最为集中的流出地。

　　流出地的流动人口存在一定的群体差异。例如甘肃的平凉、镇宁、张家川
和宁夏的泾源等地主要是回族流动人口,并构成西安市回族流动人口的主体。
以西安市回民街的回族流动人口为例,餐厅服务人员基本是由甘肃平凉、张家
川和宁夏泾源的未婚青年组成;人力三轮车大部分由张家川和平凉的青壮年回
族经营;而从事小本经营的大部分为这些地区的回族已婚妇女;来自平凉的回
族还多从事屠宰业和大型餐饮业。河湟地区群体成分较为复杂,也是外来流动
人口的重要来源地,其中循化是撒拉族流动人口最集中的来源地。伊犁少数撒
拉族流动人口也从业于西安市;维吾尔族流动人口大部分来自南疆和北疆等地
的农村;藏族流动人口从西藏流出的较少,大部分来自青海的玉树、甘肃甘南藏
族自治州等地;甘肃临夏回族自治州是东乡族和保安族流动人口较主要的流出

地,如图 6 - 3 所示。来源地集中的现象很好地印证了推拉理论[1]在外来的人口流动中仍然存在。

表 6 - 3　调查对象来源地组成表

民族	所占样本数量(总计 101 人)	主要来源地
回族	73	平凉、张家川、镇宁、泾源
撒拉族	10	循化、伊犁
保安族	0	积石山撒拉东乡保安族自治县
东乡族	5	东乡族自治县
维吾尔族	10	喀什、和田、伊犁、阿克苏
藏族	3	玉树、甘南藏族自治州

课题组认为,西安市外来流动人口来源地较为集中,直接原因有:

第一,外来流出地都有相应大量的外来人口聚居,这是形成西安市外来来源地集中的一个前提。

第二,来源地集中的地区大部分是经济较落后的地区,通过外出务工的方式可以获得更好的经济收入。

第三,大量的剩余劳动力无法在农村自行消解,外出务工成为这些剩余劳动力的重要谋生手段之一。

第四,西安市外来流动人口的就业方式,是造成其来源地集中的关键因素。

第五,西安市交通便利,经济发展较快,且有外来务工人员较集中的回民街,有助于吸引外来流动人口。

此外,课题组调查时发现,外出务工的流动人口很少是通过中介或者政府安置的途径就业的。除了个别出来自谋职业外,大部分都是通过自己已经在外就业的老乡、朋友、亲人介绍等方式谋取就业机会,并实现就业的。通过这种渠道就业的人数占总样本的 51.5% 以上,而通过中介和政府安置的方式就业的只占了 3%。这种就业方式必然造成外来流动人口来源地集中的现象。

---

[1]　推拉理论认为,地方群体人口流向城市是由于作为流出地的边远地区相对城市而言,经济条件差,收入低,就业空间有限,从而对地方群体流向城市产生一种推力。同时,这种推力在国家改革开放政策实施以来的全国人口流动的背景下,成为一种不可阻挡的潮流。参见李吉和:《近年来城市民族流动人口研究综述》,《西北第二民族学院学报》(哲学社会科学版),2008 年第 3 期。

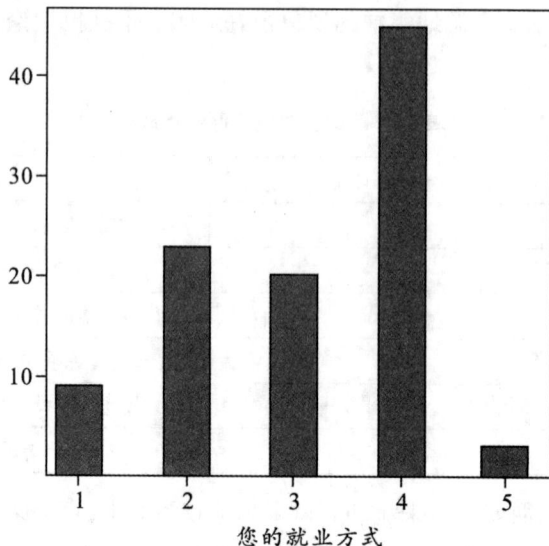

（其中1为老乡,2为朋友,3为亲人,4为自己找,5为中介）

图6-2 西安市外来流动人口就业方式

来源地集中的特征给西安市外来流动人口提供了较为舒适的微观环境。"熟悉的人、熟悉的语言、熟悉的关系网络"等使其在西安市的城市环境的适应过程明显缩短;但另一方面,相对狭隘的交际网络也阻碍了其对社会资源的获取,也很难使他们真正融入西安市的城市生活。

(三)年龄构成

从年龄特征上而言,西安市外来流动人口以30岁以下的青壮年为主。在全部样本中,30岁以下的流动人口样本为65个,占总数的64.4%。30岁以上的流动人口集中在30—50岁之间,有34个样本,占总数的33.6%。课题组对西安市西部流动人口年龄结构进行了调查,如表6-4所示。年龄在20—40岁之间的青壮年为流动人口的主体,样本中20—40岁之间的人数占73.1%。课程组认为,这与流动人口的年龄结构相符合,说明流动到内地大城市的西部群体同样趋于年轻化。

表6-4 西安市外来流动人口年龄结构表

年龄组(岁)	20以下	20—30	30—40	40—50
人数	20	44	24	5
百分比	21.5%	47.3%	25.8%	5.4%

值得注意的是,西安市外来流动人口中,年龄在 20 岁以下的适学龄青少年占了较大部分,占总数的 30.7%。表 6-4 西部地区 20 岁以下年轻人占 21.5%。

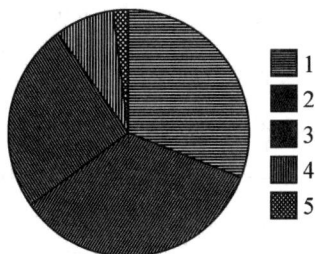

（其中,1 为 20 岁以下,2 为 20—30,3 为 30—40,4 为 40—50,5 为 50 以上）

图 6-3　西安市外来流动人口的年龄构成图

其原因在于:首先,年轻人在外来流动人口中占有绝对优势,在西安市中表现得更加突出。年轻人是农村剩余劳动力中最为活跃的群体,他们外出务工具有身体素质和知识水平上的先决条件。而现时信息传递的终端能快速抵达农村地区,这也使他们对城市的生活有所了解,甚至是向往的,继而在同乡、朋友、亲人的介绍下陆续加入外出务工赚钱的热潮之中。西安市的这一部分外来流动人口,大多从事于劳动链底端的服务行业,生活水平即便是有所改善,但收入微薄。

其次,上述群体中,比较特殊的是 20 岁以下的外来流动人口。他们之所以特殊是因为其外出的动机具有很大的盲目性,带有较为浓厚的"闯天下"意识。他们在家庭中的负担较小,既不用养家糊口也不用接济妻子,出来务工只是赚钱与消费。

年仅 17 岁的外地青年 MLM 在西安市已打工三年,他谈道:

书念不下去了,嘿嘿……考试考不好。英语和数学,我就啥都不会。上到初三就不念了,我姐姐还念着哩。人家学习好,明年考大学呢。（调查者:家里一共有几个娃）我们家一共有四个娃呢,我是老小,前面三个都是女子。我们是农民种地的,家里没钱。有钱我就做生意去了,谁还跑到这里看人家的脸色呢。现在种地也赚不了钱,泾原的地也不多,我们家六个人才四亩地。（调查者:那你为什么不到其他地方打工）我也到银川和兰州打过工,都不好,老乡太少了。西安的老乡多,有事情也方便,光我们这个店里就有二十多个泾原来的。

一般而言，20岁以下的青年正值学习阶段。他们初中、高中毕业后，一旦不能顺利继续入学，或者是中途辍学之后，很难在农村找到合适的职业，况且传统的农耕生活方式也并不为他们所接受。如烤肉老板 Adl 讲述他的经历时说：

> 我的家乡在乡下，生活条件很差，靠种地为生。初中毕业后，我在电影院门口卖瓜子，生意还可以。后来我又到煤矿上买煤，拉到伊犁出售。为了赚一车煤的钱要三天。我个子小，拉不动，吃了很多苦，受别人嘲笑，很辛苦。十六岁多的时候，听人说乌鲁木齐是一个很大、很漂亮、挣钱很容易的城市。所以，我没有告诉家人，就和朋友偷偷跑到乌鲁木齐，但是只是一种兴趣。到了乌鲁木齐以后，我们在一家餐厅打工为生。我当时很聪明，师傅很喜欢我。我负责倒茶，来的客人要我买烟。去很远的地方给他们买烟回来，他们给我一两元跑路费。师傅怕我很快学会，就故意不教我。但是我自己就有了强烈的钱的意识，所以我平时观察师傅的举动，把他做饭的方式记下来，自己学习。学了一点以后，我朋友和我分开了。他们去了烤包子铺，我留下了。（后来我乘火车到西安）在西安转了几天。在西北大、西工大附近，我看见那里有个大市场，是夜市，晚上很热闹。我以前就听过，也见过在口里（内地）卖烤肉，所以也想干干这行。当时我身上只有200元，我就从一个本地人那里买了个烤肉架，但是没有地方住。我去找一个本地房东，给他求情。他让我赊账先住下，又给我借了400元让我开始做生意。第一次我买了200元的肉，卖了400元。我对自己有了信心，觉得做生意还是有信心的。后来我联系家人，把我弟弟也接到西安。我们两个一起做。记得有一天我们卖完烤肉回来，弟弟骑车，我坐在后面因为太累睡着了。弟弟找不到地方迷了路。慢慢我俩有了做生意的门路，就一直在那个市场卖烤肉。我们有个小录音机，放着维吾尔音乐，吸引不少人过来吃烤肉。

鉴于此，大量外来农村地区的年轻人，只要走出校门就会出来打工。从他们自身而言，这样既可以避免艰苦的农村生活或者学习，又可以养活自己。课题组在调查中发现，如果外来务工人员年龄太小，是无法胜任自己的工作。他们的工资仅限于吃喝零用，而他们对于资金积累几乎未予以考虑。

可以说30岁是西安市外来流动人口的分水岭。30岁以下的流动人口多从事餐厅服务业、人力车、家具收购、小本生意等行业；而30岁以上的外来流动人口相对富裕，这一群体多以自己经营餐厅（饭馆）和其他较大的生意为主。总之,西安市外来流动人口的年龄结构整体上更加趋于年轻化。年轻人在城市适应过程中有诸多的便利,熟练运用的语言、活跃的社会交往和较为单薄的文化观念等,使得他们对异质的文化和不同的环境接受能力方面有明显的优势,加速其城市适应的过程。

(四)文化教育

进入到西安市的外来流动人口,文化教育的程度普遍较低,大多数就业人口文化程度为初中、小学水平,而接受高中、大学教育的流动人口较少。对来自张家川的回族流动人口的调查表明:其中小学及小学以下为65人,初中为23人,高中为2人。另外,在进行访谈的20位回族调查对象中,不识字为8人,小学或仅识字的也是8人,其余4人为初中文化程度。从中可知,由于他们文化程度偏低,只能从事技术含量较低的工作,由此也严重影响他们在城市生活的竞争能力。

第二节　职业收入与物质环境适应

一、行业类型

西安市外来流动人口所从事的行业,呈现出单一基础上的多元化特征。所谓单一是指从整体上来看,这一群体主要从事以体力劳动为主的行业,而多元是指在这单一特征下出现了多元化的行业。这些行业主要包括:餐厅服务、蹬三轮车、饭馆经营。另外,有部分外来流动人口从事家政服务、收购旧家具、群体特色餐饮和风情休闲场所等。

对外来流动人口而言,在餐厅打工是最划算的行业之一。因为餐厅就业可以解决他们的一日三餐问题,大部分餐厅也为员工提供集体宿舍,这在一定程度上补偿了其工资收入较低的问题。由于上述原因,在餐厅做服务生的流动人口数量较为庞大,而且最为集中的地区就是莲湖区的回民街。一个中等规模的餐厅可以给流动人口提供30个以上的服务岗位。而像"贾三灌汤包"这样的餐厅,数量则可达150人以上。餐厅服务人员内部分工也有所差别,有负责送菜的,有负责接待的,还有一大部分则帮助料理后厨。鉴于此,根据他们从事工作的性质,其工资在500—1200元之间,高低不等。

特色流动小吃经营。这一行业主要是流动人口中的回族妇女承担。她们主要以流动摊档为主,推着三轮车沿街叫卖具有回族特色的小吃——酿皮和八宝甑糕。前者的季节性比较强,春、夏、秋三季属于旺季。酿皮是 2.5 元/份,比正规的饭店、餐馆便宜 0.5 元。所以生意兴旺时,每天的毛收入可在 150 元左右。冬天生意较淡,她们一般会改卖蔬菜、做服务员之类的工作,或回乡来年再来。八宝甑糕是用糯米等原料现做的,1 元/个,一般每天会出售 20—30 个。这些个体摊贩一般都没有办理相关经营许可的证照,只能通过不停地走街串巷来躲避卫生、城管等部门的检查。

蹬三轮这一行业主要存在于回民街。由于这一地区人流量较大,但道路比较狭窄,三轮车行动相对便捷又不容易拥堵,继而应运而生。从业者基本上是以 30 岁以下的男性回族青年为主,运营范围主要为回民街以及鼓楼周围地区。该行业之所以吸引大量的流动人口是因为其投入较小,收益高,每日可得利润40—70 元不等,这也符合流动人口对工作的心理期待。

MJG 如下所谈及的内容也证明了这一点:

(调查者:到这里的时候,你为什么选择蹬三轮生意)刚到这里,我也没有认识的人,也不晓得做什么好。后来我有一个老乡在蹬三轮,说是生意还可以。我也就开始蹬了。主要还是当时我也没有钱,其他什么生意还得投入。我第一次买的三轮车的钱都是跟老乡借的。三轮比较保本,蹬一分是一分。(调查者:三轮生意好不)这个……说不上,有时候一天也能拉六七十块钱,有时候直接就没人。生意最好的时候就是节假日的时候,来回民街上吃饭的人多。其实本地的人坐的少,大部分是外地来旅游的人才坐呢。现在夏天了,热得很,所以才给车做了个篷子。夏天白天几乎没人,晚上七点以后才有人出来呢。主要是现在蹬三轮的人太多了,生意不好做了。(调查者:蹬三轮的都是哪里人)我估计就数咱甘肃平凉和张家川的多,我没见过其他地方蹬三轮的,还有一部分是坊上(回民街)自己人。(调查者:坊上人也蹬三轮)生意做着哩,人家不蹬。现在这街上有电动三轮和人蹬的三轮两种。坊上人都是电动的三轮,前二年我们外地的都是人踏着哩。我看去年过来,外地的电动三轮也多了。

另外,外地流动人口在餐厅经营方面是比较突出的。其中以甘肃、青海的牛肉拉面馆最为集中,几乎西安市的每一条街,都有或大或小的牛肉面馆。这些饭馆都以中小型规模为主,一家小店面往往由一家人共同经营。从2006年起,流入西安市的青海撒拉族、回族等经营以"正宗兰州牛肉拉面"为招牌的小饭馆开始盛行。相同的饭菜品种甚至是相同的店面装饰,使青海拉面占领西安市的大半个市场。但同时经营者共用一个招牌,也引起激烈的竞争。从事饭馆经营十年的老板HGX深有体会。他谈道:

青海的拉面现在多得很。不管是武汉、上海,还是西安、广州,到处都是青海拉面馆。(调查者:青海拉面好像里面都挂同一个饭菜的小样图,几乎每个餐馆都是一样的)就是的,几乎每个青海人开的拉面馆里头都有这个贴画,这是人家从扬州弄过来的。这个专门有青海人在做这个生意,一张贴画也两百多元呢。

一般而言,从事餐馆经营的流动人口年龄较长,已经经历了一个资金积累的过程。因此他们比较富裕,有较强的经济支配能力,加之开阔的视野和丰富的经历,使他们基本能理性地看待城市生活。

以上三个行业是西安市外来流动人口最为集中的行业,而家政服务、摆地摊、废品收购也是西安市外来流动人口从事的行业。西部偏远的流动人口主要经营馕铺、烤肉摊等西部特色餐饮,或者销售干果、麻糖等西部食品,还有少数人经营玉石、二手汽车等。但最主要的行业就是特色饮食,这是他们参与城市生活的最直接的方式之一。诸如老板BHG谈道:

刚开始来西安时,我们开馕铺,以卖馕为生。我主要负责给店里的员工做饭。后来经常有大学生来店里买馕,碰上我们吃饭就和我们一起吃。起初我免费给他们做饭,慢慢地人多了,就发展成为现在的餐厅。

在这种关系网络下,个体适应城市生活的速度较快。而对于整个这些流动人口群体而言,城市适应过程并不那么容易。

二、经济收入

前文所述,西安市外来流动人口主要从事以体力劳动为主的行业。这些行业除了自主经营的人员以外,其收入比较低。其工资范围基本上是在500—1200元之间。在所调查样本中,月工资在1000元以下的样本就占了近60%,其余大部分则是靠自身经营所得,一般保持较高的收入。烤肉老板Adl具有一定的代表性。访谈中他说:

一直到 2002 年,我一直都从事烤肉生意。2000 年左右买了现在我弟弟经营的烤肉店,在西工大东门附近。弟弟其间也回家了一次。2002 年,我觉得是时候成家了,就回家娶了现在的媳妇。她家人也不愿意,说我是"口里奇(内地人)",很难才成的。结婚的时候花了六七万,结完婚我就把妻子也接来了。当时我们哥弟俩赚了差不多十万元,爸爸说我们应该分开做生意了,所以我们六四分,开始分头做生意。

我把以前的店给了弟弟。然后我发现八里村附近人多,大学也多,所以就在八里村村口找了一家店。从 2002 年到 2006 年 4 年,我的生意非常红火。2006 年 1 年,我就赚了 18 万。我的烤肉在西安也有了一些名气。114 信息台也会给客人介绍我家的烤肉。我后来把很多家人都接来了,开了四家分店,在大雁塔等地方都有。我的亲人,妻子的亲人。后来我人手不够,也用过当地服务员,最后在家乡发了广告招人,接来了十几个员工。

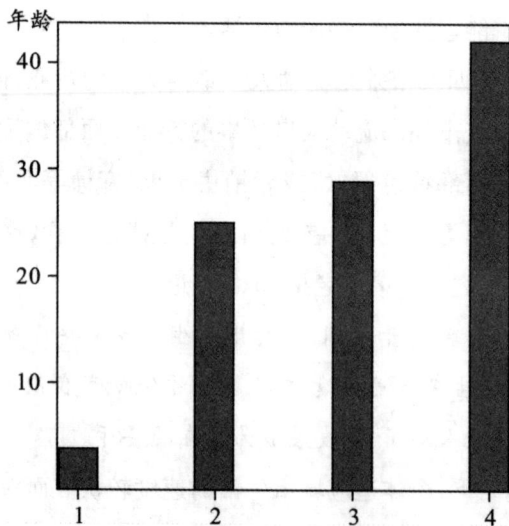

(其中,1 为月工资在 500 元以下,2 为 500—700 元,3 为 700—1000 元,4 为 1000 元以上)

图 6-4　西安外来流动人员经济收入情况柱形图

从上面的图表中可以看出,西安市外来流动人口的收入状况并不乐观。他们仍然属于低收入群体。这些有限的收入不仅要保证他们衣食住行,而且还要贴补农村家用。所以在谈到他们平时的收入结余时,大部分流动人口都很回避。同时他们谈到在西安市遇到的困难时,有 32.7% 的样本选择"缺钱花"。这样的工资状况反映在其收入结余状况上也有所差异。在回答"您每月的工资结余"的问题时,有 81.2% 的人选择略有结余或者更差的选项。其中选择"不够花"选项的外来流动人口,大部分为来西安市不久、进入行业时间不够长和业务不熟练的初来者,而选择有结余的大部分都是自主经营的小老板或者已在西安市务工时间很长的厨师等。

大部分来西安市的外来流动人口,都要经历一个从农村生活方式向城市生活方式转变的适应过程。在这个转变过程中,由于城市生活方式要求较高的整体素质,而外来流动人的文化素质不高、工作技能缺乏、工作经验不足等问题,这些成为造成他们经济收入偏低的主要原因。

LH 虽然在西安务工有好几年,但收入状况并不够理想。如他所说:

其实在西安生活很压抑,反正没钱了什么都谈不上,也没有自己可以说了算的事情。我平时也不上街,一来没有时间,即使上了街也没有钱买东西。看着别人消费,我又消费不起不舒服。(调查者:你在这里这么长时间了,没有赚到钱吗?你上网也花了不少啊,可以节省买东西么)其实也赚了些,平时也给家里补贴一些。主要是去年,结了个婚,要说赚的钱了,结过婚以后还拉了一屁股账,现在给人家还账都成问题了。上网花了不少钱了,但那都是小钱,五块十块的,真正要消费也不是靠这些小零碎的。

他的这种心理状态和社会态度,一定程度上反映了外来流动人口中较低收入阶层的一种普遍性倾向。经济收入高低决定着他们自身的社会地位,也决定着他们对城市生活的价值观念。因此,经济生活是外来流动人口在城市生活中的重要方面,也是外来流动人口城市适应的基础。来到一个全新的环境之后,首先要解决的问题是迅速适应经济生产方式的变化。只有在经济方面的适应性增强了,他们才能逐渐恢复、提高生产和生活水平,慢慢融入安置区的社会生活和社会结构中去[①]。较低的经济收入成为他们城市适应的巨大障碍,也就是说在物质生活层面,外来流动人口表现出较弱的城市适应能力。

三、社会交往关系及精神环境适应

外来流动人口所建立起来的社会交往关系,不仅形成自成体系的网络关

---

① 风笑天等:《落地生根——三峡农村移民的社会适应》,第 17 页,华中科技大学出版社,2006 年。

系,也为其适应城市生活营造较好的精神环境。

人际关系网络是外来流动人口心理层面适应的缓冲地带。而西安市外来流动人口的人际关系交往与一般流动人口的人际关系差别在于:从群体成分上而言,外来务工人员与占有绝对优势的本地人存在着群体认同上的差异,各外来务工群体之间也存在群体认同上的区别。因此对于西安市外来流动人口的人际关系的探究,更应该考虑群体、文化等因素。西安市外来流动人口的人际关系网络,呈现出以下几个特点:

第一,从群体角度来看,人际关系网络以本群体为基础,并出现多元化交往情形。

调查可知,样本在回答交往朋友的群体属性时,有 53.5% 的样本选择"都有",即他们在人际交往过程中选择的对象,既有本群体的朋友,也有本地人和其他群体。而其他 46% 的样本在选择朋友时,以有着相同文化知识的群体为对象。在问卷中选项 3 为本地人,但无一样本选择本地人,这就反映出外来在其人际关系的交往中出现的独特发展趋势。

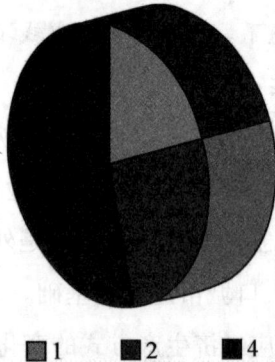

（其中,1 为本群体朋友,2 为信仰地域特色文化的群体,3 为本地人,4 为都有）

图 6-5 人际交往的对象选择

当然,在西安市外来流动人口中,有些比较特殊。他们在日常的生活交往中,由于其文化传统、风俗习惯、语言交流等方面的原因,与本地人之间存在着较大的差异,因此与主体群体之间的交往比较少。出售饰品的流动人口 DPJRQ 在谈自己与西安人的交往时,证明了他们狭窄的交际网络。他说:

平时我们和西安人很少打交道,也不知道具体情况。（调查者:那你们平时和什么人接触）我们一般都不是一个人出来,很多次都是找几个合伙的生意人一起。我们平时几乎干什么都在一起,这样做生意的时候有个照应,万一出什么事情也可以相互帮助。

总之无论怎样,从西安市整体外来流动人口考察看,其交际网络并非狭窄和单一的。如果外来人口交际范围越广泛,其渗入城市生活的可能性也就越大。这一流动人口群体多元和扩大的交际网络,会给他们适应城市生活提供许多机会。

第二,以外来流动人口个体而言,来源地认同和群体认同是人际关系交往的最初标准。

从整体上看,虽然外来流动人口在人际交往时并不很注重对方的群体成分。但就单一个体而言,来源地和群体成分认同仍然是人际交往最初的一种选择。课题组在调查时发现,老乡在外来流动人口心目中具有非常重要的作用。老乡一词本身就包含有来源地认同的心理情感。在流动人口中,老乡观,尤其是亲族观反映得十分明显。餐厅女老板 BHG 在访谈中谈道:

我店里的员工一般都是亲戚。BHG 别人家的孩子你带来还要照顾,如果有什么闪失还要负责,所以找亲戚比较保险。在这里(餐厅)很忙,而且要担心员工的安全。他们有没有被欺负,有没有和坏人搭上关系? 所以这种时候觉得员工是亲人的话就比较好管理。我们一般对员工的管理是比较严格的,这样对他们、对我们、对大家都有好处。

在调查中了解到:具有相似文化背景的群体认可"文化老乡",并借此拉近彼此的社会关系,扩大交际网络范围。BHG 说:

我很愿意和本地人交往,我们的关系很好。有的时候同乡的女人们会来我家串门,我就到巷子那头的回民饭店二楼招待她们。那个老板给我炒个大盘鸡,我自己在家做点特色饭来招待客人。那个老板每次都很热情。我在这里交往的人大多数都是老乡。

因此,群体认同、文化认同和家乡观念在流动人口的交际网络中仍然发挥着举足轻重的作用。在调查中,当问及"如果碰到困难首先寻求谁的帮助"时,有 57.4% 的人选择"同族朋友",如图 6-6。

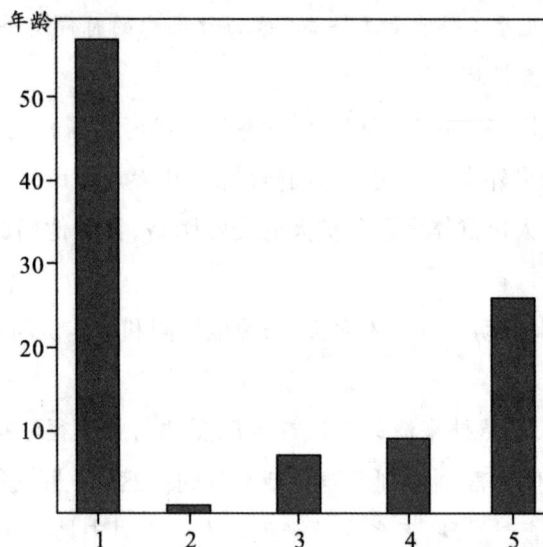

(其中,1 同族朋友,2 异族朋友,3 清真寺伊玛目,4 西安市地方文化协会,5 其他)

图 6-6 遇到困难寻求帮助的对象选择

以上的人际交往的标准,对于外来流动人口的城市适应具有重要的意义。这样的人际关系网络,能使个体避免环境、语言、心理、文化传统等差异带来的冲突与刺激,减少在城市适应过程中的"文化休克"①现象。

第三,与当地人交往表面容易,实则艰难。

外来流动人口作为西安市的外来人口,必然会与当地居民产生交往。调查问卷设计的流动人口与西安人相处难易的问题中,有 50% 的样本选择了"一般"这一不置可否的选项;此外,有 35% 的人选择了"不易"。

表 6-5 您觉得和西安人相处

	频次	百分比	有效百分比	累计百分比
1	15	14.9	15.0	15.0
2	50	49.5	50.0	65.0
3	35	34.7	35.0	100.0

---

① "文化休克"(Culture Shock)又称"文化震撼""文化冲击",最早是由美国人类学家卡莱沃·奥博格(Kalvero Oberg)提出,是指"由于失去自己所熟悉的社会交往信号或符号,又不熟悉对方的社会符号,而在心理上产生的深度焦虑症"。

	频次	百分比	有效百分比	累计百分比
合计	100	99.0	100.0	
无效系统	1	1.0		
总计	101	100.0		

（其中,1为容易,2为一般,3为不易）

任何流动人口都会面临当地居民排外思想的考验,而外来流动人口因为更多的认同障碍,更加难于被当地人所认同、接纳。从日常生活方面来看,大部分流动人口并不存在与西安人根本性的冲突,相处也比较融洽。但是从心理感受上来说,情况则大有不同。在回答"在西安遇到的问题"的选项中,除了反映工资水平的"缺钱花"的选项和"想家"之外,选择"不被接纳"的选项占了总样本的24.8%。

一般而言,从事工作层次越低、收入越少、技术含量越低的流动人口,越感觉与西安市人相处不容易。但总的来说,西安市外来流动人口与世居者之间的交往略显困难。

第四,由于经济、社会、个人志趣等原因,有些外来流动人口在人际交往中存在自我封闭,或保有狭隘的利益观,消极地对待人际交往问题。如LH所说:

我在这里和老乡联系少得很。咱们的老乡大部分都在回民街上呢。这里也远,人自然少。其实联系了也没有用处,他们也帮不上我,我也不帮他们。和其他人联系也是一样的,有些人比老乡好,也比咱回民心眼好。赚钱了什么都好,赚不了钱老乡也不认识你。我将来不管挣不挣钱都不想回去,回去就是种地也没有钱赚,混着看吧。

应当注意的是,外来流动人口进入西安市后必须要适应城市交往的基本规则,建立适合自己的网络关系,用以加强自己在城市生活中获得更多的机会和生存的空间,而不是将自己框定在狭小的圈子之内。这对自身的发展显然是不利的。

语言、风俗习惯等文化差异,使得外来流动人口与主流城市居民之间形成相异的文化认同,而这种因素更加促使祖籍认同和群体认同的加强。文化认同感加强了个体对于所属文化以及文化群体所形成的归属感及内心的承诺,从而获得保持与创新自身文化属性的社会心理过程。一般来说祖籍地同、国家认同、群体认同与文化认同之间是相互附着的,而当社会流动出现后这种连带关系出现了分离或重构①。外来流动人口身处不同文化之中,一方面要与持不同语言、不同文化的当地人相处,以便谋求在内地大城市的生存和发展;另一方面要保持强烈的群体认同,沿袭其自身文化特征。

第三节　外来流动人口的管理与建议

一、流动人口管理现状

城市流动人口的管理,一直是城市管理部门较为棘手的问题之一。就西安市外来流动人口管理而言,问题则更加严峻。政府部门在管理流动人口方面虽出台多项政策规定,但最终的管理效果仍有待提高。造成这种状况最主要的原因就是:流动人口虽在城市生活,但其管理的源头即户口却在流出地,由此形成双重身份并造成管理上的重要障碍。这种身份也导致流动人口流出之前政府部门的态度和流入地管理者之间的态度有所不同。其管理的症结在于,"他们究竟属于谁管理"。因此在外来流动人口管理中,思想上甚至是行为上的冲突都是难以避免的。

（一）盲目流出与地方政府意在致富的劳务输出政策之间的矛盾问题

前文提及流动人口大部分来自偏远、贫穷的农村地区,赚钱是他们流入城市最主要的目的。对于地方政府部门来说,流动人口每年给地方带入的外来资金是庞大的。就张家川而言,"每年流动人口带来外来资金大概在 3 亿元左右。"②所以大部分外来流动人口的来源地都将劳务输出作为地方政府部门创造经济效益的重要举措,而对于具体的流动人口管理与权益保护方面的问题则鲜有涉及。调查发现,西安市大部分外来流动人口在流入之前,有关部门并没有

---

① 杨宜音:《文化认同的独立性和动力性——以马来西亚华人文化认同的演进与创新为例》,见张存武,汤熙勇主编:《海外华族研究论集》第三卷《文化教育与认同》,第408页,华侨协会总会出版,2002年。

② 张家川回族自治县人力资源和社会保障资料。

采取相应的指导和初步的管理和培训措施,结果盲目流和疏于指导的劳务输出给当地管理造成多方困难与巨大压力。在问及"外出是否得到政府部门的支持"这一问题时,有80%以上的样本选择"不支持"或者"不清楚",如图6-7。

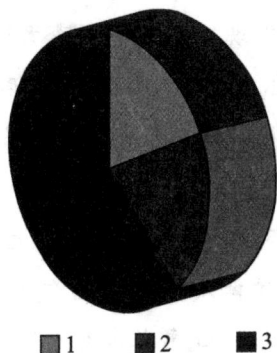

（其中,1 支持,2 不支持,3 不清楚）

图6-7　外出得到政府相关部门支持情况

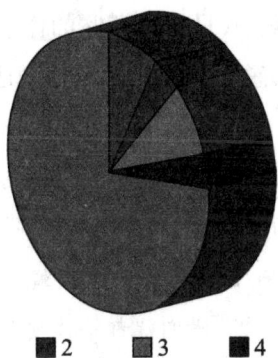

（其中,1 技能,2 信息,3 业务,4 其他,5 没有）

图6-8　外出是否得到政府的培训

在被调查者中,只有23.8%的样本选择"外出前得到政府部门的培训"的选项,如图6-8。这些培训包括技能、信息、业务或者其他等方面,而其他都选择了"没有得到政府的培训"选项。大部分流出地政府部门只是将劳务输出作为一种地方宏观政策加以鼓励、引导,而具体怎么输出、输出到什么地方、做什么工作等均没有作具体的规划。很大程度上说,由于流出地对外来流动人口的非妥善管理,造成流入地管理上的困难。其实,流动人口尤其是外来流动人口的管理,应该有统一化的管理方式,也就是说流出地与流入地应该有统一的管理标准和模式。

（二）流入地暂时管理的困难，是管理者区别看待流动人口的重要原因

流动人口盲目进入城市，又缺乏政府部门的指导，给流入地管理者带来较多的困难。相比较常住居民而言，流动人口的管理只是暂时的，很难系统地、持续地对其进行管理。调查中发现，大部分被调查者反映城市管理者对外来流动人口的管理比较严格，而实际上流动人口的管理难度比较大，区别看待流动人口也并非管理者个人的情感所致。一般流动人口都需要办理暂住证，如果从事饮食行业还要办理健康证。MLM说：

（调查者：西安对你们管理严格不严格）也不是很严格，刚来给人家打工的时候，天天检查呢，一会要健康证呢，一会要暂住证，不过那时候都是店里的老板给办。现在也没有什么证件了吧，暂住证也没有。

有时候严格的管理不仅达不到管理的效果，同时也给外来流动人口造成伤害。在调查中问及"在中国的任何地方居住是否是其权利"的问题时，有78.8%的样本回答"是"。在另一个问题中，只有34.7%的样本认为自己对西安市作了贡献。可见他们对西安市的归属感并不是很强烈，心理适应过程比较缓慢。女老板P说：

（调查者：平时还有什么检查之类的没有）偶尔有呢，大部分就是税务和卫生上的。卫生上的天天要我们的服务员的健康证呢。健康证是免费的，我们就办了。前两天卫生上的来检查，让我们安一个灭蝇灯，而且让我们用消毒筷子，其实这都是钱。只要说安（装）呢，他们就都给你安了。（调查者：那你感觉这里的管理有问题没有）大问题没有吧，只是那些人态度不好。其实我们也不是赖账，有时候他们就是找个茬，你请他们吃了喝了，也就没有事情了。

（三）政策的制定与执法部门的执法和对流动人口的管理宣传有一定差距

国家各个部委几乎都对流动人口给予较高的关注。出台的政策包含流动人口的暂住、工作与就业、住房与租赁、计划生育、义务教育等方面。针对外来群体工作方面的四项管理规定，见表6-6。虽然有上述规定，但管理部门在具体执行过程中存在较大差异。被调查者说：

（调查者：城管管不）城管天天就抓我们摆地摊的呢。上次在东大街那里，几个城管把我们的东西收了，差点打起来了，罚了一百多。抓的里头我们成了重点了。反正摆地摊的时候，城管是我们最害怕的。

表 6-6　政府出台的有关流动人口的政策

管理项目	相关规定(或政策)	颁布单位	时间(年)
流动人口暂住	《关于城镇暂住人口管理的暂行规定》	公安部	1985
	《暂住证申领办法》	公安部	1995
流动人口工作及就业	《农村劳动力跨省流动就业管理暂行规定》	劳动部	1994
流动人口住房与房屋	《租赁房屋治安管理规定》	公安部	1995
	《城市房屋租赁管理办法》	建设部	1995
流动人口计划生育	《流动人口计划生育工作管理办法》	国家计生委	1998
流动人口子女义务教育	《流动儿童少年就学暂行办法》	国家教委及公安部	1998
盲流人员/三无人员	《公安部关于加强盲流人员管理工作的通知》	公安部	1995
民族工作	《关于做好杂居、散居外来工作的报告》	国务院	1979
	《关于民族工作几个重要问题的报告》	国务院	1987
	《城市民族工作条例》	国务院	1993
	《关于保障一切散居的外来成分享有民族平等权利的决定》	国务院	1952

（资料来源：柯兰君、李汉林主编：《都市里的村民———中国大城市的流动人口》，中央编译出版社，2001 年 9 月版）

　　当然，包括外来流动人口在内的流动人口对相关政策的不了解也是政府管理部门所遇到的困难之一。在调查中，有 72.9% 的人在进入西安市务工之前，对政府相关部门的流动人口管理政策根本都不了解。这就难免给管理部门的工作造成较大压力。课题组成员在西安市繁华街区调查过程中发现，不少出售核桃麻糖、干果或者馕的外地人常因沿街出售而与城管发生冲突。我们曾数次接到求助电话，希望帮助他们和城管部门进行交谈，并给他们解释相关的条例。但不少人反映，外地人不遵守城市管理规定，不仅受他们主观条件方面的限制，与执法人员的态度、执法方式也有很大关系。有位老板反映：

在卖馍的过程中，我们这里打工的小伙子曾经被城管抓住以后处理过。虽然大街上骑三轮卖东西的人特别多，但是城管对我们是另一种态度，对我们的管理很严。

这种区别对待的方式，有关方面需要引起注意。这虽是个案，但处理不当会引发更大的矛盾和冲突，对社会的和谐、稳定造成负面影响。

二、有关管理外来流动人口的建议

外来流动人口的管理所面临的根本问题，是要处理好外来流动人口、当地居民和管理者之间的关系。对于外来流动人口的态度是处理这一关系的主要切入点，没有认识上的根本改变，就不可能解决现实行动中的各种矛盾。管理好外来流动人口的关键在于，要建立起更广泛的城市居民管理体系，将该群体纳入城市公共管理的体制当中。

外来流动人口进入城市，毫无疑问给城市带来一定的管理困难。例如，大批流动人口的涌入加剧"城市病"的恶化；外来流动人口对城市本地人口就业带来的压力；流动人口的增加，对城市公共环境卫生造成的压力；流动人口子女的教育，给流入地教育系统产生的巨大压力；流动人口中严重扰乱社会正常秩序的人员，对社会稳定造成的负面影响。因外来流动人口而引发的这些问题，是导致城市外来流动人口管理的难点所在。

实际上，作为外来流动人口，其在城市的务工行为也对城市和社会经济的发展做出巨大的贡献。外来流动人口加速社会的城镇化速度，促进流入地城市的消费市场的繁荣。甚至从某种程度上而言，外来流动人口的务工行为使得城市就业的结构性矛盾得到缓解。总之，外来流动人口并不是城市的负担，而是城市和社会发展的重要动力之一。因此就社会地位而言，外来流动人口在流出之前和流出之后产生巨大的落差，这一落差的主要成因就是社会对外来流动人口的态度，甚至有时流动人口自身也接受这一态度。他们中间认为"他们给城市的发展没有做出贡献""在城市生活并不是他们的权利"等这样的想法的人占有很高的比例。

对于外来流动人口自身而言，自己对城市的适应方面，需要有主动性。课题组认为，外来流动人口在转变自身观念的基础上，还应该用积极、开放的心态对待城市生活,更好地适应城市生活;需要加强包括语言以及各种有利于城市适应等方面内容的学习;克服封闭态度,多交朋友,尤其是更多地与当地或者非流出地的其他群体朋友,寻求更多适应城市生活的机遇。总而言之,外来流动人口应该克服现有的消极、封闭的生活方式,改变"在别人的城市,埋头赚自己的钱"的心态,以城市建设者的态度看待外出务工的生活。

尤其值得注意的是,外来流动人口的城市适应问题并不是单一的流动人口对城市的适应问题,其中也包含城市给流动人口提供的适应环境的建设,即外来人员的城市适应和城市对外来人员的适应是双向关系。外来人员在适应城市的过程中,城市并非全然被动,其观念和做法会直接影响到外来人员的适应①。对于城市常住居民而言,应该以宽容开放的心态看待外来流动人口。常住居民的态度是外来流动人口城市双向适应②的重要一端。以西部流动人口为例,虽然某些流动人口从事一些不法活动,但大部分西部流动人口仍然以正当经营为生。西安市常住人口对外来人员的概念化印象③,造成他们城市生活的困难。

因此,在外来流动人口城市适应调查过程中,单纯对外来人口进行调查是不够的,还应当对城市居民的观念有所了解,而政府管理部门则成为重要一环。外来流动人口管理中,政府部门和管理者是实施者,更是其城市适应的重要指导者。基于这样的认识,课题组认为,管理部门管理外来流动人口时,需要做好以下几个方面的工作:

(一)政府部门应改变管理态度,即由以前的防范型管理向服务型管理转变

正是由于流动人口存在上述种种社会问题,政府部门在管理的出发点上是

---

① 马旭:《少数民族流动流动人口城市适应研究——以武汉市为例》,第147页,中央民族大学博士学位论文,2007年。

② 双向适应是指流动人口的城市适应是流动人口和城市共同作用的结果的适应机制。《少数民族流动人口城市适应研究——以武汉市为例》认为,地方群体在适应城市的过程中,城市并非全然被动,其观念和做法会直接影响到地方群体的适应。

③ 概念化印象又称刻板印象(stereotype)。心理学家大卫·西尔斯(David Sears)曾指出,在现实中,不管认知过程多么复杂,但人们最终的感情评判上总是比较简单草率的。(大卫·西尔斯等著:《社会心理学》,黄安邦译,第225—280页,台湾五南图书出版社,1986年。转引自张继焦:《城市中的人口迁移与跨民族交往》,《云南社会科学》,2005年第1期。)

防止其对社会带来负面影响的重要环节。必须承认,客观看待外来流动人口的问题,更有利于政府部门实施服务型管理模式,即用人性化、公平化的全新理念管理外来流动人口,由此构建新时期不同利益群体的协调处理机制。这种服务型管理态度应该具体体现在针对外来流动人口管理的政策、保障体系、具体管理工作甚至是管理者的态度上,这样才能从根本观念上改变管理者的不当执法行为等问题。不当执法在城市外来流动人口管理中时有发生。蹬三轮、卖小吃、摆地摊的流动人口常常遭遇这种不公平待遇。

因此,在外来流动人口管理中态度转变是管理政策实施的基础。执法部门应该从维护社会稳定、促进经济可持续发展大局的角度,重视和把握外来流动人口面临的主要问题,坚持科学执政、民主执政、依法执政,处理好流动人口与其他群体的利益关系,形成不同利益群体共享发展成果的格局。管理者应想尽办法消除各个群体对外来流动人口的歧视,并以开放、包容、平等、和谐、发展的理念接纳和善待他们,给予他们平等的市民待遇。

(二)需要加强外来流动人口管理的宣传和职业技能培训

首先是思想教育宣传。通过宣传,逐步强化平等意识,倡导互相帮助、和睦相处的社会环境。我国是一个多民族的社会主义国家,是由各民族共同创立和建设的,要通过宣传使人们真正认识并相互尊重不同的文化习俗。其次是政策宣传。大部分的外来流动人口对国家出台的有关政策根本不了解,所以在实际生活中就缺乏服从政策规定的观念。因此管理人员要加大政策的宣传力度,使其对国家政策有所了解,由此缓解因不知情而导致的外来流动人口对政府管理部门的抵触。

此外还需要政府部门加大对外来流动人口的职业技能培训。通过技能培训,使他们有一技之长,在择业过程中获得更多的选择机会。这样他们无论在经济收入方面,还是在城市适应方面都会起到重要作用。因此相关部门应该加大对外来流动人口的职能培训力度。这方面,陈浩与杨晓军在《流动人口就业培训问题研究——基于武汉市的实证调查》中提出,相关部门对流动人口就业培训流程模式化,课题组认为可资借鉴。

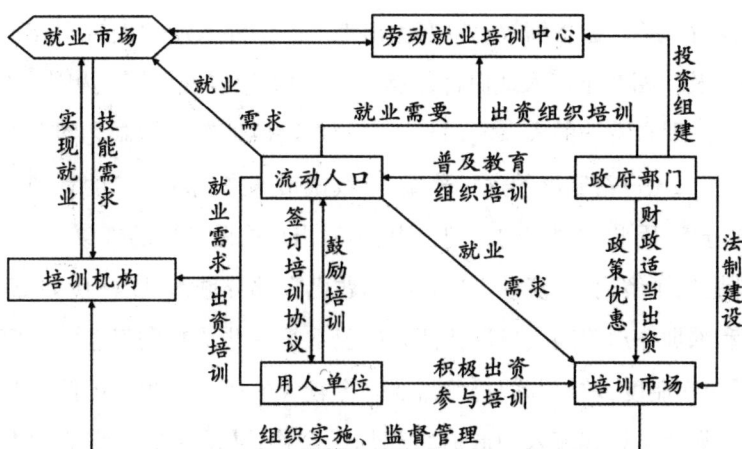

图6-9 就业促进型培训机制模式框图①

(三)需要加强民族干部的培养,让其参与管理外来流动人口工作

外来流动人口是流动人口中较为特殊的群体。自己的文化传统成为与城市融合的一种障碍,而民族干部是政府部门与外来流动人口之间的重要桥梁。一方面,有关方面对相应群体的风俗习惯、文化观念以及群体心理等均有更多了解和体验;另一方面,他们也对国家政策较为熟悉。让这部分干部参与城市外来流动人口的管理,可以减少管理困难,避免管理中的冲突与抵制,甚至可能达到事半功倍的效果。因此,政府部门应注重选拔合适的干部,让他们参与国家对外来流动人口政策的制定,参与外来流动人口的管理和政策实施工作,参与具体的管理事务工作。这是缓解外来流动人口与管理执法部门之间出现摩擦的有效途径之一。

(四)改革户籍制度,加强两地政府信息沟通,改变外来流动人口户籍"遥远管理"的不力局面

我国人口管理是以户籍制度为基础的。流动人口与非流动人口的区别,不过是二元体制下以户籍标准来区分或者标明人员身份差异的一种称谓。外来流动人口管理中,流出地和流入地是同一管理的两端。流动人口这一群体身处异乡,但他们的户籍并不跟随他们自由流动。从管理源头上来说,外来流动人

---

① 陈浩、杨晓军:《流动人口就业培训问题研究——基于武汉市的实证调查》,《南京人口管理干部学院学报》,2000年4月。

口虽然已不在原籍,但管辖权仍留在流出地。对于外来流动人口而言,"遥远管理"鞭长莫及。相对于流入地而言,流动人口的管理与常住居民相比,并不是其管理的重点,即自发性的人口流动与现有的户籍属地管理体制之间存在制度性冲突。由于二元户籍制度的这一弊端,导致城市外来流动人口的管理权与管理实施存在分离,因此在现实的管理当中,不时出现推诿扯皮的现象。

就课题组了解,目前流动人口户籍问题已在部分城市试点(例如2007年上海、北京和深圳办理流动人口居住证),并已取得一些成功的经验。但要改变原有的二元户籍制度,政府部门仍然需要一个较长的历史过程。因此要改变这一矛盾,就要靠流出地和流入地政府之间加强合作,共同完成外来流动人口管理的重任。两地政府间要建立长期、全面、对口的联系制度,如"互设机构、定期召开联席会议、定期交流信息、规范证卡管理以及协助配合调查等"①。

(五)一站式办证,尽量简化外来流动人口进入城市的程序

尽管外出流动是公民的基本权利之一,但为了统一管理,政府部门办理各种流动人口的证件是必要的。目前外来流动人口需要办理的证件较多,例如准入证、居住证或者暂住证、婚育证、就业证等等。根据从事行业的不同,还要办理其他证件。比如从事餐厅服务行业的流动人口需要办理健康证,从事个体经营需要办理营业执照、卫生证等。这些证件的办理对于外来流动人口是一种现实需要,但对管理者和被管理者都是一种无奈的选择。数目众多的证件成为流动人口在城市生活的巨大负担。

因此各种证件的办理中,应以管理好外来流动人口为出发点,尽量给他们提供方便,以此简化程序。例如可以通过"多证合一"的方式减少证件数量;通过健康证、暂住证等年审或者重审制度改变重复办理。管理部门应该最大限度降低办证费用,减少外来流动人口的经济负担。这样的服务型、人性化的温情管理,能让他们从思想上真正配合管理部门的工作。

(六)完善外来流动人口的社会保障体系

社会保障体系的施行是一个社会进步的重要标志,每个公民应同等享受国

---

① 王春玲:《新时期城市少数民族流动人口问题研究》,第33页,西北民族大学硕士学位论文,2006年。

家社会保障体系。目前外来流动人口的社会保障基本处于缺失状态。主要是因为大部分外来流动人口来源于偏远的边远地区,流出地的社会保障体系本身不完善,而依附于户籍制度之上的医疗卫生、生育、住房、就业等社会保障和社会福利则因其流出而消失。实际上,外来流动人口因为其较弱的城市适应能力,更需要社会福利、社会救助、社会保险等保障措施的关照。管理者应该在思想上有所改变,一方面要坚持服务参与型管理的原则,从流动人口的基本生存着眼考虑他们的福利保障需求;另一方面,要以同常住居民同等重要的态度来看待这一群体,给予其公正平等的福利待遇,从而实现城市中各利益群体的和谐共处,维护社会安定团结。因此政府部门应该提倡外来流动人口与城镇居民同等享受养老、医疗、失业、生育和工伤五大保险,建立相对完善的针对外来流动人口社会保障的相关机构。

(七)加强外来流动人口的政策和法规研究,不断促进现有政策规定的更新和改进

流动人口的管理存在制度、法律和管理需求之间的一个矛盾。而外来流动人口管理的改革可能时时会出现新问题,因此外来流动人口的管理政策也需要不断更新和改进。外来流动人口的特殊性要求在政策制定中"和而不同"的原则,也就是说流动人口的管理既有交叉和相同的部分,又要考虑因群体因素而形成的差异。这样的外来流动人口管理法规政策比大一统的流动人口管理政策更有操作性。鉴于此,有关部门应该加强外来流动人口政策研究,不断出台和更新管理政策,才能使外来流动人口的管理走上制度化和人性化并重的道路。

(八)区分外来流动人口所从事的正当职业与非正当职业

有段时间,少量西安市外来流动人口中出现不正当行为。这些行为具有群体性、隐蔽性等特点,尤其在西安火车站、汽车站、公交车站等地频繁活动。这一问题严重危害到社会的安全和健康发展,应该引起相关部门的高度重视,必须出重拳予以打击。但是在管理过程中,我们不能将这些人和合法经营者混同起来,这种做法对管理外来流动人口不利,也对西安市的经济文化发展和社会稳定无益。政府相关部门要建立一种信任机制上的执法机制,更有利于管理好流动人口,并达到良好的效果。

(九)管理外来流动人口要做到心中有数

管理外来流动人口并非易事,涉及的部门很多,因此要逐渐改变"多头管

理、实际无人直接管理"的局面。比如,公安部门只负责办理暂住证、社会安全、犯罪与否,但不管理外来流动人口做什么。工商税务部门只管理发放营业执照、收取各种税费,但不过问他们的群体属性。文化事务部门只管理和文化有关的问题;街道办主要管理外来流动人口的计划生育和部分现实生活问题;城管部门只管理乱摆摊设点的问题,不管理他们具体居住在什么地方。这种多头管理的结果就是每个相关部门都有权管理外来流动人口,但管理的权限有明显的界线,不能越界管理。表面上看来,很多部门都和外来流动人口在打交道,实际上都不了解这一群体存在的深层问题。直到今天还没有一个较权威的统计数据来反映西安市外来流动人口的具体人数,即使有也是不大准确的大致数字,更不要说各行各业分布的外来流动人口了。因此,有必要各部门联合起来,邀请相关的研究专家,每年对西安市外来流动人口做出具体的统计。只有确切的数据,我们才能对症下药,处理好外来流动人口出现的各种问题。

(十)及时注意外来流动人口出现的新问题、新情况

管理外来流动人口,是一件十分繁重又琐碎的事,不断变化的流动人口给流入地管理上带来难度。这些群体既需要关爱,又要加强管理。如果在寻找工作中,得不到合适的工作,他们就会成为无所事事的游民,浪迹于街头,很容易发生由个体引起的群体性事件;一旦发生,不仅是社会问题,也会涉及稳定问题,使得本来简单的问题变得更加复杂,解决起来也比较困难。因此,我们政府有必要从过去的静态管理转向动态管理,从被动管理转向主动管理;对于有苗头的流动人口要提前予以掌控,建立比较完善的档案管理,加强针对性的管理。政府还应该做好外来流动人口就业渠道的引导工作,使他们在陌生的环境中较快地找到合适自己的工作,融入城市的生活、工作之中,而不是到处盲目流动,否则会对西安市的社会稳定、社会和谐造成负面影响。

后 记

    《区域社会生活多维度研究》是一部集体完成的著作。这部著作是作者长期田野调查和书本知识相结合的产物。我们阅读到的很多学术著作，其资料主要来自文献，而非田野。这本书的意图就是将文献和田野材料有机结合起来，试图将间接经验和直接经验很好地纳入到一起，局部性观察区域社会生活的不同维度，以及它们在不同时期、不同区域、不同群体的变化。历史总是处在动态变化当中，任何观察都是一个时段的变化，而特定时段是比较稳定的，作者由此观察社会生活的变与不变。任何社会生活都是以人群为基础展开的，实际就是对人的活动的观察和研究，超出人的社会生活显然是脱离实际的。我们的研究都是具体的、个案的，而非抽象的、一般性的，由此我们试图剖析一个问题的横切面，并对这一横切面进行深入分析。也就是说，个案只是对社会生活在特定区域的固定观察，进而分析内部的基本状况。我们聚焦的区域主要是西部，选定一个点进行仔细田野调查，然后寻找相关的文献记录，试图比较社会生活的变化与不变。本书内容涉及游牧经济形态、农耕经济形态、商业经济形态、流动职业经济形态、文化活动稳定形态等。尽管类型有所不同，但紧紧围绕人的活动展开，内在关系比较紧密的。

    这本书的写作是从 2006 年开始的，至今已经有 18 年。在这 18 年里，我们不断收集材料、不断完善，2023 年 9 月定稿。这本书的具体分工：第一章和第六章由马翔执笔，第二章由钟文佳执笔，第三章由朱亮执笔，第四章由谭振超执笔，第五章由唐智执笔。韩中义负责全稿最终写作的完善补充、前言、后记、修订等任务。这本书由集体写作,每章的写作风格、篇幅、结构等都有差异,体现每位作者写作的特色和喜好。由此,书中有这样那样的不足,希望读者提出善意的学术批评意见。我们乐意接受,并在再版中修订。所有的不足都由作者承担。

咏固原

初冬山林色一片,晚霞须弥光几处。

立马范公清水边,走北唐兀定水寒。

韩中义

2023 年 10 月 29 日于固原

2024 年 5 月 8 日星期三,再修订于雁塔寓所

著者简介

韩中义：现为陕西师范大学历史文化学院研究员。

马翔：现为甘肃省纪委监委案件监督管理室综合协调处处长。

钟文佳：现工作于青海省海东市公安局。

朱亮：现为陕西科技大学党委学工部思政科科长。

谭振超：现工作于广西南宁市国土资源出让服务中心。

唐智：现为中共甘肃省委讲师团副团长。